Edeltraud Vomberg

Praktisches Qualitätsmanagement

Ein Leitfaden für kleinere und mittlere Soziale Einrichtungen

Verlag W. Kohlhammer

Gesamtherstellung:
W. Kohlhammer Druckerei GmbH + Co. KG, Stuttgart
Printed in Germany

ISBN 978-3-17-020619-9

Kohlhammer

Inhaltsverzeichnis

Vorwort

„Praktisches Qualitätsmanagement – Ein Leitfaden für kleinere und mittlere soziale Einrichtungen" ist der Titel des hier vorliegenden Werkes. Ich bin seit mehr als 15 Jahren im Themengebiet des Qualitätsmanagements in der Sozialen Arbeit praktisch und theoretisch unterwegs. Seit zwölf Jahren lehre ich dieses Fach an der Hochschule Niederrhein, Fachbereich Sozialwesen, in den Studienrichtungen Sozialmanagement, Soziale Arbeit und Kulturpädagogik in grundständigen und weiterbildenden Studiengängen. Ich habe beobachtet, dass das Interesse der grundständig Studierenden am Thema immer größer wird, oft stehen die berufsbegleitend Studierenden staunend vor der Materie, wenn sie erfahren, was eigentlich hinter den Konzepten des Qualitätsmanagements (QM) steckt. Eine große Zahl der Personen, die schon einmal in der Sozialen Arbeit tätig waren und zu uns in die Hochschule kommen, hatten Kontakt mit QM – manchmal mehr, manchmal weniger, manchmal angenehmen, manchmal unangenehmen. Was die meisten in der Praxis aber nicht erfahren haben, ist, wie QM und Management miteinander verzahnt sind, welche Entwicklungspotenziale in den Konzepten stecken und mit welchen Methoden wie gearbeitet werden kann. Da ich sowohl ausgebildete externe Auditorin nach der DIN EN ISO 9001 bin als auch EFQM-Assessorin im Ludwig-Erhard-Preis der EFQM, ferner Gutachterin für LQW und KQS, kenne ich alle Modelle, die in diesem Buch behandelt werden, in der praktischen Anwendung. Als freiberufliche Beraterin unterstütze ich immer wieder Einrichtungen bei der Einführung von QM. Viele Beispiele habe ich aus Beratungsprozessen gewonnen und hier eingebracht. Ich möchte allen danken, die ihr Material freigegeben haben. Ein ganz besonderer Dank gilt dem Verbund für psychosoziale Dienste im Kreis Mettmann gGmbH, ihrer Geschäftsführerin Anne Sprenger und der Qualitätsbeauftragten Susanne Strohmenger. Sie haben mir viele Materialien zur Verfügung gestellt, die in einem längeren Beratungsprozess entstanden sind, Basis der Zertifizierung nach DIN EN ISO 9001 waren und danach ständig weiterentwickelt wurden.

Danken möchte auch ich Wolfgang Cohnen, der am Kapitel über Bausteine mit sozialarbeiterisch-fachlicher Wirkung verantwortlich mitgewirkt hat und die Textvorlage dazu erstellt hat. Ein weiteres Kapitel mit dem Titel: „Qualitätsmanagement als Ansatz systemischer Organisationsentwicklung", das er mitverfasst hat, ist leider dem begrenzten Platz im Buch zum Opfer gefallen. Es kann über die Webseite der Autorin in der Hochschule Niederrhein als Download bezogen werden. Ebenso kann dort ein Zusatzkapitel mit dem Titel: „Kriterien für die Auswahl eines geeigneten Qualitätsmanagement-Modells für soziale Dienstleistungsunternehmen" heruntergeladen werden, an dem Horst Zaar mitgeschrieben hat (http://atlas.hs-niederrhein.de/fachbereiche/fb06/lehrende/edeltraud-vomberg/veroeffentlichungen/).

Danken möchte ich aber auch meiner Familie, die unendliche Geduld aufgebracht hat, wenn ich wieder nicht vom Schreibtisch wegkam und das Essen schon kalt wurde, meinem Mann und Dietrich Brandt, die alles Korrektur gelesen haben, und meiner studentischen Hilfskraft Birgitta Klein, die viele der Abbildungen am PC erstellt und bearbeitet hat.

Ich hoffe, das Werk hilft der Praxis, in das Thema QM leichter hineinzufinden, weniger teure Beratungsleistungen zu benötigen und nicht tausende von Büchern wälzen zu müssen. Die meiste Literatur am Markt schreibt und reflektiert über QM, erklärt aber nicht, wie man in der Praxis eigentlich vorgehen kann, wenn man als kleinere oder mittlere soziale Einrichtung einsteigen will. Dazu will ich mit diesem Buch einen Beitrag leisten. Ich hoffe, es wird auch von Studierenden als Lehr- und Lernbuch genutzt, da es für das Studium der Sozialen Arbeit das relevante Wissen zu QM praxisnah vermittelt.

Mönchengladbach 2010 Edeltraud Vomberg

Viel Spaß beim Lesen, Studieren und Umsetzen.

1 Einführung

Die Zahl der Beiträge, Veranstaltungen und Veröffentlichungen zu Qualitätsmanagement in der Sozialen Arbeit und im Gesundheitswesen hat seit Mitte der 1990er-Jahre kontinuierlich zugenommen. Weiterentwicklungen und die Umsteuerung in der Sozialen Arbeit und ihrem Management sind einerseits mit Fragen der finanziellen Steuerung, andererseits mit der Definition von Leistungen verbunden. Dabei spielen die Aspekte von Qualität und Kosten immer eine zentrale Rolle. Zuweilen gerät dabei jedoch der Aspekt der fachlichen Qualität in den Hintergrund.

Häufig wird bei der Diskussion um Qualitätsmanagement das Argument vorgebracht, dass die Qualität Sozialer Arbeit nicht messbar sei. Dieser Vorwand hat, wie ich noch zeigen werde, in Teilen seine Berechtigung, da sich die Qualitätsmessung als komplexe Problematik darstellt. Badelt macht aber schon 1996 darauf aufmerksam, dass dieser Vorwand auch dazu dienen kann, schlechte Qualität nicht beobachtbar machen zu wollen (aus der Perspektive der Anbieter sozialer Dienste) oder auch „die Verschlechterung der Qualität, die sich als Folge einer politischen Maßnahme abzeichnet, nicht nachweisen zu können" (Badelt 1996, 14).

1.1 Was sind Qualität und Qualitätsmanagement in der Sozialen Arbeit? Die Kernbegriffe rund um Qualität

Qualität

Der Begriff „Qualität" wird ursprünglich aus dem lateinischen „qualis" abgeleitet und bezieht sich auf die Frage der Beschaffenheit eines Gutes.

Im Lexikon der Sozialwirtschaft umreißt Grunwald – angelehnt an Bruhn – den Begriff Qualität wie folgt: „Der Begriff Qualität kann sich auf die Beschaffenheit eines Produktes oder einer Dienstleistung (absoluter Qualitätsbegriff), die Tauglichkeit desselben aus der Perspektive des Kunden (leistungsempfängerbezogener Qualitätsbegriff), die Relation zum zu entrichtenden Preis (wertorientierter Qualitätsbegriff) oder die Orientierung an bestimmten Kriterien der Produktion des Produktes oder der Dienstleistung beziehen (produktbezogener Qualitätsbegriff)" (Grunwald 2008, 815; Bruhn 2004; Klatetzki 1996).

Während beim absoluten Qualitätsbegriff immer die Bewertung „von höchster Güte", gemessen an einem Idealbild, von Bedeutung ist, spielt im modernen Verständnis der Aspekt der Erfüllung von Anforderungen eine bedeutendere Rolle. So heißt es in der DIN EN ISO 9000:2005 zur Definition des Begriffs Qualität: „Grad, in dem ein Satz inhärenter Merkmale Anforderungen erfüllt" (DIN EN ISO 9000:2005, Kap. 3.1.1). Diese Definition, die seit der Fassung der Norm von 2000 gültig ist, ersetzt die vorherige der DIN EN ISO 8402, in der es noch hieß: „Qualität ist die

Gesamtheit von Eigenschaften und Merkmalen einer Dienstleistung, die dafür geeignet sind, festgesetzte und vorausgesetzte Erfordernisse (Ziele) zu erfüllen und eine Übereinstimmung zwischen Erwartung und der tatsächlich erbrachten Dienstleistung herzustellen" (DIN EN ISO 8402).

Diese Definitionen nehmen insbesondere die Kund/inn/en, d.h. die Instanz, die Anforderungen stellt, in den Fokus. In der Sozialen Arbeit stellen aber nicht nur die Nutzer/innen Kund/inn/en dar. Kostenträger, Angehörige, gesetzliche Betreuer und ggf. andere Anbieter auf dem Markt sozialer Dienstleistungen usw. können Kund/inn/en der gleichen Leistung sein, wie sie gegenüber einem Adressaten der Sozialen Arbeit erbracht wird. Auch sie stellen Anforderungen an die Merkmale, die der Leistung inhärent sein sollen. Diese Anforderungen können mit denen des Adressaten übereinstimmen oder auch von diesen abweichen. Hinsichtlich der Ableitung von Regeln zur Erbringung einer anforderungsgerechten Leistung bleibt für den Sozialen Dienstleister die Frage der definitorischen Macht zu beantworten. Im Idealfall orientiert sich die Leistungserbringung an den optimal-geltenden fachlichen Standards. In der Regel werden Qualitätsmaßstäbe aber eher in Aushandlungsprozessen zwischen Fachlichkeit und gesellschaftlich gewünschter, politisch gesetzter Finanzierbarkeit der Leistungserbringung definiert.

Die Bestimmung der Qualität findet somit im Spannungsfeld von gesetzlich formulierten Zielen, individuellen Erwartungen, wissenschaftlich und ethisch bestimmter Legitimität von sozialarbeiterischen Zielen sowie im Kontext aktueller gesellschaftlicher und fachlicher Diskussionen in Verbindung mit den zur Verfügung gestellten finanziellen Ressourcen statt. Dabei sind die Erwartungen und Zielvorstellungen von normativen Begründungs- und Rechtfertigungsproblemen beeinflusst und zugleich so allgemein, dass sich daraus keine direkten Umsetzungsregeln und Messkriterien ableiten lassen. Andere als diese in Leistungsvereinbarungen, Zuwendungsbescheiden, Gesetzen usw. niedergelegten, sehr allgemeinen Kriterien, zur Überprüfung von Zielerreichungen und Erfüllung von Erwartungen stehen neben den subjektiven, individuellen Erwartungen der Nutzer/innen nicht zur Verfügung. Qualität in der Sozialen Arbeit wird insofern an den Zielen der sie dominierenden Institutionen und an den gesellschaftspolitisch gewünschten Leitbildern entlang definiert (vgl. Galiläer 2005, 30f.). Dabei muss immer in Rechnung gestellt werden, dass die Ansprüche und Definitionen unterschiedlicher Anspruchsgruppen divergieren können und dies häufig auch tun.

Bei einer systemischen Perspektive muss der Qualitätsbegriff aber auch aus einem anderen Blickwinkel beleuchtet werden. „Das In-Begriffe-Fassen meint nur allzu leicht und allzu schnell, die Qualität sei mit ihrem Artikulieren, dem Einrichten eines Qualitätsprogramms und der Festlegung von Verantwortlichkeiten schon auf dem Weg einer Qualitätsverbesserung. Der Terminus des Qualitäts-„Managements" verbindet sich nur zu gerne mit einem „Alles-im-Griff", mit einem „In-der-Hand (manus bzw. managgiare)-Haben" (Vogel 2002, 226). Dabei wird aber zu leicht übersehen, dass sich Qualität in der Sozialen Arbeit einerseits nur in der Retrospektive darstellt und den Vergleich mit dem Vorherigen aus einer Beobachterposition erfordert. Andererseits kann sich Qualität nur insofern darstellen, als auch die Unterscheidung zu „Nicht-Qualität", also zur Kehrseite der Medaille, in Betracht gezogen wird. Qualität kann in diesem Sinne nur festgestellt werden, wenn zugleich deutlich wird, wo es Nicht-Qualität gibt. Nach außen bedeutet dies, selbstbewusst die positiven Seiten zu präsentieren, um damit Marktanteile zu gewinnen. Nach innen muss es bedeuten, dass die Beobachtungen der Kehrseiten der Qualität dazu führen, zu erkennen, dass die organisatorische Entwicklung von Qualität ein ständiger Prozess der Neu-Beobachtung ist und die Einsicht entsteht, dass nicht „alles im Griff" ist.

Qualitätssicherung

Die Qualitätssicherung entstand ab ca. 1950 in der industriellen Fertigung und umfasste die Bereiche Qualitätsplanung, Qualitätssicherungssysteme, Qualitätssicherungshandbücher, einzelne Qualitätstechniken sowie beginnende Fehlervermeidung. Die Qualitätssicherung hat die Aufgabe, ein zuvor festgelegtes Niveau der Qualität zu erhalten. Dies versucht sie durch das Auswerten qualitativer und quantitativer Qualitätsinformationen (Kosten-Nutzen-Betrachtungen) zu erreichen. Qualitätssicherungsverfahren dienen somit der Erfolgskontrolle, d.h. der Prüfung, ob vorgegebene und Erfolg versprechende Verfahren und Abläufe umgesetzt werden und zu anvisierten Zielen führen. Im Kern geht es um die kontrollierte und systematische Bewerkstelligung des Erfolges (vgl. Galiläer 2005, 28). Dabei spielen die Planung der angestrebten Qualität und die Prüfung eine wesentliche Rolle, die durch Qualitätswerkzeuge realisiert werden können (vgl. dazu die Werkzeuge in den Kap. 6–9). Merchel (2004) macht deutlich, dass Qualität in der Sozialen Arbeit niemals gesichert werden kann, da der subjektive Faktor in der sozialen Dienstleistung dem widerspricht. Er spricht davon, dass sich ein „sozialtechnokratischer Steuerungsoptimismus" Platz verschafft, der impliziert, es gäbe genügend Instrumente, soziale Leistung als ein qualitativ hochwertiges Produkt zu erzeugen, wenn man sie nur richtig und konsequent anwendet (vgl. Merchel 2004, 43 f.). Er macht deutlich, dass die Qualität sozialer Arbeit von einrichtungsinternen und -externen Faktoren ebenso abhängig ist, wie von subjektiven Faktoren auf der Seite der Akteure, die die Leistungen erbringen. Qualität entsteht in diesem komplexen Bedingungsgefüge und entzieht sich damit seiner Auffassung nach der „Sicherung". Dieser Auffassung ist einerseits zuzustimmen, da in der sozialen Dienstleistung keine Ursache-Wirkungs-Ketten monokausal knüpfbar sind und Angebote und Interventionen von Nutzer/inne/n eigensinnig verarbeitet werden. Andererseits möchte ich hier aber auch widersprechen, da fachlich begründete und aus der Erfahrung wirksame Standards dennoch helfen, ein Minimum an Prozesssicherheit zu realisieren. Von diesen muss im Einzelfall auf der Basis der fachlichen Kompetenz der Professionellen abgewichen oder diese müssen bei Bedarf variiert werden können. Diese vereinbarten Standards sind aber häufig nicht vorhanden. Qualitätssicherung setzt mindestens einen definierten Standard – und sei er einrichtungsintern formuliert – voraus, um sinnvoll von Qualitätssicherung sprechen zu können. Der Begriff Qualitätssicherung ist jedoch unangemessen, wenn es um Qualität im Sinne einer allgemeingültig definierten Qualität der konkreten sozialen Dienstleistung geht. Solche Definitionen und konzeptuellen Festlegungen sind in der Sozialen Arbeit i.d.R. nicht vorhanden, strittig oder aus unterschiedlichen Positionen unterschiedlich formuliert. „Genau diese Voraussetzung ist aber in vielen Feldern der Sozialwirtschaft nicht gegeben, sondern es ist oft unklar, wie denn genau Qualität bestimmt werden kann und wie allgemeine ‚Konzeptbegriffe' (Lebensweltorientierung, Lebensqualität, Normalisierung, Integration, Inklusion, Prävention usw.) so ausbuchstabiert werden können, dass mess- und bewertbare Qualitätsmaßstäbe als Grundlage für eine fundierte Qualitätsarbeit entstehen" (vgl. Grunwald 2008a, 820).

Qualitätsentwicklung

Der Begriff der Qualitätsentwicklung geht über den der -sicherung hinaus und beschreibt Maßnahmen und Vorkehrungen zur Planung, Lenkung und Verbesserung von Produkten/Leistungen und Verfahren ihrer Herstellung (vgl. Gerull 2007, 292). Dabei kommt es darauf an, den dialogischen Aspekt der Qualität im Blick zu haben. Das Denken in Prozessen und deren Weiterentwicklung im Sinne der und im Austausch mit den Kund/inn/en oder Nutzer/inne/n ist ein wesentliches Element. Qualitätsentwicklung erfordert ein breites methodisches Wissen und dessen Einsatz für die Weiterentwicklung der Strukturen, Abläufe und Ergebnisse. „Der Terminus der Qualitätsentwicklung knüpft dagegen häufig an gegebene fachliche Ansätze zur Beförderung von Qualität an, zu denen bspw. spezifische Kommunikations- und Entscheidungsstrukturen, Prozesse einer einzelfallbezogenen Hilfe-, Betreuungs- oder Förderplanung, verschiedene Formen der Praxisberatung, Supervision oder der Fort- und Weiterbildung sowie infrastrukturbezogene Verfahren wie die integrierte Versorgung oder die Jugendhilfeplanung gehören, und betont diese fachlichen Verfahren gegenüber den eher formalen und instrumentenbezogenen Ansätzen der ‚Qualitätssicherung'" (vgl. Grunwald 2008a, 820).

Qualitätsmanagement

Die DIN EN ISO 9000:2005 definiert den Begriff als „aufeinander abgestimmte Tätigkeiten zum Leiten und Lenken einer Organisation bezüglich Qualität" (DIN EN ISO 9000:2005, Kap. 3.2.8). Dabei wird die Ausrichtung der Managementtätigkeiten auf die Bedürfnisse der Kund/inn/en als wesentlicher Faktor betrachtet. Qualitätsmanagementkonzepte basieren auf dem Management von Prozessen, wobei diese funktions- und hierarchieübergreifend angelegt sind und der Realisierung des Nutzens der Kund/inn/en dienen sollen. Damit verbunden sind Ideen der Umgestaltung der Organisation in Verbindung mit kontinuierlicher Verbesserung, verantwortet durch das Management (vgl. Zollondz 2006, 223). Im Kontext der Sozialen Arbeit hat bereits 1994 Meinhold formuliert, dass Qualitätsmanagement als die Gesamtheit aller Aktivitäten definiert werden kann, die „darauf abzielen, die Erwartungen der Beteiligten zu erkunden und im Verhältnis zu den Ressourcen aufeinander abzustimmen sowie aus dem Ergebnis dieser Abstimmung verbindliche Qualitätsziele zu entwickeln" (vgl. Meinhold 1994, 42). Dabei sind diese Abstimmungsprozesse in keiner Weise banal, da die Erwartungen ebenso vielfältig sind wie die beteiligten Akteure. Innerhalb sozialer Organisationen hat das Qualitätsmanagement die Aufgabe, den gesamten organisatorischen Prozess unter dem Aspekt der Erfüllung der Bedarfe der Kund/inn/en (Nutzer/innen, Kostenträger und gesellschaftliches Umfeld) auszubalancieren. Qualitätsmanagement muss also die Ausrichtung der gesamten Prozesse in einer sozialen Organisation im Blick haben, diese steuern und Strukturen schaffen, die der Prozessstabilität, soweit dies im sozialarbeiterisch-fachlichen Handeln möglich ist, einen zuverlässigen Rahmen geben. Dabei kann dies wegen der Eigenarten der sozialen Dienstleistung als personalabhängiger und personenbezogener Dienstleistung nicht ohne die handelnden Personen geschehen. Die Fachkräfte müssen im Qualitätsmanagement ihre Fach- und Professionsperspektive einbringen und die Leitungskräfte müssen die Steuerungs- und Wirtschaftsperspektive einbringen. Wechselseitiges Lernen und das Verständnis für die Erfordernisse aus der jeweils anderen Perspektive bringen einen Lern- und Entwicklungsprozess in Gang, der zum Nutzen der Kund/inn/en und Klient/inn/en eingesetzt werden soll. Neben der Gestaltung von Prozessen durch Managementhandeln geht es im Qualitätsmanagement auch darum, die „Kriterien der Beurteilung und Entwicklung" (Heiner 1996) zu klären. Die organisationale Entwicklung sowie die Formulierung des Kriteriums einer qualitätsvollen Sozialen Arbeit, die operationalisiert messbar gemacht wird, sollte im Vordergrund der Aktivitäten im Qualitätsmanagement stehen, um damit der fachlichen Arbeit einen geeigneten und förderlichen Rahmen zu geben.

Qualitätsmanagementsystem

Unter einem Qualitätsmanagementsystem wird die gesamte Organisationsstruktur, die Regelung von Verantwortlichkeiten, das Verfahren, die Festlegung der Prozesse sowie das zur Verfügungstellen aller erforderlichen Mittel, die für die Verwirklichung des Qualitätsmanagements erforderlich sind, verstanden. In der DIN EN ISO 9000:2005 heißt es zur Definition: „Managementsystem zum Leiten und Lenken einer Organisation bezüglich Qualität" (DIN EN ISO 9000:2005, Kap. 3.2.3). In sozialen Einrichtungen ist vielfach zu beobachten, dass etwas als Qualitätsmanagementsystem bezeichnet wird, das allenfalls Grundzüge eines Systems enthält. Gerade die Anlage des Qualitätsmanagements als ein die gesamte Organisation durchziehendes Organisations-, Kommunikations- und Prozessgestaltungssystem hat aber erst die Kraft, hohe fachliche Zuverlässigkeit und Standards als „Quasi-Garantie" gegenüber den verschiedenen Kund/inn/engruppen zu realisieren. Dabei spielen die aktive Einbindung und der ständige Dialog mit den Mitarbeitenden eine zentrale Rolle. Die Qualität der Sozialen Arbeit hängt eng mit der Arbeitszufriedenheit und Motivation sowie dem fachlichen Interesse der Mitarbeitenden zusammen. Die Mitarbeitenden als „Hauptproduktionsfaktor" sind die wichtigste zu pflegende und zu entwickelnde Ressource in einem sozialen Dienstleistungsunternehmen. Das System lebt aber nur dann, wenn es intern Promotoren gibt, die den Ansatz eines beteiligungsorientierten Qualitätsmanagements verinnerlicht haben und leben. Diese sollten sowohl auf der Managementebene wie unter den Mitarbeitenden zu finden sein.

Qualität im sozialrechtlichen Dreieck

Soziale Dienstleistungen werden – auch mehr als zehn Jahre nach dem Aufkommen der Diskussion um Sozialmanagement, Qualitätsmanagement und wettbewerbliche Gestaltung des Marktes sozialer Dienstleistungen – immer noch dominant im sozialrechtlichen Dreieck erbracht.

Konsument und Produzent stehen dabei i.d.R. in einer nicht schlüssigen Tauschbeziehung auf dem Markt der sozialen Dienste. Nur selten zahlt der/die Klient/in die in Anspruch genommenen Dienste selber. I.d.R. werden die Kosten nach einer vorherigen Prüfung der Leistungsberechtigung von einem öffentlichen Kostenträger direkt an den Produzenten der Dienste bezahlt. Häufig wird sogar die Beauftragung einseitig vom Kostenträger veranlasst oder es besteht für die Klient/inn/en nur ein geringes oder eingeschränktes Wahlrecht oder eine eingeschränkte Wahlmöglichkeit.

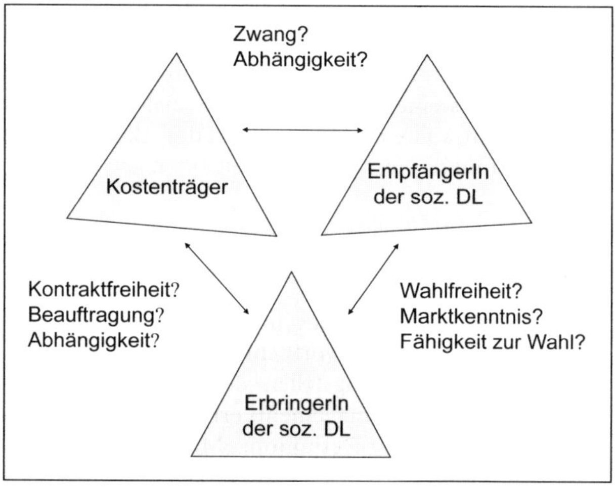

Abb. 1: Soziale Dienstleistung im sozialrechtlichen Dreieck

Im sozialrechtlichen Dreieck ist dem Finanzier die Beobachtung der Qualität – aufgrund der Art der Leistungserbringung im direkten vertrauensvollen Kontakt mit den Klient/inn/en – praktisch versagt. Externe Mechanismen der Qualitätsbeobachtung über Indikatoren sind deshalb erforderlich, um dem Kostenträger einen Einblick in die erworbene Leistung zu gewähren.

Während hierfür in der Mitte der 1990er-Jahre noch stark mit Inputfaktoren gearbeitet wurde, die vom Kostenträger geprüft und deren Standards politisch definiert wurden, geschieht dies um die Jahrtausendwende verstärkt in Form der Überwachung von Outputfaktoren wie z.B. Fallzahlensteuerung, quantifizierbaren Outputkennzahlen wie z.B. Vermittlungsquoten, Rückfallquoten u.Ä.

Schließlich wird auch hier erkannt, dass die Qualität sich darüber nicht zuverlässig beurteilen lässt, und mehr und mehr wird auf komplexe Konzepte des Qualitätsmanagements gesetzt. Kostenträger analysieren nur noch in Teilen selbst die Qualität in der Dienstleistungserbringung gegenüber den Auftragnehmern, und externe Prüforganisationen (Zertifizierungsgesellschaften, Preiswettbewerbe) übernehmen diese Aufgaben im Rahmen einer marktlichen Tätigkeit und einer mehr oder weniger verbindlichen Verpflichtung von Einrichtungen der Sozialen Arbeit, Qualitätsmanagementsysteme nachzuweisen (vgl. Kap. 3 dieses Buches). Unter dem Deckmantel, Neutralität und Wettbewerb damit zu stärken, ziehen sich die Kostenträger schrittweise aus der Beurteilung der Qualitätsfähigkeit der Anbieter zurück.

Letztlich sind jedoch die Klient/inn/en die entscheidende, die Qualität prüfende Instanz. Nur der/die Klient/in kann beurteilen, ob eine soziale Dienstleistung seinen/ihren Erfordernissen entspricht – allerdings i.d.R. erst dann, wenn er/sie sie bereits konsumiert hat und damit seine/ihre Ansprüche auf die Leistung bereits verbraucht oder z.T. verbraucht hat. Er/Sie hat zugleich wenig Macht, seinen/ihren Konsum umzulenken, wenn die Qualität nicht stimmig ist, da ihm/ihr die Macht als Konsument, der zahlt, fehlt.

Badelt konstatiert 1996 Folgendes: „In dem Ausmaß, in dem soziale Dienstleistungen von extrem Benachteiligten und am Rande der Gesellschaft stehenden Personen konsumiert werden, funktioniert die am Markt übliche Methode der Qualitätskontrolle nicht. Sie muss durch Wissen und Verantwortung von Fachleuten ersetzt werden" (Badelt 1996, 16).

Dies gilt auch, wenn die Nutzer/innen in immer mehr Bereichen die finanziellen Mittel in Form von Geldleistungen erhalten, um selber am Markt der sozialen Dienste ihren Bedarf zu decken. Sie erlangen dadurch zwar die „Käufermacht", jedoch sind aufgrund ihrer beeinträchtigten Lebenslage oder ihrer eingeschränkten Ressourcen ein Marktüberblick und damit eine souveräne Kaufentscheidung nur schwer realisierbar.

Ob in Bezug hierauf ein Aufbrechen durch das persönliche Budget z.B. in der Behindertenhilfe erfolgreich möglich wird, bleibt abzuwarten. Da, wo begrenzte individuelle Möglichkeiten aufgrund von individuellen Beeinträchtigungen vorliegen, ist dies kaum zu erwarten.

Durch den spezifischen Charakter sozialer Dienstleistungen entziehen sie sich auch der vorgängigen Qualitätsbeurteilung. Die Qualität realisiert sich immer erst im Vollzug der Leistung und hängt wesentlich von der Mitwirkung der Klient/inn/en ab. Insofern ist eine vorgängige Beurteilung der Qualität immer nur ein Versuch, die Fähigkeit des Anbieters zur Qualität zu eruieren.

1.2 Qualitätsdimensionen

1966 formulierte Avedis Donabedian die heute in fast jedem Beitrag zum Qualitätsthema zu findende Differenzierung zwischen Struktur-, Prozess- und Ergebnisqualität. Diese drei Qualitätsdimensionen wendete Donabedian auf standardisierbare Pflegedienstleistungen im medizinischen Bereich an, nicht aber auf solche mit hohem interaktivem Faktor (vgl. Gerull 2007, 74). Dabei ging er von einem kausalen Zusammenhang und einer gegenseitigen Bedingtheit der drei Dimensionen aus.

Strukturqualität bezieht sich auf die verhältnismäßig dauerhaften Merkmale der Leistungsanbieter und der Methoden und Ressourcen, die ihnen zur Verfügung stehen. Dazu gehören auch die „Fähigkeiten der Institution, der Mitarbeiter, die technische Ausrüstung, die physischen und organisatorischen Arbeitsbedingungen sowie die Zugangs- und Nutzungsmöglichkeiten des Produktes durch den nachfragenden Kunden" (Zollondz 2006, 161 f.).

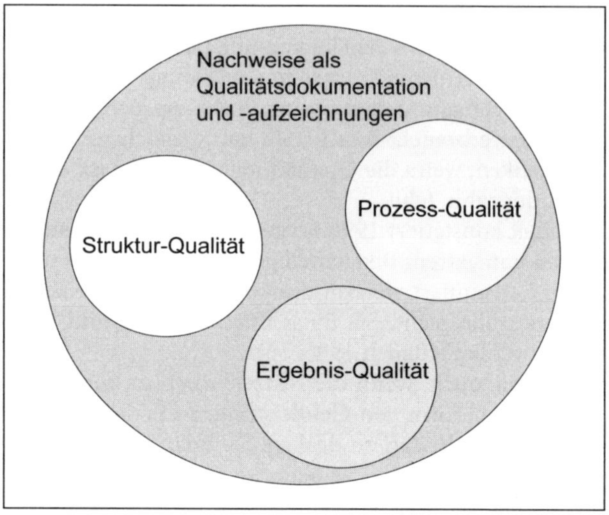

Abb. 2: Die Dimensionen der Qualität nach Donabedian

Prozessqualität bezieht sich auf die Abläufe bei der Erbringung der Dienstleistung und kann begrifflich mit Produktqualität oder Outputqualität gleichgesetzt werden. In diesem Sinne ist auch in der Sozialen Arbeit von Produkten die Rede. Gemeint sind die tatsächlich durchgeführten Dienstleistungen (der Output), ohne hierbei die Wirkung und den Nutzen in Betracht zu ziehen.

Badelt kritisierte bereits 1996 diesen Begriff der Prozessqualität in der Sozialen Arbeit. Er konstatiert: „Wird nämlich der Produktionsprozess selbst als Leistungsziel definiert, dann versagen die traditionellen wirtschaftlichen bzw. volkswirtschaftlichen Leistungs- und Qualitätsmaße völlig. Dort wird nämlich der Produktionsprozess als Mittel zum Zweck, nicht aber als Ergebnis, das einer Messung lohnt, gesehen" (Badelt 1996, 14).

Ergebnisqualität bezieht sich auf die Erreichung der gewünschten Ziele. Dabei kann die Bewertung zwischen Kund/e/in (Klient/in) und Auftraggeber/in (Kostenträger) unterschiedlich ausfallen. Mit dem Begriff der Ergebnisqualität wird im Wesentlichen auf den Aspekt des Outcomes Bezug genommen.

Die drei beschriebenen Qualitätsdimensionen werden in der Regel in der gewählten Reihenfolge angeführt, da sie dem sachlogischen Ablauf im Dienstleistungsprozess entsprechen. „1. Schaffung der strukturellen Voraussetzungen, 2. Gestaltung der erforderlichen Prozesse, 3. ‚Lieferung' der Ergebnisse" (Gerull 2007, 74). Gerull zeigt auf, dass sich aus der Perspektive der Nutzer/innen die Reihenfolge der Dimensionen umgekehrt darstellt. „Sie erwarten einen Nutzen (Ergebnis) von der in Anspruch genommenen Dienstleistung und vertrauen darauf, dass der Anbieter, wenn er auch keine positive Wirkung (Outcome) garantieren kann, zumindest dafür sorgt, dass zielführende Rahmenbedingungen (Strukturen) und Handlungen (Prozesse) professionell arrangiert und diesbezüglich Leistungsversprechen (Output) erfüllt werden" (Gerull 2007, 74). Im Gegensatz zur Darlegung von Donabedian und auch Gerull ordnen die meisten Autoren den Aspekt des Outputs der Dimension der Ergebnisqualität zu. Da in der sozialen Dienstleistungserbringung das Uno-actu-Prinzip gültig ist und im Prozess der Dienstleistung diese zugleich verbraucht wird, ließe sich über die richtige Zurechnung lange streiten. Im Sinne der outputorientierten Steuerung und der Definition von Prozessen als Produkten in der sozialen Dienstleistungserbringung scheint mir die Zuordnung des Outputs zur Prozessqualität durchaus gerechtfertigt. Für die Gestaltung eines am Qualitätsmanagement anknüpfenden Controllings wird der Output über Indikatoren als Ergebnis gemessen und für weitere Planungen verarbeitet (vgl. auch Kap. 7.4 in diesem Band).

Die drei beschriebenen Dimensionen der Qualität nach Donabedian lassen den Aspekt der Mitwirkung der Klient/inn/en in der Interaktion der sozialen Dienstleistung außer acht. Sie sind in seinem Konzept der Leistung erbringenden Organisation zugeschrieben und es wird nach folgenden Aspekten gefragt: Wie gestaltet die Organisation ihre strukturellen Rahmenbedingungen? Wie wickelt diese die Prozesse ab? Welche Ergebnisse erreicht sie? Dabei ist der/die Klient/in ein externer Faktor, der bestenfalls bei der Gestaltung der Interaktionsprozesse berücksichtigt wird.

Gerull (2007) arbeitet eine tiefere und für die soziale Arbeit geeignetere Differenzierung der Qualitätsdimensionen heraus. Dabei bezieht er sich auf das bereits 1987 veröffentlichte betriebswirtschaftliche Qualitätsmodell für Dienstleistungen von Meyer und Mattmüller (vgl. Meyer 1987, 191 ff.). Hier wird die Dimension der Strukturqualität als Potenzialqualität bezeichnet und in zwei Teildimensionen differenziert: Potenzialqualität des Anbieters (Spezifizierungs- und Kontaktpotenzial) und die Potenzialqualität des Nachfragers (Integrations- und Interaktivitätspotenzi-

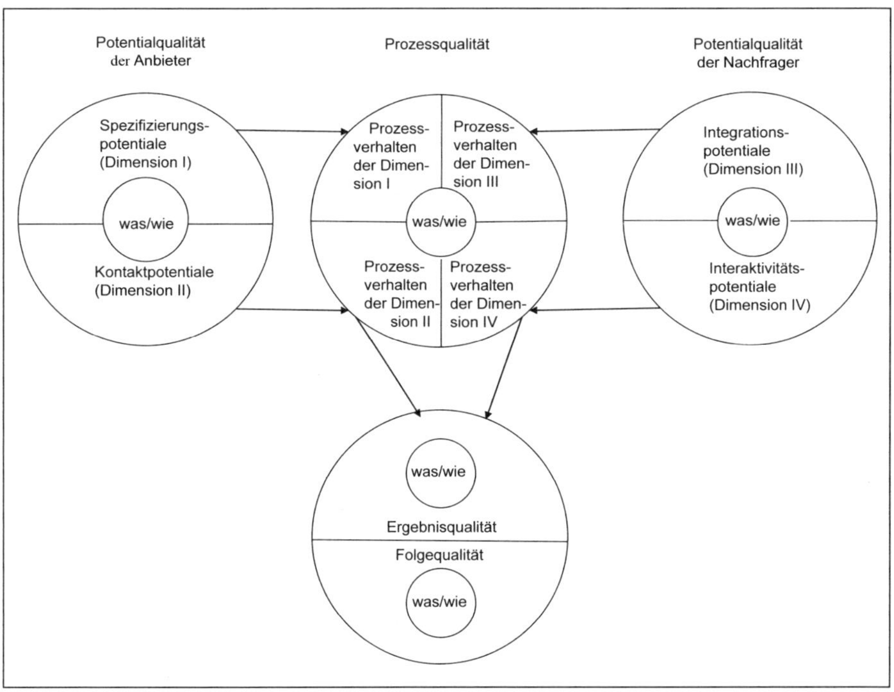

Abb. 3: Das Dienstleistungsqualitätsmodell von Meyer und Mattmüller (Quelle: Meyer 1994, 192)

al). Dabei ist Erstere durch die Leistungsfähigkeit der Mitarbeitenden, die Qualität sächlicher Hilfsmittel und die betrieblichen Kompetenzen für kundenindividuelle Problemlösungen beschrieben. Als Kontaktpotenzial kommt vor allem die Fähigkeit, die Kund/inn/en zu erreichen und zu informieren, ins Spiel. Die zweite Teilkategorie, die Potenzialqualität der Nachfrager, nimmt die Aspekte der Erwartungen, der Mitwirkungsbereitschaft und das Interaktionsverhältnis in den Blick. Je nach Ausprägung dieses Potenzials kann die Dienstleistung positiv oder negativ verlaufen.

In Folge dieser Erweiterung des Modells von Donabedian benennt Gerull (vgl. Gerull 2007, 74 ff.) schließlich fünf Qualitätsdimensionen, die der Sozialen Arbeit angemessener erscheinen: Potenzialqualität des Anbieters (Einrichtungen und Dienste), Potenzialqualität der Nachfragers (Klient/inn/en und Kooperationspartner/innen), Prozessqualität (Professionalität und Interaktion), Ergebnisqualität (Aufgabenerfüllung und Situationserleben), Infrastrukturqualität (Allokation und Vernetzung).

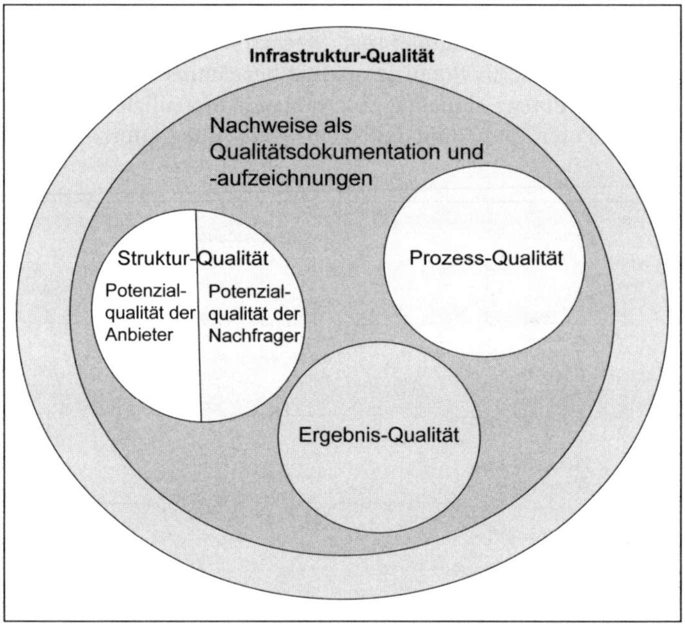

Abb. 4: Erweitertes Modell der Qualitätsdimensionen nach Meyer und Mattmüller

Auch mit der letztgenannten Dimension erweitert Gerull das Modell um den Aspekt der sozialpolitischen und gesellschaftlichen Dimension, der Verantwortung von Anbietern sozialer Dienstleistungen für die Bedarfsgerechtigkeit, die Zugänglichkeit, die Sicherheit, die Sozialverträglichkeit und die Wirtschaftlichkeit (vgl. Gerull 2007, 79).

1.3 Wirtschafts- und gesellschaftspolitische Aspekte der Diskussion und Qualität

Qualitätsdiskurs als gesellschaftspolitische Definition von sozialen Standards

Die Frage nach ethischen Aspekten in der Qualitätsdefinition spielt eine wesentliche Rolle in der Sozialen Arbeit. Bereits 1996 hat Maja Heiner in dieser Hinsicht den wesentlichen Unterschied zwischen Humandienstleistungen und Güterproduktion umrissen. „Die Qualität von Humandienstleistungen hängt entscheidend davon ab, welche Vorstellung eine Gesellschaft und dabei auch die zuständigen Berufe davon haben, wie man mit Menschen umgehen sollte, was man ihnen zumuten darf und was man ihnen schuldet. Diese ethische und normative Dimension des Qualitätsbegriffes ist für Humandienstleistungen zentral, während es bei der Produktion von Gütern nur um das Ethos der Zuverlässigkeit geht" (Heiner 1996a, 28 f.).

Insofern ist nicht nur der Umfang der gesellschaftlich definierten, sozialen Dienstleistungen eine Determinante der Qualität, sondern auch das dahinter liegende Modell des Sozialstaates im Verhältnis zu Menschen mit Bedarf an sozialen Dienstleistungen. Der Wandel der gesellschaftlichen Auffassungen über die Pflichten des Sozialstaates gegenüber seinen Bürgern trägt gravierend zum Verständnis von Qualität sozialer Dienstleistungen bei. Gerull verweist in diesem Zusammenhang darauf, dass sich „ein neues Verständnis von Wohlfahrtskultur herausbilde, das als sozialethische Verlagerung von der Gerechtigkeits- auf die Barmherzigkeitsperspektive bezeichnet werden könne. Die Zurücknahme von selbstverständlich gewordenen Rechten und die stärkere Individualisierung gesellschaftlicher Risiken werden als ethisch zu reflektierende Veränderungen auf der strukturqualitativen Makroebene betrachtet" (Gerull 2007, 16).

Qualität ist demnach immer eine Frage, die unter fachlichen, sozialrechtlichen und legitimatorischen Aspekten in einer Gesellschaft betrachtet werden muss. Die sozialrechtliche Dimension orientiert sich an den Normen, die durch Gesetze festgelegt und im administrativen Verwaltungshandeln ausgedeutet werden. Im Rahmen dieser Auftragsdefinitionen und neuer sich entwickelnder Problemlagen muss sich die Soziale Arbeit anhand von Qualitätsaspekten stets neu legitimieren.

Dienstleistungsanbieter sind gezwungen, sich mit diesen Definitionen auseinander zu setzen, im Wege politischer Einflussnahme – z.B. über Verbände – an deren Ausgestaltung teilzuhaben und sie in praktisches Organisationshandeln umzusetzen. Die Qualitätsdebatte ist in diesem Bereich eng mit politischer Einflussnahme und der Debatte um die Maßstäbe sozialpolitischen Handelns und insofern mit legitimatorischen Aspekten verbunden.

Gegenüber der Öffentlichkeit muss die Soziale Arbeit ihre Leistungsfähigkeit für ein funktionierendes Sozialwesen und den Nutzen für die Gemeinschaft unter Beweis stellen, um in der politischen Debatte ihre Legitimation unter Beweis zu stellen. Dies gilt umso mehr, je knapper die öffentlichen Ressourcen werden. Dabei bewegt sie sich stets in dem Widerspruch zwischen begrenzenden finanziellen Ressourcen und der fachlichen Notwendigkeit, über diese Begrenzungen hinaus zu wirken.

Die fachliche Seite der Qualitätsdefinitionen spielt überwiegend im Inneren der sozialen Dienstleistungsorganisationen oder in Konfliktsituationen mit dem Außen eine Rolle. Dabei nimmt die Frage nach einer klientenorientierten und intern funktionierenden Kommunikation sowie die Entwicklung, Vereinbarung und Umsetzung fachlicher Standards eine wesentliche Position ein. Die Nutzer/innen mit ihren Problem- und Bedarfslagen stehen dabei im Zentrum der Auseinandersetzung, die durch die limitierenden Rahmengebungen von außen und organisatorische Limitierungen im Innern der sozialen Dienstleistungsorganisationen geprägt sind.

Flösser und Otto haben diesen Auftrag der Sozialen Arbeit bereits 1992 als „Vom Sozialmanagement zum Management des Sozialen" beschrieben (vgl. Flösser 1992, 13 ff.). Damit wird darauf hingewiesen, dass Qualitätsfragen nicht nur mit der konkreten Dienstleistung verbunden sind, die gegenüber Nutzer/inne/n erbracht wird, und sich nicht nur auf innerorganisatorische Aspekte beziehen darf. Vielmehr müssen Qualitätsfragen in die Debatte um infrastrukturelle Aspekte, politische und sozialräumliche Gestaltungsfragen eingebunden sein, wie dies bereits oben mit der fünften Qualitätsdimension nach Gerull, der Infrastrukturqualität, zum Ausdruck gebracht wurde (vgl. Gerull 2007, 79).

Bei allen Fragen der Qualität in der Sozialen Arbeit ist darauf zu achten, welches Verhältnis zwischen professioneller Fachlichkeit, ökonomischen Rationalisierungsinteressen und sozialpolitischer Entwicklung besteht. Dabei ist vor allem wichtig, die Mitarbeitenden in Einrichtungen und Unternehmen in die Entwicklung fachlicher Verfahren einzubeziehen und sie dafür zu qualifizieren sowie die Definition von Qualität nicht an den verknappten Ressourcen alleine auszurichten. Bei der Wahl von Methoden zur Realisierung von Qualitätsmanagement muss immer betrachtet werden, inwiefern diese die fachliche Reflexion der geleisteten Arbeit unterstützen, die Zuverlässigkeit und Klientenorientierung gewährleisten und den Blick auf die sozialrechtlichen, sozialräumlichen und sozialpolitischen Rahmensetzungen nicht vernebeln.

Der makroökonomische Blick auf die Fragen nach Qualitätsmanagement

Staatlicher Druck auf die Budgets für soziale Dienste führt dazu, dass über die Qualitätsdebatte Druck auf die Produktivität ausgeübt wird. Badelt stellt 1996 zu Recht die Frage danach, ob dies nicht eher zur Qualitätsverschlechterung führt und es Aufgabe des Qualitätsmanagements ist, dies transparent und öffentlich zu machen (vgl. Badelt 1996, 9).

Der makroökonomische Blick auf die Qualitätsfrage in der Sozialen Arbeit bedeutet, nicht nur die Beschaffenheit der Leistungen im Hinblick auf die Wünsche und Erfordernisse von Klient/inn/en in den Blick zu nehmen, sondern zugleich auch die Frage der Qualität des Versorgungssystems als Ganzem mit zu betrachten. „‚Qualitätssicherung' in diesem Sinn meint dann die Sicherung der Leistungsfähigkeit eines Versorgungssystems nach gesellschaftlich festgelegten Kriterien" (Badelt 1996, 11). Qualitätsmanagement müsste sich nach diesem Verständnis ebenso auf das Versorgungssystem mit sozialpolitisch definierten Qualitätskriterien wie auf die Gestaltung der einzelnen sozialen Dienstleistungen richten (vgl. Badelt 1996, 11).

Zu den gesellschaftlich zu definierenden Kriterien für die Qualität eines Versorgungssystems gehören sowohl die Effizienz des Systems wie auch die Frage der Verteilungsgerechtigkeit und der sozialen Sicherheit. Insbesondere zum letztgenannten wandelt sich der politische Konsens in Abhängigkeit von der allgemeinen wirtschaftlichen Lage und dem sich durchsetzenden Mainstream im Hinblick auf sozial- und wirtschaftspolitische Leitbilder (vgl. Badelt 1996, 18).

Mit dem Wandel dieser Leitbilder vom Versorgungsstaat zum individualisierten System der Eigenverantwortung – besonders in Fragen der sozialen Sicherheit – wandeln sich Art und Umfang von Eigenbeteiligungen, Individualisierung von Risiken, Schwellen der Anspruchsberechtigungen und Umfänge von Leistungsansprüchen im Falle der Hilfebedürftigkeit. Nicht nur die Erbringung von Leistungen des Sozialen wird zunehmend dem Marktprinzip unterworfen, sondern auch die Entstehung und der Bestand von Leistungsansprüchen werden an die Marktfähigkeit der Klient/inn/en geknüpft.

Die Frage nach der Qualität des Versorgungssystems wird in einem neoliberal durchdrungenen Sozialstaatsverständnis nicht mehr daran gemessen, was die Gesellschaft braucht, um ihr Potenzial voll zu entfalten, sondern daran, was dem Einzelnen maximal an Belastungen zugemutet werden kann und was er minimal braucht, um zu überleben.

Ein weiteres Kriterium der Qualität des Systems ist die Verlässlichkeit der Erbringung der Leistungen. Dabei spielen Systemfragen und Zuverlässigkeitsfragen auf der Mikroebene direkt zusammen. Nur wenn auf der kleinen Ebene die Qualität der Leistungen stimmig ist, kann auf der großen Ebene das System als Ganzes funktionieren. Unabhängig vom Marktgeschehen muss dafür gesorgt werden, dass das Versorgungsnetz flächendeckend funktioniert und auch in entlegenen Regionen ein adäquates Angebot vorgehalten wird. Insofern trifft heute noch mehr als 1996 zu, wie Badelt die ökonomische Qualitätsfrage beschreibt. Qualitätsfragen sind im umrissenen makroökonomischen Verständnis wesentliche sozialpolitische Steuerungsaspekte, da es „darum geht, gesellschaftliche Knappheitsentscheidungen in eine bestimmte Richtung zu lenken“ (Badelt 1996, 22).

Vor dem Hintergrund dieser Bedeutung der Qualitätsdiskussion sind schließlich auch die rechtlichen Rahmenbedingungen für Qualität und Qualitätsmanagement in der Sozialen Arbeit einzuordnen. Es geht dabei nicht zuvorderst um die Realisierung von Humanität und sozialer Gerechtigkeit, sondern viel mehr um Fragen der gesellschaftspolitisch gewünschten Verteilung von Ressourcen im Bereich des Sozialen. Erst im Schritt der Umsetzung im Kontext sozialarbeiterischer und betriebswirtschaftlicher Fachlichkeit kommen dann die Aspekte der Professionalität der Sozialen Arbeit und der Steuerung von Organisationen ins Spiel.

In seinem 1994 veröffentlichtem Werk „Funktionaler Dilettantismus. Erfolgreich scheiternde Organisationen im ‚Dritten Sektor‘ zwischen Markt und Staat“ hat Wolfgang Seibel aufgezeigt, dass bis Mitte der 90er-Jahre des vergangenen Jahrhunderts soziale Organisationen erfolgreich „Norm- und Zweckrationalität auf den verschiedenen Ebenen organisationaler und personaler Koordination“ ersetzten (Seibel 1994, 273). Er bezeichnet Entdifferenzierung und Personalisierung von Organisationsstrukturen und persönlichen Handlungsorientierungen als die wesentlichen Elemente der „Entmodernisierung“ von Einrichtungen des Dritten Sektors und damit als bis dahin überlebensnotwendig. Die „Nicht-Modernität" hatte bis dahin die Funktion, die Stabilität des sozialen Umfeldes und des Machterhaltes politischer Lobbys zu sichern. Sie gewährleisteten eine Vermittlung zwischen Staat und Markt, wenn beide – wie oft zu beobachten – versagt haben. „Der Dritte Sektor muss demnach nicht in erster Linie eine überlegene Allokationseffizienz [Effizienz der Verteilung] für bestimmte Güter und Dienstleistungen aufweisen – darin bleiben ihm Markt und Staat mutmaßlich prinzipiell überlegen –, sondern er muss eine Kombination aus Güterallokation und sozialer und politischer Integration ermöglichen, [... die] ein risikoarmes Überdehnen der Integrationsfunktion zu Lasten der Allokationsfunktion ermöglicht" (Seibel 1994, 277). Seibel zieht daraus den Schluss, dass die Rolle der Organisationen des Dritten Sektors die war, stabilisierend zwischen Markt- und Staatsversagen zu funktionieren und diese Leistung durch „hinnehmbare Nicht-Leistung" zu erbringen, sich also nicht nach Marktprinzipien zu verhalten. Er kommt zu dem Schluss, dass „nicht funktionierende ‚Selbststeuerung' im Dritten Sektor, sondern funktionales ‚Selbststeuerungsversagen' die komplementäre Ergänzung von Marktversagen und Staatsversagen" darstellte (Seibel 1994, 277). Das Nicht-Funktionieren nach wirtschaftlichen Effizienzkriterien war genau die Funktion, die den Dritte Sektor als „Reparaturbetrieb" zwischen Markt und Staat begründete. Dies war aber zugleich mit einer losen, auf Distanz gehaltenen Anbindung an den öffentlichen Sektor gekoppelt. Diese Organisationen hingen – und hängen auch heute noch – in vielfältigen Aspekten von staatlichen und kommunalen Behörden und Funktionsträgern ab und sind zugleich gezwungen, gut geführt zu werden, da sie in Abhängigkeitsbeziehungen stehen. Die von Seibel beschriebene Kaschierung von „funktionalem Dilettantismus" kann ihr Ende finden, wenn dies der politischen Opportunität nicht mehr entspricht. Während Organisationen des Dritten Sektors und des sozialen Dienstleistungsbereiches über Qualitätsmanagementsysteme versuchen, eine fachlich fundierte Arbeit zu sichern und zu entwickeln und ein stringentes Führungssystem umzusetzen, dient es zugleich – den involvierten politischen Interessengruppen – als Legitimation und Chance, sich weniger angreifbar zu machen. Sozialrechtlich verankerte Verpflichtungen zum Qualitätsmanagement suggerieren, dass in der Steuerung sozialer Einrichtungen Professionalität eingekehrt sei. Dabei ließe sich der Begriff des „funktionalen Dilettantismus" auf die Rolle der öffentlichen Interessengruppen ausdehnen, die die Kompetenz zur Feststellung der Qualitätsfähigkeit über marktmäßige Verfahren der externen Qualitätsprüfung von sich weggeben und so oft nicht in der Pflicht sind, die Leistungsfähigkeit selber zu beurteilen. Gleichzeitig schicken sie Einrichtungen des Dritten Sektors aber zunehmend auf den „Markt", dessen Versagen zu ihrer Existenz geführt hat, auf dem sie sich dann bewähren sollen und nach marktwirtschaftlichen Prinzipien ihre Qualität unter Beweis stellen sollen. So wie sie im Seibel'schen Sinne in den 1980er- und frühen 1990er-Jahren des vergangenen Jahrhunderts als Regulativ zwischen Markt und Staat nur erfolgreich scheitern konnten und damit eine wichtige stabilisierende demokratische und soziale Funktion übernahmen, können sie in einer „vermarktlichten" Struktur sozialer Dienstleistungen ebenfalls nur „erfolgreich scheitern". Dies gilt insofern, als soziale Dienstleistungseinrichtungen in der Gegenwart zwar mit Managementansätzen des Marktes arbeiten müssen, ihre Qualität in „Quasiwettbewerben" darstellen müssen, letztlich aber nicht auf umfassende Marktmechanismen bauen können. Auch im Hinblick auf marktmäßiges Agieren müssen sie „funktionalen Dilettantismus" realisieren. Diesen Spagat zu bewältigen, ist Aufgabe einer systematischen Führung und eines Qualitätsmanagements, das als integriertes Managementsystem die verschiedenen Anforderungen an das Überleben zusammenbindet.

1.4 Qualitätsmanagement als Professionalisierungsstrategie

An die Qualitätsdebatte knüpft sich auch die Frage, inwiefern das Qualitätsmanagement zur Professionalisierung der Sozialen Arbeit beiträgt. Grunwald stellt im Lexikon der Sozialwirtschaft dar, dass die These der Einheit von Qualitätsmanagement und Professionalisierung nicht haltbar sei (vgl. Grunwald 2008, 816).

Er führt aus, dass seiner Auffassung nach Qualitätsmanagement und Professionalisierung der Sozialen Arbeit unterschiedlichen Logiken folgen. „Während Professionalität die fachliche Arbeit verbessern soll, hat Qualitätsmanagement die Aufgabe, die Organisationen der Sozialwirtschaft zu optimieren" (Grunwald 2008, 817). Er baut in seiner Argumentation einen Widerspruch zwischen der selbstgesteuerten, nicht-kontrollierten Fachlichkeit der sozialarbeiterischen Fachkräfte und dem kontrollierenden Ansatz des Qualitätsmanagements auf. Inwiefern dieser Widerspruch zwingend bzw. immer mit Qualitätsmanagement verbunden ist, wird im zweiten Kapitel dieses Bandes näher betrachtet. Eines sei hier schon angedeutet: Der Widerspruch ist auflösbar, je nachdem, wie Qualitätsmanagement eingeführt, umgesetzt und gelebt wird und welchen Platz darin die Fachlichkeit der Fachkräfte erhält. Nicht auflösbar ist die Spannung, die Qualitätsmanagement hinsichtlich der Legitimierung von Sozialer Arbeit im Spannungsfeld des oben beschriebenen Markt- und Staatsversagens zu bewältigen hat. Werden die nach Gerull (vgl. Gerull 2007, 74 ff.) weiter oben skizzierten Qualitätsdimensionen erweitert und wird die Potenzialqualität der Nutzer/innen mit in die Qualitätsmanagementarbeit einbezogen, so kann sich Professionalität und Qualitätsmanagement verbinden. Richtig ist aber sicherlich, dass es keinen Automatismus gibt, nach dem sich bei einem eingeführten Qualitätsmanagementsystem die Professionalität der fachlichen Arbeit von selbst ergibt. Die Organisationen der Sozialen Arbeit und die Fachkräfte sind keine von einander unabhängig wirkenden Systeme, sondern bedingen einander.

Grunwald macht in der weiteren Argumentation dann aber auch deutlich, dass Professionalität durchaus eine Kategorie ist, der Qualitätsmanagement zuarbeitet, die wohl aber nicht mit ihr gleichgesetzt werden kann (vgl. Grunwald 2008, 817).

1.5 Das Verhältnis des Qualitätsmanagements zu anderen Managementansätzen

Abhängig vom Standpunkt der jeweiligen Autoren finden sich in der Literatur Abgrenzungen des Qualitätsmanagements zu anderen Managementansätzen, wie sie in der Sozialen Arbeit modern geworden sind. Unbestritten ist, dass Qualitätsmanagement einen wesentlichen Teil zur Weiterentwicklung von Organisationen beitragen kann. Bei aller Unschärfe, die Begriffe wie Change Management, Diversity Management u.a. enthalten, sind die dahinter liegenden Konzepte sinnvoll einsetzbar, auch wenn es um den Aufbau eines umfassenden Qualitätsmanagements geht. Sie alle können einen Beitrag dazu leisten, die Qualität in allen Dimensionen weiterzuentwickeln, und können – im Sinne einer umfassenden Qualitätsentwicklung – in Prozesse der Organisationsentwicklung einbezogen werden. Mit dem Begriff des integrierten Managementsystems werden sie miteinander verbunden und schließen auch Ansätze wie Controlling, Umweltmanagement, Risikomanagement und Corporate Governance mit ein. Für die Praxis einer kontinuierlichen Weiterentwicklung spielt es nur eine untergeordnete Rolle, wie das jeweilige „Managementpferd" heißt, auf das gerade gesetzt wird. Entscheidend ist, dass im Qualitätsmanagement die Seite der Organisationsentwicklung und die der Nutzer/innen/perspektive verbunden werden und Qualitätsmanagement als fachpolitische Strategie entwickelt wird (vgl. Merchel 2004, 32). Die Verbindung mit den oben genannten anderen Ansätzen ergänzt diesen Weg, gibt ihm eine spezielle Ausrichtung oder greift spezielle Problemstellungen auf. Auch wenn Merchel sich gegen die Verwendung des Terminus „Qualitätsmanagement" als Nuancierung eines allgemeinen Managementbegriffs wendet (vgl. Merchel 2004, 9 f.), wird hier vertreten, dass eine Organisation der Sozialen Arbeit, will sie Qualitätsmanagement umfassend leben, alle Managementaktivitäten unter diesen Fokus stellen muss. Qualitätsmanagement ist nicht nur ein „spezifischer aufgabenbezogener Teilbereich innerhalb des gesamten Managements einer Organisation", wie Merchel es beschreibt (Merchel 2004, 10), sondern eine Ausprägung des Managements, das in allen Handlungen die „gezielte und strukturierte Bewertung und Weiterentwicklung der ‚Güte' sozialer Dienstleistungen" (Merchel 2004, 10) als wesentlichen Faktor einbezieht und ihr gesamtes Agieren darauf ausrichtet.

1.6 Qualitätsmanagement als fachpolitischer Weg im Wandel des Sozialstaates

Gerull macht in Anlehnung an Trube (vgl. Trube 2001, 229) deutlich, dass die Verbindung zwischen der „Krise des Sozialstaates" und der Debatte um Qualität in der sozialen Arbeit sachlogisch ist. „Wenn schon nicht mehr alles Wünschbare geleistet werden kann/soll, gilt es, die Mittel dort einzusetzen, wo sie sozialpolitisch treffgenau denen zugute kommen, die ihrer am Nötigsten bedürfen (allokative Effizienz) und im Sinne inhaltlicher Zielerreichung (Effektivität) den größten Nutzen stiften. Der Aspekt der Effizienz allerdings wird als Dimension des Qualitätsmanagements in der Sozialen Arbeit heftig diskutiert. So lehnt Merchel (vgl. Merchel 2004, 50) diese Kategorie für das Qualitätsmanagement in der Sozialen Arbeit ab. Er argumentiert, dass aufgrund der mangelnden Nachweisbarkeit der Kausalität zwischen Struktur- und Prozessqualität einerseits und Ergebnisqualität andererseits das Qualitätsmanagement mit der Erwartung, auch noch eine Kausalität zwischen Kosten und Nutzen herzustellen, überfrachtet sei. Er legt dar, dass die Kategorie Effizienz insgesamt für die Soziale Arbeit eine fragliche Größe sei, da sie immer auch auf den Vergleich von Leistungen und Einrichtungen bezogen werden müsse. Für solche Vergleiche ständen aber keine brauchbaren Referenzgrößen zur Verfügung. Die Gründe für die Schwierigkeit, Effizienz als Merkmal in das Qualitätsmanagement Sozialer Arbeit aufzunehmen, liege darin begründet, dass 1. die Zuschreibung der Effizienz an die beiden Seiten der koproduktiven Leistung (sozialer Dienstleister und Kund/e/in bzw. Kient/in) problematisch ist, 2. die unterschiedlichen Anteile schwer zu ermessen sind und 3. die Nutzer/innen als Koproduzent/inn/en seine/ihre Beteiligung auch verweigern oder reduzieren können. In Bezug auf die direkten sozialen Dienstleistungen sind diese Aspekte wichtig und richtig. Dass hinsichtlich der organisatorischen Gestaltung Effizienz in sozialen Dienstleistungsorganisationen aber sehr wohl eine relevante Größe ist, wird auch von Merchel anerkannt, jedoch nicht weiter vertieft (vgl. Merchel 2004, 50 ff.). Viele Prozesse und Leistungen geschehen abseits des Klientenkontaktes und sind nach Kosten-Nutzen-Gesichtspunkten überprüfbar und auch gestaltbar. Dass mit dieser Kategorie im Qualitätsmanagement der Sozialen Arbeit reflektiert umgegangen werden muss, trifft sicherlich zu, sollte aber auch nicht als Argument genutzt werden, sich mit diesen Fragen nicht zu befassen.

Qualitätsmanagement dient – auch als sozialrechtliche Pflicht – der Legitimation von Knappheitsentscheidungen und soll im zunehmend wettbewerblich gestalteten Umfeld helfen, diese nach rationalen, transparenten und verbindlichen Qualitätskriterien zu treffen.

In verschiedenen Publikationen wird darauf eingegangen, dass die Soziale Arbeit lange Zeit hinsichtlich der Steuerung von Qualität primär über strukturelle Rahmenbedingungen gesteuert wurde und Fragen der Ursache-Wirkungs-Zusammenhänge bei der Beurteilung der Leistungen als nicht beantwortbar eingestuft wurden. Qualität Sozialer Arbeit wurde in den 70er- und 80er-Jahren des vergangenen Jahrhunderts unter dem Begriff der Lebensqualität primär als eine infrastrukturelle Frage betrachtet (vgl. Schädler 2001, 14). Mit der Ökonomisierung und dem Wandel der Rahmenbedingungen der Sozialen Arbeit und des Gesundheitswesens ab Anfang der 90er-Jahre wurde der Begriff der Lebensqualität zunehmend durch den Begriff der Dienstleistungsqualität ersetzt. Die in diesem Begriffswandel zum Ausdruck kommende Ökonomisierung, verbunden mit einer gesellschaftlichen Individualisierung (vgl. Beck 1986) und Veränderungen in den Finanzierungsstrukturen der Sozialen Arbeit, führt zu einer Verbetriebswirtschaftlichung der Sozialen Arbeit, die schließlich den Blick stärker auf innerbetriebliche Strukturen und Abläufe lenkt, als dies je zuvor in der Sozialen Arbeit der Fall war (vgl. Schädler 2001, 16 ff.). Auf die sozialrechtliche Entwicklung und deren Wechselwirkung mit Fragen des Qualitätsmanagements wird in Kap. 3 näher eingegangen.

Vor dem Hintergrund der Erbringung sozialer Dienstleistungen unter der Notwendigkeit der aktiven Klientenmitwirkung (Uno-actu-Prinzip) und den von außen hinzukommenden Qualitätsdefinitionen, ist es eine wesentliche Aufgabe des Qualitätsmanagements, die Widersprüche der unterschiedlichen Anspruchsgruppen auszubalancieren und sich dazu zu positionieren.

So formuliert Grunwald klar die Anforderungen an ein Qualitätsmanagement in der Sozialen Arbeit. „Es geht zum einen darum, die Anforderungen, die sich im Kontext des Qualitätsmanagements an die aktive Gestaltung von Organisationen ergeben, ernst zu nehmen und sich ihnen nicht unter dem vorgeschobenen Verweis auf ein diffuses fachliches Handeln zu entziehen, und andererseits darum, Qualitätsmanagement als Bestandteil professionellen Handelns zu verstehen, ohne einer politischen Instrumentalisierung des Qualitätsthemas im Zeichen von Sparprogrammen oder einer technologischen Engführung desselben zu erliegen. Die Potenziale des Qualitätsmanagements, die insbesondere in der Optimierung von Organisationsstrukturen, in der Klärung von Zielen und in der Verbesserung der Formen von Kommunikation und Kooperation in und zwischen Einrichtungen liegen, sollten als solche ernst genommen und konsequent realisiert werden" (Grunwald 2008, 819).

Qualitätsmanagement sollte eine Verbindung von Professionsentwicklung, Organisationsentwicklung und Entwicklung des Sozialsystems umfassen. Dass einige der vielfach genutzten Modelle der Industrie entstammen, erregt in Sozialarbeiterherzen Abwehr und Widerstand. Das allein sollte aber kein Hindernis sein, in oben genanntem Sinne die Ziele von Qualitätsmanagement umzusetzen und diese Modelle als Strukturierungshilfe zu nutzen. Im Qualitätsmanagement getroffene Regelungen und Festlegungen sind immer so gut, wie der Fachdialog, der ihnen vorausgegangen ist, und so gut, wie die Beobachter es in der Retrospektive rekonstruieren.

2 Zum Verhältnis von Professionalisierung Sozialer Arbeit, sozialwirtschaftlichen Rahmenbedingungen und Qualitätsmanagement

Das Thema der Professionalität bzw. Professionalisierung der Sozialen Arbeit bewegt diese seit ihrer Begründung als wissenschaftlich fundierte Hochschulausbildung. Die Wurzeln zur Profession der Sozialen Arbeit liegen am Ende des vorletzten und Anfang des letzten Jahrhunderts beispielsweise in den Aktivitäten Alice Salomons, die sich mit der Ausbildung zum sozialen Beruf beschäftigte (vgl. Salomon 1927 und Salomon 1928). Ab den 60er-Jahren des vergangenen Jahrhunderts entwickelte sich die Soziale Arbeit im Rahmen der Akademisierung auch als in der Hochschulausbildung verankerte Profession.

Der Begriff der Profession muss hier in doppelter Weise betrachtet werden. Einerseits geht es um die Profession und Professionalität der Sozialen Arbeit als Disziplin. Andererseits muss heute aber auch die Professionalität der Gestaltung sozialwirtschaftlicher Vollzüge in den Blick genommen werden. Professionalität Sozialer Arbeit lässt sich nicht mehr ohne Berücksichtigung der ökonomischen Handlungsbedingungen betrachten.

Im Fachlexikon der Sozialen Arbeit wird Professionalisierung als „Prozess der Begründung und Entwicklung einer eigenständigen beruflichen Identität in einer modernen Gesellschaft, die durch ‚funktionale Differenzierung' gekennzeichnet ist", beschrieben (Kraimer 2002, 729). In Verbindung mit der hochschulischen Ausbildung und einer entsprechenden praktischen Ausbildungsphase begründet Professionalisierung eine eigenständige Berufspraxis, die durch kontinuierliche Weiterbildung und (Selbst-)Kontrolle auf wissenschaftlicher Basis begleitet sein sollte. Kennzeichen einer solchen Art von professionalisierter Berufsausübung ist nach Kraimer eine institutionelle Entscheidungsform im Verbund mit einem gesellschaftlichen Mandat, um Weltdeutungen für und mit den Klient/inn/en vorzunehmen. „Herausgehobene Merkmale der professionalisierten Tätigkeit sind die an rationalen Handlungsweisen orientierten Verrichtungen, die stellvertretend für die Gesellschaft als Sonderfunktionen zu deren Aufrechterhaltung vollzogen werden" (Kraimer 2002, 730).

Wissenschaftliches Wissen und habitualisierte Praxis fließen in der Profession mit ethischen Grundsätzen der Berufsausübung zusammen. In der Verbindung von forschendem Lernen und lehrender Forschung soll umfassende Bildung zur Ausprägung der Profession und der professionellen Haltung führen.

In der Verbindung damit, dass eine Profession sich auch dadurch auszeichnet, dass sie durch ein spezifisches Mandat gekennzeichnet ist und mit einer Lizenz zur Berufsausübung versehen ist, weist die Soziale Arbeit das Merkmal der Profession auf. Sie ist – zumindest im hoheitlichen Bereich – durch die Zulassung in Form der staatlichen Anerkennung reglementiert.

Markert kennzeichnet die Profession als etwas, das die zentralen Bereiche des menschlichen Lebens berührt und in die privaten und intimen Bereiche anderer Menschen hinein reicht (vgl. Markert 2008, 799). Aus dieser Anforderung heraus müssen Kompetenzen vorhanden sein, die dieses Eindringen und Eingreifen in die Privatsphäre – auch als gesellschaftspolitische Aufgabe – rechtfertigen und legitimieren. Markert formuliert: „In diesem Zusammenhang ist zunächst und in erster Linie die in Form einer speziellen Expertise zu verstehende Anwendung von Spezialwissen und Entwicklung einer berufsspezifischen Handlungskompetenz anzuführen. In diesem Sinne lässt sich professionelles Handeln in etwas ausführlicherer Diktion als gesellschaftlicher Ort der Vermittlung wissenschaftlicher Rationalität und sozialer Praxis fassen und zielt auf die (Wieder-)Herstellung der autonomen Lebenspraxis bzw. auf die Bewältigung des definierten Problems" (Markert 2008, 799 f.).

Das spezifische Fachwissen soll zu unabhängiger und unbeeinflusster, professioneller Handlungsausübung unter Einbeziehung ethischer Standards befähigen und fachliche Selbstkontrolle ermöglichen. Die wissensbasierte Entscheidungs- und Handlungsautonomie ist in Verbindung mit der oben genannten Lizensierung der Berufsausübung wesentliches Bestimmungs- und Abgrenzungsmerkmal zur Sozialen Arbeit durch Laien.

Dementsprechend zeigt Markert auf, dass die professionstheoretischen Bestimmungsgrößen zu einem großen Teil auf sozialwirtschaftliche Aufgaben und Berufsprofile nicht zutreffen, es sei denn, man nimmt eine handlungstheoretische Perspektive ein. Dies umfasst eine Bewertung der Professionalität nach realisierten Handlungsvollzügen und weniger nach der „Exklusivität".

Für die Soziale Arbeit stellt sich die Frage danach, inwiefern sozialwirtschaftliche Rahmenbedingungen, Methoden und Verfahren – und damit auch die Anforderungen an Qualitätsmanagement – die Professionalität der Sozialen Arbeit stärken, schwächen oder gar unberührt lassen. Wie bereits in der Einführung angesprochen, existieren unterschiedliche Auffassungen dazu, welchen Nutzen beispielsweise das Qualitätsmanagement für Fragen der Professionalisierung der Sozialen Arbeit hat.

Grunwald vertritt die Auffassung, dass sich autonome und selbstgesteuerte Berufsausübung der Sozialen Arbeit und der kontrollierende Ansatz des Qualitätsmanagements widersprechen. Inwiefern diese These unzutreffend ist, möchte ich im Folgenden erörtern (vgl. Grunwald 2002, 816 ff.).

Zunächst ändert die Einführung des Qualitätsmanagements nichts an den oben dargelegten spezifischen Kriterien, die aus der Sozialen Arbeit eine Profession mit wissenschaftlich fundiertem Handlungswissen und lizensierten, berufspolitisch verankerten Zulassungskriterien macht. Mit der Diskussion um Qualitätsmanagement in der Sozialen Arbeit ist eine immer wieder neu zu führende Diskussion um fachliche Standards verbunden, die in den komplexen gesellschaftlichen Interessenlagen definiert und redefiniert werden müssen.

Qualitätsmanagement als gesellschaftliche Anforderung an die Soziale Arbeit macht deutlich, dass der Konsens über die fachlichen Standards und die Handlungsvollzüge bei der Erbringung von Leistungen brüchig geworden sind. Als Profession hat die Soziale Arbeit aber – wie oben gezeigt – den Auftrag, Integrationsleistungen im gesellschaftspolitischen Interesse zu erbringen.

Soziale Arbeit vollzieht sich in wesentlichen Teilen im Kontext institutionalisierter Bedingungen in Organisationen, die unter dem Druck der Ökonomisierung in der Sozialen Arbeit stehen. Dabei werden die Rahmenbedingungen für die Erfüllung der professionsspezifischen Aufträge und Beauftragungen im Spannungsfeld des von Wendt und Wöhrle formulierten „sozialwirtschaftlichen Gevierts“ gesetzt.

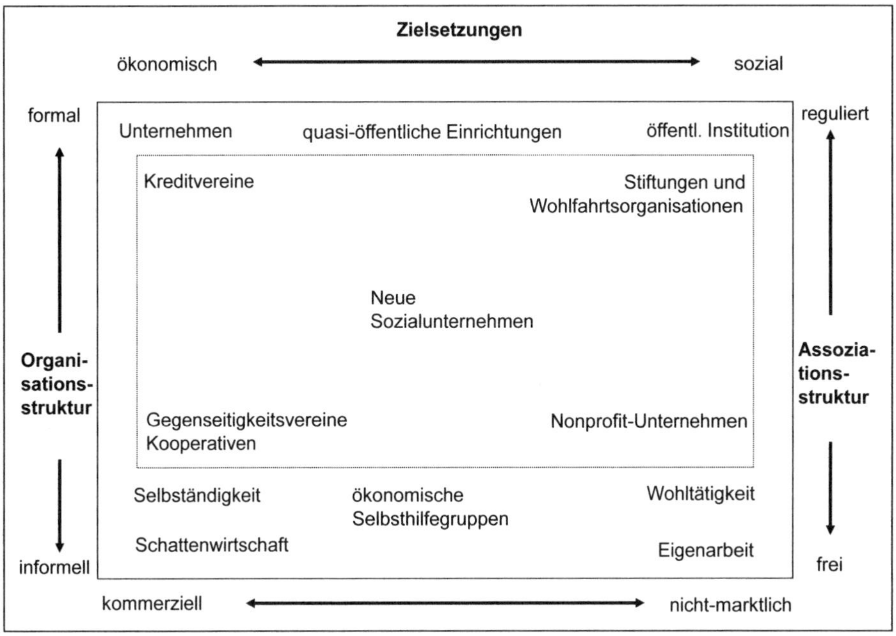

Abb. 5: Das sozialwirtschaftliche Geviert (Quelle: Wendt 2007, 53)

Neue Sozialunternehmen (Kreditvereine, Stiftungen und Wohlfahrtsorganisationen, Non-Profit-Unternehmen und Gegenseitigkeitsvereine oder Kooperativen) bewegen sich in einem Umfeld, das durch wirtschaftlich tätige Unternehmen, quasi-öffentliche Einrichtungen und öffentliche Institutionen geprägt ist. Dieses Feld wird durch unterschiedliche Handlungslogiken geprägt, die von der Selbständigkeit als Unternehmen über Selbsthilfegruppen mit ökonomischer Tätigkeit bis hin zu Formen der Eigenarbeit reichen. Dabei ist das gesamte Tätigkeitsspektrum durch sehr divergierende Rahmenbedingungen geprägt. Während die wirtschaftlichen Aktivitäten der unterschiedlichen Organisationsformen von nicht marktlichen bis zu streng kommerziellen reichen, finden sich im Feld auch stark informelle Organisationsstukturen zugleich mit sehr formalen. Auch die Zielsetzungen der Unternehmen reichen von ausschließlich sozialen bis zu klar ökonomischen, die meist mit Assoziationskulturen von sehr frei bis sehr reguliert verbunden sind.

Von einer einheitlichen Handlungslogik kann also keineswegs gesprochen werden. Professionalität muss sich folglich auch jeweils anders darstellen, wenn die Rahmenbedingungen andere sind und eine Organisation sich im sozialwirtschaftlichen Geviert an einer anderen Position verortet.

Im Sinne einer Professionalität aus der Organisationsperspektive richten die Einrichtungen, die ein Qualitätsmanagementsystem aufbauen, ihr Handeln vorrangig an folgenden Aspekten aus:

- gesetzliche und behördliche Bestimmungen,
- finanzielle und materielle Absicherung bei knappen Ressourcen auf der Basis von Entgeltvereinbarungen und Zuwendungen,
- Balance zwischen Leistungsbereitschaft und Leistungsfähigkeit auf der Basis von Leistungsvereinbarungen und förderrechtlich definierten Zuwendungsbereichen,
- Qualitätsfestlegungen auf der Basis von Qualitätsvereinbarungen und Rechenschaftslegung.

Dabei lässt sich die Professionalität der fachlichen Sozialen Arbeit nur soweit realisieren, wie die z.T. widersprüchlichen Anforderungen aus Zielsetzung, wirtschaftlichen Aktivitäten, organisationalen Aspekten und der – die Soziale Arbeit prägenden – Einbindung in Strukturen dies zulässt. Im Sinne der Professionalität als Ausdruck von gesellschaftlichem Auftrag, individuellem Hilfeanspruch und der Ermöglichung einer daran ausgerichteten Leistungserbringung dient Qualitätsmanagement letztlich der Professionalität, in deren Dienst sie sowohl sozialarbeiterisch-fachlich als auch sozialwirtschaftlich zu stellen ist.

Die wesentliche Voraussetzung dafür ist, dass die professionelle Perspektive der in der Sozialen Arbeit ausgebildeten Fachkräfte in die Entwicklung des Qualitätsmanagements einfließt und Qualitätsmanagement nicht als fachfremdes Verfahren der Sozialen Arbeit übergestülpt wird.

Merchel stellt einige Aspekte zusammen, unter denen ein Qualitätsmanagementsystem auch in der Sozialen Arbeit die Professionalität stärken kann. Er nennt neun verschiedene Punkte (vgl. Merchel 2004, 194 ff.):

- Mitarbeiterpartizipation,
- Prozessorientierung,
- Adressatenorientierung,
- Praktikabilität,
- thematische Breite,
- Dialogorientierung,
- fachpolitische und sozialpolitische Wirkungsabsicht,
- Integration von Form und Inhalt,
- reflektierte Anspruchshaltung bzw. Steuerungserwartung.

Zu kurz kommt aus meiner Sicht der Aspekt des Controllings und der Evaluierbarkeit des Qualitätsmanagementsystems. Unter dem Aspekt der stetigen Weiterentwicklung muss das Qualitätsmanagementsystem so angelegt sein, dass es selbstreflexive Prozesse für die gesamten organisationsentwicklerischen Bezüge auf sozialarbeiterisch-fachlicher Basis beinhaltet. Darüber hinaus muss es eine verstärkte Methodenkompetenz sowie eine Vertiefung der fachlichen Kompetenzen realisieren, wenn es der Professionalitätsentwicklung zuarbeiten soll.

Zusammengefasst kann hinsichtlich der Wirkung des Qualitätsmanagements auf die Professionalisierung sozialer Dienstleistungen konstatiert werden, dass diese erreicht werden kann, wenn die Eigenheiten der Sozialen Arbeit bei der Entwicklung angemessen berücksichtigt werden. „Wenn sich pädagogische Absichten personal vermitteln und ex ante definierte Strukturierungen, Verfahren und Methoden lediglich als potentiell förderliche Bedingungen für die Wahrscheinlichkeit von Wirkungen anzusehen sind, verweist pädagogische Qualität im Sinne eines zielgerichteten, begründeten und wirksamen Handelns auf Eigenschaften des handelnden Akteurs und auf die Handlungen selbst" (Galiläer 2005, 229). Dieses Handeln ist jedoch in der professionalisierten Sozialen Arbeit in Organisationsstrukturen und -logiken eingebettet. Qualitätsmanagement hilft einem solchen, am personalen Handeln ausgerichteten Verständnis von Qualität und Professionalität dabei, Routinen zu entwickeln, die die Wirksamkeit des personalen Handelns reflektieren und praktisches Handeln habitualisieren. Einen Einfluss auf die Qualität des pädagogischen Wissens und Könnens von Fachkräften hat es insofern, als es Mechanismen vorsehen kann, die Defizite diagnostizieren helfen und Abhilfe einleiten können.

Als „systematische und regelmäßige Betrachtung und Ausrichtung aller Elemente der Planung, Durchführung/Produktion, Distribution etc. ausgehend von den Zielen der Organisation und den ex ante festzulegenden Eigenschaften der Produkte bzw. Dienstleistungen" (Galiläer 2005, 236) in der Sozialen Arbeit erhebt Qualitätsmanagement laut Galiläer den Anspruch, die Qualität der Produkte zu erhöhen und eine festgelegte Beschaffenheit zu gewährleisten. Für die Soziale Arbeit kann dies aber nicht zutreffen. Lediglich die Bedingungen, unter denen die Dienstleistungen realisiert werden, können anhand vorausschätzbarer und ggf. empirisch erprobter Wahrscheinlichkeiten gesetzt und standardisiert werden. Aufgrund des Technologiedefizites der Sozialen Arbeit lassen sich keine berechenbaren Kausalitäten zwischen Dienstleistungshandeln und Ergebnis herstellen.

Auch beim Einsatz von Verfahren des Qualitätsmanagements, wie sie in diesem Band beschrieben und in Praxisbeispielen vorgestellt werden, gibt es keine direkte Kausalität von Verfahrenskonzepten zu tatsächlicher pädagogischer Qualität. Eine Reduzierung des Qualitätsmanagements auf bloße marketingstrategische Effekte wäre aber auch verkürzt. Die konkrete Durchführung der pädagogischen Arbeit, die dialogische Interaktion in der Dienstleistungsbeziehung zwischen Klient/inn/en bzw. Kund/inn/en und Anbieter/innen entscheiden von Fall zu Fall, ob die Dienstleistung gelingt.

Qualitätsmanagement unterstützt und ermöglicht die professionelle Soziale Arbeit. Auf Dauer hilft das Qualitätsmanagement bei der Weiterentwicklung der organisationsspezifischen Professionalität im komplexen Bedingungsgefüge der Leistungserstellung. Es hilft auch, die Legitimität von Leistungen darstellbar und kommunizierbar zu machen. Es ersetzt aber nicht die vom Qualitätsmanagement unabhängig zu entwickelnde fachliche Kompetenz. Qualitätsmanagement ohne fachlich fundierte Professionalität ist eine leere Hülle, die keine Steigerung der Erfüllung der Kundenanforderungen (Nutzer/innen und Kostenträger/Gesellschaft) bringt.

3 Rechtliche Rahmenbedingungen des Qualitätsmanagements in der Sozialen Arbeit

Aspekte der Qualität und des Qualitätsmanagements sind inzwischen in die deutsche Sozialgesetzgebung an vielen Stellen eingezogen. In diesem Kapitel wird im Überblick dargestellt, welche Anforderungen die Sozialgesetze im Hinblick auf Qualität und Qualitätsmanagement stellen. Dabei wird aufgezeigt, dass nur in zwei Bereichen (SGB III und SGB IX) sozialgesetzliche Regelungen zu einer Zertifizierungspflicht bestehen. In allen anderen Bereichen wird gesetzlich lediglich der Nachweis von Qualitätsmanagement oder -entwicklung gefordert.

Qualitätsaspekte sind in verschiedenen Sozialgesetzbüchern verankert: im SGB II (Grundsicherung für Arbeitssuchende), SGB III (Arbeitsförderungsgesetz), SGB VIII (Kinder- und Jugendhilfegesetz), SGB IX (Rehabilitation und Teilhabe behinderter Menschen), SGB XI (Soziale Pflegeversicherung) und SGB XII (Sozialhilfe).

3.1 Sozialrechtliche Regelungen zum Qualitätsmanagement

Den Ausgangspunkt nahmen sozialrechtliche Regelungen zum Qualitätsthema in der Gesundheitsreform des Jahres 1989. Im SGB V wurden in den §§ 135–139 Regelungen getroffen, die die Qualitätssicherung bei der vertragsärztlichen und vertragszahnärztlichen Versorgung, bei ambulanten Vorsorgeleistungen und Rehabilitationsmaßnahmen, bei der stationären Versorgung sowie bei Heil- und Hilfsmitteln festschrieben. Merchel weist darauf hin, dass das Qualitätsthema im Gesundheitswesen in enger Verbindung mit Sparstrategien eingeführt wurde (vgl. Merchel 2004, 19). Neben dem SGB V wurden bereits früh im SGB XI (Pflegeversicherung) Aspekte der Qualitätssicherung eingeführt. Da sich in jüngster Zeit hier noch einmal viele Verschiebungen und Ergänzungen ergeben haben, wird darauf später noch genau eingegangen.

3.2 Qualität in SGB II und XII

Im SGB II findet sich im § 17 Abs. 2 die folgende Regelung:

„Wird die Leistung von einem Dritten erbracht und sind im Dritten Buch keine Anforderungen geregelt, denen die Leistung entsprechen muss, sind die Träger der

Leistungen nach diesem Buch zur Vergütung für die Leistung nur verpflichtet, wenn mit dem Dritten oder seinem Verband eine Vereinbarung insbesondere über

1. Inhalt, Umfang und Qualität der Leistungen,
2. die Vergütung, die sich aus Pauschalen und Beträgen für einzelne Leistungsbereiche zusammensetzen kann, und
3. die Prüfung der Wirtschaftlichkeit und Qualität der Leistungen

besteht. Die Vereinbarungen müssen den Grundsätzen der Wirtschaftlichkeit, Sparsamkeit und Leistungsfähigkeit entsprechen" (SGB II § 17 Abs. 2). Mit diesen drei Aspekten der Leistungs-, der Vergütungs- und der Prüfvereinbarung wird festgelegt, dass das Qualitätsversprechen, das in der Leistungsvereinbarung gegeben wird, mit einem Prüfrecht des Kostenträgers versehen ist. Diese Regelung im SGB II (Grundsicherung für Arbeitsuchende) wurde aus dem BSHG (Bundessozialhilfegesetz § 93, Abs. 2, Satz 1) übernommen, das mit der Reform der Sozialgesetzgebung zum 1. 1. 2005 seine Wirkung verlor. Eine fast identische Regelung wurde mit der Sozialrechtsreform auch in das SGB XII (Sozialhilfe) übernommen.

In dem zugehörigen Rahmenvertrag, der zwischen den Spitzenverbänden der freien Wohlfahrtspflege und den überörtlichen Trägern der Sozialhilfe bereits im Kontext des BSHG im Jahre 2001 geschlossen wurde (Rahmenvertrag ambulant gemäß § 93d BSHG NRW vom 23. 8. 2001), werden Grundsätze der Qualitätssicherung festgeschrieben. Unter anderem werden im Vertrag für den ambulanten Bereich interne Maßnahmen zur Sicherung der Struktur-, Prozess- und Ergebnisqualität vereinbart sowie interne Qualitätszirkel, die Einsetzung von Qualitätsbeauftragten, die Mitwirkung an Qualitätskonferenzen und die Entwicklung und Weiterentwicklung von Qualitätsstandards empfohlen. Der Kostenträger hat einen Anspruch darauf, über die Maßnahmen der Qualitätssicherung in den Einrichtungen informiert zu werden. Im Vertrag für die stationären Einrichtungen werden im § 10 Abs. 3 darüber hinaus spezifische Merkmale der Struktur-, Prozess- und Ergebnisqualität festgelegt.

Dazu gehören z.B. hinsichtlich der Strukturqualität Merkmale wie Standort und Größe der Einrichtungen, Vorhandensein einer Konzeption, Organisationsform usw. Hinsichtlich der Prozessqualität werden Aspekte wie z.B. „Beteiligung des Leistungsbeziehers bzw. seines Personensorgeberechtigten an der Erstellung und Fortschreibung des jeweiligen Hilfeplans, Ausrichtung des Hilfeprozesses an dem Grundsatz der Hilfe zur Selbsthilfe und Ausrichtung der Organisation des Einrichtungsbetriebes auf die Stärkung der Eigenkompetenz des Leistungsbeziehers, Vernetzung und Kooperation mit anderen Einrichtungen und Integration in das auf örtlicher Ebene vorhandene Hilfeangebot, standardisierte Dokumentation der Leistungserbringung im Einzelfall (Prozessdokumentation)" (Rahmenvertrag stationär gemäß § 93d BSHG NRW vom 23. 8. 2001) aufgeführt. Als Kriterien der Ergebnisqualität werden genannt: soziale Integration, Entwicklungsförderung der Leistungsfähigkeit, Einbeziehung des sozialen Umfeldes usw.

Diese Regelungen der Rahmenverträge sind mit der Umstellung auf das SGB XII eins zu eins auch für die neue Sozialhilfe übernommen worden. Auf der Basis der Rahmenverträge können in den einrichtungsspezifisch zu schließenden Leistungsvereinbarungen Regelungen zur Umsetzung dieser Vorgaben festgelegt werden.

Darauf basiert dann schließlich das Prüfrecht des Kostenträgers gegenüber dem Leistungserbringer. Da diese Regelungen im Kontext des Prüfrechtes auf Wirtschaftlichkeit und Qualität der Leistungen nach § 75 Abs. 3 SGB XII stehen, ist auch hier die enge Verbindung zu fiskalischen Aspekten – zu Einsparzielen – gegeben. An den genannten Regelungsbeispielen aus den Rahmenverträgen ist deutlich geworden, dass die Vorgaben sehr offen und wenig spezifisch sind. Über die Art und Weise einer erforderlichen Umsetzung in der Praxis ist dort nichts festgelegt. Wie und mit welcher fachlichen Kompetenz Überprüfungen durchgeführt werden sollen, bleibt offen.

3.3 Qualitätsentwicklung im SGB VIII

Das SGB VIII (Kinder- und Jugendhilfegesetz) positioniert das Thema Qualität mit sehr ähnlicher Formulierung. Während die Regelungen zur Leistungsvereinbarung und Entgeltvereinbarung analog gestaltet sind, gibt es für das SGB VIII keine Prüfvereinbarung, sondern eine Qualitätsentwicklungsvereinbarung. Im Gesetz heißt es: „Wird die Leistung ganz oder teilweise in einer Einrichtung erbracht, so ist der Träger der öffentlichen Jugendhilfe zur Übernahme des Entgelts gegenüber dem Leistungsberechtigten verpflichtet, wenn mit dem Träger der Einrichtung oder seinem Verband Vereinbarungen über [...] 3. Grundsätze und Maßstäbe für die Bewertung der Qualität der Leistungsangebote sowie über geeignete Maßnahmen zu ihrer Gewährleistung (Qualitätsentwicklungsvereinbarung) abgeschlossen worden sind" (SGB VIII § 78b, Abs. 1). Zur Umsetzung dieser gesetzlichen Vorgaben sind – wie in der Sozialhilfe – Rahmenverträge zwischen den Spitzenverbänden der freien Wohlfahrtspflege und den Verbänden privater Träger auf Landesebene geschlossen worden. Im § 8 des Rahmenvertrages für Nordrhein-Westfalen heißt es: „1. Die Qualitätsentwicklungsvereinbarung enthält Grundsätze, Maßstäbe, Merkmale und Verfahren für die Bewertung der Qualität des Leistungsangebotes sowie geeignete Maßnahmen zu ihrer Gewährleistung (§ 78b (1) Nr. 3 SGB VIII). Die Weiterentwicklung der Qualität der Leistungen beider Partner ist permanente Aufgabe des regelmäßig zu führenden Dialoges. 2. Näheres regelt die Anlage III Allgemeine Qualitätsentwicklungsvereinbarung."

In der Anlage III zu diesem Rahmenvertrag wird eine allgemeine Qualitätsentwicklungsvereinbarung getroffen. Dabei wird deutlich herausgestellt, dass Leistungserbringung und Qualität eine Einheit darstellen und die allgemeine Qualitätsentwicklungsvereinbarung den Rahmen für die einrichtungsspezifische Qualitätsentwicklung darstellt. Die realisierte Qualität hat sich an den jeweiligen gesellschaftlichen, gesetzlichen und fachlich definierten Zielen auszurichten. Damit wird deutlich, dass nicht nur die sozialarbeiterische Fachlichkeit den Orientierungsrahmen bildet. In der allgemeinen Qualitätsentwicklungsvereinbarung werden folgende Bereiche behandelt:

- Grundsätze der Entwicklung und Bewertung der Qualität der Leistungsangebote, Qualitätsentwicklung im Dialog (Betonung des Dialogs mit den Leistungsempfängern),

- Kreislauf der Qualitätsentwicklung (Bezug zur Hilfeplanung als kontinuierlichem Prozess der Weiterentwicklung der Leistungen),
- Gestaltung der Angebotsstruktur (hinsichtlich der Jugendhilfeplanung [Systemgestaltung] und individuellen Hilfeplanung),
- Ziele und Maßstäbe, Schlüsselprozesse und Merkmale sowie Indikatoren der Qualitätsentwicklung (Dazu gehören: 1. allgemeine verbindliche fachliche Maßstäbe wie Prävention, Dezentralisierung, Alltagsorientierung, Integration, Normalisierung, Partizipation, 2. die Definition der Schlüsselprozesse und die damit verbundenen Qualitätsmerkmale unter Berücksichtigung der Erwartungen der Adressat/inn/en und der Jugendämter an die Qualität der Einrichtung und 3. die Bildung von Indikatoren zur Messung der Schlüsselprozessergebnisse im Dialog zwischen Kostenträger und Einrichtung),
- Maßnahmen und Instrumente zur Gewährleistung von Qualität (dazu gehört, dass die Einrichtung 1. sicherstellen muss, dass ihre Qualitätsentwicklung in der Unternehmensstruktur, in der Kommunikation und in der Personalführung der gesamten Einrichtung verankert und von der Mitarbeiter/innen/schaft getragen wird und 2. Maßnahmen und Methoden wie z.B. Teamarbeit, kollegiale Fallberatung, Organisationsentwicklung, interne und externe Bewertungsverfahren (z.B. Selbst- und Fremdevaluation) genutzt werden) (vgl. Anlage III Allgemeine Qualitätsentwicklungsvereinbarung nach § 8 des Rahmenvertrages I NRW vom 14.5.2003)

Die Vereinbarung der Qualitätsentwicklung erfolgt schriftlich und im Dialog zwischen allen Beteiligtenebenen. Sie wird einrichtungsindividuell abgeschlossen. Darüber hinaus besteht für die Träger die Möglichkeit, sich zu Qualitätsgemeinschaften zusammenzuschließen und gemeinsame Vereinbarungen abzuschließen. Die konkrete Ausgestaltung ist dabei den jeweiligen Akteuren vor Ort überlassen. Eine solche Qualitätsentwicklungsvereinbarung kann beispielsweise folgende Aspekte enthalten: Grundsätze, Maßnahmen zur Gewährleistung von Qualität und Vereinbarungen zum Qualitätsdialog. Zu den Maßnahmen können unterschiedliche Schwerpunkte gesetzt werden. So können beispielsweise in einer sozialtherapeutischen Einrichtung der Kinder- und Jugendarbeit (Jugendwohngemeinschaft) Aspekte wie Konzeptionsentwicklung, Dienstorganisation, Personalfragen, Dokumentation, Öffnung und Transparenz Themen sein, die als qualitätsrelevant zur Weiterentwicklung vereinbart werden (vgl. SKJ e.V. 2004, 23 ff.). In einer anderen Einrichtung können andere Schwerpunktthemen der Qualitätsentwicklung gesetzt werden. Vergleicht man Umfang und Tiefe von real vereinbarten Qualitätsentwicklungsprozessen, so wird schnell deutlich, dass es hier keine Standards gibt, nach denen übergreifend gehandelt wird.

3.4 Zertifizierungspflicht im SGB III

Seit dem Inkrafttreten des „Ersten Gesetzes für moderne Dienstleistungen am Arbeitmarkt" am 1.1.2003 (Hartz I) gelten im Rahmen des SGB III neue Rahmenbedingungen der Qualitätsprüfung für die berufliche Weiterbildung, die von der Agentur für Arbeit finanziert und am Markt mit Bildungsgutscheinen durch arbeitsuchende Menschen eingekauft werden können. Sowohl durch die Festlegung von Anspruchsgrundlagen für Leistungsempfänger als auch durch die Definition von Rahmenbedingungen für die Leistungserbringung werden politisch die Bedingungen der Qualitätssicherung umrissen. Auf die Voraussetzungen für den Erhalt eines Bildungsgutscheins gehe ich hier nicht näher ein, da dies die individuellen Leistungsansprüche betrifft, die ein arbeitsloser Mensch hat. Dies ist im § 77 SGB III, Abs. 1 geregelt (vgl. auch Vomberg 2005, 133 ff.). Hinsichtlich des Aspektes der sozialrechtlichen Regelungen zum Qualitätsmanagement ist interessant, wie sich die Regelungen für Anbieter von Maßnahmen der beruflichen Bildung darstellen.

Um als Anbieter von Bildungsmaßnahmen, die über Bildungsgutschein und damit durch die Agentur für Arbeit finanziert werden, auftreten zu können, muss der Träger dieser Maßnahmen die Vorgaben des SGB III §§ 84–86 sowie der damit verbundenen Rechtsverordnung AZWV (Allgemeine Zulassungsverordnung Weiterbildung) erfüllen. Diese Regelungen werden im Folgenden erläutert.

Qualitätsphilosophie des SGB III und der AZWV

Das SGB III – in der seit 2003 geltenden neuen Fassung – enthält bezüglich der Förderung beruflicher Weiterbildung im § 84 unter der Überschrift „Anforderungen an Träger" die Formulierung: „Zugelassen für die Förderung sind Träger, bei denen eine fachkundige Stelle festgestellt hat, dass" [...] (Abs. 4) „der Träger ein System zur Sicherung der Qualität anwendet." Weiter wird in § 85 ausgeführt, unter welchen Aspekten nicht nur die Träger von Maßnahmen durch eine fachkundige Stelle zu begutachten sind, sondern auch die einzelne Maßnahme geprüft und zugelassen werden muss. Hiernach müssen sowohl Inhalte als auch Methoden und Materialien der Maßnahmen, die Teilnahmebedingungen und das zu erzielende Zeugnis begutachtet werden. Darüber hinaus muss die fachkundige Stelle die arbeitsmarktpolitische Zweckmäßigkeit, die Wirtschaftlichkeit, Sparsamkeit und die Angemessenheit der Dauer und der Kosten der Maßnahmen beurteilen.

So wird im aktuellen SGB III von Qualitätsprüfung und -sicherung, nicht von -entwicklung gesprochen. Die Bundesagentur für Arbeit hat nicht nur die Ergebnisse von Maßnahmen zu überwachen (SGB III § 86 Abs. 1) und in den Eingliederungsbilanzen abzubilden, sondern teilt der fachkundigen Stelle festgestellte Ergebnisse und auch Mängel mit (SGB III § 86, Abs. 3).

In der Begründung des § 84 SGB III in der Entwurfsfassung des Gesetzes vom 5.11.2002 wurde dargelegt, dass man mit der Neuregelung der Zulassung von Trägern und Maßnahmen durch eine fachkundige Stelle den Wettbewerb unter den Anbietern verstärken will, indem jeder Bildungsträger seine Maßnahmen von diesen unabhängigen Stellen zertifizieren lassen kann.

Das Gesetz ließ offen, wer die externe Testierung vornehmen soll, und verlagerte diese Entscheidung auf eine Rechtsverordnung, die seit dem 1.7.2004 in Kraft ist. In dieser heißt es, dass ein System zur Sicherung der Qualität vorliegt, „wenn ein den anerkannten Regeln der Technik entsprechendes systematisches Instrument zur Qualitätssicherung und Qualitätsentwicklung dokumentiert, wirksam angewendet und dessen Wirksamkeit ständig verbessert wird" (AZWV §8 Abs. 4). Neben der Prüfung des Qualitätsmanagementsystems wird der Träger auf seine Solidität geprüft, die Fähigkeit zur Eingliederung von Teilnehmern an Bildungsmaßnahmen in den Arbeitsmarkt beurteilt und die Aus- und Fortbildung der Leitungs- und Lehrkräfte unter die Lupe genommen. Für den Nachweis eines funktionierenden Systems der Qualitätssicherung und -entwicklung wird in der Verordnung eine Reihe von Dingen genannt, die der Träger nachzuweisen hat. Dazu gehören laut §8 Abs. 4 AZWV neben – 1. dem Nachweis eines „kundenorientierten Leitbildes, 2. der Berücksichtigung arbeitsmarktlicher Entwicklungen bei Konzeption und Durchführung von Bildungsmaßnahmen, 3. der Art und Weise der Festlegung von Unternehmenszielen sowie Lehr- und Lernzielen, Methoden einschließlich der Methoden der Bewertung des Eingliederungserfolgs, 4. den Methoden zur Förderung der individuellen Lernprozesse, 5. einer regelmäßigen Evaluierung der angebotenen Maßnahmen mittels anerkannter Methoden, 6. der Unternehmensorganisation und -führung, 7. der Durchführung von eigenen Prüfungen zur Funktionsweise des Unternehmens, 8. der Bereitschaft zur Zusammenarbeit mit externen Fachkräften zur Qualitätsentwicklung" (AZWV §8 Abs. 4) – auch 9. die Zielvereinbarungen, die Messung des Grads der Zielerreichung und die Steuerung fortlaufender Optimierungsprozesse auf der Grundlage erhobener Kennzahlen oder Indikatoren.

Bei der Bundesagentur für Arbeit wurde ein so genannter Anerkennungsbeirat eingerichtet, der Richtlinienkompetenz für die Umsetzung der AZWV hat. Eine inhaltliche Konkretisierung erfährt die Verordnung fortlaufend durch diesen. Die ausgesprochenen Empfehlungen müssen von Trägern und fachkundigen Stellen umgesetzt werden.

In der AZWV ist über die Trägerzertifizierung hinaus die Zertifizierung von Maßnahmen, wie sie im §85 SGB III vorgeschrieben wird, näher spezifiziert (§9 AZWV). Darin wird vorgeschrieben, dass alle für die Qualität einer Bildungsmaßnahme relevanten Rahmenbedingungen (Lernziele, zielgruppengerechte Inhalte, Dauer, technische Ausstattung, Arbeitsmarktbezug, Lehrorganisation, Zeugnis, Kostensätze, Dauer der Maßnahme usw.) nachgewiesen werden müssen. Hat ein Bildungsträger eine größere Zahl von Maßnahmen, die zugelassen werden sollen, so kann eine durch die Zertifizierungsstelle definierte Referenzauswahl geprüft werden. Sofern diese die Anforderungen erfüllen, werden dann alle Maßnahmen zugelassen (AZWV §9 Abs. 2).

Die hier beschriebenen Regelungen sind analog anzuwenden, wenn es sich um Bildungsmaßnahmen mit Bildungsgutschein handelt, die im Rahmen der Leistungen des SGB II an Hilfebedürftige vergeben werden.

Zertifizierungsstellen nach AZWV

Die Bundesagentur für Arbeit mit ihrer Zentrale in Nürnberg trägt die Anerkennungsstelle, die die Zertifizierungsstellen – als „fachkundige Stellen" bezeichnet – zulässt. Bildungsträger werden nicht auf ein bestimmtes Qualitätsmanagementsystem festgelegt. Betrachtet man allerdings die Liste der bisher zugelassenen fachkundigen Stellen, so wird schnell deutlich, dass hier insbesondere Zertifizierer mit einer deutlichen Ausrichtung an der DIN EN ISO 9001:2005 tätig sind (vgl. www.arbeitsagentur.de/Institutionen/Träger/Anerkennung und Zulassung/Verzeichnis der fachkundigen Stellen). Diese Entwicklung wird dadurch gestärkt, dass die fachkundigen Stellen Zertifizierungsauditoren vorhalten müssen, die die Anforderungen an Auditoren nach der DIN 19011 erfüllen und damit i.d.R. zumindest selber im Bereich DIN EN ISO 9001:2005 ausgebildet sind.

3.5 Qualitätsmanagement im SGB IX

Auch das SGB IX (Rehabilitation und Teilhabe behinderter Menschen) enthält Regelungen zur Sicherung und Weiterentwicklung der Qualität. Im § 20 SGB IX Abs. 1 heißt es: „Die Rehabilitationsträger nach § 6 Abs. 1 Nr. 1 bis 5 [die gesetzlichen Krankenkassen, die Bundesagentur für Arbeit, die Träger der gesetzlichen Unfallversicherung, die Träger der gesetzlichen Rentenversicherung, die Träger der Alterssicherung der Landwirte, die Träger der Kriegsopferversorgung und die Träger der Kriegsopferfürsorge – jeweils im Rahmen ihrer Verpflichtungen zu Rehabilitationsleistungen] vereinbaren gemeinsame Empfehlungen zur Sicherung und Weiterentwicklung der Qualität der Leistungen, insbesondere zur barrierefreien Leistungserbringung, sowie für die Durchführung vergleichender Qualitätsanalysen als Grundlage für ein effektives Qualitätsmanagement der Leistungserbringer. [...] Die Rehabilitationsträger nach § 6 Abs. 1 Nr. 6 und 7 [die Träger der öffentlichen Jugendhilfe und die Träger der Sozialhilfe – jeweils im Rahmen ihrer Verpflichtungen zu Rehabilitationsleistungen] können den Empfehlungen beitreten" (SGB IX § 20 Abs. 1). Im Abs. 2 wird dann ausgeführt, dass die Leistungserbringer ein Qualitätsmanagement ebenso sicherstellen müssen, wie sie die Qualität der Versorgung und die kontinuierliche Verbesserung durch zielgerichtete und systematische Verfahren und Maßnahmen gestalten müssen. Für stationäre Einrichtungen wird hier sogar festgelegt, dass sie sich einem Zertifizierungsverfahren unterziehen müssen. Die Maßstäbe für ein einrichtungsinternes Qualitätsmanagement sowie für ein Zertifizierungsverfahren werden laut SGB IX § 20 Abs. 2a durch Vereinbarung der Spitzenverbände der Rehabilitationsträger vereinbart. Darin haben die freien Verbände, Wohlfahrtsverbände und Verbände von Selbsthilfegruppen lediglich ein Recht zur Stellungnahme. Während sie im Rahmen der zuvor genannten sozialgesetzlichen Regelungen zu Qualitätsfragen Vertragspartner sind, wird ihnen dieser Status im Rahmen des § 20 Abs. 2a SGB IX nicht zuerkannt. Die Bundesarbeitsgemeinschaft für Rehabilitation (BAR)[1] hat im Rahmen einer Vereinbarung[2] inhaltliche Vorgaben

1 Repräsentanz der Verbände der gesetzlichen Kranken- und Unfallversicherung, der Deutschen Rentenversicherung Bund, des Spitzenverbandes der landwirtschaftlichen Sozialversicherung, der Bundesagentur für Arbeit, der Bundesländer, der Spitzenverbände der Sozialpartner, der Bundesarbeitsgemeinschaft der Integrationsämter und Hauptfürsorgestellen, der Bundesarbeitsgemeinschaft der überörtlichen Träger der Sozialhilfe sowie der Kassenärztlichen Bundesvereinigung zur Förderung und Koordinierung der Rehabilitation und Teilhabe behinderter Menschen.

2 Diese liegen z.Zt. noch im Entwurf vor, sollen aber im Sommer 2009 verabschiedet werden.

formuliert, was ein Qualitätsmanagement in der Rehabilitation umfassen muss. Es werden die folgenden elf Qualitätskriterien genannt: 1. Teilhabeorientiertes Leitbild, 2. Einrichtungskonzept, 3. Indikationsspezifische Rehabilitationskonzepte, 4. Verantwortung für das Qualitätsmanagement in der Einrichtung, 5. Basiselemente eines Qualitätsmanagementsystems, 6. Beziehungen zu Rehabilitanden/Bezugspersonen/Angehörigen, Behandlern, Leistungsträgern, 7. Systematisches Beschwerdemanagement, 8. Externe Qualitätssicherung, 9. Interne Ergebnismessung und -analyse (Verfahren), 10. Fehlermanagement, 11. Interne Kommunikation und Personalentwicklung (vgl. BAR 2009, § 3 Abs. 1). Das Zertifizierungsverfahren ist seit dem 1. 10. 2009 gültig. Bereits erworbene Zertifikate werden bis zum Ablauf ihrer aktuellen Gültigkeit anerkannt. Mit dem Abschluss der Vereinbarung zum internen Qualitätsmanagement nach § 20 Abs. 2a SGB IX wurde festgelegt, wie ein Zertifizierugnsverfahren auszusehen hat. Dabei wurde als zentrales Merkmal festgelegt, dass es sich um ein rehabilitationsspezifisches Qualitätsmanagementsystem handeln muss. Der § 4 der Vereinbarung legt fast, wie ein Anerkennungsverfahren als rehabilitationsspezifisches Qualitätsmanagementverfahren abläuft. Als Mindestanforderung gilt, dass sowohl ein Selbstbericht als auch eine Prüfung durch einen Vor-Ort-Besuch erfolgen soll. Bei Mängeln gibt es eine Nachbesserungsfrist. Ähnlich wie in anderen Zertifizierungsverfahren ist alle drei Jahre eine Re-Zertifizierung erforderlich. Die Neuregelungen sind am 1. 10. 2009 in Kraft getreten. Bestehende Einrichtungen müssen sich innerhalb von drei Jahren diesem neuen Verfahren unterziehen. Neu auf den Markt kommende Einrichtungen müssen sich diesem innerhalb eines Jahres unterwerfen.

3.6 Qualitätsanforderungen im SGB V und SGB XI

Auf die rechtlichen Regelungen zum SGB V und SGB XI gehe ich nicht in aller Breite ein, da sowohl der Bereich der Krankenversicherung als auch der der Pflegeversicherung nicht direkt der Sozialen Arbeit zuzuschlagen sind. Dennoch hat auch die Soziale Arbeit natürlich mit den Qualitätsvorgaben in diesen Institutionen eine enge Berührung, wenn sie dort als sozialer Dienst eingebunden ist.

In den §§ 135–139 des SGB V (Krankenversicherungsgesetz) finden sich Regelungen zur Sicherung der Qualität in der Leistungserbringung durch Einrichtungen des Gesundheitswesens. Diese beschäftigen sich mit übergeordneten Aspekten der Qualitätsfragen im Gesundheitswesen. Andere Paragrafen, die Aspekte der Qualitätsregelungen in einzelnen Sektoren des Gesundheitswesens behandeln, werden hier nicht behandelt. Im § 135 SGB V heißt es: „(1) Die Leistungserbringer sind zur Sicherung und Weiterentwicklung der Qualität der von ihnen erbrachten Leistungen verpflichtet. Die Leistungen müssen dem jeweiligen Stand der wissenschaftlichen Erkenntnisse entsprechen und in der fachlich gebotenen Qualität erbracht werden. (2) Vertragsärzte, medizinische Versorgungszentren, zugelassene Krankenhäuser, Erbringer von Vorsorgeleistungen oder Rehabilitationsmaßnahmen und Einrichtungen, mit denen ein Versorgungsvertrag nach § 111a besteht, sind nach Maßgabe der §§ 137 und 137d verpflichtet, 1. sich an einrichtungsübergreifenden Maßnahmen der Qualitätssicherung zu beteiligen, die insbesondere zum Ziel haben, die Ergebnisqualität zu verbessern, und 2. einrichtungsintern ein Qualitätsmanagement einzuführen und weiterzuentwickeln. Vertragsärzte, medizinische Versorgungszentren und zugelassene Krankenhäuser haben der Institution nach § 137a Abs. 1 die für dieWahrnehmung ihrer Aufgaben nach § 137a Abs. 2 Nr. 2 und 3 erforderlichen Daten zur Verfügung zu stellen." Die Reglungen des § 136 sehen vor, dass die kassenärztliche Vereinigung für die Förderung und Überwachung der Qualität der vertragsärztlichen Versorgung zuständig ist und dies durch ein umfangreiches Prüfrecht umsetzen kann. Ab dem 1. 1. 2009 dürfen diese sogar mit einzelnen Krankenkassen „einheitlich strukturierte und elektronisch dokumentierte besondere Leistungs-, Struktur- oder Qualitätsmerkmale" (SGB V § 136 Abs. 3, Satz 1) festlegen. Daneben bestimmt der Gemeinsame Bundesausschuss nach § 91 SGB V verpflichtende Maßnahmen der Qualitätssicherung, grundsätzliche Anforderungen an ein einrichtungsinternes Qualitätsmanagement sowie Kriterien der indikationsspezifischen Notwendigkeit und Qualität der durchgeführten diagnostischen und therapeutischen Leistungen. Dabei werden jeweils Kriterien der Ergebnis-, Prozess- und Strukturqualität festgelegt. Nach § 137 Abs. 3 steht den kassenärztlichen Vereinigungen auch zu, Qualitätsberichte von stationären Einrichtungen vergleichend zu veröffentlichen und Empfehlungen auszusprechen. Über diese Bemühungen hinaus ist im Gesetz (§ 139a SGB V) die Errichtung des Instituts für Qualität und Wirtschaftlichkeit im Gesundheitswesen verankert, das sich mit grundsätzlichen Fragen der Qualität und der Wirtschaftlichkeit im Gesundheitswesen befasst. Im Einzelnen sind die Aufgaben die folgenden: „1. Recherche, Darstellung und Bewertung des aktuellen medizinischen Wissensstandes zu diagnostischen und therapeutischen Verfahren bei ausgewählten Krankheiten, 2. Erstellung von wissenschaftlichen Ausarbeitungen, Gutachten und Stellungnahmen zu Fragen der Qualität und Wirtschaftlichkeit der im Rahmen der gesetzlichen Krankenversicherung erbrachten Leistungen unter Berücksichtigung alters-, geschlechts- und lebenslagenspezifischer Besonderheiten, 3. Bewertungen evidenzbasierter Leitlinien für die epidemiologisch wichtigsten Krankheiten, 4. Abgabe von Empfehlungen zu Disease-Management-Programmen, 5. Bewertung des Nutzens und der Kosten von Arzneimitteln, 6. Bereitstellung von für alle Bürgerinnen und Bürger verständlichen allgemeinen Informationen zur Qualität und Effizienz in der Gesundheitsversorgung sowie zu Diagnostik und Therapie von Krankheiten mit erheblicher epidemiologischer Bedeutung" (SGB V § 139a, Abs. 3).

Im Pflegeversicherungsgesetz (SGB XI) haben sich die gesetzlichen Regelungen zur Qualität und zum Qualitätsmanagement in den vergangenen zwei Jahrzehnten kontinuierlich weiterentwickelt und verändert. Zuletzt wurde in der Reform, die am 1. 1. 2008 in Kraft trat, eine Bündelung der Regelungen zu Qualitätsfragen vorgenommen. Neben den Bezügen im § 84 Abs. 5, wo festgelegt ist, dass in Pflegesatzvereinbarungen wesentliche Leistungs- und Qualitätsmerkmale festzulegen sind[3], fin-

3 Dazu gehört „1. die Zuordnung des voraussichtlich zu versorgenden Personenkreises sowie Art, Inhalt und Umfang der Leistungen, die von der Einrichtung während des nächsten Pflegesatzzeitraums erwartet werden, 2. die von der Einrichtung für den voraussichtlich zu versorgenden Personenkreis individuell vorzuhaltende personelle Ausstattung, gegliedert nach Berufsgruppen, sowie 3. Art und Umfang der Ausstattung der Einrichtung mit Verbrauchsgütern" (SGB XI, § 84 Abs. 5).

den sich die speziellen Regelungen zu Qualitätsfragen gebündelt ab § 112. In § 112 wird deutlich formuliert, dass die Einrichtungen die Verantwortung für die Qualität haben und dass diese den nach § 84 Abs. 5 getroffenen Vereinbarungen entsprechen muss. Die Einrichtungen müssen Maßnahmen der Qualitätssicherung realisieren sowie ein Qualitätsmanagement umsetzen (§ 112, Abs. 2 SGB XI). Der § 113 SGB XI legt fest, dass die relevanten Akteure bis zum 31. 3. 2009 „Maßstäbe und Grundsätze für die Qualität und die Qualitätssicherung in der ambulanten und stationären Pflege sowie für die Entwicklung eines einrichtungsinternen Qualitätsmanagements, das auf eine stetige Sicherung und Weiterentwicklung der Pflegequalität ausgerichtet ist," festlegen. Diese werden durch Veröffentlichung im Bundesanzeiger verbindlich. Prüfungen, die durch andere Institutionen (z.B. Zertifizierungsgesellschaften für Qualitätsmanagementsysteme) durchgeführt werden, müssen daraufhin beurteilt werden, ob sie verlässliche Zertifizierungs- und Prüfverfahren anwenden, die „nach einem durch die Landesverbände der Pflegekassen anerkannten Verfahren zur Messung und Bewertung der Pflegequalität durch unabhängige Sachverständige oder Prüfinstitutionen entsprechend den von den Vertragsparteien nach § 113 Abs. 1 Satz 4 Nr. 2 und 3 festgelegten Anforderungen durchgeführt wurden, die Prüfung nicht länger als ein Jahr zurückliegt" und die Prüfergebnisse veröffentlicht werden (SGB XI § 114 Abs. 4). Die Ergebnisqualität wird unabhängig hiervon immer durch den Medizinischen Dienst der Krankenversicherung geprüft. Sofern keine Prüfergebnisse von anderen vorliegen, werden die Qualitätsprüfungen von den Landesverbänden der Pflegekassen in Auftrag gegeben – als Regelprüfung, Anlassprüfung und Wiederholungsprüfung. Bis Ende 2010 muss jede zugelassene Einrichtung mindestens einmal, danach jährlich geprüft werden. Die Regelprüfung erfasst dabei wesentliche Aspekte des Pflegezustandes, die Wirksamkeit der Pflege- und Betreuungsmaßnahmen (Ergebnisqualität), ggf. auch den Ablauf, die Durchführung und die Evaluation der Leistungserbringung (Prozessqualität) sowie die unmittelbaren Rahmenbedingungen der Leistungserbringung (Strukturqualität). Sie bezieht sich auf die Qualität der allgemeinen Pflegeleistungen, der medizinischen Behandlungspflege, der sozialen Betreuung einschließlich der zusätzlichen Betreuung und Aktivierung, der Leistungen bei Unterkunft und Verpflegung sowie auf Zusatzleistungen (vgl. SGB XI § 114). Im Pflegeversicherungsgesetz wird darüber hinaus festgelegt, dass die Ergebnisse der Qualitätsprüfungen veröffentlicht werden müssen. Diese müssen sowohl Informationen zur Ergebnis- sowie zur Lebensqualität in der jeweiligen Einrichtung enthalten (vgl. SGB XI § 115 Abs. 1a Satz 1) als auch für die Pflegebedürftigen und deren Angehörige verständlich, übersichtlich und vergleichbar im Internet oder über andere geeignete Formen kostenfrei zur Verfügung stehen. Darin müssen die Ergebnisse der Prüfung des Medizinischen Dienstes enthalten sein. Sofern andere Ergebnisse von Prüfungen vorliegen, können diese hinsichtlich Ergebnis- und Lebensqualität integriert werden. Am 29. 1. 2009 wurden Kriterien für die Veröffentlichung der Prüfergebnisse und der Qualitätssituation beschlossen. „Die Vereinbarungspartner der sogenannten Pflegeselbstverwaltung (Spitzenverband Bund der Pflegekassen, Bundesarbeitsgemeinschaft der überörtlichen Träger der Sozialhilfe, Bundesvereinigung der kommunalen Spitzenverbände und die Vereinigungen der Träger der Pflegeeinrichtungen auf Bundesebene) haben unter Beteiligung des Medizinischen Dienstes des Spitzenverbandes Bund der Pflegekassen (GKV) eine Gesamtbewertung in Form von Schulnoten von „sehr gut" bis „mangelhaft" vereinbart (vgl. Bundesministerium für Gesundheit 2009). Das Bewertungsraster besteht aus insgesamt fünf Kriterienbündeln, die wie folgt gegliedert sind: 1. Pflege und medizinische Versorgung (35 Kriterien), 2. Umgang mit demenzkranken Bewohnern und anderen gerontopsychiatrisch veränderten Bewohnern (10 Kriterien), 3. Soziale Betreuung und Alltagsgestaltung (10 Kriterien), 4. Wohnen, Verpflegung, Hauswirtschaft und Hygiene (9 Kriterien) und 5. Befragung der Bewohner (18 Kriterien). Werden bei den Prüfungen Mängel festgestellt, so kommt es zunächst zu einer Anhörung der Einrichtung, dann ggf. zur Kürzung von Pflegesätzen und zur Rückerstattung von Pflegesätzen an die Bewohner. Bei schwerwiegenden Mängeln können die Konsequenzen so weit gehen, dass für die Bewohner ein Einrichtungswechsel veranlasst wird.

4 Wiederkehrende Strukturprinzipien in Modellen des Qualitätsmanagements

4.1 Vergleiche von Modellen und Konzepten für Qualitätsmanagement

In diesem Band soll nicht versucht werden, die auf dem Markt befindlichen Modelle und Konzepte für Qualitätsmanagement umfänglich zu vergleichen und zu bewerten. Den Versuch einer vergleichenden Gesamtbewertung haben bereits andere unternommen und sind nicht zu befriedigenden Ergebnissen gekommen, die Anwendern tatsächlich objektive Auswahlkriterien liefern. Einen breiten bis umfassenden Überblick über verschiedene Qualitätsmanagementansätze haben sowohl Boeßenecker u.a. (2003) als auch Gerull (2007) versucht.

Gerull (2007, 80) schreibt, dass es letztlich immer offen bleibt, welches Konzept für welche Organisation Sinn macht, da der konkrete Nutzen der Qualitätskonzepte von der jeweiligen Umsetzung abhängig ist. Insofern versucht dieser Band einerseits einige Hinweise zu geben, die eine Entscheidungshilfe für die Auswahl eines Modells sein können. Andererseits soll er helfen, sich für Bausteine eines Qualitätsmanagementsystems zu entscheiden, die die eigene Organisation für die Gestaltung ihres Qualitätsmanagements realisieren will. Lediglich für den Fall, dass eine externe Anerkennung erfolgen soll (Zertifikat o.Ä.), muss eine Entscheidung für ein Modell erfolgen.

Aus diesem Grunde werden in diesem Kapitel einige Grundprinzipien beschrieben, die verschiedenen Modellen und Konzepten zu Eigen sind. Als Referenzkonzepte werden dabei die Qualitätsmanagementkonzepte der DIN EN ISO 9000:2005 ff., der EFQM (European Foundation for Quality Management) und des LQW-Modells (Lernerorientierte Qualitätstestierung in der Weiterbildung) mit seinem verwandten Modell für soziale Dienstleistungen (KQS – Kundenorientierte Qualitätstestierung für soziale Dienstleistungsanbieter) gewählt.

Übereinstimmend mit Gerull (2007) positioniert sich dieser Band zur Wirksamkeit von Qualitätsmodellen und Konzepten so: „Entscheidend ist nicht das gewählte Konzept, sondern das, was man unter bestimmten Situationsbedingungen daraus macht" (Gerull 2007, 80).

Im Sinne auch des Kap. 2 dieses Werkes gilt, was Gerull schreibt: „Qualitätsmanagement kompensiert nicht mangelnde Professionalität der Fachkräfte, sondern setzt diese voraus" und die Professionalität der Anwender von Systemen der Qualitätsentwicklung ist entscheidend dafür, dass „etwas Gescheites dabei herauskommt" (Gerull 2007, 80).

Die Aspekte, die den genannten Modellen und Konzepten gemein sind, werden im Folgenden näher erläutert. Sie liegen auch vielen anderen Modellen zu Grunde, die hier jedoch nicht näher betrachtet werden. Diese Aspekte sind: Verantwortung der Leitung, die Qualitätsdimensionen nach Donabedian, der PDCA-Zyklus oder abgewandelte Bezeichnungen, die Prozessorientierung, die Fremd- oder Selbstbewertung, die Wahl der Methoden und die Anforderung der Dokumentation und der Nachweise.

Die verschiedenen Qualitätsmanagementmodelle und -konzepte basieren auf grundlegenden Annahmen bzw. Grundsätzen, die die gesamte Herangehensweise prägen.

Die in diesem Band herangezogenen sowie zahlreiche weitere Ansätze erheben den Anspruch des „umfassenden Qualitätsmanagements".

Mit dieser Haltung wird auf das Konzept des Total Quality Management (TQM) Bezug genommen, das hier nicht in der historischen Entwicklung weiter ausgeführt werden soll (vgl. dazu Grunwald 2008b, 1023 ff.). In der DIN EN ISO 8402 wird es als „eine Führungsmethode einer Organisation, bei welcher Qualität in den Mittelpunkt gestellt wird, welche auf der Mitwirkung aller ihrer Mitglieder beruht und welche auf langfristigen Erfolg für die Gesellschaft zielt" definiert. Mit dem Begriff „Total" ist hier gemeint, dass alle Mitarbeitenden, Kund/inn/en und Lieferant/inn/en in die Qualitätsarbeit einbezogen werden. „Qualität" steht in diesem Konzept für die Qualität der Arbeit, der Prozesse und des Unternehmens (Hummel 1997, 5) sowie „Management" dafür, dass Qualität als zentrale Führungsaufgabe betrachtet wird. Detaillierte Informationen zu den drei Qualitätsmanagementmodellen, auf die dieser Band Bezug nimmt, werden in Kap. 5 dargestellt.

4.2 Grundsätze und Konzepte des Qualitätsmangements

Sowohl in den Qualitätsnormen DIN EN ISO 9000 ff. als auch im Modell der EFQM werden Grundsätze bzw. -konzepte dargestellt, die dem jeweiligen Gesamtmodell zu Grunde liegen. Im KQS-Modell gibt es solche Grundsätze nicht, wobei bei diesem Modell die besonderen Spezifika sozialer Dienstleistungen sowie des einrichtungsindividuellen Verständnisses der gelungenen Dienstleistung hervorgehoben behandelt werden und diese damit auch den Charakter von Grundsätzen des Qualitätsmanagementverständnisses haben.

Die Grundsätze der beiden oben genannten Modelle ähneln sich einerseits, enthalten aber im Detail dennoch gravierende Unterschiede. Die folgende Tabelle stellt sie mit den verwendeten Bezeichnungen der Grundsätze bzw. Grundkonzepte gegenüber. Dabei wird deutlich, dass dem Grundsatz der sachbezogenen Entscheidungsfindung sowie dem systemorientierten Ansatz aus der DIN EN ISO 9000:2005 kein entsprechend formuliertes Konzept im EFQM gegenübersteht, wenngleich im Konzept der Führung und Zielkonsequenz sowie im Konzept Management mittels Prozessen und Fakten Aspekte davon enthalten sind. Andererseits finden sich in der DIN EN ISO 9000er-Familie keine adäquaten Grundsätze zum Konzept der sozialen Verantwortung und zur Ergebnisorientierung aus dem EFQM-Konzept.

Der Vergleich macht weitere Unterschiede im Einzelnen deutlich. Insbesondere beim Grundsatz der Einbeziehung der Person wird deutlich, dass die ISO-Norm 9000:2005 einen eingeschränkteren Blick auf das Personal hat als der Ansatz der EFQM.

Tab. 1: Gegenüberstellung der Bezeichnungen der Grundsätze des Qualitätsmanagements nach DIN EN ISO 9000:2005 (Kap. 0.2) und der Grundkonzepte des **EFQM-Excellence-Modells** (Quelle: DIN EN ISO 9000:2005, Kap. 0.2; EFQM 2009)

Grundsätze des Qualitätsmanagements nach DIN EN ISO 9000:2005 (Kap. 0.2)	Grundkonzepte des EFQM-Excellence-Modells
1. Kundenorientierung	2. Nutzen für den Kunden schaffen
2. Führung	3. Mit Vision, Inspiration und Integrität führen
3. Einbeziehung der Person	5. Durch Mitarbeiterinnen und Mitarbeiter erfolgreich sein
4. Prozessorientierter Ansatz	4. Mit Prozessen managen
6. Ständige Verbesserung	6. Innovation und Kreativität fördern
	1. Ausgewogene Ergebnisse erzielen
7. Sachbezogener Ansatz zur Entscheidungsfindung	
8. Lieferantenbeziehungen zum gegenseitigen Nutzen	7. Partnerschaften aufbauen
5. Systemorientierter Ansatz	8. Verantwortung für eine nachhaltige Zukunft übernehmen

Entsprechend der Reihenfolge in der Tabelle werden diese Grundsätze im Folgenden in z.T. zusammengefasster Form gegenübergestellt.

Tab. 2: Gegenüberstellung der Grundsätze des Qualitätsmanagements nach DIN EN ISO 9000:2005 (Kap. 0.2) und der Grundkonzepte des **EFQM-Excellence-Modells** in Kurzform (Quellen: DIN EN ISO 9000:2005, Kap. 0.2 und EFQM 2009, 7 ff.)

DIN EN ISO 9000 ff. (alle zitiert nach: DIN EN ISO 9000:2005, Kap. 0.2)	**EFQM-Excellence-Modell** (alle zitiert nach: EFQM 2009, 7 ff.)
1. Kundenorientierung: „Organisationen hängen von ihren Kunden ab und sollten daher gegenwärtige und zukünftige Erfordernisse der Kunden verstehen, deren Anforderungen erfüllen und danach streben, deren Erwartungen zu übertreffen."	2. „Nutzen für den Kunden schaffen", d.h. z.B.: • wissen, dass die Kunden der Grund für die Existenz des Unternehmens sind, • die unterschiedlichen Kundengruppen kennen und deren Bedürfnisse antizipieren und darauf eingehen, • den Dialog mit den Kunden pflegen, • sicherstellen, dass die Mitarbeitenden die Kompetenzen, Befugnisse und Informationen besitzen, um den Kundennutzen zu optimieren, • Erfahrungen und Wahrnehmungen der Kunden ermitteln und darauf rasch regieren.
2. Führung „Führungskräfte schaffen die Übereinstimmung von Zweck und Ausrichtung der Organisation. Sie sollten das interne Umfeld schaffen und erhalten, in dem sich Personen	3. „Mit Vision, Inspiration und Integrität führen" „Exzellente Organisationen haben Führungskräfte, die die Zukunft konsequent gestalten und verwirklichen. Sie agieren als Vorbilder für Werte und Moral." D.h. z.B.:

DIN EN ISO 9000 ff. (alle zitiert nach: DIN EN ISO 9000:2005, Kap. 0.2)	**EFQM-Excellence-Modell** (alle zitiert nach: EFQM 2009, 7 ff.)
voll und ganz für die Erreichung der Ziele der Organisation einsetzen können."	• Eine klare Richtung und ein strategischer Fokus werden durch die Führungskräfte fixiert und kommuniziert. • Bei der Planung und zur Erreichung gegenwärtiger und zukünftiger Ziele werden die Bedürfnisse der Organisation und der Interessengruppen aufeinander abgestimmt. • Entscheidungen werden fundiert und zielgerichtet getroffen und auf Erfahrungen basiert. • Führungskräfte sind flexibel und überprüfen, bewerten und passen die Ausrichtung der Organisation an und sichern dabei das Vertrauen in die Führung. • Mitarbeiter/innen werden einbezogen, mit klaren Zuständigkeiten ausgestattet und ermächtigt.
3. Einbeziehung der Person „Auf allen Ebenen machen Personen das Wesen einer Organisation aus, und ihre vollständige Einbeziehung ermöglicht, ihre Fähigkeiten zum Nutzen der Organisation einzusetzen."	5. Durch Mitarbeiterinnen und Mitarbeiter erfolgreich sein. „Exzellente Organisationen achten ihre Mitarbeiterinnen und Mitarbeiter und schaffen eine Kultur der aktiven Mitwirkung, um einen angemessenen Ausgleich von Organisations- und persönlichen Zielen zu erreichen." D.h. z.B.: • „Verstehen, welche Kompetenzen notwendig sind, um die Mission, die Vision und die strategischen Ziele zu erreichen", • Fähigkeiten und Kompetenzen, Talente und Kreativität der Mitarbeiter/innen entwickeln und wertschätzen, • Erfolg der Mitarbeiter/innen zu deren eigenem und zum Nutzen des Unternehmens fördern.
4. Prozessorientierter Ansatz „Ein gewünschtes Ergebnis lässt sich effizienter erreichen, wenn Tätigkeiten und dazugehörige Ressourcen als Prozess geleitet und gelenkt werden." 5. Systemorientierter Ansatz „Erkennen, Verstehen, Leiten und Lenken von miteinander in Wechselbeziehung stehenden Prozessen als System tragen zur Wirksamkeit und Effizienz der Organisation beim Erreichen ihrer Ziele bei." 7. Sachbezogener Ansatz zur Entscheidungsfindung „Wirksame Entscheidungen beruhen auf der Analyse von Daten und Informationen."	4. Mit Prozessen managen „Exzellente Organisationen werden mittels strukturierter und an der Strategie ausgerichteter Prozesse gemanagt. Sie treffen faktenbasierte Entscheidungen, um ausgewogene und nachhaltige Ergebnisse zu erzielen." D.h. z.B.: • Schlüsselprozesse und ihre Zusammenhänge werden so gestaltet, dass die Strategie dadurch umgesetzt wird. • Prozesse werden analysiert, kategorisiert und priorisiert und effektiv gemanagt. • Prozessleistungsindikatoren werden entwickelt, die die Realisierung der strategischen Ziele messen.

DIN EN ISO 9000 ff. (alle zitiert nach: DIN EN ISO 9000:2005, Kap. 0.2)	**EFQM-Excellence-Modell** (alle zitiert nach: EFQM 2009, 7 ff.)
6. Ständige Verbesserung „Die ständige Verbesserung der Gesamtleistung der Organisation stellt ein permanentes Ziel der Organisation dar."	6. Innovation und Kreativität fördern „Exzellente Organisationen schaffen Mehrwert und steigern ihre Leistung durch kontinuierliche und systematische Innovation, indem sie die Kreativität all ihrer Interessengruppen nutzbar machen". D.h. z.B.: • „Exzellente Organisationen: Bilden und pflegen Netzwerke, um Möglichkeiten für Innovation anhand von Impulsen aus der Organisation und dem Umfeld zu identifizieren". • Ziele und Innovation werden im Einklang mit der Strategie entwickelt. • Alle Möglichkeiten zur Innovation, auch in Zusammenarbeit mit Kunden, Partnern etc., werden genutzt.
8. Lieferantenbeziehungen zum gegenseitigen Nutzen „Eine Organisation und ihre Lieferanten sind voneinander abhängig. Beziehungen zum gegenseitigen Nutzen erhöhen die Wertschöpfungsfähigkeit beider Seiten."	7. Partnerschaften gestalten „Exzellente Organisationen suchen, entwickeln und unterhalten vertrauensvolle Partnerschaften mit verschiedenen Partnern, um gemeinsam Erfolg sicherzustellen. Diese Partnerschaften können unter anderem mit Kunden, gesellschaftlichen Gruppen, Schlüssellieferanten, Bildungsorganisationen oder Nichtregierungsorganisationen eingegangen werden". D.h. z.B.: • zu sehen, dass Erfolg auf der Effektivität von Partnerschaften beruhen kann, • Partnerschaften einzugehen, um die Fertigkeiten und Möglichkeiten zur Wertschöpfung zu erhöhen, • Partnerschaften als langfristige Erfolgsfaktoren zu betrachten.
	8. Verantwortung für eine nachhaltige Zukunft übernehmen „Exzellente Organisationen schließen ethische Haltung, klare Werte und die höchsten Verhaltensstandards als integrale Bestandteile in ihre Kultur mit ein, was sie dazu befähigt, ökonomische, soziale und ökologische Nachhaltigkeit anzustreben." D.h. z.B.: • den Zweck der Organisation (Vision, Werte und ethische Grundsätze) definieren und kommunizieren, • Schlüsselkompetenzen der Organisation und deren Nutzen für die Gesellschaft verstehen, • beim Ausbalancieren von widersprüchlichen Zwängen die ökonomischen, gesellschaftli-

DIN EN ISO 9000 ff. (alle zitiert nach: DIN EN ISO 9000:2005, Kap. 0.2)	**EFQM-Excellence-Modell** (alle zitiert nach: EFQM 2009, 7 ff.)
	chen und ökologischen Bezugsgrößen der Nachhaltigkeit zu beachten, • Aspekte von Gesundheit, Moral, Umweltschutz, Recht und langfristiger Wirtschaftlichkeit bei Entscheidungen zu berücksichtigen.
	1. Ausgewogene Ergebnisse erzielen „Exzellente Organisationen erfüllen ihre Mission und entwickeln sich in Richtung ihrer Vision. Dabei gehen sie geplant vor und erreichen ausgewogene Ergebnisse in all den Bereichen, die durch die kurz- und langfristigen Bedürfnisse ihrer Interessengruppen bestimmt sind. Sie übertreffen diese Bedürfnisse dort, wo es relevant ist." D.h. z.B.: • „Exzellente Organisationen: Erkennen und verstehen Schlüsselergebnisse, die für das Erreichen der Mission relevant sind, und bewerten den Fortschritt in Richtung der Vision und der strategischen Ziele". • Die erfassten Bedürfnisse und Erwartungen der Interessengruppen dienen zur Entwicklung und Überprüfung der Strategie. • Ein ausgewogenes Set von Ergebnissen dient zur Überprüfung des Fortschrittes und zur Setzung von Prioritäten. • Erforderliche Ergebnisse und Ziele werden gesetzt und mit denen anderer Organisationen verglichen. • Das Berichtswesen wird transparent gestaltet, so dass die wesentlichen Interessengruppen, Kontrollorgane und Führungskräfte gut informiert sind und daraus richtige Entscheidungen ableiten können.

Die Einbeziehung der Mitarbeitenden dient bei der ISO-Norm dem direkten Nutzen für die Organisation, während im EFQM-Ansatz weitere Aspekte einer humanen Arbeitsgestaltung hinzutreten und der Entwicklungsgedanke deutlicher wird.

Das vierte EFQM-Grundkonzept („Mit Prozessen managen") ist deutlich komplexer angelegt als die einzelnen ISO-Grundsätze 4 (Prozessorientierter Ansatz), 5 (Systemorientierter Ansatz) und 7 (Sachbezogener Ansatz).

Auch im sechsten Grundsatz bzw. -konzept wird deutlich, dass die EFQM den Entwicklungs- und Innovationsaspekt deutlicher betont als die ISO-Norm. Genauso umfasst das Grundkonzept 7 des EFQM-Modells im Vergleich zum Grundsatz 8 der ISO-Norm ein breiteres Verständnis von Partnerschaft und geht über die Lieferanten deutlich hinaus. Der TQM-Ansatz des Umfassenden wird in diesem EFQM-Grundkonzept stärker dargelegt.

In diese Gesamttendenz reiht sich schließlich das achte Grundkonzept des EFQM-Modells ein, das auf die soziale und ökologische Verantwortung jeden Unternehmens abzielt und für das es in der ISO-Norm keine Entsprechung gibt.

Der deutlichste Unterschied hinsichtlich des TQM-Gedankens wird beim Grundsatz der Ergebnisorientierung deutlich. Hier wird – gemäß der Philosophie des EFQM-Modells – die bestmögliche Leistung angestrebt, die in relevanten Bereichen über die Erwartungen der Interessengruppen hinausgeht. ISO-orientiertes Qualitätsmanagement ist dagegen zunächst auf die Erfüllung der Normforderungen der 9001er-Norm gerichtet, die ein „Mindestmaß" darstellen. In Richtung Excellence-Anspruch – wie beim EFQM-Modell – geht es in der DIN EN ISO 9000 ff. erst durch die Norm 9004, die „Soll"- und keine „Muss"-Forderungen enthält und die weitere Hinweise zur Leistungsverbesserung gibt.

An diesen Ausführungen wird deutlich, dass beide Ansätze den TQM-Gedanken verfolgen, wobei die Grundkonzepte des EFQM-Modells deutlich weiter reichen als die Grundsätze der DIN EN ISO 9000 ff.

4.3 Verantwortung der Leitung

4.3.1 Stellenwert der Führung in verschiedenen Qualitätsmanagementmodellen

Die Verantwortung der Leitung spielt in den verschiedenen Modellen des Qualitätsmanagements eine bedeutende Rolle. Bei der differenzierten Darstellung der Modelle in Kap. 5 wird darauf genauer eingegangen.

Während in der DIN EN ISO 9001 im Kapitel „Verantwortung der Leitung" auf diesen Aspekt eingegangen wird, sind die entsprechenden Vorgaben im Modell der European Foundation for Quality Management (EFQM) im Kriterium 1 „Führung" und im KQS-Modell im Qualitätsbereich „Führung" dargelegt.

4.3.2 Gründe für die zentrale Positionierung von Führungsaspekten in den Qualitätsmanagementmodellen

Dass Führung eine wichtige Rolle spielt, wird schon im Begriff „Managementmodell" deutlich. In Kap. 1 wurde bereits beschrieben, dass mit dem Begriff des Qualitätsmanagements Folgendes gemeint ist: „Aufeinander abgestimmte Tätigkeiten zum Leiten und Lenken einer Organisation bezüglich Qualität" (DIN EN ISO 9000:2005 Kap. 3.2.8). Es wird deutlich, dass die Führung einer Organisation, die am Ziel der Qualität für die Kund/inn/en ausgerichtet ist, top down geschehen muss. Die Führung trägt die Verantwortung dafür, dass das Unternehmen so strukturiert und ausgerichtet ist, dass alle Tätigkeiten in Rahmenbedingungen stattfinden, die es ermöglichen, die Qualität der Leistungen zu realisieren. In den dem EFQM-Modell vorweg gestellten Grundkonzepten heißt es noch weiter gehend zum Grundkonzept

„Mit Vision, Inspiration und Integrität führen“: „Exzellente Organisationen haben Führugnskräfte, die Zukunft konsequent gestalten und verwirklichen. Sie agieren als Vorbilder für Werte und Moral“. (EFQM 2009, 10). Dieses Grundkonzept zeigt auf, dass die besondere Rolle von Führungskräften darin besteht, für eine klare Ausrichtung eines Unternehmens oder einer Einrichtung zu stehen, Zielkonsequenz zu leben, Vorbild zu sein und sich in enger Kommunikation mit den unterschiedlichen Interessengruppen um die Weiterentwicklung zu bemühen. Sie haben nicht nur die Aufgabe, die Leitung eines Unternehmens wahrzunehmen, sondern auch die Führung von Mitarbeitenden im Hinblick auf Qualität zu gewährleisten. Eine ähnliche Ausrichtung ist dazu im KQS-Modell zu finden. Dort heißt es im Qualitätsbereich Führung: „Führung umfasst alle Steuerungen von Prozessen und ist eine Funktion zur Koordination von Arbeitshandeln. [...] Leitungs- und Führungshandeln drücken sich im Herbeiführen, Treffen und Kontrollieren von Entscheidungen aus. Entscheidungen geben dem Organisationshandeln Gestalt und Richtung und schaffen damit Sicherheit für das Arbeitshandeln“ (ArtSet 2005, 40).

Es fällt auf, dass sowohl der Begriff Leitung als auch der der Führung im Kontext der besonderen Rolle der obersten Hierarchieebene genutzt wird. Führung wird dabei häufig als die eher auf Personen gerichtete Aufgabe verstanden, während der Begriff der Leitung eher auf die Verfügung über Sachmittel und auf Sachentscheidungen bezogen verwendet wird.

Leitung und Führung sind im Rahmen des Qualitätsmanagements i.d.R. nicht zu trennen. Sachentscheidungen, die beispielsweise strukturierende Aspekte beinhalten, müssen durch personenbezogene Führung kommuniziert und umgesetzt werden (Richter 1999, 3). Insofern wird im Folgenden nicht zwischen diesen beiden Funktionen unterschieden.

Aus der Führungstheorie sind verschiedene Ansätze bekannt, die zur Begründung der zentralen Bedeutung der Führung in Qualitätsmanagementkonzepten herangezogen werden können.

4.3.3 Aspekte aus der Führungstheorie: Führungsfunktionen

In seinem Werk „Führung und Zusammenarbeit“ erläutert Wunderer vier Komponenten, die für Führungsfunktionen wesentlich sind: Potenziale, Prozesse, Ergebnisse und Ergebnisbeteiligungen (Wunderer 2006, 18).

Potenziale sind die Handlungsspielräume, die Mitarbeitenden eingeräumt werden und die sowohl durch das Sollen und Dürfen als auch durch das Können und Wollen definiert sind. Dabei stellen das Sollen und Dürfen die Regelungen dar, die Mitarbeitende autorisieren, Dinge selbständig zu tun, und sie geben den Umfang und die Gestaltung des Aufgabenfeldes vor. Das Können und Wollen hingegen bezieht sich auf die Kompetenzen und Qualifikationen des Personals sowie auf die Motivation. Alle vier Ebenen der Potenziale in einem Unternehmen müssen durch das Qualitätsmanagement und mittels der Strukturierung durch die Führungskräfte aufgegriffen werden. Nur wenn die Potenziale zur vollen Entfaltung gebracht werden können, entsteht eine qualitätsvolle Leistung. Die Vorgaben zu machen und den Rahmen zu setzen, sind Aufgaben der Leitung.

Wunderer führt dazu aus, dass die Wertschöpfung sich nicht nur in monetären Faktoren, sondern auch in immateriellen Größen wie Leistungs- bzw. Kund/inn/en- und Mitarbeitendenzufriedenheit ausdrückt (vgl. Wunderer 2006, 4). Aus diesem Grunde kommt der Vorgesetzten-Mitarbeitenden-Beziehung eine zentrale Rolle zu. Der Führungsprozess in einer motivierenden Gestaltung hat eine wichtige Wirkung auf die von Wunderer als „soziale Effizienz" beschriebenen Erfolgsgrößen von Unternehmen.

An zweiter Stelle beschäftigt Wunderer sich mit dem Aspekt der Prozesse. Die Prozesse bilden den strukturellen Rahmen für die Potenziale. Innerhalb von effektiv und effizient gestalteten Betriebsabläufen und Prozessen kommen die Potenziale erst zur Entfaltung. Führungskräfte haben in diesem Kontext die Aufgabe, Prozesse

Tab. 3: Komponenten, Prinzipien und Aktivitäten der Führung (Quelle: Wunderer 2006, 18)

Komponenten	Prinzipien	Führungsaktivitäten
Potenziale: • **Strukturpotenzial**	**„Sollen"** **„Dürfen"**	**Werte, Ziel-Mittel-Entscheide und Kompetenzen** • definieren • vereinbaren, vorgeben • regeln • kommunizieren • evaluieren
	„Haben"	**Ressourcen** • beurteilen • zuteilen • planen • auswählen • einsetzen
• **Mitarbeitenden-potenzial**	**„Können"** **„Wollen"**	**Qualifizieren, identifizieren und motivieren** • coachen • entwickeln, fördern • einbinden • (re-)motivieren
Prozesse	**„Leisten"**	**Leistungsprozesse** • definieren • anpassen • abstimmen, timen • in-/outsourcen • kooperieren/delegieren
Ergebnisse	**„Erreichen"**	**Ergebnisse** • vereinbaren • ermitteln, analysieren • interpretieren, evaluieren • kommunizieren
Ergebnisverteilung	**„Beteiligen"**	• differenziert anerkennen • leistungsgerecht honorieren • fördern und befördern • am Erfolg/Kapital beteiligen

zu analysieren, zu bewerten und für eine sinnvolle Organisation zu sorgen (Wunderer 2006, 5), um den Mitarbeitenden den notwendigen Rahmen zum Einsatz ihrer Potenziale zu geben. Auch diese Führungsfunktion findet sich in allen Qualitätsmanagementkonzepten wieder.

Bezüglich der Gestaltung von Prozessen macht Wunderer deutlich, dass die leistungsfördernde Gestaltung der Arbeitssituation nur über eine klar definierte und immer den aktuellen Anforderungen entsprechende Prozessgestaltung möglich ist, die die Schnittstellen zielorientiert managt (Wunderer 2006, 20). Nicht nur die klare Gestaltung der Potenzialfaktoren und der Prozesse auf der Leistungserbringerseite führen zu Unternehmenserfolg. Die Vorgabe oder Vereinbarung von angestrebten Ergebnissen sowie die Beteiligung der Mitarbeitenden am Erfolg tragen ebenso dazu bei. Im Rahmen seines Führungskonzeptes stellt Wunderer deshalb auch die Faktoren Ergebnis und Ergebnisbeteiligung ins Zentrum der Betrachtung. Die Ergebnisse müssen durch integrierte Controllingsysteme erfasst werden, nachdem sie zuvor als Ziele vereinbart wurden und anhand vereinbarter Kriterien ausgewertet werden. Die Controllingergebnisse müssen nach seinem Führungsverständnis kommuniziert werden. Dabei wertet er es als Erfolgsfaktor, wenn die Ergebnisse, die durch die Beteiligung der Mitarbeitenden entstanden sind, auch anerkannt und honoriert werden und dazu genutzt werden, Mitarbeitende zu fördern und am Erfolg teilhaben zu lassen. In der Gesamtschau stellt sich Wunderers Auffassung von der Verantwortung der Führung wie folgt dar, wie in Tab. 3 ausgeführt.

Dieses Verständnis von Führung ist in den in diesem Buch behandelten Ansätzen des Qualitätsmanagements in wesentlichen Aspekten wiederzufinden.

Hieraus entwickelte Wunderer die Unterscheidung von zwei Bereichen erfolgsfördernder Führungsdimensionen: die strukturell-systemische (indirekte) und die personal-interaktive (direkte) Führungsdimension.

4.3.4 Aspekte der Führungstheorie: Integration von strukturell-systemischer und personal-interaktiver Führung

Die bereits beschriebenen Führungsfunktionen weisen auf die Führungsaufgabe hin, Handlungsspielräume für die Mitarbeitenden zu gestalten. Im Sinne des Qualitätsmanagements geht es folglich darum, diese Kanalisation so zu gestalten, dass die Mitarbeitenden es als ihre Aufgaben wahrnehmen für die Kund/inn/en bzw. Nutzer/innen bestmögliche Leistung zu erbringen.

Die Führung hat die Aufgabe, „die Gesamtheit aller Normen und Werte, die den Geist und die Persönlichkeit eines Unternehmens ausmachen“ (Doppler 2005, 390), zu gestalten und im Rahmen dieser Werte eine Vorhersagbarkeit des unternehmerischen Handelns für die Mitarbeitenden zu gewährleisten. Für das Qualitätsmanagement bedeutet dies, dass die Führung die wichtige Aufgabe hat, eine Unternehmensphilosophie und damit eine Führungsphilosophie zu verankern, die den Mitarbeitenden Orientierung in den Werten gibt. Strategische Planung, Entwicklung der Organisationsstruktur und daraus abgeleitet operative Planung geben somit den Rahmen für die individuelle und persönliche Arbeitsgestaltung ab. Aus den

Strukturen leiten sich schließlich auch konkrete Führungsinstrumente ab, auf die in Kap. 6.1 anhand von Beispielen eingegangen wird.

In Organisationen spielt die Führung als personal-interaktive Führung eine bedeutende Rolle. Der direkte, individuelle und situative Kontakt und die Kommunikation zwischen Führungskräften und Mitarbeitenden spielt eine große Rolle für das Funktionieren, der Organisation.

Zu diesen Führungsaufgaben gehören: umfassende und differenzierte Wahrnehmungs-, Analyse- und Reflexionsleistungen im Umfeld und im Innern des Unternehmens. Das Management und die Kommunikation von Wissen und Informationen sind ebenso bedeutsam wie die eignungs- und neigungsgerechte Ausgestaltung der Aufgaben und Ziele einzelner Organisationsmitglieder. Dies schließt den Umgang mit Motivationsbarrieren und Demotivationsprophylaxe ebenso ein wie das Entscheiden, Koordinieren, Kooperieren und Delegieren, um Arbeitsbeziehungen effizient zu gestalten. Schließlich gehören Förderung und Gewährleistung von individueller und teamorientierter Entwicklung und Beurteilung wesentlich zu den Führungsaufgaben (Wunderer 2006, 11).

Die Vielfalt dieser Führungsaufgaben und -funktionen kann nur umgesetzt werden, wenn Führungskräfte sich persönlich einsetzen und einbringen. Aus diesem Grunde nimmt die Verantwortung der Führung bzw. Leitung in Qualitätskonzepten einen zentralen Stellenwert ein.

4.3.5 Konsequenzen für das Qualitätsmanagement

Führung schafft in einem Unternehmen bzw. in einer Einrichtung sozialer Dienstleistungen die wesentlichen Rahmenbedingungen sowohl für die strukturell-systemische Gestaltung als auch für die personal-interaktiven Aspekte der Arbeitstätigkeiten. Indem durch eine klare Führung Mitarbeitende Gewissheit darüber erhalten, wie sie ihr *Können* einsetzen *dürfen*, und ihnen deutlich ist, was sie einbringen und tun *sollen*, entwickeln sie Motivation, sich für die Ziele der Organisation einzusetzen, und *wollen* daran mitarbeiten. Erfolg setzt aber nur ein, wenn das *Leisten* der erforderlichen Tätigkeiten durch definierte Prozesse geschieht, die abgestimmt sind und von den Mitarbeitenden verantwortlich ausgeführt werden können.

Ziele *erreichen* kann ein Unternehmen, wenn diese vereinbart sind und auch gemessen werden. Die Kommunikation darüber ist notwendig, um die Mitarbeitenden am Erfolg des Unternehmens zu *beteiligen*, was durch differenzierte Anerkennung und Förderung erfolgen sollte.

Diese Grundgedanken zur Führung sind in den genannten Qualitätsmanagementmodellen aufgegriffen worden.

Die Gestaltung eines sozialen Systems, welches eine Organisation der Sozialen Arbeit auch ist, unterliegt weiteren Mechanismen, die beim Versuch zu steuern berücksichtigt werden müssen. Viele der Schwierigkeiten, die beim Aufbau und der Einführung von Qualitätsmanagement in der Dynamik einer Organisation entstehen, lassen sich aus der systemischen Perspektive besser verstehen.

4.4 Qualitätsdimensionen nach Donabedian

Den in diesem Band behandelten Qualitätsmanagementkonzepten ist gemeinsam, dass sie auf den von Donabedian formulierten Qualitätsdimensionen aufsetzen. Allerdings beschränken sie sich im Wesentlichen auf die in Kap. 1 beschriebenen Dimensionen: Struktur-, Prozess- und Ergebnisqualität. Die für die Soziale Arbeit wesentlichen Aspekte der Potenzialqualität und der Infrastrukturqualität integrieren sie mehrheitlich nicht explizit in ihr System. Durch die Offenheit der Systeme an einigen Stellen gibt es aber Raum, diese Aspekte bei der einrichtungsindividuellen Umsetzung zu berücksichtigen.

Ein expliziter Bezug zur Potenzialqualität der Kund/inn/en ist lediglich im KQS-Modell von ArtSet zu finden, bei dem im Qualitätsbereich „Dienstleistungen/Produkte“ als Spezifikation formuliert wird: „angemessene Einflussnahme der Kunden auf Inhalte, Ziele und Arbeitsformen“ und „kontinuierliche Reflexion der Dienstleistungsprozesse und ihrer Erfolge“. Die Spezifikationen haben allerdings keinen Anforderungscharakter, sondern erläutern, was mit abzuprüfenden Anforderungen gemeint ist. In den expliziten Anforderungen taucht auch im KQS-Modell kein Hinweis auf die Potenzialqualität der Nutzer/innen auf.

4.5 Der Kreislauf der ständigen Verbesserung – der PDCA-Zyklus nach Deming

4.5.1 Der Ansatz Demings

Einer der heute wesentlichsten Gedanken von Qualitätsmanagement geht auf den amerikanischen Wissenschaftler Walter Edwards Deming (1900–1993) zurück, der zunächst an renommierten Hochschulen der USA lehrte und seit den 50er-Jahren des vergangenen Jahrhunderts vor allem in Japan wirkte. Sein zentrales Anliegen war es, die „Schärfe der ‚Qualitätsforderungen‘ aus verschiedenen Kundenperspektiven so genau wie möglich zu bestimmen“ (Zollondz 2006, 83).

Deming entwickelte eine zu seiner Zeit neue Denkhaltung zu Fragen des Managements, die viel stärker als alles Vorherige Aspekte der Unternehmensführung berührten, eine völlig veränderte Einstellung gegenüber Mitarbeitenden und Kund/inn/en umfasste und bis heute in allen Qualitätsmanagementansätzen zu finden ist. Die folgende Übersicht macht dies deutlich (Zollondz 2006, 85) (Abb. 6).

Diese veränderte Grundhaltung drückt sich auch in dem als Deming-Circle bekannt gewordenen, aber von Walter Andrew Shewhart bereits 1939 entwickelten Managementkreis aus. Dieser wird heute als Grundlage fast aller Qualitätsmanagementkonzepte genutzt. Dieses Modell basiert auf dem Kaizen als einem Ansatz der kontinuierlichen Verbesserung. Das Modell enthält vier Schritte (vgl. Abb. 7):

1. Planen = Plan (P): Planung von Verbesserungsmaßnahmen auf der Grundlage einer detaillierten Analyse der Ist-Situation mit den problemspezifischen Daten

und deren Erhebung, Analyse und Auswertung sowie Festlegung von Prüfpunkten und -merkmalen zur späteren Beurteilung, ob durchgeführte Verbesserungsmaßnahmen gegriffen haben;

2. Ausführen = Do (D): Umsetzung der Verbesserungen, nachdem die Mitarbeitenden mit den Plänen vertraut gemacht wurden;
3. Überprüfen = Check (C): Überprüfung der Wirksamkeit der Verbesserungsmaßnahmen anhand ermittelter Daten zu den zuvor definierten Prüfaspekten;
4. Verbessern = Act (A): Veränderungen und Korrekturen vornehmen.

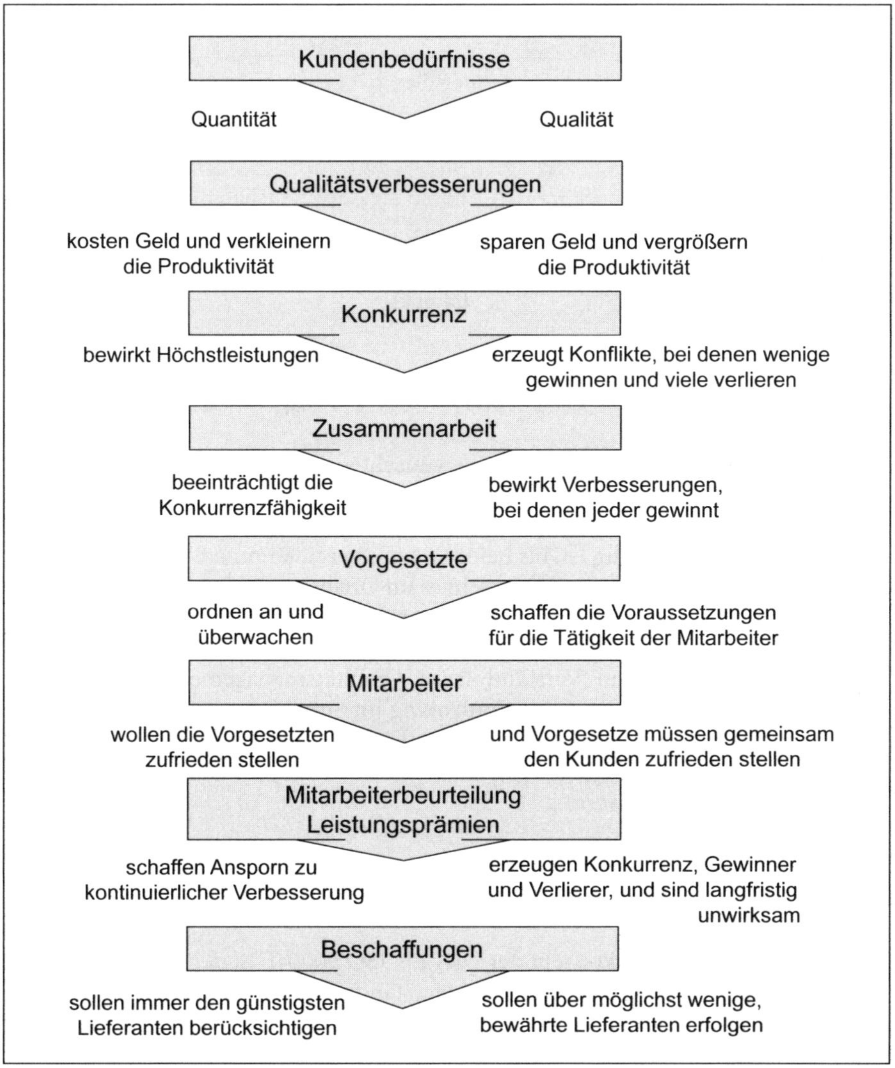

Abb. 6: Gegensätzliche Tendenzen im Managementverständnis nach Deming (Demings Sichtweise in der rechten Spalte) (Quelle: Zollondz 2006, 85)

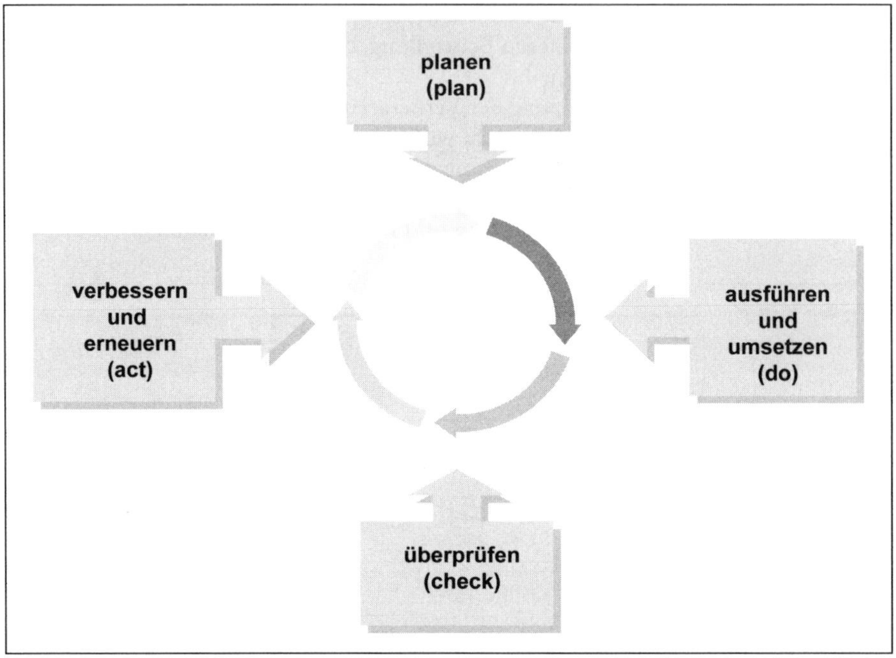

Abb. 7: Der PDCA-Zyklus oder auch Deming Circle

Besteht Übereinstimmung zwischen gewünschtem und tatsächlichem Ergebnis, können die neuen Verfahren standardisiert werden, weichen sie voneinander ab, muss festgelegt werden, welche Maßnahmen für ein erneutes Durchlaufen von „Plan" und „Do" notwendig ist, bis beide Seiten übereinstimmen.

Nach den Vorstellungen Demings geht es im Qualitätsmanagement darum, diese PDCA-Zyklen im gesamten Unternehmen zu etablieren und dieses Denken im gesamten Unternehmen zu verankern.

Ausgehend von diesem Verständnis ist Qualitätsmanagement die systematische Integration von Planung und Controlling im Sinne einer qualitätsorientierten Steuerung. Die auf dem Markt befindlichen Qualitätsmanagementmodelle operieren deshalb mit regelmäßig zu organisierenden Zyklen von Planung, Entwicklung, Überprüfung und Verbesserung.

4.5.2 Die Umsetzung in der DIN EN ISO 9000 ff.

Im Qualitätsmanagementkonzept der DIN EN ISO 9000 ff. ist der PDCA-Zyklus als Grundprinzip des gesamten Managementverständnisses zu finden. Insbesondere im Kap. 8: Messung, Analyse, Verbesserung der DIN EN ISO 9001 und 9004 ist er in expliziter Form zu finden. Dort wird im Kap. 8.1 deutlich, dass es die Aufgabe der Organisation ist, Messungen und Analysen von Daten zur Verbesserung des Unternehmens und seiner Leistungen zu nutzen.

Diese Messungen, Analysen und Verbesserungen sollen sich auf die an die Kund/inn/en gerichteten Leistungen und Produkte beziehen, aber auch auf das Qualitätsmanagementsystem und seine Wirksamkeit.

Diesbezüglich legt die DIN EN ISO 9001 fest, dass aus verschiedenen Bereichen Daten erhoben und dafür genutzt werden müssen. Verschiedene Verfahren werden in der Norm bereits festgelegt, andere müssen von der Organisation selber ausgewählt werden, um dieses Ziel zu erreichen.

Zu den festgelegten Verfahren gehören die Ermittlung der Zufriedenheit der Kund/inn/en (Kap. 8.2.1), die internen Audits (Kap. 8.2.2), die Überwachung und Messung von Prozessen (Kap. 8.2.3) und Produkten (Kap. 8.2.4), der Umgang mit Fehlern (Lenkung fehlerhafter Produkte) (Kap. 8.3), die Datenanalyse (Kap. 8.4) und die Verbesserung (Kap. 8.5) im Sinne von Maßnahmen zur Korrektur aufgetretener Fehler (Kap. 8.5.2) und zur Vorbeugung von Fehlern (Kap. 8.5.3).

Die Erkenntnisse all dieser Verfahren fließen in eine regelmäßig durchzuführende Managementbewertung ein. Diese hat die Aufgabe, von der Führungsebene aus den gesamten Weiterentwicklungsprozess im Sinne des PDCA-Zyklus auf der Basis von Daten zu steuern und zu lenken und für die kontinuierliche Verbesserung Sorge zu tragen.

In diese Managementbewertung, die i.d.R. einmal jährlich durchgeführt wird, fließen Daten aus folgenden Bereichen ein: interne Audits, Rückmeldungen von Kund/inn/en (z.B. aus Befragungen), aus dem Beschwerdemanagement und Daten und Ergebnisse aus den Prozessen der Leistungserstellung.

Finanzkennzahlen und Controllinginformationen aus dem Mitarbeitendenbereich spielen in der Qualitätsnorm eine untergeordnete Rolle, wenngleich sie über die Prozessleistungen natürlich mit einfließen.

4.5.3 Die Umsetzung im EFQM-Excellence-Modell

Im EFQM-Excellence-Modell findet sich der PDCA-Zyklus in abgewandelter Form wieder. Dieses Managementprinzip wird dort unter der Bezeichnung RADAR-Logik genutzt. Dabei stehen die Buchstaben des Wortes RADAR für: Results (Ergebnisse), Approach (Vorgehen), Deployment (Umsetzung), Assessment and Review (Bewertung und Überprüfung) (vgl. ausführlicher in Kap. 5).

Von Seiten der EFQM wird darauf verwiesen, dass diese RADAR-Systematik sowohl für die Entwicklung des Managementsystems als auch für das Management von Projekten genutzt werden kann. Basis dafür ist das Hinterfragen der Leistungsfähigkeit der Organisation mit dem strukturiertenAnsatz der RADAR-Logik (vgl. EFQM, 2009, 44).

Die einzelnen Elemente der RADAR-Systematik werden weiter untergliedert, indem Attribute zur detaillierten Analyse herangezogen werden. Diese Attribute sind bei der Bewertung einer Organisation auf ihre Leistung (Excellence) von besonderer Bedeutung (vgl. die Darstellung der Selbst- und Fremdbewertung mit der EFQM-RADAR-Matrix in Kap. 5).

Tab. 4: Die RADAR-Attribute des EFQM-Excellence-Modells zusammengestellt nach: EFQM 2009, 46 f.

Elemente der RADAR-Systematik	Elemente	Attribute dazu
Results (Ergebnisse)	Relevanz und Nutzen	Umfang und Relevanz *(bzgl. Interessengruppen, Strategie, Beziehungen zw. Ergebnissen, priorisierte Schlüsselergebnisse)*
		Integrität *(zeitgerecht erhoben, aussagekräftig, genau)*
		Segmentierung *(angemessen)*
	Leistungen	Trends *(konstant/steigend)*
		Ziele *(für Schlüsselergebnisse, angemessen, erreicht)*
		Vergleiche *(für Schlüsselergebnisse, angemessen, günstig)*
		Ursachen *(in den Befähigern, für Zukunft begründet positiv erwartbar)*
Approach (Vorgehen)		Fundiert *(begründet, mit definierten Prozessen, auf Interessengruppen ausgerichtet, im Laufe der Zeit weiterentwickelt)*
		Integriert *(unterstützt Strategie, mit anderen Vorgehen verzahnt)*
Deployment (Umsetzung)		Eingeführt *(ins alltägliche Leben)*
		Systematisch *(zeitlich und strukturell planmäßig)*
Assessment und **R**eview (Bewertung und Überprüfung)		Messung *(regelmäßiges Messen von Effektivität und Effizienz, geeignete Messgrößen)*
		Lernen und Kreativität *(Identifizierung von Verbesserungsmöglichkeiten, verbessertes Vorgehen schaffen)*
		Verbesserung und Innovation *(Verbesserung aufgrund von Messung und Lernen, Ergebnisse Kreativität bewerten, priorisieren und verwenden)*

4.5.4 Die Umsetzung im KQS-Modell

Das Modell KQS (Kundenorientierte Qualitätstestierung für Soziale Dienstleistungsanbieter) verweist nicht explizit auf den PDCA-Zyklus. Dennoch sind die einzelnen Elemente auch in diesem Modell zu finden.

Unter den in diesem Band näher betrachteten Modellen stellt es das einzige Modell dar, das sich explizit auf die Soziale Arbeit und ihre Logik bezieht. Auch wenn es in Deutschland noch keine große Verbreitung gefunden hat, wird es hier herangezogen, weil es als Schwestermodell des LQW-Modells (Lernerorientierte Qualitätstestierung in der Weiterbildung), das inzwischen weite Verbreitung gefunden hat, arbeitsfeldunabhängig die spezifischen Bedingungen Sozialer Arbeit aufgreift und dennoch generalistisch ausgelegt ist.

Im Handbuch zum KQS-Modell wird deutlich gemacht, dass es bei der Qualitätsentwicklung in Einrichtungen der Sozialen Arbeit darum geht, die Kooperationsbeziehungen in den Einrichtungen und zum Umfeld so zu entwickeln, dass sie den Kund/inn/en (Nutzer/inne/n) dienen, um die Aktivität genau dieser Kund/inn/en zur Verbesserung ihrer Lebenssituation möglichst optimal zu unterstützen.

Das Modell stellt keine definierten Mindeststandards dar, sondern bietet einen Rahmen, in dem – der Eigenlogik jeder Einrichtung folgend – deren Weiterentwicklung im Sinne der Kund/inn/enanforderungen unterstützt wird. Im Modell geht es darum, „dass jeder soziale Dienstleistungsanbieter begründet das tut, was zu ihm passt und was in seinem besonderen Fall der Verbesserung der Dienstleistung dient" (ArtSet 2005, 7). Das Modell fordert allerdings eine Reihe von Verfahren, die eine Einrichtung vorhalten muss und die sie selber ausgestalten kann.

Auch wenn der Begriff PDCA-Zyklus nicht verwendet wird, so steckt die gleiche Denkweise im Modell: „Der zu beschreitende Weg heißt: Wir kennen unseren Auftrag; wir haben klar definierte Ziele; wir wissen, wie wir unsere Aufgaben umzusetzen haben; wir überprüfen unsere Ergebnisse an den vereinbarten Zielen – alle gemeinsam werden wir besser" (ArtSet 2005, 7).

Dieser Zyklus spiegelt sich in den im Modell definierten Qualitätsbereichen wieder, die in Form eines Selbstreportes als Selbstbeschreibung Grundlage für eine externe Begutachtung anhand von – im Leitfaden festgelegten – Anforderungen sind.

Im Sinne des PDCA-Zyklus sind die Qualitätsbereiche Leitbild (1), Bedarfserschließung und Informationsbeschaffung (2) dem „Plan" zuzuordnen. Die Bereiche Dienstleistungen (3) und Schlüsselprozesse (4) sind dem „Do" zuzuordnen, während die Bereiche Evaluation (6) und Controlling(10) tendenziell dem „Check" zuzuordnen sind. Mit den strategischen Entwicklungszielen (12) wird klar auf den Schritt „Act" Bezug genommen. Die anderen hier noch nicht genannten Qualitätsbereiche des Modells lassen sich nicht einem der Schritte eindeutig zuordnen, sondern wirken auf mehreren Ebenen auf verschiedene der genannten Schritte im PDCA-Zyklus. Diese Qualitätsbereiche sind: Externe Partnerschaften (5), Infrastruktur (7), Führung (8), Personal (9) und Kundenkommunikation (11). Eine Beschreibung des Gesamtmodells findet sich in Kap. 5 dieses Bandes.

Eine zentrale Rolle in diesem Modell spielt die Definition gelungener Dienstleistung, die in das Leitbild einzubeziehen ist. Im Handbuch wird deutlich formuliert, dass das „Leitbild nur dann ein Leitbild" ist, „wenn es die Praxis der Beschäftigten tatsächlich leitet" (ArtSet 2005, 13). In diesem Kontext hat die Definition gelungener Dienstleistung handlungsleitende Funktion für die Beschäftigten. Sie soll das Verständnis der Organisation zum Ausdruck bringen, das dem Endziel „der Erweiterung der individuellen Handlungsfähigkeit der Leistungsempfänger" dient, „um hernach den Anforderungen ihrer Alltagspraxis in höherem Maße als bisher gerecht werden zu können" (ArtSet 2005, 14).

Der PDCA-Zyklus findet seine Grenzen – in Bezug auf die Qualitätsentwicklung der sozialen Dienstleistungen – im organisationalen Handeln und in den Aktivitäten und Handlungen der Kund/inn/en in der Sozialen Arbeit. Das KQS-Modell berücksichtigt auch hinsichtlich des Verständnisses dieses Zyklus, „dass individuelle Entwicklung immer eine Aktivität des Kunden ist und nur durch Kontextbedingungen – wie Raum, Zeit, fachliche Kompetenz, finanzielle Förderung und Material – unterstützt und gefördert werden kann" (ArtSet 2005, 14).

Die Steuerung dieser Kontextbedingungen in möglichst optimaler Weise ist Aufgabe der Einrichtungen sozialer Dienstleister. Diese schaffen den Ermöglichungsraum für die Beziehung in der Dienstleistungsinteraktion zwischen Leistungsempfänger und Fachpersonal.

4.6 Prozessorientierung

Laut der DIN EN ISO 9000:2005 ist ein Prozess ein „Satz von in Wechselbeziehung oder Wechselwirkung stehenden Tätigkeiten, der Eingaben in Ergebnisse umwandelt" (DIN EN ISO 9000:2005, Kap. 3.4.1). Prozesse sind somit die eigentlichen Aktivitäten der Leistungserstellung. Abgeleitet aus dem lateinischen Begriff „procedere", „vorangehen, vorgehen, vorwärtsschreiten" bedeutet, soll damit ausgedrückt werden, dass Arbeitsabläufe einem Fluss unterliegen, die einen Auslöser oder Startimpuls benötigen und zu einem Ziel führen sollen.

Die DIN EN ISO 9000:2005 schreibt im Kap. 2.4 (Prozessorientierter Ansatz) dazu: „Damit sich Organisationen wirksam betätigen können, müssen sie zahlreiche miteinander verknüpfte und in Wechselwirkung zueinander stehende Prozesse erkennen und handhaben. Oft bildet das Ergebnis des einen Prozesses die direkte Eingabe für den nächsten. Das systematische Erkennen sowie Handhaben dieser verschiedenen Prozesse innerhalb einer Organisation, vor allem aber der Wechselwirkungen zwischen solchen Prozessen, wird als ‚prozessorientierter Ansatz' bezeichnet" (DIN EN ISO 9000:2005, Kap. 2.4).

Mit der Ausrichtung von Qualitätsmanagementkonzepten am Prozessdenken wird die Grundlage für Organisationsformen geschaffen, die nicht streng nach hierarchischen Organisationsmodellen vorgehen, sondern bereichs- und funktionsübergreifende Aufgabenerledigung ermöglichen und als Organisationsprinzip vorsehen.

Im Zentrum steht dann die Aufgabe, diese Prozesse effektiv zu managen und nach Effizienzkriterien auszurichten. „Schrittweise werden alle Prozesse von der Feststellung der Kundenanforderungen über die Produkt- bzw. Dienstleistungsentstehung bis zur Überprüfung der Kundenzufriedenheit bestimmt und analysiert" (Hohenschild 2002, 50). Das so aufgebaute Prozessmanagement soll dazu beitragen, dass Arbeitsabläufe nach Standards abgewickelt werden, die den Kund/inn/en eine hohe Zuverlässigkeit und Qualität zusichern und damit eine hochwertige Leistung erzeugen.

Dieser Gedanke bezieht sich sowohl auf die Kernprozesse (die Prozesse, die die Wertschöpfung einer Organisation ausmachen), die unterstützenden Prozesse (die Prozesse, die notwendig sind, damit die Kernprozesse überhaupt umgesetzt werden können) und die Managementprozesse (die Prozesse, die dazu dienen, die Organisation als Ganze zu lenken und zu steuern) (vgl. ausführlich auch Kap. 5).

Immer wieder wird in Bezug auf das Management der Prozesse unterstellt, dass dieses schon Qualität der Produkte und Dienstleistungen erzeuge. Dies gilt unter der Prämisse, dass der Prozess der Ermittlung der Bedarfe und Anforderungen der Kund/inn/en an eine Leistung als zuverlässiger Prozess gestaltet ist und auch die Umsetzung dieser Anforderungen in ein Produkt oder eine Leistung sichergestellt ist. Merchel kommentiert in Bezug auf die DIN EN ISO 9001: „Die Produktqualität wird als solche nicht bewertet und zertifiziert, sondern lediglich die Qualität der Ablaufprozesse" (Merchel 2004, 62). Diese Aussage stimmt insofern, als dies eben auch die Erfassung, Bewertung und Umsetzung der Kund/inn/enanforderungen umfasst. Jedoch ist die Kritik Merchels nicht ganz stimmig, wenn er schreibt: „Wenn man hier von einem ‚guten Produkt' spricht, so ist damit das Ergebnis der festgelegten Prozesse gemeint und nicht etwa die generelle Sinnhaftigkeit des Produktes, das weiterhin außerhalb der Beurteilung bleibt" (Merchel 2004, 63). Gerade durch die Einbeziehung der Kund/inn/enanforderungen wirkt ein gutes Prozessmanagement auf die Wahrscheinlichkeit, ein gutes Produkt oder eine gute Dienstleistung zu erzeugen, positiv ein. Das von Merchel und vielen anderen immer wieder angeführte Beispiel, dass in einem QM-System auch ein Schwimmreifen aus Beton produziert werden kann, obwohl das QM-System extern geprüft ist, stimmt nur dann, wenn die Kund/inn/enanforderung lautet, dass der Schwimmreifen nicht schwimmen, sondern sinken soll.

Selbst bei optimalem Prozessmanagement besteht keine Garantie auf hochwertige Produkte oder Dienstleistungen, weil weitere Faktoren eine wichtige Rolle spielen. Ein an Qualitätskriterien ausgerichtetes QM-System und damit auch ein Prozessmanagement erhöht die Qualitätsfähigkeit der Organisation, da sie u.a. die Anforderungen ihrer Kund/inn/en besser kennt. Auf die beeinflussenden Faktoren möchte ich im Folgenden nur in Bezug auf soziale Dienstleistungen eingehen.

In Kap. 1 dieses Buches wurden bereits die Besonderheiten der sozialen Dienstleistung im Zusammenhang mit dem Uno-actu-Prinzip, der Erbringung im sozialrechtlichen Dreieck und dem Zusammenwirken der Qualitätsdimensionen aufgezeigt. Wesentlich ist bei der Betrachtung der Prozessorientierung im Qualitätsmanagement, dass die Prozessgestaltung nicht nur durch die eine soziale Dienstleistung erbringende Organisation erfolgt. Vielmehr gilt: „Die Konsequenz für den Begriff der Prozessqualität lautet, dass sie nie nur von einer Seite allein festgelegt, definiert oder gesichert werden kann, sondern beide Parteien grundsätzlich und unhintergehbar im Prozess der Dienstleistung aufeinander verwiesen sind" (Grunwald 2008, 810). In der sozialen Dienstleistung sind es i.d.R. sogar drei Seiten, die auf die Gestaltung der Prozesse Einfluss nehmen: Dienstleistungsorganisation, Klient/in und Kostenträger.

Insofern kann Prozessmanagement in der Sozialen Arbeit zwar nach fachlichen und professionellen Kriterien vermeidbare Fehler reduzieren und auf die Vorgaben des Kostenträgers eingehen, nicht jedoch professionelles Handeln selbst sicherstellen. Dieses ist nicht umfassend standardisierbar, weil sich die Interaktion mit dem Klienten als Kunden nicht nach festen, vorgängig bekannten Regeln gestalten lässt und sich die Professionalität nicht „in der Vermeidung von ‚Fehlern' erschöpft" (Grunwald 2008, 811).

Prozessorientierung in der sozialen Dienstleistung bedeutet demnach, Arbeitsabläufe zu standardisieren, die dazu geeignet sind, sie im Hinblick auf eine in der Organisation vereinbarte und mit Kostenträgern und Klient/inn/enbedarfen abgestimmte Weise vorzustrukturieren und nach einheitlichen Vorgaben auch zu dokumentieren, damit sie in ihrer Flüchtigkeit und mit ihrer Eigenart des zeitgleichen Konsums nachvollziehbar bleiben. Es bedeutet aber auch, für Bereiche und Prozesse, die sich einer Ablaufstandardisierung entziehen, professionelle und fachlich fundierte Handlungskonzepte und -leitlinien zu entwickeln.

Anders stellen sich die Möglichkeiten der Prozessstandardisierung für die unterstützenden Prozesse und einen großen Teil der Managementprozesse dar. Hier können Prozessbeschreibungen helfen, wiederkehrende Abläufe so vorzustrukturieren, dass Effizienzreserven aktiviert werden können und eine hohe Zuverlässigkeit der Prozesse und der Ergebnisse gegeben ist. Das Rad muss nicht jedes Mal, wenn ein Arbeitsablauf anfällt, neu erfunden werden.

4.7 Fremd- und Selbstbewertung

Auf der Basis des PDCA-Zyklus ergibt sich, dass Organisationen, die ein Qualitätsmanagementsystem realisieren, dieses nicht nur planen und einführen, sondern es auch auf seine Wirksamkeit hin prüfen und weiterentwickeln. In den meisten Qualitätsmanagementkonzepten sind solche Prüfungen auf Wirksamkeit systematisch verankert. Teilweise werden sie als Selbstbewertungen, teilweise als Fremdbewertungen vorgesehen und realisiert.

Bei den in diesem Band behandelten drei Modellen sind Selbst- und Fremdbewertung als verbundene Elemente vorhanden.

4.7.1 Das Selbstbewertungsverfahren nach der DIN EN ISO 9004:2009

Für Qualitätsmanagement nach der DIN EN ISO 9000 ff. finden sich Hinweise auf Selbstbewertungsverfahren in der Norm 9004. Dieses Verfahren ist sehr flexibel angelegt und lässt die Bewertung von Teilen der Organisation oder von Teilen des QM ebenso zu wie die Bewertung der Gesamtorganisation. Der in der Norm 9004 niedergelegte Leitfaden für die Selbstbewertung enthält eine Übersicht über die so genannten Schlüsselelemente der Selbstbewertung, die die Korrelationen zwischen den Schlüsselelementen der Normforderungen und dem Reifegrad der Organisation wiedergeben sollen (DIN EN ISO 9004:2009, Anhang A, Tab. A.1 – Auszug).

Anhand der in der Tabelle ausgewiesenen Schlüsselelemente und der zur Bewertung des Reifegrades entwickelten 5er-Skalierung können bei einer ausführlichen Selbstbewertung entlang der Normforderungen der DIN EN ISO 9004:2009 die Bewertungen im Führungskreis oder auch unter Beteiligung von Mitarbeitenden entwickelt werden. (Die wichtigsten Normforderungen werden im Kap 5. vorgestellt.)

Tab. 5: Schlüsselelemente der Selbstbewertung – Korrelation zwischen den Schlüsselelementen und den Reifegraden (Quelle: DIN EN ISO 9004:2009, Anhang A, Tab. A.1 – Auszug)

Schlüsselelement	Reifegrad				
	Grad 1	Grad 2	Grad 3	Grad 4	Grad 5
Was wird von der Leitung besonders beachtet? (Leiten und Lenken)	Produkte, Anteilseigner und einige Kunden, mit Ad-hoc-Reaktionen auf Änderungen, Probleme und Chancen werden besonders beachtet.				Das Abwägen der Erfordernisse neu hinzukommender interessierter Parteien wird besonders beachtet. Die beste Leistung der Klasse wird als Hauptziel festgelegt.
Was ist der Ansatz der Führung? (Leiten und Lenken)	Der Ansatz ist reaktiv und beruht auf Entscheidungen von oben nach unten.				Der Ansatz ist proaktiv und auf das Lernen ausgerichtet, mit Ermächtigung der Mitarbeiter auf allen Ebenen.
Wie wird darüber entschieden, was wichtig ist? **(Strategie und Politik)**	Entscheidungen beruhen auf formlosen Eingangsgrößen des Marktes und anderer Quellen.				Entscheidungen beruhen auf der Notwendigkeit für Flexibilität, Beweglichkeit und nachhaltiger Leistung.
Was ist erforderlich, um Ergebnisse zu erzielen? **(Ressourcen)**	Ressourcen werden ad hoc geleitet und gelenkt.				Das Leiten und Lenken und die Verwendung von Ressourcen sind geplant, effizient umgesetzt und befriedigen die interessierten Parteien.
Wie werden die Tätigkeiten organisiert? **(Prozesse)**	Es gibt einen unsystematischen Ansatz zur Organisation von Tätigkeiten unter Verwendung nur einiger grundlegender Arbeitsverfahren oder Anweisungen.				Es gibt einQualitätsmanagementsystem, das Innovation und Benchmarking unterstützt und auf die Erfordernisse und Erwartungen zukünftiger wie auch erkannter interessierter Parteien abgestimmt ist.
Wie werden Ergebnisse erzielt? (Überwachung und Messung)	Ergebnisse werden zufällig erzielt. Korrekturmaßnahmen erfolgen ad hoc.				Die erreichten Ergebnisse liegen über dem Branchendurchschnitt der Organisation und werden langfristig gehalten. Verbesserungen und Innovationen werden in der gesamten Organisation verwirklicht.
Wie werden Ergebnisse überwacht? (Überwachung und Messung)	Finanzielle, kommerzielle und Produktivitätsindikatoren sind vorhanden.				Entscheidende Leistungskenngrößen werden in die Echtzeitüberwachung aller Prozesse einbezogen und die Leistung wird relevanten interessierten Parteien effizient übermittelt.
Wie werden Prioritäten für Verbesserungen beschlossen? (Verbesserung, Innovation und Lernen)	Prioritäten für Verbesserungen beruhen auf Fehlern, Beschwerden oder finanziellen Kriterien.				Prioritäten für Verbesserungen beruhen auf Eingabegrößen neu hinzukommender interessierter Parteien.
Wie kommt es zu Lerneffekten? (Verbesserung, Innovation und Lernen)	Lerneffekte treten zufällig auf der Ebene des Einzelnen auf.				Die Prozesse der Organisation zum lernen werden mit relevanten interessierten Parteien geteilt und unterstützen Kreativität und Innovation.

ANMERKUNG: Der aktuelle Reifegrad der einzelnen Elemente der Organisation ist der höchste erreichte Reifegrad ohne vorhergehende Lücken in den Kriterien bis zu diesem Punkt.

Mit diesem Ansatz der 9004er-Norm hat sich die Qualitätsnormenfamilie in Richtung der Excellence-Modelle bewegt, weil sie sehr deutlich den Fokus auf die ständige Verbesserung legt und damit einen klareren TQM-Anspruch realisiert, als dies in der 9001 der Fall ist. Grundlage für die Zertifizierung ist diese Norm allerdings nicht. Dazu wird lediglich die Norm 9001 herangezogen.

4.7.2 Die Fremdbewertung im Rahmen des QM-Systems nach DIN EN ISO 9001:2008 im Zertifizierungsprozess

Im Gegensatz zur Norm 9004 ist die Norm 9001 die Grundlage für eine externe Bewertung des Qualitätsmanagementsystems. Dabei wird anhand der Forderungen der DIN EN ISO 9001 untersucht, ob das realisierte Qualitätsmanagementsystem mit den Mindestanforderungen der Norm übereinstimmt.

In der Regel wird die Fremdbewertung dazu genutzt, für ein Unternehmen das Zertifikat nach DIN EN ISO 9001 zu erwerben. Eine Zertifizierungsgesellschaft wird beauftragt, eine Vorprüfung, Dokumentenprüfung und schließlich eine Vor-Ort-Prüfung des Qualitätsmanagementsystems vorzunehmen und festzustellen, ob alle in der Norm enthaltenen Forderungen umgesetzt sind. Aufgrund dieses als „externes Audit" bezeichneten Vorgangs wird schließlich eine Empfehlung zur Erteilung des Zertifikates an die Zertifizierungskommission der Zertifizierungsgesellschaft gegeben, die letztlich darüber entscheidet.

Die Anforderungen an ein QMS für die Erzielung des Zertifikates sowie die notwendigen Schritte vorher werden in Kap. 5 näher beschrieben.

4.7.3 Die Selbstbewertung im EFQM-Excellence-Modell

Anders als bei der Arbeit mit der DIN EN ISO 9001 steht bei der Arbeit mit dem EFQM-Excellence-Modell die Selbstbewertung am Anfang des Prozesses der ständigen Verbesserung mit Hilfe dieses Modells.

Die Selbstbewertung kann in verschiedenen Formen durchgeführt werden, die eine sehr unterschiedliche Tiefe der Bewertung möglich machen. Alle Formen beruhen auf einem System von neun Hauptkriterien der „Excellence", die in insgesamt 32 Teilkriterien untergliedert sind (vgl. Kap. 5, in dem das Modell vorgestellt wird). Die einfache Variante ist die Arbeit mit einem vorgefertigten Fragebogen der EFQM. Neben Fragebögen, in denen nur Ja/nein-Antworten gegeben werden müssen, existiert ein Fragebogen, in dem zu jedem Qualitätskriterium des Modells zehn Fragen formuliert sind. Die Beantwortung dient der systematischen und reflexiven Bestandsaufnahme des Reifegrades der Organisation.

Eine andere Methode der Selbstbewertung erfolgt mit den so genannten Standardformularen. In diesen wird entlang des Modells aufgenommen, welche Stärken ein Unternehmen aufzuweisen hat, welche Nachweise es dazu gibt und welche Verbesserungspotenziale vorhanden sind, um die Modellanforderungen zu erfüllen. Auf diese Art und Weise entstehen entlang der 32 Teilkriterien des EFQM-Modells (näheres dazu in Kap. 5) Dokumente über den Stand des Unternehmens, die anhand einer Bewertungssystematik, die auf dem RADAR-Prinzip beruht, bewertet werden. Diese Bewertung erfolgt mit der von der EFQM veröffentlichten RADAR-Bewertungsmatrix. Dieser ist ein differenziertes System von Punktwerten zu Grunde gelegt, das bei 100 %iger Erfüllung aller Kriterien und Teilkriterien des Modells 1000 Punkte erbringen kann (vgl. Kap. 5).

Neben diesen beiden – insbesondere in der Sozialen Arbeit weiter verbreiteten – Selbstbewertungsmethoden existieren noch die der Bewertung durch die Workshopmethode und die mittels Simulation einer Bewerbung um den nationalen oder europäischen Qualitätspreis (EFQM 1999–2003a, 38 ff.). Eine differenzierte Beschreibung der Verfahren erfolgt ebenfalls in Kap. 5.

4.7.4 Verfahren der Fremdbewertung im EFQM-Excellence-Modell

Die Fremdbewertung kommt bei der Arbeit mit dem EFQM-Modell dann ins Spiel, wenn eine Organisation eine externe Begutachtung wünscht, um nach außen dokumentierbar nachzuweisen, dass sie Qualitätsmanagement erfolgreich betreibt.

Um dies zu ermöglichen, hat die EFQM seit 2001 das Programm der Levels of Excellence aufgelegt, wonach Organisationen sich entsprechend ihrem Reifegrad auf dem Weg zu einer exzellenten Organisation und somit auf dem Weg zu einem TQM-System anerkennen lassen können. Die EFQM nennt dieses System nicht Zertifizierung, sondern verwendet entsprechend den unterschiedlichen Stufen auch verschiedene Begriffe. Organisationen, die einen ersten, leichten Einstieg gemacht haben, werden validiert und erhalten die Auszeichnung „Committed to Excellence". Solche, die schon über längere Zeit (mindestens drei Jahre) erfolgreich den Weg zu „Excellence" gegangen sind, erhalten die Auszeichnung „Recognized for Excellence". Die höchste Anerkennung erhalten Organisationen, die sich um den Europäischen Qualitätspreis, den „European Excellence Award", oder den nationalen Qualitätspreis, in Deutschland den „Ludwig-Erhard-Preis", beworben haben und dabei als die besten abgeschnitten haben (EFQM 1999–2003b, 10 ff.).

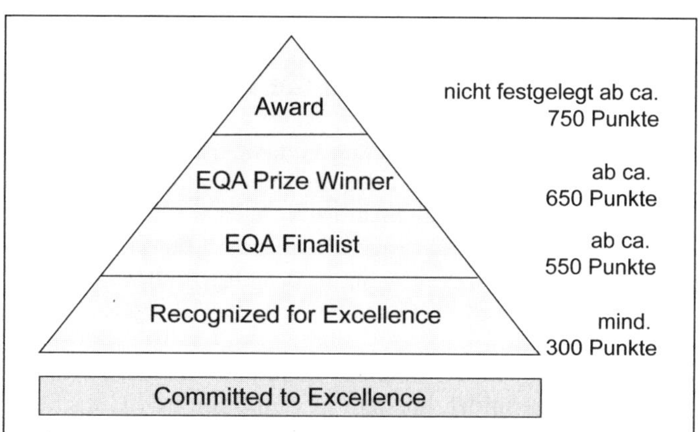

Abb. 8: Die Levels of Excellence

Diese Auszeichnungen werden von der EFQM aufgrund von Prüfungen und Begutachtungen durch unabhängige Assessoren oder Validatoren (bei der Stufe „Committed to Excellence“) zuerkannt. Grundlage dieser Prüfungen sind immer die Qualitätskriterien des EFQM-Excellence-Modells und die RADAR-Systematik als Raster für die Prüfung auf kontinuierliche Verbesserung. In Kap. 5 wird detailliert auf die einzelnen Stufen der Excellence eingegangen (vgl. auch http://www.deutsche-efqm.de/inhseiten/272.htm, Abruf 8. 5. 2008).

4.7.5 Der Selbstreport im KQS-Modell

Im KQS-Modell spielt die Selbstbewertung ebenfalls eine zentrale Rolle. Im Handbuch zum Modell heißt es: „Lebensbewältigung, Erhalt und Erweiterung von individueller Handlungsfähigkeit ist ein reflexives ‚Erfahrungsgut‘; die Verbesserung der organisationalen Bedingungen zur Unterstützung individueller Entwicklungsprozesse muss daher auch ein reflexiver Prozess sein und kann nicht durch technokratische Formalisierungen gefördert werden“ (ArtSet 2005, 4).

So betont das Handbuch einerseits, dass dieser reflexive Prozess durch interne Evaluation befördert werden muss. Andererseits ist für eine externe Anerkennung der Qualitätsbemühungen vorgegeben, dass die Organisation einen Selbstreport verfassen muss, der sowohl auf alle Anforderungen des Modells Bezug nimmt und den Qualitätsprozess reflektiert als auch die Basis für eine externe Begutachtung darstellt. „Der Selbstreport nötigt zu Begründungen und Festlegungen“. Mit dieser Aussage wird darauf hingewiesen, dass der Selbstreport nicht nur Ergebnisse der Qualitätsentwicklung darstellen soll, sondern die innere Logik des Vorgehens und der Entwicklung. Intendiert ist, dass der Selbstreport im Laufe mehrerer Jahre immer weiter fortgeschrieben wird und sich die Komplexität und Reflexivität der Qualitätsentwicklung so schrittweise entwickeln und darin wiederfinden. Auf den Selbstreport als Instrument der Organisationsentwicklung wird im Kap. 6.4.3 unter dem Aspekt der Entwicklung des Führungssystems noch näher eingegangen, da die Erarbeitung des Selbstreportes Teil eines reflexiven Führungssystems ist. Die vollständige Systematik des Modells ist in Kap. 5 dargestellt.

4.7.6 Das Gutachten und die Testierung im KQS-Modell

Der Selbstreport dient externen Gutachtern dazu, die Organisation, die sich um ein Testat bewirbt, anhand der im KQS-Handbuch vorgegebenen Anforderungen zu bewerten. Nicht erfüllte Anforderungen werden im Gutachten mit Auflagen zur Nachbesserung bzw. Klärung verbunden. Dieser Soll-Ist-Vergleich wird durch eine Visitation von i.d.R. einem Tag in der Organisation ergänzt, bei der nicht erfüllte Anforderungen und im Gutachten erteilte Auflagen auf ihre Erfüllung hin untersucht werden.

Nach erfolgreich verlaufener Visitation wird der Prozess mit einem Abschlussworkshop abgerundet, bei dem Organisation und Gutachter strategische Entwicklungsziele für die nächste Periode formulieren. Nach Einreichung dieser Ziele bei der Testierungsstelle von ArtSet werden diese als Vertrag zur Qualitätsentwicklung in den folgenden vier Jahren – von beiden Seiten – unterzeichnet und dienen somit als Leitfaden für die Weiterarbeit. Im Anschluss wird das Testat verliehen (ArtSet 2005, 16 ff.).

4.8 Die Freiheit der Wahl der Methoden

Den in diesem Buch vorgestellten Konzepten des Qualitätsmanagements liegen keine vorgegebenen Methoden zum Aufbau oder zur Umsetzung zu Grunde. Organisationen, die mit diesen Modellen arbeiten, erhalten lediglich Anhaltspunkte, auf welche Dinge es bei der Realisierung eines auf Qualität ausgerichteten Managementkonzepts ankommt.

Die Arbeitsmethoden zur Umsetzung stammen in der Praxis dann aus allen Disziplinen und Bereichen, die Know-how für die Managementpraxis beisteuern. Grundlegend sind vor allem auch die Arbeitsmethoden aus der Fachlichkeit der Dienstleistungserstellung, um fachgerechte Prozessgestaltungen aufzubauen.

Viele Methoden ergeben sich fast zwangsweise daraus, dass sie „state of the art" sind, andere können neu entwickelt, von anderen übernommen oder eingekauft werden.

Weder die DIN EN ISO noch das EFQM-Modell schreiben Methoden vor, wie eine Organisation ihre spezifische Qualität entwickeln muss. Sie geben auch keine spezifischen Empfehlungen dafür. Lediglich beim KQS-Modell gibt es umfangreiche methodische Hilfestellungen, die nicht verbindlich sind, die aber allen Nutzer/inne/n im Internet in Form von Arbeitshilfen zur Verfügung stehen.

4.9 Dokumentation und das Prinzip des Nachweises

Bei allen drei Systemen ist die Dokumentation ein wichtiger Baustein der Qualitätsentwicklung. Der Grad der Vorgaben ist allerdings sehr unterschiedlich.

Während in der DIN EN ISO 9001 ein Qualitätshandbuch vorgeschrieben ist, ist dies z. B. beim EFQM-Modell nicht obligatorisch. Auch das KQS-Modell fordert ein solches nicht.

Allerdings verlangen alle drei Modelle Nachweise für ein systematisches Management von Prozessen, über die Zufriedenheit oder die Rückmeldungen der Kund/inn/en sowie über die erbrachten Leistungen. Spätestens, wenn eine externe Begutachtung mit einem Zertifikat, einem Preis bzw. einer Auszeichnung oder einem Testat angestrebt wird, müssen die Prozesse und deren Ergebnisse sowie die Bemühungen um die Weiterentwicklung des Systems klar nachgewiesen werden.

In keinem der Systeme allerdings wird – wie oft von Sozialarbeitern fälschlicherweise kritisiert – ein eigenständiger Prozess der Dokumentation verlangt. Dokumentation ist immer Teil eines Wertschöpfungsprozesses, eines unterstützenden Prozesses oder eines Managementprozesses und dient diesen Prozessen. Dokumentation ist diesen Prozessen immer untergeordnet und kein Selbstzweck. Sie dient der Nachverfolgbarkeit der erbrachten Leistungen und der helfenden Beziehung einschließlich der Interaktion mit dem Klient/inn/en- oder Kund/inn/ensystem.

5 Die gängigen Modelle und ihre Anforderungen an ein Qualitätsmanagementsystem

Im folgenden Kapitel werden die drei diesem Buch zu Grunde liegenden Konzepte, die für Qualitätsmanagementsysteme herangezogen werden, in ihren wesentlichen Aussagen dargestellt. Es handelt sich dabei um die DIN EN ISO 9000:2005 ff., das EFQM-Excellence-Modell und das KQS-Modell, das aus dem LQW-Modell als Spezialmodell für soziale Dienstleistungsanbieter entwickelt wurde.

Streng genommen handelt es sich bei den genannten Konzepten nicht um Modelle des Qualitätsmanagements, sondern um Leitfäden, die bei der Beurteilung eines Managementsystems hinsichtlich Qualitätsfragen und Fragen der kontinuierlichen Verbesserungsprozesse in Unternehmen herangezogen werden. Wie bereits in Kap. 4 dargestellt wurde, arbeiten alle drei Ansätze mit Selbst- und/oder Fremdbewertungsverfahren. Aus diesen Bewertungen sollen Impulse für die Weiterentwicklung gezogen werden. Dieser Ansatz impliziert, dass die Konzepte selber keine konkreten Handlungsanweisungen für die Ausgestaltung von Managementsystemen geben. Sie geben Merkmale vor, anhand derer in einer Organisation reflektiert werden soll, ob die Prozesse der Leistungserstellung und der sie beeinflussenden Management- und unterstützenden Prozesse sinnvoll gestaltet sind.

Die drei Konzepte bieten den verantwortlichen Gestaltern in Organisationen jeweils eine Brille an, durch die die Organisation hinsichtlich ihrer Fähigkeiten, qualitätvolle Arbeit zu leisten, betrachtet wird. Je nach Auswahl der Brille werden manche Aspekte stärker beleuchtet, andere schwächer. Die Auswahl der Brille beeinflusst aber auch, aus welcher Position und mit welchen Vorüberzeugungen die Organisation beobachtet wird. Davon hängt dann schließlich auch ab, was in den Blick genommen wird und was durch die spezifische Brille gesehen werden kann. Wenn eine Organisation sich in einer Weise selbst beobachtet, die der jeweiligen Brille entspricht, und sich in dieser Weise auch neu oder anders organisiert, wenn aufgrund dieser Beobachtungen Veränderungen und Entwicklungen angestoßen werden, dann kann man daraus schließen, dass sie ein Managementsystem nach dem einen oder anderen Konzept entwickelt hat. Die Konzepte legen nicht fest, wie das richtige Managementsystem auszusehen hat, sondern legen in einem gewissen Umfang und einer gewissen Art und Weise Verfahren nahe, die geeignet sind, die Dinge zu erreichen, die das Konzept beabsichtigt zu initiieren.

Die Qualitätskonzepte geben nicht vor, wie ein Managementsystem genau zu sein hat. Die Konzepte geben Beobachtungskriterien vor und legen fest, wann ein Managementsystem Anforderungen erfüllt, die das Konzept fordert. Dabei unterscheiden sich die drei Konzepte hinsichtlich eines wesentlichen Aspektes: Die Konzepte DIN EN ISO 9001 und KQS legen fest, welche Anforderungen das Managementsystem mindestens erfüllen muss. Das EFQM-Modell beschreibt, was der optimale Zustand des Systems sein könnte.

Wer glaubt, mit dem Griff zu einem der Konzepte das Thema Qualitätsmanagement schnell und einfach im Griff zu haben, täuscht sich. Die Überprüfung des eigenen Managementsystems anhand eines der Modelle bringt schnell zu Tage, wo in der eigenen Organisation die Unzulänglichkeiten liegen.

Allen drei Konzepten liegt ein gemeinsames Verständnis von Management zu Grunde: das Konzept des Management by Objectives, des Managements mit Zielen.

Die meiste in Deutschland vorliegende Literatur zum QM in der Sozialen Arbeit reflektiert, bewertet, kommentiert und beschreibt die existierenden Modelle aus einer Metaperspektive. Dabei wird oft nicht dargestellt, welche Anforderungen die Modelle an die Einrichtungen der Sozialen Arbeit stellen, wenn sie QM aufbauen wollen. Im nun folgenden Kapitel werden die beiden gängigsten und branchenunabhängigen Modelle DIN EN ISO 9000 ff. und EFQM hinsichtlich Historie, Systematik, Aufbau der Ansätze, Prüf- und Bewertungsverfahren, externen Anerkennungsverfahren sowie der Entwicklungsorientierung präsentiert. Ergänzend wird das KQS-Modell (Kundenorientierte Qualitätstestierung für Soziale Dienstleistungsanbieter) als Branchenmodell herangezogen, weil es innerhalb der Branche Arbeitsfeld übergreifend angelegt ist.

Tab. 6: Klassifizierung der QM-Modelle nach Gerull (vgl. Gerull 2007)

Klassifizierung	Beschreibung	Beispiele (ausgewählte)
Formale Universalkonzepte	branchenunabhängige QM-Modelle und allgemeine Strategien	DIN EN ISO 9000 ff., EFQM
Formale Branchenkonzepte	adaptierte Universalmodelle und feldspezifische Strategien	ServAs (Service Assessment), GAB-Verfahren, QQS (Qualitätsentwicklung, Qualitätssicherung und Evaluation)
Materiale Branchenkonzepte	Feldspezifische Anforderungskataloge und Regelwerke	KTQ (Kooperation für Transparenz und Qualität im Krankenhaus), PPQ (ProPsychiatrie Qualität, AQUA-FUD (Arbeitshilfen zur Qualitätsentwicklung in Familienunterstützenden und Familienentlastenden Diensten)
Materiale Branchenkonzepte	Operationalisierte Prüfkriterien und standardisierte Bewertungsverfahren	LEWO (Lebenshilfe Wohnen), SYLQUE (System der Leistungsbeschreibung, Qualitätsbeschreibung und Entgeltberechnung), KES (Kindergarten-Einschätz-Scala), WANJA (Von der Selbstevaluation zum Wirksamkeitsdialog in der kommunalen Jugendhilfe/Jugendarbeit)
QM-Kontextkonzepte und Qualitätstechniken	Formalisierte Verfahren und Instrumente	BSC (Balanced Scorecard), QFD (Quality Function Deployment), Controlling, Evaluation

Aus Gründen des Copyright können die Anforderungen der Modelle nicht vollständig und nur in Teilen im Wortlaut des Originals dargestellt werden. Streckenweise werden sie als Zitate verarbeitet, an anderen Stellen sinngemäß dargestellt.

Neben den behandelten Modellen existiert eine Reihe von Ansätzen, die sich z.T. mit einzelnen Arbeitsfeldern der Sozialen Arbeit beschäftigen. Peter Gerull hat in seinem 2007 veröffentlichten umfangreichen Werk unter dem Titel „Sozialwirtschaftliches Qualitätsmanagement" (Gerull 2007) eine Klassifizierung der Modelle vorgeschlagen. Er unterscheidet wie in Tab. 6 auf der gegenüberliegenden Seite.

Die Beschreibung der Modelle kann sowohl bei Gerull als auch z.T. bei Schädler und Trube (2001), die in Teilen die gleichen Modelle beschrieben haben, nachgelesen werden.

5.1 Die DIN EN ISO 9000:2005 ff. und weitere Normen im Kontext des Qualitätsmanagements

5.1.1 Historie

Die DIN EN ISO 9000 ff. ist eine Normfamilie, die Vorgaben für den Aufbau und die Entwicklung von Qualitätsmanagementsystemen beinhaltet. Als Deutsche Industrienorm (DIN – Deutsches Institut für Normung), Europäische Norm (EN) und Norm der Internationalen Organisation für Normung (ISO – International Organization for Standardization) ist sie die in Deutschland wohl bekannteste Norm bzw. Richtlinie für den Aufbau von Qualitätsmanagementsystemen.

Die Norm ist unter dem starken Druck der japanischen Wirtschaft auf die europäischen Volkswirtschaften und den amerikanischen Markt entstanden. Während in den 70er- und 80er-Jahren des vergangenen Jahrhunderts die in Japan von ursprünglich amerikanischen Wissenschaftlern (Deming, Juran, Feigenbaum) entwickelten Managementkonzepte erfolgreich umgesetzt wurden, setzte sich die dahinter liegende Philosophie auch allmählich im europäischen Raum durch.

Grundlage dieses neuen Denkens war die Einsicht, dass Qualität sich auf allen Ebenen des Unternehmens entfalten muss, um hochwertige Produkte und Dienstleistungen und die Erfüllung von Kund/inn/enwünschen zu realisieren.

Allmählich entwickelte sich eine Grundüberzeugung, dass nur die Endkontrolle von Produkten nicht sinnvoll als Qualitätsstrategie betrieben werden konnte, sondern die Qualität bereits im Erstellungsprozess von Leistungen und Produkten realisiert werden muss. Diese Entwicklung vollzog sich in der Zeit von ca. 1910 bis in die 80er-Jahre des 20. Jahrhunderts. Die Geschichte des QM kann differenziert bei Zollondz nachgelesen werden (vgl. Zollondz 2006). In der folgenden Grafik sind die wichtigsten Schritte zusammengestellt (Abb. 9).

Die Internationale Organisation für Standardisierung war 1947 als ein Zusammenschluss nationaler Normungsorganisationen entstanden. Ihr Ziel war es, durch internationale Normen den weltweiten Austausch von Waren und Dienstleistungen zu fördern. 1987 wurde erstmalig die Qualitätsnorm 9000 ff. veröffentlicht, die die bis dahin existierenden nationalen Normen zu einem einheitlichen, international geltenden Regelwerk zusammenführte.

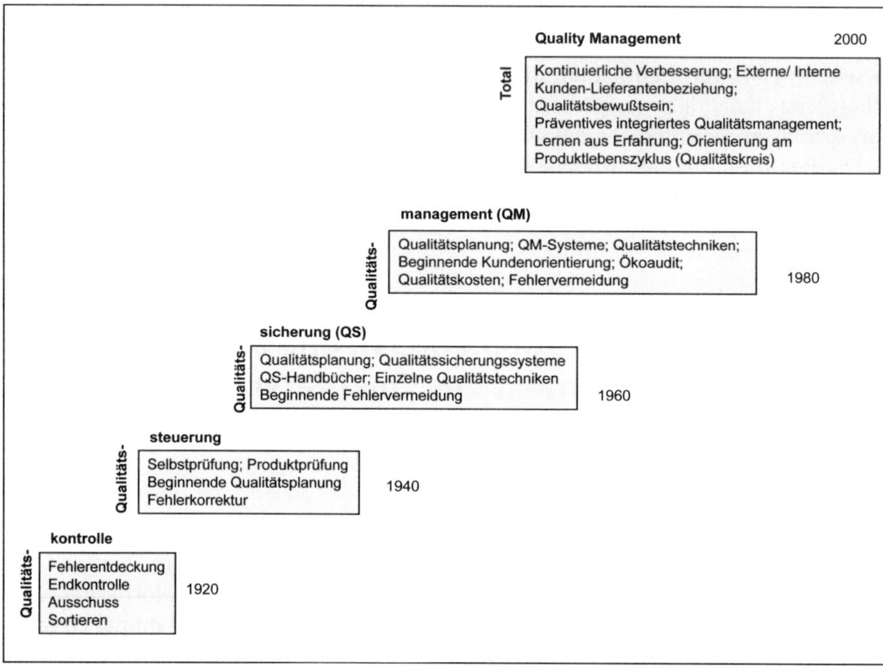

Abb. 9: Geschichte des Qualitätsmanagements (Quelle: Zollondz 2006, 28)

Peter Gerull schreibt über die Historie der Norm: „Als Mitte der Achtzigerjahre ein erster Entwurf über ein Qualitätssicherungssystem vorgelegt wurde, ein Vorläufer der ISO 9000, war sich die deutsche Industrie allerdings noch in dessen Ablehnung einig. So etwas verteuere nur die ohnehin unter Preisdruck stehenden Produkte; deutsche Anbieter könnten sich doch aufgrund ihres weltweit anerkannten Qualitätsstandards auch ohne solche bürokratischen Regularien durchsetzen u.ä. Argumente wurden vorgebracht. Diese Einschätzung hat sich inzwischen grundlegend verändert. [...] Systematisches Qualitätsmanagement wurde als erfolgreiches Instrument zur Förderung von Wettbewerbsfähigkeit, Kunden- und Mitarbeiterzufriedenheit anerkannt und europaweit vereinheitlicht“ (Gerull 2007, 86).

Mit der DIN EN ISO 9000 ff. wurde das erste und bis heute einzige weltweit anerkannte System für den Aufbau und die Überprüfung eines Qualitätsmanagementsystems etabliert.

Heute besteht die Norm 9000 ff. aus drei Einzelnormen, die in der 9000 ff. als Normfamilie zusammengefasst sind. Sowohl die Normfamilie als auch die einzelnen Normen unterlagen seit ihrer Verabschiedung einem ständigen Wandel, um sich an die Anforderungen des Marktes anzupassen. Auf den Wandel wird im folgenden Kapitel bei der Behandlung der Einzelnormen eingegangen.

Die Vorgaben der DIN EN ISO 9000 ff. waren bis zu ihrer Revision im Jahre 1999 und ihrem Inkrafttreten in 2000 an 20 Elementen ausgerichtet, die insbesondere bei der Anwendung in der Sozialen Arbeit als sehr formalistisch und technisch ausgerichtet erlebt wurden.

5.1.2 Die Systematik der Normenfamilie und die Normforderungen

Die QM-Grundsätze der DIN EN ISO 9000er-Familie

Wie bereits in Kap. 4 dargestellt wurde, basiert der Aufbau eines Qualitätsmanagementsystems nach den Normen der DIN EN ISO 9000 ff. auf den acht Grundsätzen, die in der Norm 9000 veröffentlicht sind. Kund/inn/enorientiertes Handeln (Grundsatz Kundenorientierung) kann nur durch klare Führung, die alles Handeln auf den Erfolg der Organisation (Grundsatz Führung) unter Einbeziehung der handelnden Personen (Grundsatz Einbeziehung der Person) ausrichtet, erfolgreich sein. Die Basis für Erfolg ergibt sich aber auch daraus, dass die Grundsätze der Prozessorientierung, des systemorientierten Managements und der ständigen Verbesserung zusammenwirken. Sie speisen sich aus auf Daten gestützten Entscheidungen (Grundsatz Sachbezogener Ansatz der Entscheidungsfindung). Das Verhältnis zu den Lieferanten wird so gestaltet, dass es zum gegenseitigen Nutzen gereicht (Grundsatz Lieferantenbeziehungen zum gegenseitigen Nutzen).

Die Konstruktion als Prozessmodell

Der wesentlichste Aspekt der Reform der DIN EN ISO 9000 ff. in der Version 2000 gegenüber den Vorläufernormen war die Umstellung auf den prozessorientierten Arbeitsansatz. Mit der Überwindung des Ansatzes, nach den 20 Elementen der vorherigen Norm zu arbeiten, wird in der neuen Norm das Prozessmanagement in den Mittelpunkt gerückt. Mit dem Begriff Prozessmanagement werden „Versuche bezeichnet, ein neues Paradigma der Organisationsform zu begründen, bei dem die Hierarchie einerseits und die Bereiche andererseits nicht mehr streng gegen- und untereinander abgegrenzt sind, sondern bereichs- und funktionsübergreifend ganzheitlich synergetisch zusammenwirkend einen Kundennutzen erzeugen" (Zollondz, 2001, 739).

Dabei geht es darum, das gesamte Management der Arbeitsprozesse in einem Unternehmen bzw. einer sozialen Einrichtung an den Kern- und Teilprozessen auszurichten.

Die Unterscheidung zwischen den Kern-, den Management- und den unterstützenden Prozessen ist die gängige Art der Differenzierung. Für den Begriff Kernprozess werden synonym auch die Begriffe Wertschöpfungsprozess oder Schlüsselprozess verwendet. Managementprozesse werden auch als Führungsprozesse bezeichnet und die unterstützenden Prozesse als Supportprozesse (Abb. 10).

Basis der DIN EN ISO 9000 ff. ist das Prozessmodell, wie es auch in der Norm abgebildet ist. Dieses stellt die gesamte Tätigkeit eines Unternehmens als Wertschöpfungsprozess zwischen Kund/inn/enanforderungen und Erfüllung der Kund/inn/en-

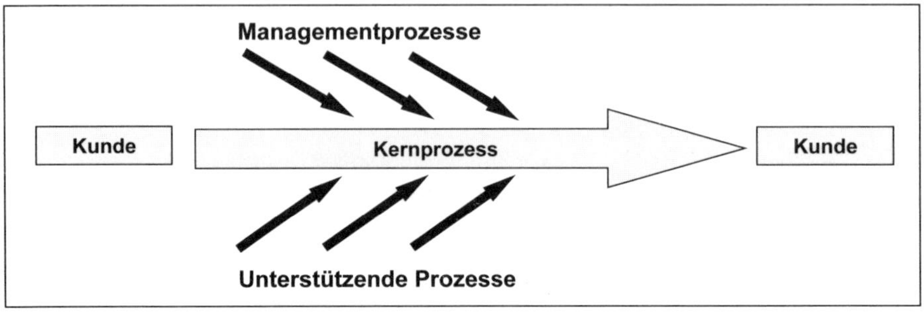

Abb. 10: Prozessarten, die in einem QM-System wichtig sind

anforderungen bzw. Zufriedenheit der Kund/inn/en dar. Dabei wirken im Prozess der Leistungserstellung die Verantwortung der Leitung, das Management der Ressourcen, die Produkt- oder Dienstleistungsrealisierung und die Messung, Analyse und Verbesserung im Unternehmen zusammen. Aus der kontinuierlichen Messung und Analyse – auch der Kund/inn/enzufriedenheit – ergeben sich die Impulse für den kontinuierlichen Verbesserungsprozess (KVP).

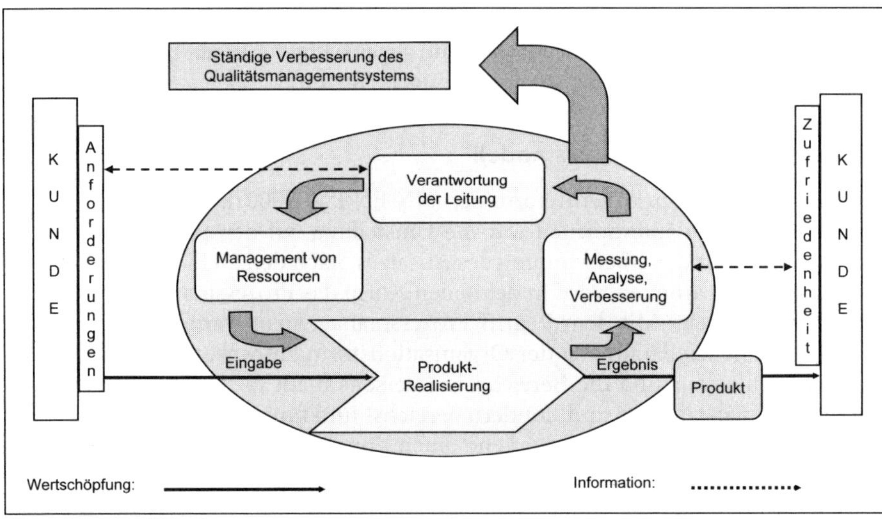

Abb. 11: Das Prozessmodell der DIN EN ISO 9000:2005 ff. (Quelle: DIN EN ISO 9000:2005, Kap. 2.4)

Merchel schreibt dazu: „Zweck der Normenreihe ist die Qualitätssicherung: Wenn standardisierte Verfahrensabläufe zur Gewährleistung von Qualität eines Produktes oder einer Dienstleistung eingehalten werden, dann – so die Annahme – können Kunden und Auftraggeber auf die Leistungsfähigkeit ihrer Lieferanten und Auftragnehmer vertrauen. Es geht also um eine Qualitätskontrolle und Qualitätsabsicherung über Verfahren" (Merchel, 2004, 62). Insgesamt geht es aber um mehr. Die gesamte Unternehmung oder Einrichtung ist unter dem Gesichtspunkt der Qualität zu managen. So spielen im QM-System nach der DIN 9000er-Familie nicht nur Verfahrensstandardisierungen eine Rolle, sondern auch Aspekte der Werte, der Kommunikation und Information, der Qualitätsziele u.v.m. Nicht nur der einzelne Arbeitsprozess steht im Blick des QM-Systems, sondern auch der gesamte Prozess der Unternehmensentwicklung und -gestaltung.

5.1.3 Die DIN EN ISO 9000:2005

Die „DIN EN ISO 9000 beschreibt Grundlagen für Qualitätsmanagementsysteme und legt die Terminologie für Qualitätsmanagementsysteme fest" (DIN EN ISO 9000:2005, Kap. 0.1).

Die heute vorliegende Norm DIN EN ISO 9000:2005 hat sich aus einer zunächst 1980 und 1987 überarbeitet veröffentlichten Norm 55 350, der dann 1995 veröffentlichten Norm 8402 und der schließlich nach einer grundlegenden Überarbeitung der gesamten Normenfamilie veröffentlichten Norm 9000:2000 entwickelt.

Die Norm DIN EN ISO 9000 dient der allgemeinen Grundlegung der Normenfamilie. So stellt sie z.B. die Begründung für Qualitätsmanagementsysteme (Kap. 2.1), die Anforderungen an Qualitätsmanagementsysteme (Kap. 2.2), den Ansatz des Qualitätsmanagementsystems (Kap. 2.3), den prozessorientierten Ansatz (Kap. 2.4), die Rolle von Qualitätszielen und Qualitätspolitik, die Rolle der obersten Leitung (Kap. 2.6) sowie den Stellenwert und die Arten der Dokumentation heraus. Darüber hinaus wird in die Grundprinzipien der in- und externen Bewertung, der ständigen Verbesserung der Systeme sowie die Rolle statistischer Methoden eingeführt.

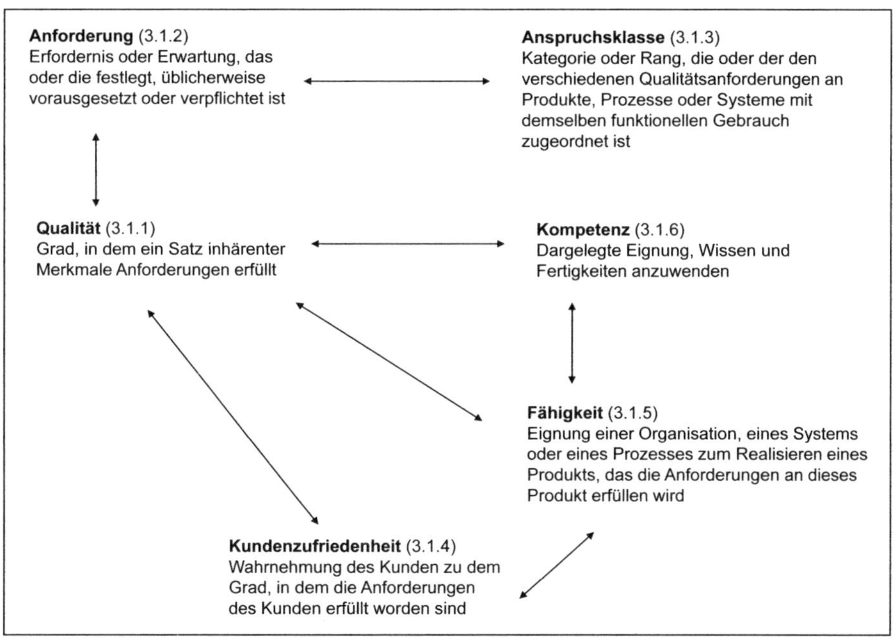

Abb. 12: Begriffsdiagramm – Qualitätsbezogene Begriffe (Quelle: DIN EN ISO 9000:2005, Anhang A.4)

Darüber hinaus definiert diese Norm die wichtigen Begriffe im Kontext des Qualitätsmanagements und schafft dadurch definitorische Klarheit auch für die anderen Normen der Familie. In Begriffsdiagrammen werden Zusammenhänge zwischen den Termini aufgezeigt und somit wird die Systematik der verwendeten Begriffe verdeutlicht. Als Beispiel wird das Begriffsdiagramm der qualitätsbezogenen Begriffe in Abb. 12 abgebildet. Weitere sind in der Norm 9000 nachlesbar.

Viele der in der DIN EN ISO 9000:2005 definierten Begriffe werden in den unterschiedlichen Kapiteln dieses Buches jeweils themenbezogen zitiert oder wiedergegeben. Definiert sind z.B. Begriffe wie: Qualität, Anforderung, Kundenzufriedenheit, Fähigkeit, Kompetenz, System, Managementsystem, Qualitätsmanagementsystem usw.

5.1.4 Die DIN EN ISO 9001:2008 und die Normforderungen

Die „ISO 9001 legt die Anforderungen an ein Qualitätsmanagementsystem für den Fall fest, dass eine Organisation ihre Fähigkeit darlegen muss, Produkte bereitzustellen, die die Anforderungen der Kunden und die behördlichen Anforderungen erfüllen, und anstrebt, die Kundenzufriedenheit zu erhöhen" (DIN EN ISO 9000:2005, Kap. 0.1). Diese Norm wird auch als die Nachweisnorm bezeichnet, da sie die Prüfbasis im Rahmen von Zertifizierungsverfahren von Qualitätsmanagementsystemen darstellt.

In der Sozialen Arbeit ist immer wieder zu beobachten, dass Einrichtungen ihr System nach der Norm aufbauen, die Mitarbeitenden dieser aber ablehnend gegenüberstehen. Dies hat nicht selten damit zu tun, dass die Inhalte der Norm nur aus bewertenden Quellen bekannt sind, durch nicht gelungene Umsetzungen in einem belasteten Erfahrungskontext stehen und selten die Normforderungen im Original rezipiert werden. Die Autorin lehrt bereits seit mehr als zehn Jahren in berufsbegleitenden Studiengängen QM und kann bei nicht leitenden Mitarbeitenden auch heute noch ebenso ein völlig unzureichendes Wissen über die Basis von QM in Einrichtungen der Sozialen Arbeit feststellen wie negative Erfahrungen der Betroffenen mit den Wegen der Umsetzung. Im folgenden Kapitel wird aus diesem Grunde versucht, einen möglichst neutralen Überblick über die Anforderungen der Norm 9001:2008 zu geben. Dieser muss zwangsweise gekürzt und unvollständig sein. Es empfiehlt sich, die Norm im Original zu studieren.

Zu beziehen ist die Norm entweder über Bibliotheken, in denen sie eingesehen werden kann, oder über den zur Veröffentlichung autorisierten Verlag Beuth. In der Reihe DIN-Taschenbücher können Bündel von Normen erworben werden, so z.B. die wichtigsten Qualitätsmanagementnormen in dem DIN-Taschenbuch 226. Leider ist die Begriffsnorm 9000 hierin nicht enthalten (vgl. DIN 2009).

Die DIN 9001 ist in acht Kapitel gegliedert. Während sich die Kap. 1 bis 3 mit einführenden Bemerkungen beschäftigen, sind die Kap. 4 bis 8 diejenigen, die die Anforderungen an das Qualitätsmanagementsystem darstellen. Dabei stellt das Kap. 4 die grundlegenden Anforderungen dar. Die Kap. 5 bis 8 stellen die genauen Anforderungen bezüglich der im Prozessmodell aufgeführten Aspekte Verantwortung der Leitung (Kap. 5), Management von Ressourcen (Kap. 6), Produktrealisierung

(Kap. 7) und Messung, Analyse, Verbesserung (Kap. 8) dar. In der folgenden Tabelle wird versucht, die Normforderungen in Stichworte komprimiert zusammenzufassen, um so einen Gesamtüberblick zu geben. Die dargestellten Normforderungen bilden die Basis für eine externe Überprüfung in Form von Audits, die im Kapitel Prüf- und Bewertungsverfahren näher dargestellt werden.

Tab. 7: Die Forderungen der DIN EN ISO 9001:2008 zusammengefasst

	Kapitel			**Forderungen (zusammengefasst)**
4	**Qualitätsmanagementsystem**			
				Die Organisation muss:
4.1	**Allg. Anforderungen**			• ein QMS aufbauen, dokumentieren, verwirklichen, aufrechterhalten und dessen Wirksamkeit verbessern • Prozesse identifizieren • Prozessabfolgen und Wechselwirkungen festlegen • Methoden zur Prozessumsetzung festlegen • Ressourcen für Prozesse zur Verfügung stellen • Prozesse überwachen • Prozesse verbessern
4.2	**Dokumentationsanforderungen**			
		4.2.1	Allgemeines	• Qualitätsziele, -politik festlegen • ein QM-Handbuch erstellen • mindestens die Verfahren Interne Audits, Fehlerlenkung, Korrekturmaßnahmen, Vorbeugemaßnahmen, Lenkung von Dokumenten, Lenkung von Aufzeichnungen beschreiben • Qualitätsaufzeichnungen führen
		4.2.2	Qualitätsmanagementhandbuch (QMH)	• ein QMH erstellen, das enthält: Geltungsbereich, Normausschlüsse, Verfahrensbeschreibungen, Prozesswechselwirkungen
		4.2.3	Lenkung von Dokumenten	• ihre Dokumente lenken und dafür ein Verfahren festlegen, das folgende Aspekte behandelt: Prüfung der Angemessenheit, Kennzeichnung, Erstellung, Prüfung, Freigabe, Verteilung, Verfügbarkeit, Änderung, Einzug, Vernichtung, Archivierung
		4.2.4	Lenkung von Aufzeichnungen	• ihre Aufzeichnungen lenken. Dabei sind folgende Aspekte in einem dokumentierten Verfahren zu berücksichtigen: Lesbarkeit, Kennzeichnung, Schutz, Verfügbarkeit, Wiederauffindbarkeit, Aufbewahrungszeit

	Kapitel			Forderungen (zusammengefasst)
5	**Verantwortung der Leitung**			
				Die oberste Leitung muss:
5.1	**Verpflichtung der Leitung**			• sich selbst verpflichten, Entwicklung, Verwirklichung und ständige Verbesserung des QMS nachzuweisen. Dazu sind mindestens erforderlich: Bedeutung von Kundenanforderungen und behördlichen und gesetzlichen Bestimmungen deutlich zu machen, Qualitätspolitik festzulegen, Festlegung von Qualitätszielen sicherzustellen, Managementbewertungen durchzuführen, Verfügbarkeit von Ressourcen sicherzustellen
5.2	**Kunden-orientierung**			• sicherstellen, dass die Kundenanforderungen ermittelt werden • sicherstellen, dass Kundenzufriedenheit als Ziel verfolgt wird
5.3	**Qualitäts-politik**			• sicherstellen, dass die Qualitätspolitik dem Zweck der Organisation angemessen ist, eine Verpflichtung zur Erfüllung von Anforderungen und ständiger Verbesserung enthält, den Rahmen zum Festlegen und Bewerten von Qualitätszielen bietet, in der Organisation vermittelt und verstanden wird, auf fortlaufende Angemessenheit bewertet wird
5.4	**Planung**			
		5.4.1	Qualitätsziele	• Qualitätsziele festlegen, sicherstellen, dass dafür Kennzahlen definiert sind und die Erreichung der Ziele gemessen wird
		5.4.2	Planung des Qualitätsmanagementsystems	• dafür sorgen, dass das QMS so geplant wird, dass die Ziele erreicht werden und das QMS funktionsfähig ist und aufrecht erhalten wird.
5.5	**Verantwortung, Befugnis und Kommunikation**			
		5.5.1	Verantwortung und Befugnis	• Festlegung, Übertragung und Bekanntmachung von Verantwortungen und Befugnissen sicherstellen
		5.5.2	Beauftragter der obersten Leitung	• eine/n Beauftragte/n für Qualitätsmanagement benennen und dafür sorgen, dass diese/r unabhängig ist, Bericht erstattet, das System aufrecht erhält und verbessert und das Qualitätsbewusstsein der Mitarbeiter schult

	Kapitel			Forderungen (zusammengefasst)
		5.5.3	Interne Kommunikation	• für eine Systematisierung der internen Kommunikation sorgen
5.6	**Management-bewertung**	5.6.1	Allgemeines	• „Die oberste Leitung muss das Qualitätsmanagementsystem der Organisation in geplanten Abständen bewerten, um dessen fortdauernde Eignung, Angemessenheit und Wirksamkeit sicherzustellen. Diese Bewertung muss die Bewertung von Möglichkeiten für Verbesserungen und den Änderungsbedarf für das Qualitätsmanagementsystem, einschließlich der Qualitätspolitik und der Qualitätsziele, enthalten." (DIN EN ISO 9001, Kap. 5.6.1)
		5.6.2	Eingaben für die Bewertung	• folgende Eingaben für die Managementbewertung berücksichtigen: Ergebnisse von Audits, Kundenrückmeldungen, Prozess- und Produktkonformität, Status Vorbeuge- und Korrekturmaßnahmen, Folgemaßnahmen vorangegangener Managementbewertungen, Änderungen am QMS, Empfehlungen für Verbesserungen
		5.6.3	Ergebnisse der Bewertung	• Entscheidungen als Resultat der Managementbewertung treffen zu: Verbesserungen der Wirksamkeit des QMS, Produktverbesserungen in Bezug auf Kundenanforderungen, Bedarf an Ressourcen
6	**Management von Ressourcen**			
				Die Organisation muss:
6.1	**Bereitstellung von Ressourcen**			• ausreichend Ressourcen zur Verfügung stellen, um das QMS aufrecht zu erhalten und zu verbessern und die Kundenzufriedenheit zu erhöhen
6.2	**Personelle Ressourcen**			
		6.2.1	Allgemeines	• dafür sorgen, dass das Personal kompetent ist
		6.2.2	Fähigkeit, Bewusstsein und Schulung	• die Kompetenzen des Personals ermitteln, schulen und entwickeln, diese Maßnahmen auf Wirksamkeit bewerten, Qualitätsbewusstsein entwickeln
6.3	**Infrastruktur**			• die notwendige Infrastruktur ermitteln und entwickeln. Dazu gehören: Gebäude, Arbeitsräume, Versorgungseinrichtungen, unterstützende Dienstleistungen
6.4	**Arbeitsumgebung**			• die notwendige Arbeitsumgebung ermitteln, bereitstellen und aufrecht erhalten

	Kapitel			Forderungen (zusammengefasst)
7	**Produktrealisierung**			
				Die Organisation muss:
7.1	**Planung der Produktrealisierung**			• notwendige Prozesse planen und sie in Einklang miteinander bringen • Qualitätsziele berücksichtigen, Prozesse einführen und notwendige Dokumente erstellen, • Verifizierungs-, Validierungs-, Überwachungs-, Mess- und Prüfkriterien festlegen • diese Planung in eine geeignete Form bringen
7.2	**Kundenbezogene Prozesse**			
		7.2.1	Ermittlung der Anforderungen in Bezug auf das Produkt	• die Kundenanforderungen ermitteln in Bezug auf: festgelegte Anforderungen, nicht angegebene Anforderungen, gesetzliche und behördliche Anforderungen
		7.2.2	Bewertung der Anforderungen in Bezug auf das Produkt	• die Kundenanforderungen bewerten in Bezug auf: Definition der Produktanforderungen vor der Lieferzusage, Ausräumen von Differenzen zwischen Vertrag und zuvor geäußerten Anforderungen, Erfüllungsmöglichkeiten der Anforderungen • Wenn der Kunde keine Anforderungen dokumentiert, muss die Organisation dessen Anforderungen vor der Annahme bestätigen, bei Änderungen der Anforderungen müssen sie dokumentiert werden
		7.2.3	Kommunikation mit den Kunden	• die notwendigen Formen der Kommunikation mit dem Kunden festlegen. Dazu gehören: Produktinformation, Verträge, Rückmeldungen, Kundenreaktion.
7.3	**Entwicklung**			• die Entwicklung neuer Produkte und Dienstleistungen planvoll umsetzen. Im Folgenden wird nur stichpunktartig aufgelistet, welche Aspekte dabei zu realisieren sind
		7.3.1	Entwicklungsplanung	• Entwicklungsphasen • Verifizierungsprozess • Validierungsprozess • Verantwortlichkeiten • Befugnisse • Schnittstellenregelungen • Entwicklungsstatus festlegen
		7.3.2	Entwicklungseingaben	• Funktionsanforderungen • Leistungsanforderungen • gesetzliche und behördliche Anforderungen

	Kapitel			Forderungen (zusammengefasst)
				• Entwicklungserfahrungen • Angemessenheit als Eingaben berücksichtigen
		7.3.3	Entwicklungsergebnisse	• hinsichtlich der Entwicklungsergebnisse sicherstellen, dass folgende Aspekte erfüllt sind: Entwicklungsvorgaben erfüllen, Informationen für Beschaffung, Produktion und Dienstleistungserstellung bereitstellen, Annahmekriterien sind enthalten, Gebrauchstauglichkeit
		7.3.4	Entwicklungsbewertung	• systematisch die Entwicklung bewerten hinsichtlich der Erfüllung der Anforderungen und Problemen und notwendige Maßnahmen
		7.3.5	Entwicklungsverifizierung	• prüfen, ob die Entwicklungsvorgaben auch umgesetzt wurden
		7.3.6	Entwicklungsvalidierung	• prüfen, ob das entwickelte Produkt oder die Dienstleistung die Anforderungen erfüllt, für die es gedacht war
		7.3.7	Lenkung von Entwicklungsänderungen	• bei Änderungen Folgendes beachten: Dokumentation von Änderungen, Kennzeichnung von Änderungen, Bewertung von Änderungen hinsichtlich der Auswirkungen auf das Produkt, Verifizierung, Validierung, Freigabe der Änderungen
7.4	**Beschaffung**			
		7.4.1	Beschaffungsprozess	• dafür sorgen, dass die beschafften Produkte den Anforderungen entsprechen. Dazu gehören: Bedarfsermittlung/Spezifikation, Lieferanforderungen, Lieferantenauswahl, Lieferantenbewertung
		7.4.2	Beschaffungsangaben	• die zu beschaffenden Produkte beschreiben und ggf. Anforderungen an die Lieferanten und deren Auswahl sowie -bewertung formulieren.
		7.4.3	Verifizierung beschaffter Produkte	• beschaffte Produkte verifizieren. Dazu dienen festgelegte Prüfkriterien und -methoden.
7.5	**Produktion und Dienstleistungserbringung**			
		7.5.1	Lenkung der Produktion und Dienstleistungserbringung	• die Produktion oder Dienstleistungserstellung unter beherrschten Bedingungen gewährleisten. Dazu gehören: Angaben zu Merkmalen des Produktes, Arbeitsanweisungen, geeignete Ausrüstung, Gebrauch geeigneter Überwachungs- und Messmittel und Festlegung ggf. erforderlicher Folgetätigkeiten

	Kapitel			Forderungen (zusammengefasst)
		7.5.2	Validierung der Produktion und Dienstleistungserbringung	• die Prozesse validieren, die nicht durch nachgehende Prüfung der Produkte oder Dienstleistungen überwacht werden können. Dazu gehören die Festlegung von Bewertungskriterien, die Prozessgenehmigung, die genehmigte Personalqualifikation, genehmigte Ausrüstung, genehmigte Verfahren/Methoden, Qualitätsaufzeichnung zum Prozess sowie die Revalidierung
		7.5.3	Kennzeichnung und Rückverfolgbarkeit	• während des gesamten Produktions- oder Dienstleistungsprozesses dafür sorgen, dass der Prozess der Erstellung oder das Produkt rückverfolgbar sind
		7.5.4	Eigentum des Kunden	• Sorgfaltspflicht gegenüber dem Eigentum des Kunden zeigen, es kennzeichnen, den Kunden bei Verlust oder Schäden über den Zustand informieren und Aufzeichnungen darüber führen
		7.5.5	Produkterhaltung	• bis zur Lieferung an den Kunden dafür sorgen, dass das Produkt und seine Bestandteile erhalten bleiben und es die Anforderungen des Kunden erfüllt
7.6	**Lenkung von Überwachungs- und Messmitteln**			• notwendige Überwachungs- und Messmittel definieren und festlegen, sie regelmäßig kalibrieren bzw. justieren, den Kalibrierzustand festhalten, Schutz und korrekte Handhabung sicherstellen, Korrekturmaßnahmen festlegen, falls sich herausstellt, dass frühere Messungen nicht korrekt waren, Ergebnisse der Messungen dokumentieren
8	**Messung, Analyse und Verbesserung**			
				Die Organisation muss:
8.1	**Allgemeines**	**8.1**		• Überwachungs-, Mess-, Analyse- und Verbesserungsprozesse festlegen • Diese müssen Folgendes erfüllen: Konformität mit den Produktanforderungen darlegen, des QMS sicherstellen und Wirksamkeit des QMS verbessern
8.2	**Überwachung und Messung**	**8.2**		
		8.2.1	Kundenzufriedenheit	• Kundenzufriedenheit überwachen • die Methode dafür festlegen
		8.2.2	Internes Audit	• eine Auditplanung erstellen. Dafür müssen Auditkriterien, -umfang, -häufigkeit, -methoden festgelegt werden.

	Kapitel			Forderungen (zusammengefasst)
				• dafür sorgen, dass die Auditoren unabhängig sind, • ein dokumentiertes Verfahren für interne Audits haben, • Aufzeichnungen darüber führen, • dafür sorgen, dass Korrekturen und Fehlerbehebung zeitnah erfolgen
		8.2.3	Überwachung und Messung von Prozessen	• sicherstellen, dass die Überwachung der Prozesse erfolgt und geprüft wird, ob die Prozesse die gewünschten Ergebnisse erzielen. Andernfalls müssen Korrekturmaßnahmen eingeleitet werden.
		8.2.4	Überwachung und Messung des Produkts	• sicherstellen, dass die Überwachung der Produkte oder Dienstleistungen erfolgt und die gewünschten Ergebnisse erzielt werden. Darüber müssen Aufzeichnungen gemacht werden, aus denen hervorgeht, wer für die Abgabe an den Kunden verantwortlich zeichnet.
8.3	**Lenkung fehlerhafter Produkte**	**8.3**		• fehlerhafte Produkte zurückhalten und die Auslieferung verhindern • Da, wo möglich, müssen Fehler beseitigt werden oder auf Akzeptanz geprüft und dem Kunden kommuniziert, der Gebrauch des Produktes verhindert bzw. Schadenminderung betrieben werden, wenn das Produkt schon beim Kunden ist • Aufzeichnungen über aufgetretene Fehler führen
8.4	**Datenanalyse**	**8.4**		• Daten zur Bewertung der Wirksamkeit des QMS erheben und analysieren. Dazu gehören Daten zur Kundenzufriedenheit, Erfüllung der Anforderungen an Produkte und Dienstleistungen sowie der Lieferanten
8.5	**Verbesserung**	**8.5**		
		8.5.1	Ständige Verbesserung	• „die Wirksamkeit des Qualitätsmanagementsystems durch Einsatz der Qualitätspolitik, Qualitätsziele, Auditergebnisse, Datenanalyse, Korrektur- und Vorbeugungsmaßnahmen sowie Managementbewertung ständig verbessern" (DIN EN ISO 9001, Kap. 8.5.1)
		8.5.2	Korrekturmaßnahmen	• das erneute Auftreten von Fehlern vermeiden. Dazu sind folgende Dinge zu tun: Fehlerbewertung, Ursachenermittlung, Handlungsbedarf ermitteln, Maßnahmen durchführen, Wirksamkeit der Maßnahmen bewerten • ein dokumentiertes Verfahren für Korrekturmaßnahmen nachweisen

	Kapitel			Forderungen (zusammengefasst)
		8.5.3	Vorbeugungsmaßnahmen	• Vorbeugemaßnahmen für potenzielle Fehler treffen. Dazu gehört: Ermittlung potenzieller Fehler und ihrer Ursachen, Planung von notwendigen Aktivitäten, Durchführung der Maßnahmen, Aufzeichnung der Ergebnisse der Maßnahmen, Bewertung der Wirksamkeit der Maßnahmen

5.1.5 Die DIN EN ISO 9004:2009

Die „ISO 9004 stellt einen Leitfaden bereit, der sowohl die Wirksamkeit als auch die Effizienz des Qualitätsmanagementsystems betrachtet. Das Ziel dieser Norm besteht in der Leistungsverbesserung der Organisation sowie der Verbesserung der Zufriedenheit der Kunden und anderer interessierter Parteien" (DIN EN ISO 9000:2005, Kap. 0.1). Durch die Hinzunahme der „interessierten Parteien" werden neben den direkten Kund/inn/en andere Interessengruppen als wesentlich für die Entwicklung des Managementsystems in den Blick genommen.

Mit der Norm 9004 geht die DIN EN ISO deutlich über die Zertifizierungsanforderungen der 9001 hinaus. Der hierin realisierte Ansatz wird in die Nähe von Excellence-Ansätzen gerückt. Nicht mehr die Orientierung an der Erfüllung von Mindestanforderungen steht hier im Zentrum, sondern die ständige Verbesserung und Entwicklung eines Unternehmens hin zu hervorragenden Leistungen.

So heißt es in der Einleitung zum Normtext: „Diese Internationale Norm betrachtet Qualitätsmanagement in einem weiter gefassten Rahmen als ISO 9001; sie behandelt die Erfordernisse und Erwartungen aller interessierten Parteien und deren Zufriedenheit durch die systematische und ständige Verbesserung der Leistung der Organisation. [...] Diese Internationale Norm wurde so entwickelt, dass sie widerspruchsfrei zu ISO 9001 und mit anderen Managementsystemen verträglich ist. Diese Normen ergänzen einander, können aber auch unabhängig voneinander angewendet werden" (DIN EN ISO 9004:2009, Einleitung)

In den folgenden Ausführungen wird der Text der Version 9004:2009 verwendet.

Die DIN EN ISO 9004 ist mit einigen Ausnahmen weit gehend analog der 9001 strukturiert und geht in den einzelnen Kapiteln über die Forderungen der 9001 hinaus. Dies zeigt das Schema des Prozessmodells der neuen 9004, in dem deutlich wird, dass den vier Hauptkapiteln der 9001 (Kap. 5 bis 8) jeweils weiterführende Kapitel der 9004 zugeordnet werden können. Etwas irritierend ist es allerdings, dass die neue Norm 9004 zusätzliche Kapitel enthält und in der detaillierten Gliederungsstruktur von der Ordnung der 9001 abweicht (Abb. 13).

Im Folgenden wird im Überblick dargestellt, inwiefern die 9004 über die Forderungen der 9001 hinausweist.

In der Norm 9004 sind die Aspekte der Kund/inn/enorientierung, der Mitarbeitendenorientierung und des Prozessmanagements klarer herausgearbeitet als in der 9001. Dabei handelt es sich nicht um Anforderungen, die bei einer Zertifizierung nachzuweisen sind, sondern um Empfehlungen zur Verbesserung.

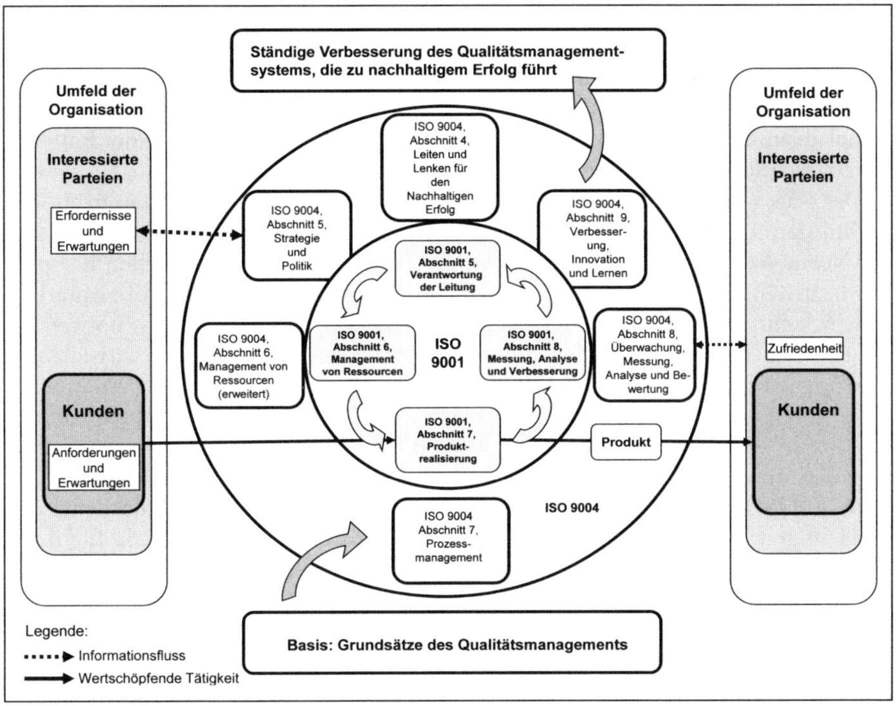

Abb. 13: Erweitertes Modell eines prozessbasierten Qualitätsmanagementsystems (Quelle: DIN EN ISO 9004:2009)

Während in der Norm 9001 das Kap. 4 dem Qualitätsmanagementsystem gewidmet ist, ist es in der neuen 9004 mit dem Titel „Leiten und Lenken für den nachhaltigen Erfolg einer Organisation" überschrieben. Es beschäftigt sich mit den vielfältigen Einflussfaktoren, die auf ein Unternehmen bzw. eine Organisation einwirken, und der Notwendigkeit, diese sinnvoll für eine Entwicklung zu verarbeiten. Grafisch ist es dem Kap. 5 der Norm 9001 zugeordnet, wodurch deutlich wird, dass es hier weniger, wie in der alten Fassung von 2000, um den Aufbau des Systems mit all den Aspekten der Realisierung formaler Vorgaben geht als um die Leitungsverantwortung für die erfolgreiche Unternehmensentwicklung.

Während in der Norm 9001 das Kap. 5 der Verantwortung der Leitung gewidmet ist, ist es in der Norm 9004 der „Strategie und Politik" gewidmet. Es geht dabei um die kontinuierliche Weiterentwicklung der Strategie und Politik einer Organisation, die sich an den Bedürfnissen des Umfeldes ausrichtet und zugleich die eigenen langfristigen Visionen verfolgt. Dabei wird betont, dass dies mittels Ziel- und Prozessplanung sowie der überwachten Umsetzung der Vorgaben geschehen soll. Eine besondere Bedeutung wird hier der Unternehmenskommunikation nach innen und außen beigemessen.

Im Kap. 5.4 der Norm 9004 heißt es dazu: „Die wirksame Kommunikation der Strategie und der Politik ist ein wesentlicher Faktor für den nachhaltigen Erfolg der Organisation. Eine derartige Kommunikation sollte aussagekräftig, zeitnah und kontinuierlich erfolgen. Die Kommunikation sollte auch die Möglichkeit für Rückmeldungen sowie einen Bewertungszyklus einschließen und sollte darauf abgestimmt sein, sich mit Veränderungen im Umfeld der Organisation proaktiv zu befassen. Die Kommunikation der Organisation sollte sowohl vertikal als auch horizontal ablaufen und sollte auf die unterschiedlichen Anforderungen seiner Empfänger zugeschnitten sein." (DIN EN ISO 9004:2009, Kap. 5.4).

Das Kap. 6 der Norm 9004 widmet sich dem Management von Ressourcen. Die wichtigsten Aspekte, die hier behandelt werden und eine deutliche Weiterführung der Norm 9001 beinhalten, sind die Aspekte, die sich auf die personellen Ressourcen beziehen. So heißt es im Kap. 6.3.1 „Mitarbeiterführung": „Da die Mitarbeiter eine sehr wertvolle und entscheidende Ressource darstellen, ist es notwendig, sicherzustellen, dass ihre Arbeitsumgebung zur persönlichen Weiterentwicklung, zum Lernen und zur Weitergabe von Wissen ermutigt. Das Führen der Mitarbeiter sollte durch einen geplanten, transparenten, ethischen und gesellschaftlich verantwortungsvollen Ansatz durchgeführt werden. Die Organisation sollte sicherstellen, dass die Mitarbeiter die Bedeutung ihres Beitrags und ihrer Aufgaben verstehen" (DIN EN ISO 9004:2009, Kap. 6.3.1). Dazu wird ergänzt, dass die Mitarbeitenden ermächtigt werden sollten, selber die Ziele der Organisation auf Ziele für ihren Arbeitsbereich zu übersetzen, die Verantwortung und die Zuständigkeit der Mitarbeitenden für die Lösung von Problemen zu akzeptieren und aktiv Gelegenheit zur Erweiterung der Kompetenzen der Mitarbeitenden zu suchen (vgl. DIN EN ISO 9004:2009, Kap. 6.3.1). Darüber hinaus werden Aspekte zur Förderung der Einbindung und Motivation der Mitarbeitenden vorgeschlagen (vgl. DIN EN ISO 9004:2009, Kap. 6.3.3). Weitere Aspekte wie der partnerschaftliche Einbezug der Lieferanten oder Dienstleister, die Entwicklung der Infrastruktur und der Arbeitsumgebung, die Entwicklung von Wissen, Information und Technik sowie der Umgang mit natürlichen Ressourcen weisen in der reformierten Fassung der Norm 9004 insgesamt auf eine starke Werteorientierung hin, die sich noch deutlicher als in der alten Fassung an Ansätzen des Total Quality Management und an Excellence-Modellen ausrichten.

Das Kap. 7 der Norm 9004:2009 beschäftigt sich im Gegensatz zur Norm 9001 nicht mit der Produktrealisierung, sondern nur mit dem Prozessmanagement. Dabei wird in Kap. 7.1 (Allgemeines) herausgestellt, dass das Management der Prozesse an der Größe und den charakteristischen Eigenschaften der Organisation ausgerichtet sein soll und als Prozessnetzwerk betrieben werden sollte. Die Kap. 7.2 und 7.3 widmen sich den allgemeinen Anforderungen an die Prozessplanung (7.2.) sowie an die Ausgestaltung der Prozessverantwortung.

Die Kap. 8 und 9 der Norm 9004 behandeln im Wesentlichen Aspekte, die sich auf das Kap. 8 der Norm 9001 beziehen und darüber hinaus verweisen. In Kap. 8 werden vor allem Aspekte behandelt, die sich mit einer verbesserten Analyse der Unternehmensumwelt, anstehenden Veränderungen und Risiken und einer differenzierten Analyse der Unternehmensleistungen beschäftigen. Dabei spielen gesellschaftliche, soziale und ökologische Aspekte der Verantwortung einer Organisation eine wesentliche Rolle. Darüber hinaus wird der Messung von Unternehmensleistungen ein besonderes Gewicht zugedacht. In Kap. 8.3.1 heißt es: „Die oberste Leitung sollte den Fortschritt in Bezug auf die Erreichung der geplanten Ergebnisse im Vergleich mit ihrer Vision, ihrer Mission, ihrer Politik, ihren Strategien und ihren Zielen auf allen Ebenen und in allen relevanten Prozessen und Funktionen in der Organisation bewerten. Bei der Überwachung dieses Fortschritts sollte ein Mess- und Analyseprozess angewendet werden, um die für die Leistungsbewertungen und für die wirksame Einscheidungsfindung notwendigen Informationen zu erhalten und zur Verfügung zu stellen. Die Wahl geeigneter entscheidender Leistungskenngrößen und geeigneter Überwachungsmethoden ist für den Erfolg des Mess- und Analyseprozesses von entscheidender Bedeutung" (DIN EN ISO 9004:2009, Kap. 8.3.1). Beispiele für Messmethoden und die Darstellung der Ergebnisse sind: Risikobewertungen, Interviews, Fragebögen und Erhebungen der Zufriedenheit der Kund/inn/en und anderer interessierter Parteien, Benchmarks, Leistungsbewertungen durch Lieferanten, Aufzeichnungen aus Prozessen über deren Leistungen.

Darüber hinaus zeigt die Norm 9004 auf, dass die Leistungen einer Organisation in Kennzahlen und -größen ermittelt und festgehalten werden sollten und auf deren Basis Steuerungsentscheidungen getroffen werden sollten. In Kap. 8.3.2 heißt es dazu: „Die entscheidenden Leistungskenngrößen sollten der Art und Größe der Organisation und ihren Produkten, Prozessen und Tätigkeiten angemessen sein. Sie müssen mit den Zielen der Organisation im Einklang stehen, die ihrerseits der Strategie und Politik (siehe 5.2) entsprechen sollten. Spezifische Informationen zu Chancen und Risiken sollten bei der Auswahl der entscheidenden Leistungskenngrößen berücksichtigt werden. Bei der Auswahl der entscheidenden Leistungskenngrößen sollte die Organisation sicherstellen, dass sie Informationen liefern, die messbar, präzise und zuverlässig sind und dazu verwendet werden können, Korrekturmaßnahmen umzusetzen, wenn die Leistung nicht mit den Zielen übereinstimmt, oder um die Prozesseffizienz und -wirksamkeit zu verbessern. Diese Informationen sollten Folgendes berücksichtigen: – die Erfordernisse und Erwartungen von Kunden und anderen interessierten Parteien; – die Bedeutung einzelner Produkte für die Organisation, sowohl zum gegenwärtigen Zeitpunkt als auch in der Zukunft; – die Wirksamkeit und Effizienz von Prozessen; – die wirksame und effiziente Nutzung von Ressourcen; – die Rentabilität und finanzielle Leistung und gesetzliche und behördliche Anforderungen, falls zutreffend" (DIN EN ISO 9004:2009, Kap. 8.3.2). Hier wird deutlich, dass die Messung am konkreten Gegenstandsbereich ausgerichtet werden muss und mit den Zielen und Strategien der Organisation im Einklang stehen muss.

Weitere Verfahren der Messung werden in den Kap. 8.3.3, 8.3.4 und 8.3.5 erläutert. Neben dem internen Audit und dem Benchmarking, die hinsichtlich des Nutzens näher erläutert werden, führt die Norm 9004 das Verfahren der Selbstbewertung als über die 9001 hinausgehend ein. Selbstbewertung und Audit werden im Kapitel über Prüf- und Bewertungsverfahren näher erläutert.

Ausführungen zur Analyse der gewonnenen Daten und zur Bewertung der in Kap. 8 behandelten Messverfahren und der Ergebnisse runden das Kap. 8 ab.

Abweichend von der Systematik der Norm 9001 wird den Aspekten der Verbesserung, der Innovation und des Lernens ein eigenes Kapitel gewidmet. Durch die explizite Heraushebung dieser Aspekte wird im Kap. 9 die Excellence-Orientierung der Norm 9004 hervorgehoben. Eine ausführliche Darstellung der dort beschriebenen Forderungen kann hier nicht erfolgen. Insgesamt wird aber deutlich, dass mit der überarbeiteten Fassung der 9004 einerseits eine Anlehnung an die Struktur der 9001 aufrecht erhalten werden soll, zugleich wird die Struktur aber auch verlassen.

5.1.6 Die DIN EN ISO 19011:2002

Ergänzend zu den 9000er-Normen gehört die Norm DIN EN ISO 19011 ebenfalls zur Normenfamilie. Die „ISO 19011 stellt eine Anleitung für das Auditieren von Qualitäts- und Umweltmanagementsystemen bereit" (DIN EN ISO 9000:2005, Kap. 0.1).

Der Begriff Audit kommt aus dem Lateinischen und bedeutet „hören" oder „zuhören". In der Norm 19011 wird er wie folgt definiert: „systematischer, unabhängiger und dokumentierter Prozess zur Erlangung von Auditnachweisen (3.3) und zu deren objektiver Auswertung, um zu ermitteln, inwieweit die Auditkriterien (3.2) erfüllt sind" (DIN EN ISO 19011, Kap. 3.1). Ein Qualitätsaudit wird als der Vergleich zwischen qualitätsbezogenen Tätigkeiten und deren Ergebnissen mit geplanten Vorgaben definiert (vgl. DIN EN ISO 19011, Kap. 3.1). In diesem Sinne ist das Audit nach der Norm 9001 der Vergleich der Normanforderungen mit den Vorgaben, die eine Organisation für ihr QM-System entwickelt und dokumentiert hat, und der tatsächlichen Umsetzung in der Arbeitspraxis.

Die DIN EN ISO 19011 formuliert Auditprinzipien, die dazu beitragen sollen, ein Audit „zu einem wirksamen und zuverlässigen Werkzeug zur Unterstützung von Managementpolitik und -führung" zu machen und dass das Audit „Informationen bereitstellt, auf deren Grundlage eine Organisation handeln kann, um ihre Leistung zu verbessern" (DIN EN ISO 19011:2002, Kap. 4). Als Auditprinzipien werden genannt: ethisches Verhalten, sachliche Darstellung, angemessene berufliche Sorgfalt, Unabhängigkeit und eine Vorgehensweise, die auf Nachweisen beruht.

Die Norm fordert, dass Unternehmen mit einem Auditprogramm arbeiten, das je nach Größe, Art und Komplexität der Organisation mit verschiedenen Arten von Audits operiert, die sehr unterschiedliche Ziele haben können. Je nach Zielen, Größe und Art der Unternehmung variieren somit auch die Ressourcen, die für die Auditierung eingesetzt werden müssen. Auf Einzelheiten des Managements und der Umsetzung von Auditprogrammen soll hier nicht eingegangen werden.

Einzelheiten zur Durchführung von Audits werden entsprechend der Norm 19011 im Kapitel über Prüf- und Bewertungsverfahren dargestellt.

Die DIN EN ISO 19011 beschäftigt sich über die Anforderungen an Audits hinaus in Kap. 7 mit den Qualifikationsanforderungen an Auditoren. Neben persönlichen Eigenschaften wie Aufrichtigkeit und Ehrlichkeit werden Aufgeschlossenheit, diplomatisches Geschick, Auffassungsgabe, Vielseitigkeit, Hartnäckigkeit, Entscheidungsfreude und Selbstsicherheit gefordert. Kenntnisse über Auditprinzipien, -verfahren und -techniken sind ebenso erforderlich wie Kenntnisse von Managementsystemen, Organisationslehre, Gesetzen und Vorschriften, die für den zu auditierenden Bereich notwendig sind. Selbstverständlich wird für Auditoren vorausgesetzt, dass sie in den Methoden und Techniken der Entwicklung und Pflege von QM-Systemen genauso geschult sind wie in der Einschätzung und Überprüfung von Prozessen, Produkten und Dienstleistungen (vgl. DIN EN ISO 19011:2002, Kap. 7.3.3). Auditteamleiter müssen darüber hinaus in der Lage sein, Audits zu lenken und zu leiten, Teams zu führen, die

Kommunikation mit dem Auftraggeber zu führen, die Abläufe des Audits zu organisieren und Konflikte konstruktiv auszutragen (vgl. DIN EN ISO 19011:2002, Kap. 7.3.2).

Auditoren sollten zusätzlich zu den hier beschriebenen Kenntnissen und persönlichen Kompetenzen über eine abgeschlossene Ausbildung, Arbeitserfahrung in der zu auditierenden Branche, eine Auditorenschulung und Auditerfahrung unter Leitung eines erfahrenen Auditors verfügen. Auditteamleiter sollten bereits umfangreiche Auditerfahrung nachweisen können. Darüber hinaus sollten Auditoren nachweisen, dass sie durch regelmäßige Schulung ihre Kenntnisse bezüglich der Auditpraxis, der Normkenntnisse und anderer Anforderungen auf aktuellem Stand halten.

5.1.7 Die Relation der Familie der Qualitätsmanagementnormen (9000–9004) zu Excellence-Modellen

Nachdem bereits die Normrevisionen, die zu den Fassungen von 2000 und 2005 geführt hatten, eine deutliche Entwicklung in Richtung Excellence-Modell gezeigt hatten, wird in der Reform zur 9004er-Norm von 2009 ganz deutlich sichtbar, dass die Unterschiede zu anderen Excellence-Ansätzen, wie z.B. dem Modell der EFQM, immer kleiner werden.

In der DIN EN ISO 9000:2005 wird allerdings formuliert: „Der Unterschied zwischen den Ansätzen für Qualitätsmanagementsysteme der Normen der ISO-9000-Familie und den Exzellenzmodellen liegt in ihrem Anwendungsbereich. Die Normen der ISO-9000-Familie stellen Anforderungen an Qualitätsmanagementsysteme und Anleitungen zur Leistungsverbesserung bereit. Durch das Beurteilen von Qualitätsmanagementsystemen wird die Erfüllung dieser Anforderungen ermittelt. Die Exzellenzmodelle enthalten Kriterien, die eine vergleichende Beurteilung der Leistung von Organisationen ermöglichen. Diese sind auf alle Tätigkeiten und alle interessierten Parteien einer Organisation anwendbar. Bewertungskriterien in Exzellenzmodellen bieten einer Organisation eine Grundlage, ihre Leistung mit der anderer Organisationen zu vergleichen“ (DIN EN ISO 9000:2005, Kap. 2.12).

Damit wird der unterschiedliche Ursprung von zwei in diesem Buch behandelten Ansätzen (DIN EN ISO und EFQM) angesprochen. Die DIN EN ISO-Normen zum Qualitätsmanagement sind von dem Ansatz geprägt, für den Aufbau und die Pflege von Qualitätsmanagementsystemen Mindestanforderungen und Hinweise zur Weiterentwicklung zu geben und eine externe Überprüfung zu ermöglichen.

Die Excellence-Modelle, wie z.B. das Modell der EFQM, gehen von der Analyse des Reifegrades eines Unternehmens aus, das sich mit anderen Unternehmen vergleicht oder extern vergleichen lässt, um daraus Impulse für die Weiterentwicklung zu gewinnen.

5.1.8 Prüf- und Bewertungsverfahren in Systemen nach DIN EN ISO

Prüfung auf Normkonformität

Die DIN EN ISO-Qualitätsnormen sind insbesondere dadurch bekannt, dass Organisationen sich anhand der Normforderungen der oben beschriebenen Norm 9001 zertifizieren lassen. Bei einer Zertifizierung geht es darum, dass eine unabhängige Instanz überprüft, ob ein eingerichtetes System den Vorgaben der Qualitätsnorm entspricht. Die Basis für die Überprüfung auf Normkonformität ist die DIN EN ISO 9001:2008.

Audits als interne und externe Prüfverfahren

Diese Überprüfung erfolgt auf der Basis der für Audits festgelegten Vorgaben der DIN EN ISO 19011, wie sie bereits oben in einigen Aspekten dargestellt wurden. Im Folgenden wird nun genauer auf ihre Anforderungen und Vorgaben für Audits eingegangen.

Dabei wird zwischen internen und externen Audits unterschieden. In internen Audits prüfen Mitarbeitende einer Organisation Bereiche der eigenen Organisation, denen sie nicht angehören, um festzustellen, wo Verbesserungsbedarfe vorliegen oder Forderungen einer Vorgabe oder Vorgabenorm nicht ausreichend erfüllt werden. Externe Audits dienen der Überprüfung durch Außenstehende, die entweder als neutrale Instanz damit beauftragt werden (z.B. Zertifizierungsgesellschaften) oder selber ein Interesse an einer Überprüfung des Unternehmens haben (z.B. Audits durch Unternehmen bei ihren Zulieferern).

Für die Ebene der Mitarbeitenden ist das in der Norm dargestellte Ablaufschema eines Audits relevant. In sieben Schritte gegliedert erläutert die Norm 19011, was bei der Durchführung von Audits zu beachten ist. Dies gilt gleichermaßen für interne wie für externe Audits (Abb. 14).

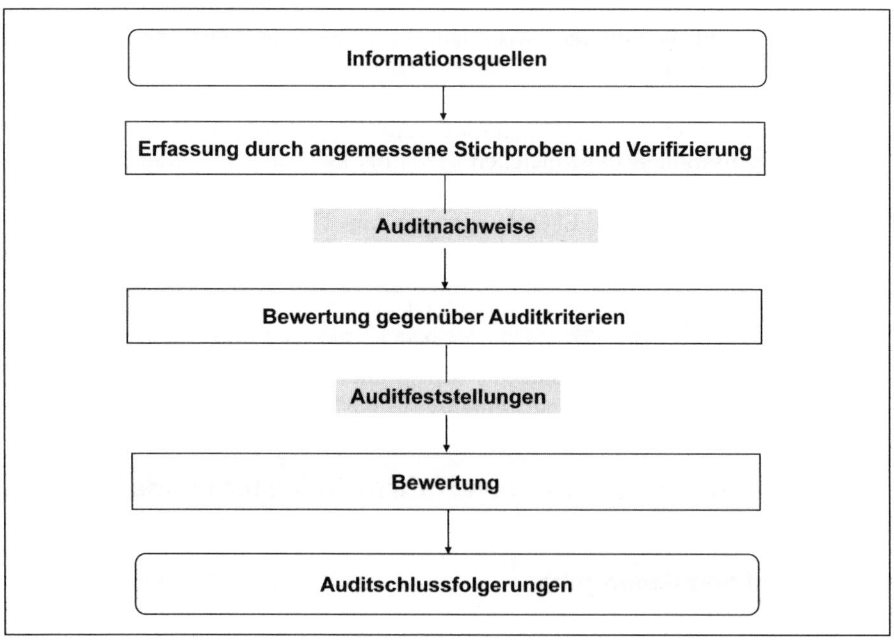

Abb.14: Ablaufschema für die Durchführung von Audits (Quelle: DIN EN ISO 19011:2002, Kap. 6.5.4)

Nach der Veranlassung eines Audits, i.d.R. aufgrund eines Auditprogramms, finden die Prüfung der Dokumentation und die Vorbereitung der Audittätigkeit vor Ort statt. Diese stellt wohl die größte Anforderung an Auditoren und Auditierte. Auditierte müssen in der Auditsituation alle notwendigen Nachweise zur Hand haben und entsprechend den Auditvorgaben, also z.B. anhand des eigenen QM-Systems, Auskunft geben können. Auditoren müssen situativ angemessen mit dem Vorgefundenen umgehen, es beurteilen, hin auf die Übereinstimmung mit den Vorgaben bewerten und Schlussfolgerungen daraus ziehen. In der DIN EN ISO 19011:2002 wird dies in folgendem Ablaufschema dargestellt.

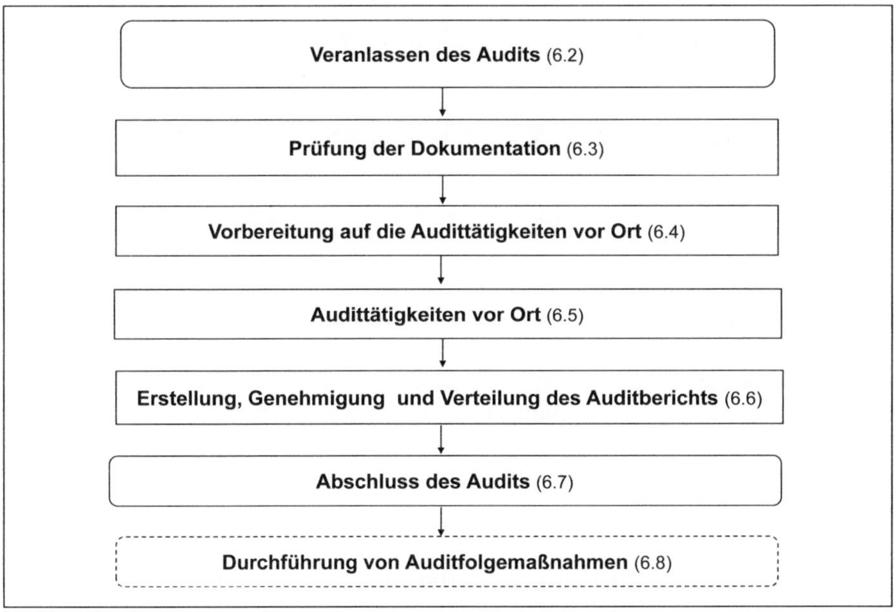

Abb. 15: Übersicht über den Prozess von der Erfassung von Informationen bis zum Treffen von Auditschlussfolgerungen (Quelle: DIN EN ISO 19011, Kap. 6.1)

Im Kontext der Überprüfung von Qualitätsmanagementsystemen spielen dabei die Bewertungen und die Auditschlussfolgerungen eine wesentliche Rolle. Im internen Audit dienen sie dazu, der Organisation aufzuzeigen, wo weiterer Verbesserungsbedarf besteht. Dies bezieht sich sowohl darauf, die Konformität mit den Vorgaben der DIN EN ISO 9001 zu erreichen, als auch auf Aspekte der ständigen Verbesserung, die darüber hinaus gehen. Bei externen Audits spielt es i.d.R. eine Rolle, dass festgestellt werden soll, ob die Organisation weit genug entwickelt ist, um ein Zertifikat zu erhalten; dieses soll dann bestätigen, dass alle Forderungen der Norm 9001 erfüllt sind, und ein Zertifikat erteilt werden kann.

Die Erkenntnisse des Audits werden in einen Auditbericht gefasst, welcher der Organisation ihren Stand der Entwicklung spiegelt und darstellt, welche Verbesserungsbereiche bearbeitet werden müssen oder sollen. Die Norm 19011 benennt folgende Punkte als relevant für einen Auditbericht: „a) Zielsetzung des Audits; b) Auditumfang, besonders die Festlegung der Organisations- und Funktionseinheiten oder die Prozesse, die auditiert wurden, und Angabe des betrachteten Zeitraums; c) Benennung des Auditauftraggebers; d) Benennung des Leiters und der Mitglieder des Auditteams; e) Termine und Orte, an denen die Audittätigkeiten vor Ort durchgeführt wurden; f) die Auditkriterien; g) die Auditfeststellungen; h) die Auditschlussfolgerungen“ (DIN EN ISO 19011:2002, Kap. 6.6).

Die im Auditbericht formulierten Bewertungen lösen für die Organisation unterschiedliche Handlungsbedarfe aus. Wesentlichstes Element sind dabei die in den Auditaufzeichnungen und -berichten enthaltenen Abweichungsberichte. Diese beschreiben, zu welchen Aspekten der Normforderungen oder der Vorgaben für ein Audit die vorgefundene Realität diesen Vorgaben nicht entspricht. Dazu heißt es in der Norm: „Die Auditnachweise sollten gegenüber den Auditkriterien bewertet werden, um die Auditfeststellungen zu erarbeiten. Auditfeststellungen können entweder auf Konformität mit oder Abweichungen von Auditkriterien hinweisen. Soweit durch die Auditziele festgelegt, können Auditfeststellungen die Möglichkeit von Verbesserungen aufzeigen“ (DIN EN ISO 19011:2002, Kap. 6.5.5). Die Abweichung zwischen Vorgabe und Realität muss beseitigt werden. Die somit notwendigerweise folgenden Maßnahmen (Auditfolgemaßnahmen) müssen belegt und dokumentiert werden und bei Folgeaudits dargelegt werden (vgl. DIN EN ISO 19011, Kap. 5.5). Üblicherweise wird in der Praxis zwischen Abweichungen, Feststellungen und Empfehlungen im Auditbericht unterschieden. Abweichungen müssen beseitigt werden, um einen Nachweis über die Konformität mit den Vorgaben zu erhalten, Feststellungen sind weniger kritisch, sollten aber innerhalb einer angemessenen Frist ebenfalls bearbeitet werden. Empfehlungen dienen dagegen der Weiterentwicklung des Systems und sind nicht zwingend. In Folgeaudits sollte die Organisation allerdings darlegen können, ob und wie sie die Empfehlungen verarbeitet hat oder warum sie diese ggf. verworfen hat.

Selbstbewertung als Excellenceorientierung

Die Selbstbewertung wurde bereits im Kap. 4 in Bezug auf die Norm kurz angerissen. In der Neufassung DIN EN ISO 9004:2009 wird sie als „eine umfassende und systematische Bewertung der Tätigkeiten der Organisation und ihrer Leistung in Bezug auf ihren Reifegrad“ (DIN EN ISO 9004:2009 – Kap. 8.3.4) definiert. Nach der Norm 9004 können Selbstbewertungen „dazu verwendet werden, die Stärken und Schwächen der Organisation in Bezug auf ihre Leistung als auch auf ihre optimalen Vorgehensweisen sowohl im Ganzen als auch auf Ebene einzelner Prozesse zu bestimmen. Sofern notwendig, kann eine Selbstbewertung die Organisation unterstützen, Prioritäten zu setzen und Verbesserungen und/oder Innovation zu planen und umzusetzen“ (DIN EN ISO 9004:2009) – Entwurf, Kap. 8.3.4).

Die Selbstbewertungssystematik ist im Anhang A und B zur Norm 9004 erläutert und basiert darauf, zu jedem Aspekt der Norm 9004 eine skalierte Bewertung des Reifegrades des Unternehmens zu erarbeiten. Dabei wird, wie bereits in Kap. 4 dargestellt, in 5-Skalen-Werte unterschieden, die von Grad 1 bis 5 reichen. In einer tabellarischen Übersicht wird zu jeder Forderung der Norm 9004 erläutert, was beim jeweiligen Reifegrad gegeben sein muss, um das Unternehmen dort einzustufen

(Tab. 8). Während in der Entwurfsfassung zu dieser Norm von 2008 noch beschrieben wurde, dass die Selbstbewertung von einem Team vorgenommen werden sollte, das sowohl „funktionsübergreifende als auch hierarchische Belange innerhalb der Organisation" vertritt (vgl. DIN EN ISO 9004:2008 – Entwurf, Kap. 8.3.4), ist in der Endfassung nicht mehr näher beschrieben, wie die Selbstbewertung durchgeführt werden soll. Es heißt lediglich: „Die Ergebnisse von Selbstbewertungen sollten relevanten Personen in der Organisation bekannt gemacht werden […]" (DIN EN ISO 9004:2009, Kap. 8.3.5).

Tab. 8: Selbstbewertungsschema der DIN EN ISO 9004:2009 zum Kriterium Mitarbeiter der Organisation (Quelle: DIN EN ISO 9004:2009, Anhang A.4)

	Reifegrad				
Abschnitt	**Grad 1**	**Grad 2**	**Grad 3**	**Grad 4**	**Grad 5**
6.3 Mitarbeiter der Organisation	Mitarbeiter werden als Ressource angesehen, es sind jedoch nur einige wenige Ziele mit der Strategie der Organisation verbunden. Schulungen erfolgen ad hoc, meistens auf Anfrage einzelner Beschäftigter. In wenigen Fällen erfolgen Kompetenzbewertungen.	Mitarbeiter werden als eine Ressource mit vorgegebenen Zielen anerkannt, die mit der Strategie der Organisation verbunden sind. Es besteht ein Programm für Kompetenzbewertungen. Kompetenzen werden als Teil eines Gesamtplans entwickelt, der mit der Strategie der Organisation verbunden ist. Verbesserungsvorschläge werden gesammelt.	Die Mitarbeiter haben klare Prozessverantwortlichkeiten und Ziele und wissen, wie sie mit der Organisation verknüpft sind. Ein Aus- bzw. Weiterbildungssystem mit Betreuung und Anleitung wurde eingerichtet.	Vernetztes Arbeiten ist weit verbreitet und bietet kollektives Wissen für die Organisation. Schulungen werden angeboten, um die Fertigkeiten für Kreativität und Verbesserungen zu entwickeln. Die Mitarbeiter kennen ihre persönlichen Kompetenzen und wo sie am besten zur Verbesserung der Organisation beitragen können. Die Karriereplanung ist gut entwickelt.	Vernetztes Arbeiten schließt die Mitarbeiter der ganzen Organisation ein. Mitarbeiter der ganzen Organisation beteiligen sich an der Entwicklung neuer Prozesse. Optimale Vorgehensweisen werden anerkannt.

Sowohl die Verfahren der Auditierung als auch der Selbstbewertung zielen auf eine ständige Verbesserung und Weiterentwicklung, wie dies bereits im Prozessmodell grafisch dargestellt wurde. Darauf wird später noch einmal eingegangen.

5.1.9 Externe Anerkennungsverfahren – die Zertifizierung und Re-Zertifizierung

Wie bereits deutlich geworden ist, wird eine Zertifizierung nur auf der Basis der DIN EN ISO 9001:2008 vorgenommen. Dieses Verfahren unterliegt strengen Regulierungen, die sicherstellen sollen, dass eine unabhängige Beurteilung und qualitätsgesicherte Überprüfung stattfinden. Nur wenn dies gewährleistet ist, kann ein Zertifikat als ein neutrales Siegel unternehmensübergreifend Aussagekraft haben.

Die Grundlagen dafür sind in der DIN EN ISO 17021 geregelt, die mit dem Titel: „Konformitätsbewertung – Anforderungen an Stellen, die Managementsysteme auditieren und zertifizieren" überschrieben ist.

Nach dieser Norm werden die so genannten Zertifizierungsstellen geprüft, um ihre Akkreditierung zu erhalten. Dieses Verfahren wird von der Trägergemeinschaft für Akkreditierung (TGA) innerhalb des Deutschen Akkreditierungsrates (DAR) durchgeführt.

Derzeit läuft ein Gesetzgebungsverfahren, das das bisherige, z.T. sehr unübersichtliche Gestrüpp von Organisationen, die akkreditieren konnten, neu regelt. „Hintergrund des Gesetzes ist eine europäische Verordnung, die zum 1. Januar 2010 wirksam wird. Danach müssen die Mitgliedsstaaten bis zu diesem Datum über jeweils eine einzige nationale Akkreditierungsstelle verfügen. In Deutschland ist die Zuständigkeit für die Akkreditierung auf über 20 verschiedene Einrichtungen verteilt. Neben Bundes- und Länderstellen sind dies auch private Stellen" (BMWI, 2009). Mit dem jetzt vorliegenden Gesetz wird die Errichtung einer einzigen bundesweit tätigen Akkreditierungsstelle geregelt. „Dazu wird eine private Gesellschaft gegründet, an der Bund, Länder und Wirtschaft zu gleichen Teilen beteiligt sind. Diese Stelle wird vom Bund beliehen. Sie agiert somit wie eine Behörde" (BMWI, 2009). Mit der gesetzlichen Neuregelung wird die Akkreditierung zu einer hoheitlichen Aufgabe des Bundes. Akkreditierungen, die vor dem 1. 1. 2010 erteilt wurden, sollen auf die neu geschaffene Organisation übergehen. Dadurch wird das bisherige Verfahren, das im Bereich der Akkreditierung von Zertifizierungsstellen für Managementsysteme genutzt wurde, abgelöst. Der Deutsche Akkreditierungsrat, der 1991 von Ministerien des Bundes und der Länder sowie Vertretern der deutschen Wirtschaft zum Zweck der Akkreditierung und Prüfung der Konformität mit entsprechenden Fachnormen gegründet wurde, arbeitete ohne eine gesetzlich geregelte Grundlage. Dies hatte zur Folge, dass keine allgemeinen und für alle Akkreditierungsstellen geltenden Regeln durchgesetzt werden konnten (vgl. Fraktion der CDU/CSU und SPD im Deutschen Bundestag, 2009, 22. 4. 2009).

Der Ablauf einer Zertifizierung eines Managementsystems ist in insgesamt sieben Phasen unterteilt: 1. Auswahl der Zertfizierungsgesellschaft und Information, 2. Voraudit, 3. Dokumentenprüfung und Vorgespräch, 4. Zertifizierungsaudit, 5. ggf. Korrekturmaßnahmen und Auditdokumentation mit Empfehlung zur Zertifikatserteilung, 6. Entscheidung der Zertifizierungskommission über die Zertifikatserteilung, 7. Überwachungsaudit. Nach der Entscheidung, sich nach der DIN EN ISO 9001 zertifizieren zu lassen, muss die Auswahl der passenden Zertifizierungsgesellschaft folgen. Dies kann in einem weit gehend unregulierten Markt von Zertifizierern nach verschiedenen Kriterien erfolgen. Bisher ist ein wesentliches Kriterium, ob die Gesellschaft von der TGA als Zertifizierer akkreditiert ist. Zukünftig muss wahrscheinlich darauf geachtet werden, ob die Zertifizierungsgesellschaft durch die bundeseinheitliche Akkreditierungsstelle zugelassen wurde. Darüber hinaus sollte gerade im sozialen Bereich die feldspezifische Kompetenz eine große Rolle spielen. Die Zertifizierer sind immer für bestimmte Scopes (Branchen) zugelassen. Für das breite Feld der Sozialen Arbeit kommen dabei die Scopes 37 (Erziehung und Unterricht), 38 (Gesundheits-, Veterinär- und Sozialwesen) und 39 (Erbringung von sonstigen öffentlichen und persönlichen Dienstleistungen) in Frage. Eine Auflistung der Scopes und der zugelassenen Zertifizierungsgesellschaften kann auf den Seiten der TGA eingesehen werden (vgl. TGA, 2009). Bei der Auswahl sind auch die Flexibilität und der Ruf der Organisation zu berücksichtigen. Nach der Auswahl folgt i.d.R. neben Vertragsschluss, genauer Information des Zertifizierers und einer schriftlichen Beantwortung von zentralen Fragen zum QM-System das Voraudit. Dieses ist zwar optional, bietet aber wichtige Informationen darüber, wie weit die Organisation schon mit dem Aufbau des QM-Systems vorangeschritten ist. Das Voraudit kann dazu genutzt werden, Schwächen aufzudecken, die bis zum Zertifizierungsaudit noch behoben werden sollten oder auch den Prozess noch einmal etwas aufzuschieben. Die dann folgende Dokumentenprüfung auf der Basis des QM-Handbuches soll dem Auditor Aufschluss über die Konformität (Übereinstimmung) mit den Forderungen der Norm geben. Die Einrichtung erhält die Ergebnisse schriftlich mitgeteilt und ggf. erläutert, um auf dieser Basis noch Verbesserungen am System vorzunehmen. Fällt die Dokumentenprüfung positiv aus, wird das Auditprogramm und der Auditablauf geplant und vereinbart. Im Fall einer negativen Beurteilung wird das weitere Verfahren verabredet. Das dann schließlich durchzuführende Zertifizierungsaudit unternimmt die Prüfung der Organisation daraufhin, ob die im QM-Handbuch festgelegten Regelungen und die im Unternehmen umgesetzten Dinge mit der Norm 9001 konform sind und gelebt werden. Das Audit und sein Ablauf wurden bereits weiter oben beschrieben. Nach Abschluss des Audits muss die Zertifizierungsstelle eine Auditdokumentation und einen -bericht erstellen, der alle wesentlichen Befunde darstellt. Das Unternehmen erfährt sofort zum Ende des Audits mündlich die Ergebnisse und kann sich daran machen, ggf. vorliegende Mängel zu beseitigen, sofern sie für die Erteilung des Zertifikates relevant sind. Der Auditor trifft die Entscheidung über das Zertifikat allerdings nicht selber, sondern spricht eine Empfehlung aus. Innerhalb der Zertifizierungsgesellschaft beschäftigt sich eine Zertifizierungskommission mit dem Auditbericht und entscheidet aufgrund dessen über die Erteilung des Zertifikates. Fällt dies positiv aus, wird der Organisation ein Zertifikat für drei Jahre erteilt, das jährlich durch ein Überwachungsaudit aktualisiert werden muss. Entschließt sich ein Unternehmen, dieses Überwachungsaudit nicht durchzuführen, erlischt das Zertifikat. Der gesamte Ablauf des Zertifizierungsprozesses ist in der DIN EN ISO 17021:2006 geregelt.

5.1.10 Entwicklungsorientierung

Bereits im Kapitel über die Norm 9004 ist deutlich geworden, dass die Normenfamilie als Ganzes auf die kontinuierliche Weiterentwicklung ausgerichtet ist. Der Leitfaden der DIN EN ISO 9004, kombiniert mit dem regelmäßigen Zertifizierungs- und Re-Zertifizierungszyklus können dafür sorgen, dass ein Unternehmen in seinen Anstrengungen, besser zu werden, nicht nachlässt und sich immer wieder mit den aktuellen Herausforderungen zukunftsorientiert auseinandersetzt.

Der Nutzen einer Zertifizierung kann in verschiedenen Aspekten gesehen werden, die hier nur kurz aufgelistet werden sollen: Einschränkung der Unsicherheit von Dienstleistungskund/inn/en bzgl. der Qualität der Leistungen, die für die Kund/inn/en nicht vorher prüfbar sind, Reduzierung des Informationsumfangs für die Kund/inn/en, die sich einen Eindruck von der Qualität des Unternehmens verschaffen wollen, möglicherweise ein positiver Werbe- und Imageeffekt; ein Marketinggewinn und eine regelmäßig aktualisierte Anstrengung der Mitarbeitenden, alle qualitätsrelevanten Verfahren und Tätigkeiten auf Stand zu halten.

Von einer soliden QM-Arbeit mit den DIN-Normen kann der Weg schließlich in Richtung Excellence gehen, wofür das folgend dargestellte Modell der EFQM hilfreich ist.

5.2 Das EFQM-Excellence-Modell

5.2.1 Historie

Das EFQM-Excellence-Modell der European Foundation for Quality Management versteht sich als europäische Ausprägung der Total-Quality-Modelle. Die EFQM wurde 1988 als gemeinnützige Stiftung gegründet. Sie sagt von sich selbst: „Ihre Mission ist es, die treibende Kraft für nachhaltige Excellence in Europa zu sein. Sie sieht als Vision eine Welt, in der europäische Organisationen eine überragende Stellung einnehmen“ (EFQM 1999–2003; 2). Das Modell ist ein Wettbewerbsmodell, in dessen Kontext 1992 zum ersten Mal der europäische Qualitätspreis (European Quality Award) vergeben wurde. 1995 wurde dann zusätzlich ein Preis für den Bereich des öffentlichen Sektors eingeführt. Bis zum Jahre 2000 hatte man schließlich erkannt, dass das allgemeine Modell nur schwer auf den öffentlichen und sozialen Bereich anwendbar war, und entwickelte mit der Revision des Modells eine Version für den öffentlichen Sektor und den sozialen Bereich, die 2003 mit der allgemeinen Modellrevision ebenfalls in überarbeiteter Form veröffentlicht wurde. Seit 2001 existiert ein Programm unter dem Namen „Levels of Excellence“, mit dem verschiedene Stufen zur kontinuierlichen Entwicklung eines Qualitätsmanagements auf Excellence-Niveau durchlaufen werden können und das auch zu externen Feedback- und Anerkennungsverfahren genutzt werden kann.

5.2.2 Die Systematik des Modells der EFQM und seine Qualitätsanforderungen

Für die Konstruktion des EFQM-Modells spielen vier Aspekte eine wichtige Rolle: 1. systematische Aspekte, 2. strukturelle Aspekte, 3. dynamische Aspekte und 4. der Ausbau zum Modell, die im Folgenden näher beschrieben werden sollen.

In den systematischen Aspekten des Modells steckt zugleich die grundlegene Philosophie, die durch das Modell vertreten wird. Sie drückt sich in den acht bereits in Kap. 4 angesprochenen Grundkonzepten aus.

Wie bereits in Kap. 4 dargestellt, bilden die acht Grundkonzepte der Excellence die Basis des Modells der EFQM (vgl. EFQM 2009, 7 ff.) und legen damit die systematischen Grundsteine. Zu allen acht Grundkonzepten werden Definitionen ausgeführt und damit werden gleichzeitig die Anforderungen an die Organisationen, die sich an diesem Modell messen wollen, formuliert.

Dabei spielt das Konzept „Ausgewogene Ergebnisse erzielen" für die gesamte Ausrichtung des Qualitätsmanagementsystems eine Schlüsselrolle. Worin – außer in den Ergebnissen – zeigt sich, ob eine Organisation, ein Unternehmen mit hoher Qualität arbeitet? Die Ergebnisse eines Unternehmens müssen im QM den Ausgangspunkt für Aktivitäten der ständigen Weiterentwicklung bieten. Aus diesem Grund heißt es dort als Zielformulierung: „Exzellente Organisationen erfüllen ihre Mission und entwickeln sich in Richtung ihrer Vision. Dabei gehen sie geplant vor und erreichen ausgewogene Ergebnisse in all den Bereichen, die durch die kurz- und langfristigen Bedürfnisse ihrer Interessengruppen bestimmt sind. Sie übertreffen diese Bedürfnisse dort, wo es relevant ist" (EFQM 2009, 7). Mit dem zweiten Grundkonzept „Nutzen für den Kunden schaffen" wird verdeutlicht, dass entsprechend den Erkenntnissen des Qualitätsmanagements der Unternehmenserfolg zentral von der Erfüllung der Bedürfnisse der Kund/inn/en und des Nutzens der Leistungen für die Kund/inn/en abhängt. Damit dies realisierbar wird, braucht es verschiedene Ebenen, auf denen nachhaltig gut gearbeitet wird. Dazu gehört, wie bereits in Kap. 4 beschrieben, der Aspekt der Führung, der im Grundkonzept „Mit Vision, Inspiration und Integrität führen" erfasst wird. Dieses wird näher erläutert, indem exzellente Organisationen als solche beschrieben werden, die Führungskräfte haben, „die die Zukunft konsequent gestalten und verwirklichen. Sie agieren als Vorbilder für Werte und Moral" (EFQM 2009, 9). Führungskräfte haben danach die Aufgabe, strategisch und operativ zu planen und das Unternehmen zu lenken. Dazu gehört es, auch bei sich verändernden Umweltbedingungen konsequent die angestrebten Ziele zu verfolgen, aber bei Bedarf auch Anpassungen vorzunehmen.

Wie ebenfalls aus der Führungstheorie heraus in Kap. 4 aufgegriffen, lässt sich dies mit Prozessen am besten zielorientiert gestalten. Daraus ergeben sich die zentralen Anforderungen an ein Prozessmanagement, das seine Impulse aus der Strategie der Organisation gewinnt und die Analyse von Fakten zur Grundlage von Entscheidungen macht. Insofern wird das Grundkonzept mit dem Satz „Exzellente Organisationen werden mittels strukturierter und an der Strategie ausgerichteter Prozesse gemanagt" erläutert. Neben den Kernerfordernissen der Führung mit Vision, Inspiration und Integrität und dem strategiebezogenen und faktenbasierten Prozessmanagement erkennt die EFQM in ihrem Modell die besondere Bedeutung der Mitarbeitenden für den Erfolg und die Ergebnisse eines Unternehmens an. Im Grundkonzept „Durch Mitarbeiterinnen und Mitarbeiter erfolgreich sein" wird anerkannt, dass Ergebnis- und Erfolgsorientierung nur durch die Weiterentwicklung und Beteiligung der Mitarbeitenden erreichbar ist. Nur wenn diese sich für die Fortentwicklung und ständige Verbesserung engagieren und dafür qualifiziert sind, kann ein Unternehmen langfristig im Wettbewerb vorn sein.

Anhand des Grundkonzeptes „Durch Mitarbeiterinnen und Mitarbeiter erfolgreich sein" soll die Ausformulierung dessen, was die EFQM unter Excellence versteht, genauer aufgezeigt werden. Dort heißt es: „Exzellente Organisationen achten ihre Mitarbeiterinnen und Mitarbeiter und schaffen eine Kultur der aktiven Mitwirkung, um einen angemessenen Ausgleich von Organisations- und persönlichen Zielen zu erreichen. Exzellente Organisationen: – Verstehen, welche Kompetenzen notwendig sind, um die Mission, die Vision und die strategischen Ziele zu erreichen; – Schaffen eine Kultur, in der der Einsatz, die Fähigkeiten, die Talente und Kreativität der Mitarbeiterinnen und Mitarbeiter entwickelt und wertgeschätzt werden; – Stellen sicher, dass ihre Mitarbeiterinnen und Mitarbeiter zu deren eigenem und dem stetigen Erfolg der Organisation beitragen können, indem sie partnerschaftlich das volle Potenial ihrer Mitarbeiterinnen und Mitarbeiter erschließen; – Bringen persönliche, Team- und strategische Organisationsziele in Einklang und stellen sicher, dass Mitarbeiterinnen und Mitarbeiter ihren Leistungsbeitrag maximieren; – Sorgen für ein ausgewogenes Verhältnis von Arbeitszeit und Freizeit; – Ermöglichen und achten die Unterschiedlichkeit ihrer Mitarbeiterinnen und Mitarbeiter; – Fördern die Entwicklung der Organisation durch gemeinsame Werte, Zuverlässigkeit, ethische Grundsätze und eine Kultur des Vertrauens und der Offenheit; – Haben die Leistungsniveaus für Mitarbeiterinnen und Mitarbeiter zur Errichtung der strategischen Ziele klar definiert; – Ermutigen ihre Mitarbeiterinnen und Mitarbeiter dazu, Gestalter und Botschafter des anhaltenden Erfolgs der Organisation zu sein" (EFQM 2009, 11). Der Nutzen dieses Grundkonzeptes besteht darin, gemeinsame Verantwortung der Führung und der Mitarbeitenden für die strategischen und die operativen Ziele der Organisation zu übernehmen und dabei den Nutzen für beide Seiten als gleichrangig zu betrachten. Jedes der hier beschriebenen Grundkonzepte enthält eine solche inhaltliche Spezifizierung, wie sie hier exemplarisch aufgezeigt wurde.

Dazu gehört folglich, dass „Innovation und Kreativität fördern" als weiteres Grundkonzept formuliert ist. So heißt es in den Erläuterungen des Konzeptes: „Exzellente Organisationen schaffen Mehrwert und steigern ihre Leistung durch kontinuierliche und systematische Innovation, indem sie die Kreativität all ihrer Interessengruppen nutzbar machen." (EFQM 2009, 13). Im Vergleich zur Vorgängerversion des Modells von 2003, in der das Konzept noch „kontinuierliches Lernen, Innovation und Verbesserung" hieß, hat das neue Konzept eine etwas andere Ausrichtung erhalten. Nicht mehr das organisationale Lernen und Verbessern stehen im Zentrum, sondern die Innovation und Kreativität. Im neuen Konzept wird viel stärker auf die strategische Bedeutung der Innovation aus Vernetzungen und Kontakten mit den Interessengruppen gesetzt als auf das Lernen aus dem Inneren der Organisationen. In enger Anknüpfung hieran lassen sich Innovation und Kreativität mit dem Konzept „Partnerschaften gestalten" vorantreiben und entfalten. Mit diesem Grundkonzept macht die EFQM deutlich, dass Excellence nicht bedeutet, sich im

Wettbewerb von anderen Unternehmen zu distanzieren und als Alleinkämpfer auf Märkten unterwegs zu sein, sondern partnerschaftlich und kooperativ mit anderen an der Entwicklung zum gegenseitigen Nutzen zu arbeiten. So wird das Grundkonzept mit der Aussage: „Exzellente Organisationen suchen, entwickeln und unterhalten vertrauensvolle Partnerschaften mit verschiedenen Partnern, um gemeinsamen Erfolg sicherzustellen" erläutert (EFQM 2009, 13).

Ergänzend wird mit dem achten Grundkonzept noch deutlich gemacht, dass Qualität und Erfolg nicht bedeutet, dies auf Kosten anderer zu tun. Durch das Konzept „Verantwortung für eine lebenswerte Zukunft übernehmen"[4] wird dies deutlich. Die EFQM erläutert dazu: „Exzellente Organisationen schließen ethische Haltung, klare Werte und die höchsten Verhaltensstandards als integrale Bestandteile in ihre Kultur mit ein, was sie dazu befähigt, ökonomische, soziale und ökologische Nachhaltigkeit anzustreben" (EFQM 2009, 14). Mit dieser Neuformulierung des Grundkonzeptes geht das Modell 2010 weit über das vorherige Konzept der „sozialen Verantwortung" im Modell von 2003 hinaus.

Die EFQM unterscheidet – auf der Basis des Modells von 2003 – Organisationen hinsichtlich dieser Grundkonzepte in drei Reifegrade[5]: Anfänge, auf dem Weg und reife Organisation. Am Beispiel Mitarbeitendenentwicklung soll dies erläutert werden. Eine Organisation, die sich in den Anfängen der Entwicklung mit dem EFQM-Modell befindet, lässt sich wie folgt beschreiben: „Die Mitarbeiter fühlen sich eigenverantwortlich für die Lösung von Problemen" (EFQM 1999–2003c, 8). Eine Organisation, die auf dem Weg ist, ließe sich wie folgt charakterisieren: „Die Mitarbeiter arbeiten innovativ und kreativ daran mit, die Ziele der Organisation zu unterstützen" (EFQM 1999–2003c, 8). Reife Organisationen stellen sich wie folgt dar: „Die Mitarbeiter sind ermächtigt zu handeln und teilen offen Wissen und Erfahrung miteinander" (EFQM 1999–2003c, 8).

Zu den strukturellen Basisaspekten des Modells gehört es, dass Qualitätsmanagement als ein Weg betrachtet wird, der von Menschen durch die Realisierung von Prozessen zu Ergebnissen für die Kund/inn/en führt.

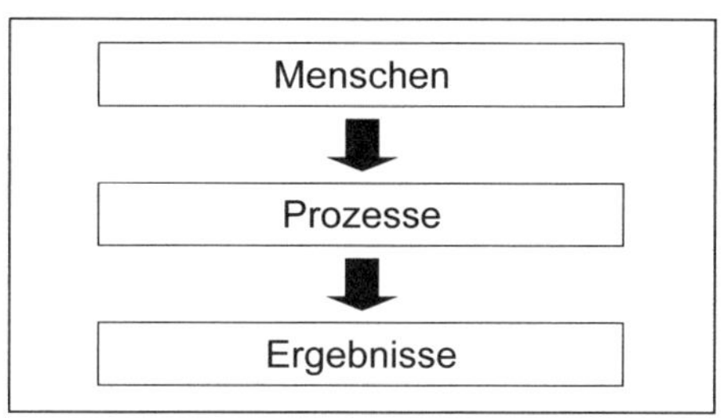

Abb. 16: Strukturelle Aspekte des EFQM-Modells (eigene Darstellung)

4 Bei diesem Grundkonzept weichen die deutschen Übersetzungen zwischen der grafischen und der textlichen Darstellung der Grundkonzepte voneinander ab. In der Grafik wird die engliche Fassung: „Taking Responsibility for a sustainable Future" mit „Verantwortung für eine nachhaltige Zukunft übernehmen" übersetzt, in der Textfassung heißt es: „Verantwortung für eine lebenswerte Zukunft übernehmen" (vgl. EFQM 2009, 7 und 14).

5 Entsprechende Publikationen zum Modell 2010 liegen bisher noch nicht vor. Aus diesem Grunde wird hier das Modell 2003 weiterhin herangezogen.

Die dynamischen Aspekte stellen einen Zusammenhang zwischen den Fragen her, was die Organisation erreicht hat, was sie dafür getan hat und wie sie es getan hat. Dafür sind Analysen notwendig, aus denen gelernt wird und die zur Verbesserung des Wertschöpfungsprozesses beitragen.

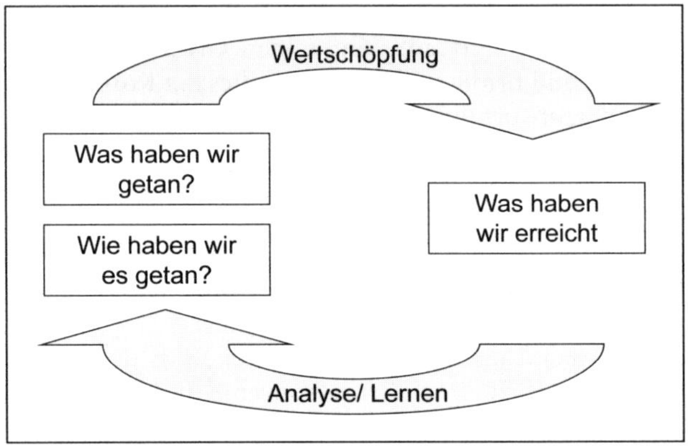

Abb. 17: Dynamische Aspekte des EFQM-Modells (eigene Darstellung)

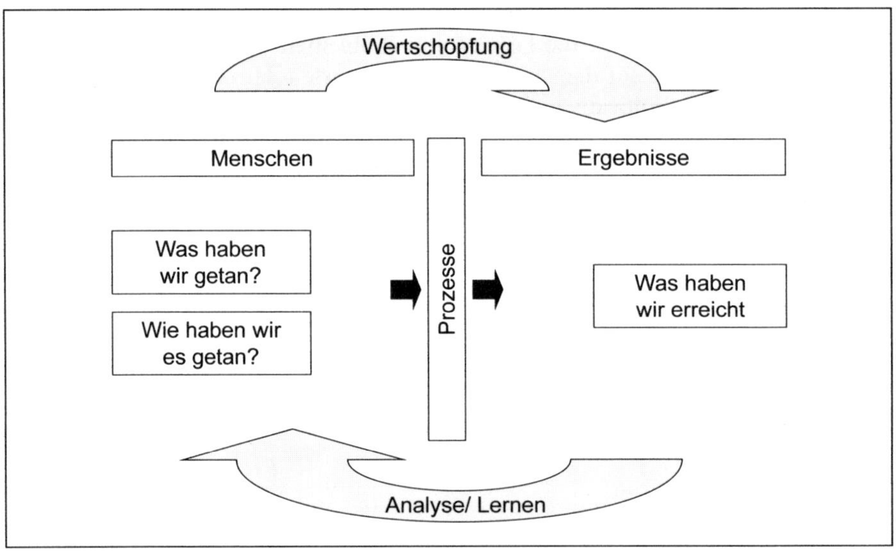

Abb. 18: Kombination von strukturellen und dynamischen Aspekten im EFQM-Modell (eigene Darstellung)

Der Ausbau zum vollständigen Modell basiert auf den bis hierhin beschriebenen Aspekten: systematische, strukturelle und dynamische. Dies wird in das EFQM-Excellence-Modell umgesetzt, indem im Modell die Schlüsselergebnisse (Kriterium 9) als Resultat dreier zentraler Ergebnisfelder erfasst werden. Diese drei sind: kundenbezogene Ergebnisse (Kriterium 6), mitarbeiterbezogene Ergebnisse (Kriterium 7) und gesellschaftsbezogene Ergebnisse (Kriterium 8). Diese werden im Modell alle zusammen als die Ergebniskriterien benannt. Auf der Ebene der Menschen dagegen finden sich im Modell die so genannten Befähigerkriterien. Dazu gehören: Führung (Kriterium 1), Mitarbeiterinnen und Mitarbeiter (Kriterium 3) und Partnerschaften und Ressourcen (Kriterium 4), die sich alle an der Strategie der Organisation ausrichten sollten (Kriterium 2). Der Weg zwischen den angestrebten Ergebnissen und den Menschen führt über die Gestaltung der Prozesse, Produkte und Dienstleistungen. Diese bilden das Kriterium 5 im Modell (Abb. 18).

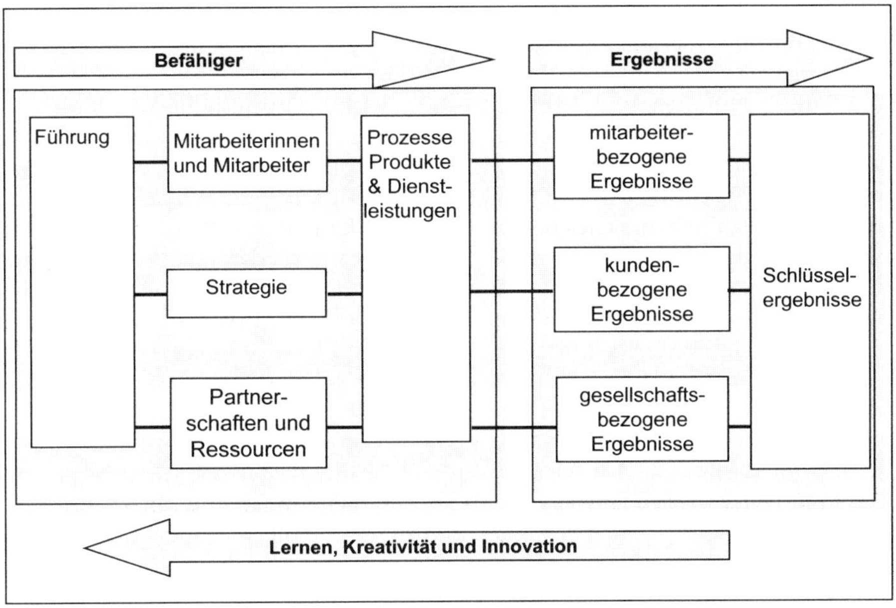

Abb. 19: Das EFQM-Excellence-Modell (Quelle: EFQM 2009, 15)

Aus den Grundkonzepten sowie den strukturellen und den dynamischen Aspekten werden, wie die Abb. 19 zeigt, die neun Kriterien des Modells abgeleitet.

Mit der Unterscheidung in Befähigerkriterien (Wie geht die Organisation vor, um exzellente Ergebnisse zu erzielen, oder anders ausgedrückt: Welche Vorgehensweisen befähigen sie, exzellente Ergebnisse zu erzielen?) und Ergebniskriterien (Was erzielt die Organisation?) sowie aus dem Kreislauf aus Wertschöpfungs- und Verbesserungsprozess wird deutlich, dass auch hier der PDCA-Zyklus zu Grunde gelegt wird (vgl. auch Kap. 4 dieses Buches).

Dies zeigt sich auch in den Pfeilen in der Modelldarstellung, die die Dynamik des Modells aufzeigen und damit die Aussage treffen, dass auf der Basis analysierter Ergebnisse Lernen, Kreativität und Innovation dazu beitragen, die Befähiger zu verbessern, was wiederum zu verbesserten Ergebnissen führt.

Im Leitfaden des EFQM-Modells werden die neun Kriterien beschrieben. Dazu werden jeweils eine Definition des Kriteriums sowie eine Untergliederung in mehrere Teilkriterien dargestellt. Im Folgenden werden alle Definitionen der Kriterien wiedergegeben; am Beispiel des Kriteriums 3: Mitarbeiterinnen und Mitarbeiter wird ausgeführt, wie die Teilkriterien formuliert sind. Sie sind jeweils Idealbeschreibungen eines exzellenten Unternehmens.

1. Führung: „Exzellente Organisationen haben Führungskräfte, die die Zukunft konsequent gestalten und verwirklichen. Sie agieren als Vorbilder für Werte und Moral und schaffen kontinuierlich Vertrauen. Sie sind flexibel und ermöglichen der Organisation, vorausschauend zu agieren und rechtzeitig zu reagieren, um anhaltenden Erfolg der Organisation zu gewährleisten" (EFQM 2009, 17).

2. Strategie: „Exzellente Organisationen verwirklichen ihre Mission und ihre Vision, indem sie eine auf die Interessengruppen ausgerichtete Strategie entwickeln. Leitlinien, Pläne, Zielsetzungen und Prozesse werden entwickelt und umgesetzt, um diese Strategie zu realisieren" (EFQM 2009, 21).

3. Mitarbeiterinnen und Mitarbeiter: „Exzellente Organisationen achten ihre Mitarbeiterinnen und Mitarbeiter – wertschätzen sie – und schaffen eine Kultur, die es erlaubt, wechselseitig nützliche Ziele für die Organisation und für die Menschen zu erreichen. Sie entwickeln die Fähigkeiten ihrer Mitarbeiterinnen und Mitarbeiter und fördern Fairness und Gleichberechtigung. Sie kümmern sich um Mitarbeiterinnen und Mitarbeiter, sie kommunizieren, belohnen und erkennen in einer Art an, die Menschen motiviert, Engagement fördert und die Mitarbeiterinnen und Mitarbeiter in die Lage versetzt, ihr Können und ihr Wissen zum Wohl der Organisation einzusetzen" (EFQM 2009, 23).

Die weiteren Ausführungen zu den einzelnen Kriterien werden nach folgendem Muster, wie es beispielhaft im Bereich Mitarbeiterinnen und Mitarbeiter gezeigt werden soll, als Teilkriterien formuliert: „3a. Personalpläne unterstützen die Strategie der Organisation. [...] 3b. Das Wissen und die Fähigkeiten der Mitarbeiterinnen und Mitarbeiter werden entwickelt. [...] 3c. Mitarbeiterinnen und Mitarbeiter handeln abgestimmt, werden eingebunden und zu selbständigem Handeln ermächtigt. [...] 3d. Mitarbeiterinnen und Mitarbeiter kommunizieren wirkungsvoll in der gesamten Organisation. [...] 3e. Mitarbeiter werden belohnt, anerkannt und betreut" (EFQM 2009, 24f.).

Alle Kriterien werden in ähnlicher Form in fünf Teilkriterien untergliedert. Zu jedem Teilkriterium enthält der Modellleitfaden Ausführungen, worauf sich dieses genau bezieht. Beispielhaft soll hier die Beschreibung des Kriteriums Mitarbeiterinnen und Mitarbeiter, Teilkriterium a. genannt werden: „Exzellente Organisationen: – Definieren die Leistungsneiveaus der Mitarbeiterinnen und Mitarbeiter, die erforderlich sind, um die strategischen Ziele zu erreichen. – Stimmen die Personalpläne mit ihrer Strategie, der Organisationsstruktur sowie neuen Technologien und Schlüsselprozessen ab. – Beziehen Mitarbeiterinnen und Mitarbeiter und deren Vertreter in die Entwicklung und Überprüfung der Personalstrategie, der Personalpolitik und der Personalpläne ein und übernehmen kreative und innovative Ansätze, wo dies angebracht ist. – Steuern die Personalbeschaffung, die Karriereentwicklung, die Mobilität der Mitarbeiterinnen und Mitarbeiter und die Nachfolgeplanung, unterstützt durch eine angemessene Personalpolitik, die Fairness und Chancengleichheit gewährleistet. – Setzen Mitarbeiterbefragungen und andere Formen der Rückmeldungen von Mitarbeiterinnen und Mitarbeitern ein, um die Personalstrategie, die Personalpolitik und die Personalpläne zu verbessern" (EFQM 2009, 23).

4. Partnerschaften und Ressourcen: „Exzellente Organisationen planen und steuern externe Partnerschaften, Lieferanten und eigene Ressourcen, um die Strategie und Leitlinien sowie die wirkungsvolle Durchführung von Prozessen zu unterstützen. Sie gewährleisten, dass sie ihren Einfluss auf die Umwelt und die Gesellschaft wirksam steuern“ (EFQM 2009, 27).

5. Prozesse, Produkte und Dienstleistungen: „Exzellente Organisationen entwerfen, managen und verbessern Prozesse, Produkte und Dienstleistungen, um Wertschöpfung für Kunden und andere Interessengruppen zu generieren“ (EFQM 2009, 31).

6. Kundenbezogene Ergebnisse: „Exzellente Organisationen: – Entwickeln und vereinbaren ein Set von Leistungsindikatoren und damit verbundenen Ergebnismessgrößen, um die erfolgreiche Umsetzung ihrer Strategie und der unterstützenden Vorgehensweisen zu bestimmen, basierend auf den Bedürfnissen und Erwartungen ihrer Kunden. – Setzen klare Ziele für Schlüsselergebnisse sowohl basierend auf den Bedürfnissen und Erwartungen ihrer Kunden als auch im Einklang mit ihrer gewählten Strategie. – Zeigen positive Trends oder anhaltend gute kundenbezogene Ergebnisse über die letzten drei Jahre. – Verstehen die zugrunde liegenden Ursachen und Treiber der beobachteten Trends und die Auswirkung, die diese Ergebnisse auf andere Kennzahlen und verbundene Ergebnisse haben. – Antizipieren zukünftige Leistung und Ergebnisse. – Verstehen, wie die Schlüsselergebnisse, die sie erzielen, im Vergleich zu ähnlichen Organisationen liegen und verwenden diese Daten, falls relevant, um eigene Ziele zu setzen. – Segementieren Ergebnisse, um die Erfahrungen, Bedürfnisse und Erwartungen spezifischer Kundengruppen zu verstehen“ (EFQM 2009, 35).

7. Mitarbeiterbezogene Ergebnisse: „Exzellente Organisationen: – Entwickeln und vereinbaren, basierend auf den Bedürfnissen und Erwartungen ihrer Mitarbeiterinnen und Mitarbeiter, ein Set von Leistungsindikatoren und damit verbundenen Ergebnismessgrößen, um die erfolgreiche Umsetzung ihrer Strategie und der unterstützenden Vorgehensweisen zu bestimmen. – Setzen klare Ziele für Schlüsselergebnisse sowohl basierend auf den Bedürfnissen und Erwartungen ihrer Mitarbeiterinnen und Mitarbeiter als auch im Einklang mit ihrer gewählten Strategie. – Zeigen positive Trends oder anhaltend gute Mitarbeiterbezogene Ergebnisse über die letzten drei Jahre. – Verstehen die zugrunde liegenden Ursachen und Treiber der beobachteten Trends und die Auswirkung, die diese Ergebnisse auf andere Kennzahlen und verbundene Ergebisse haben. – Antizipieren, wie die Schlüsselergebnisse, die sie erzielen, im Vergleich zu ähnlichen Organisationen liegen, und verwenden diese Daten, falls relevant, um eigene Ziele zu setzen. – Segmentieren Ergebnisse, um die Bedürfnisse und Erwartungen spezifischer Gruppen innerhalb der Organisation zu verstehen“ (EFQM 2009, 37).

8. Gesellschaftsbezogene Ergebnisse: „Excellente Organisationen: – Entwickeln und vereinbaren ein Set von Leistungsindikatoren und damit verbundenen Ergebnismessgrößen, um die erfolgreiche Umsetzung ihrer umfeldbezogenen, gesellschaftlichen und ökologischen Strategie und der unterstützenden Leitlinien zu bestimmen, basierend auf den Bedürfnissen und Erwartungen aller weiteren relevanten externen Interessengruppen. – Setzen klare Ziele für Schlüsselergebnisse sowohl basierend auf den Bedürfnissen und Erwartungen ihrer weiteren externen Interes-

sengruppen als auch im Einklang mit ihrer gewählten Strategie. – Zeigen positive Trends oder anhaltend gute gesellschaftsbezogene Ergebnisse über die letzten drei Jahre. – Verstehen die zugrunde liegenden Ursachen und Treiber der beobachteten Trends und die Auswirkung, die diese Ergebnisse auf andere Kennzahlen und verbundene Ergebnisse haben. – Antizipieren zukünftige Leistungen und Ergebnisse. – Verstehen, wie die Schlüsselergebnisse, die sie erzielen, im Vergleich zu ähnlichen Organisationen liegen und verwenden diese Daten, falls relevant, um eigene Ziele zu setzen. – Segmentieren Ergebnisse, um die Erfahrungen, Bedürfnisse und Erwartungen aller weiteren Interessengruppen aus dem Umfeld und der Gesellschaft zu verstehen“ (EFQM 2009, 39).

9. Schlüsselergebnisse: „Excellente Organisationen: – Entwickeln und vereinbaren ein Set von finanziellen und nicht-finanziellen Leistungsindikatoren und damit verbundenen Ergebnismessgrößen, um die erfolgreiche Umsetzung ihrer Strategie zu bestimmen, basierend auf den Bedürfnissen und Erwartungen der relevanten Interessengruppen. – Setzen klare Ziele für Schlüsselergebnisse sowohl basierend auf den Bedürfnissen und Erwartungen ihrer relevanten Interessengruppen als auch im Einklang mit ihrer gewählten Strategie. – Zeigen positive Trends oder anhaltend gute Schlüsselergebnisse über die letzten drei Jahre. – Verstehen die zugrunde liegenden Ursachen und Treiber der beobachteten Trends und die Auswirkung, die diese Ergebnisse auf andere Kennzahlen und verbundene Ergebnisse haben. – Antizipieren zukünftige Leistung und Ergebnisse. – Verstehen, wie die Schlüsselergebnisse, die sie erzielen, im Vergleich zu ähnlichen Organisationen liegen, und verwenden diese Daten, falls relevant, um eigene Ziele zu setzen. – Segmentieren Ergebnisse, um die Leistungsniveaus und strategischen Ergebnisse, die innerhalb bestimmter Bereiche der Organisation erzielt werden, zu verstehen“ (EFQM 2009, 41).

Bei den Ergebniskriterien wird deutlich, dass alle Definitionen einem ähnlichen Aufbau folgen. Dieser enthält sieben Aspekte: a) Entwicklung und Vereinbarung von Leistungsindikatoren und Ergebismessgrößen, b) Ziele für Schlüsselergebnisse, c) Positive Trends über drei Jahre, d) Kenntnis der Ursachen und Treiber der Ergebnisse sowie verbundener Kennzahlen und Ergebnisse, e) Antizipation zukünftiger Entwicklungen, f) Vergleiche der Ergebnisse mit denen anderer relevanter Organisationen und g) Segmentierung der Ergebnisse, um Erfahrungen und Bedürfnisse von Kunden zu verstehen. Diese Aspekte spiegeln die Systematik der Bewertung mit dem Modell in der RADAR-Systematik wieder, die weiter unten erläutert wird.

Die Befähigerkriterien sind jeweils mit vier oder fünf Teilkriterien ausgestattet, während die Ergebniskriterien jeweils zwei umfassen. Insgesamt besteht das Modell somit aus 32 Teilkriterien in neun Hauptkriterien.

Diese Kriterien mit den Teilkriterien und ihren Beschreibungen spielen eine wichtige Rolle bei der Selbstbewertung nach dem EFQM-Verfahren, das als zentrales Instrument des Prüf- und Bewertungsverfahrens des Modells anzusehen ist. Nähere Erläuterungen dazu folgen im folgenden Abschnitt dieses Kapitels.

5.2.3 Prüf- und Bewertungsverfahren in Systemen nach EFQM

Wie bereits in Kap. 4 dargestellt, wird im Kontext des EFQM-Modells sowohl das Prinzip der Selbst- als auch der Fremdbewertung genutzt. Das EFQM-Modell für Excellence nutzt dabei unterschiedliche Bewertungsverfahren, die in sich wiederum abgestuft sind und damit Rücksicht auf die Organisationsgröße und den Stand der Organisation in Bezug auf die erreichte Qualität nehmen.

Die RADAR-Bewertungssystematik

Zunächst wird im Folgenden die in Kap. 4 bereits skizzierte RADAR-Methode näher erläutert. RADAR setzt sich aus den Anfangsbuchstaben der englischsprachigen Begriffe: Results (Ergebnisse), Approach (Vorgehen), Deployment (Umsetzung), Assessment (Bewertung) und Review (Überprüfung) zusammen und kann im Sinne des PDCA-Zyklus als dynamisches Modell dargestellt werden. Hier wird die Grafik dem Original aus dem EFQM-Leitfaden des Modells 2010 nachempfunden, das ein geschütztes Markenzeichen darstellt.

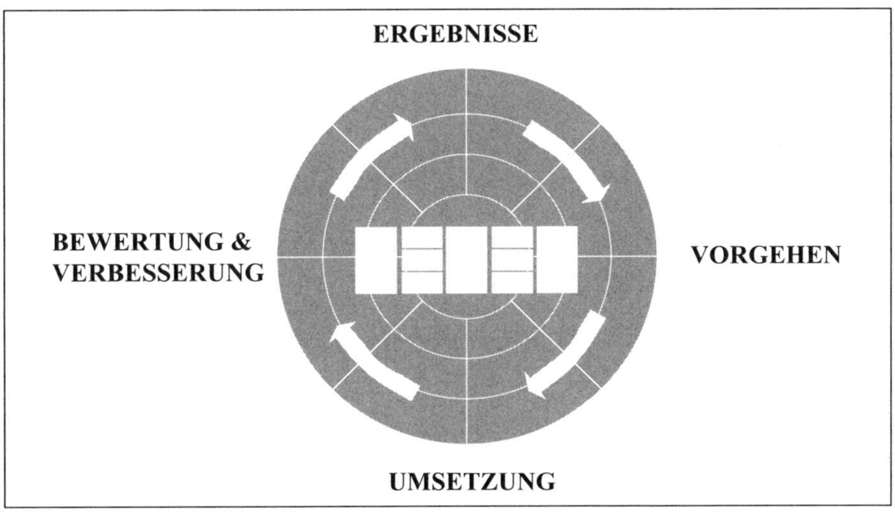

Abb. 20: Die Idee der kontinuierlichen Verbesserung: Der RADAR-Ansatz (Quelle: EFQM 2009, 44)

Dem Modell liegt zu Grunde, dass ein Unternehmen die angestrebten Ergebnisse in der Strategie der Organisation verankert, ein fundiertes Vorgehen entwickelt, um die Ziele zu erreichen, dieses dann auch systematisch umsetzt und anwendet und diese Vorgehensweisen durch kontinuierliche Überprüfung und Analyse bewertet und verbessert und dadurch Lernprozesse aufrecht erhält (vgl. EFQM 2009, 44).

Die RADAR-Logik wird angewendet, um die einzelnen Teilkriterien zu den neun Kriterien zu bewerten. Sie setzt auf der Befähiger- und auf der Ergebnisseite unterschiedliche Maßstäbe bzw. Grundsätze (von der EFQM als Attribute bezeichnet) für die Bewertung der Teilkriterien ein, wie in Tab. 9 und 10 dargestellt.

Tab. 9: RADAR-Matrix für die Befähigerkriterien des EFQM-Excellence-Modells (Quelle: EFQM 1999–2003, 30)

Vorgehen	0 %	25 %	50 %	75 %	100 %
Fundiert: • Vorgehen ist klar begründet • Vorgehen basiert auf definierten Prozessen • Vorgehen ist auf Bedürfnisse der Interessengruppen ausgerichtet • Vorgehen wurde im Laufe der Zeit bewusst weiterentwickelt	Kein Nachweis oder anekdotisch	Einzelne Nachweise	Nachweise	Klare Nachweise	Umfassende Nachweise
Integriert: • Vorgehen unterstützt die Strategie • Vorgehen ist, wo notwendig mit anderen Vorgehen verzahnt	Kein Nachweis oder anekdotisch	Einzelne Nachweise	Nachweise	Klare Nachweise	Umfassende Nachweise
Wertung für Vorgehen	0 5 10	15 20 25 30 35	40 45 50 55 60	65 70 75 80 85	90 95 100
Umsetzung	0 %	25 %	50 %	75 %	100 %
Eingeführt: • Vorgehen ist in den relevanten Bereichen eingeführt	Kein Nachweis oder anekdotisch	eingeführt in etwa ¼ der relevanten Bereiche	eingeführt in etwa ½ der relevanten Bereiche	eingeführt in etwa ¾ der relevanten Bereiche	eingeführt in allen relevanten Bereiche
Systematisch: • Vorgehen ist zeitlich und strukturell planmäßig umgesetzt; mit der Fähigkeit zur situativen Anpassung an das Umfeld	Kein Nachweis oder anekdotisch	Einzelne Nachweise	Nachweise	Klare Nachweise	Umfassende Nachweise
Wertung für Umsetzung	0 5 10	15 20 25 30 35	40 45 50 55 60	65 70 75 80 85	90 95 100
Bewertung & Verbesserung	0 %	25 %	50 %	75 %	100 %
Messung: • Effizienz und Effektivität des Vorgehens und dessen Umsetzung werden regelmäßig gemessen. • Die gewählten Messgrößen bzw. Kennzahlen sind geeignet.	Kein Nachweis oder anekdotisch	Einzelne Nachweise	Nachweise	Klare Nachweise	Umfassende Nachweise
Lernen und Kreativität: • Durch Lernen werden interne und externe gute Praktiken und Verbesserungsmöglichkeiten identifiziert. • Durch Kreativität wird ein neues und verbessertes Vorgehen geschaffen.	Kein Nachweis oder anekdotisch	Einzelne Nachweise	Nachweise	Klare Nachweise	Umfassende Nachweise
Verbesserung und Innovation: • Schlussfolgerungen aus Messung und Lernen werden zur Identifikation, Priorisierung, Planung und Einführung von Verbesserungen genutzt. • Ergebnisse von Kreativität werden bewertet, priorisiert und verwendet.	Kein Nachweis oder anekdotisch	Einzelne Nachweise	Nachweise	Klare Nachweise	Umfassende Nachweise
Wertung Bewertung und Verbesserung	0 5 10	15 20 25 30 35	40 45 50 55 60	65 70 75 80 85	90 95 100
GESAMTWERTUNG	0 5 10	15 20 25 30 35	40 45 50 55 60	65 70 75 80 85	90 95 100

Tab. 10: RADAR-Matrix für die Ergebniskriterien des EFQM-Excellence-Modells (Quelle: EFQM 1999–2003, 29)

Relevanz und Nutzen	0%	25%	50%	75%	100%
Umfang und Relevanz: • Der Umfang der gezeigten Ergebnisse: – bezieht sich auf die Bedürfnisse und Erwartungen der relevanten Interessengruppen – ist konsistent zur Strategie und den Leitlinien der Organisation • Beziehungen und Beeinflussungen zwischen den relevanten Ergebnissen werden verstanden • Die Schlüsselergebnisse sind identifiziert und priorisiert.	Relevanz wird nicht gezeigt oder anekdotische Ergebnisse	Relevante Ergebnisse werden für ¼ der betrachteten Bereiche gezeigt	Relevante Ergebnisse werden für ½ der betrachteten Bereiche gezeigt	Relevante Ergebnisse werden für ¾ der betrachteten Bereiche gezeigt	Relevante Ergebnisse werden für alle der betrachteten Bereiche gezeigt
Integrität: • Ergebnisse sind zeitgerecht erhoben, aussagekräftig und genau	Kein Nachweis für Integrität oder anekdotische Informationen	Zeitgerecht, aussagekräftig und genau für ¼ der gezeigten Ergebnisse	Zeitgerecht, aussagekräftig und genau für ½ der gezeigten Ergebnisse	Zeitgerecht, aussagekräftig und genau für ¾ der gezeigten Ergebnisse	Zeitgerecht, aussagekräftig und genau für alle gezeigten Ergebnisse
Segmentierung: • Ergebnisse sind angemessen segmentiert	Keine Segmentierung	Geeignete Segmentierung für ¼ der Ergebnisse	Geeignete Segmentierung für ½ der Ergebnisse	Geeignete Segmentierung für ¾ der Ergebnisse	Geeignete Segmentierung für alle Ergebnisse
Wertung für Relevanz und Nutzen*	0 5 10	15 20 25 30 35	40 45 50 55 60	65 70 75 80 85	90 95 100
* Anmerkung: Die Wertung für „Relevanz und Nutzen“ darf nicht die Wertung für „Umfang und Relevanz“ übersteigen.					
Leistungen:	0%	25%	50%	75%	100%
Trends: • Ergebnisverläufe sind positiv und/oder zeigen nachhaltig gute Leistungen	Keine Ergebnisse oder anekdotische Informationen	Positive Trends und/oder nachhaltig gute Leistungen für ¼ der Ergebnisse über die letzten 3 Jahre	Positive Trends und/oder nachhaltig gute Leistungen für ½ der Ergebnisse über die letzten 3 Jahre	Positive Trends und/oder nachhaltig gute Leistungen für ¾ der Ergebnisse über die letzten 3 Jahre	Positive Trends und/oder nachhaltig gute Leistungen für alle Ergebnisse über die letzten 3 Jahre
Ziele: • Für die Schlüsselergebnisse sind Ziele gesetzt • Ziele sind angemessen • Ziele werden erreicht	Keine Ziele oder anekdotische Informationen	Gesetzt, angemessen und erreicht für ¼ der Schlüsselergebnisse	Gesetzt, angemessen und erreicht für ½ der Schlüsselergebnisse	Gesetzt, angemessen und erreicht für ¾ der Schlüsselergebnisse	Gesetzt, angemessen und erreicht für alle Schlüsselergebnisse
Vergleiche: • Für die Schlüsselergebnisse werden Vergleiche angestellt • Die Vergleiche sind angemessen • Die Vergleiche sind günstig	Keine Vergleiche oder anekdotische Informationen	Durchgeführt, angemessene und günstige Vergleiche für ¼ der Schlüsselergebnisse	Durchgeführt, angemessene und günstige Vergleiche für ½ der Schlüsselergebnisse	Durchgeführt, angemessene und günstige Vergleiche für ¾ der Schlüsselergebnisse	Durchgeführt, angemessene und günstige Vergleiche für alle Schlüsselergebnisse
Ursachen: • Der Zusammenhang zwischen den erzielten Ergebnissen und ihren Befähigern wird verstanden und verfolgt • Die Annahme, dass die positive Leistung auch zukünftig erzielt wird, ist begründet	Kein Nachweis oder anekdotische Informationen	Zusammenhänge zu den Befähigern deutlich für ¼ der Ergebnisse und einige Nachweise, dass die Leistung auch zukünftig erzielt wird	Zusammenhänge zu den Befähigern deutlich für ½ der Ergebnisse und Nachweise, dass die Leistung auch zukünftig erzielt wird	Zusammenhänge zu den Befähigern deutlich für ¾ der Ergebnisse und klare Nachweise, dass die Leistung auch zukünftig erzielt wird	Zusammenhänge zu den Befähigern deutlich für alle Ergebnisse und umfassende Nachweise, dass die Leistung auch zukünftig erzielt wird
Wertung für Leistung:	0 5 10	15 20 25 30 35	40 45 50 55 60	65 70 75 80 85	90 95 100
GESAMTWERTUNG	0 5 10	15 20 25 30 35	40 45 50 55 60	65 70 75 80 85	90 95 100

Im Bereich der Befähigerkriterien wird bewertet, ob das Vorgehen (Approach) fundiert (d.h.: klar begründet, auf definierten Prozessen basierend, auf die Bedürfnisse der Interessengruppen ausgerichtet und im Laufe der Zeit bewusst weiterentwickelt) und integriert (d.h.: die Strategie unterstüzend und sowie notwendig mit anderen Vorgehen verzahnt) ist (vgl. EFQM 2009, 46). Die Umsetzung (Deployment) wird anhand der Attribute: „eingeführt" (d.h.: „Vorgehen ist in den relevanten Bereichen eingeführt") und „systematisch" (d.h.: „Vorgehen ist zeitlich und strukturell planmäßig umgesetzt; mit der Fähigkeit zur situativen Anpassung an das Umfeld" (EFQM 2009, 46)) bewertet. Im Bereich der Bewertung und Überprüfung (Assessment and Review) werden die Attribute Messung, Lernen und Kreativität und Verbesserung und Innovation bewertet (vgl. EFQM 2009, 46).

Die Bewertung erfolgt pro Attribut und Teilkriterium mit Blick auf das gesamte Unternehmen und seine Vorgehensweisen in Form einer prozentualen Bewertung auf einer Skala von 0 bis 100, die in 5er-Schritte untergliedert ist.

Wie in der Abbildung der RADAR-Matrix zu sehen ist, werden die einzelnen Bewertungsstufen in 25er-Abständen verbal beschrieben mit den Bezeichnungen: kein Nachweis oder anekdotisch (= 0–10 %), einzelne Nachweise (bis 25 %), Nachweise (bis 50 %), klare Nachweise (bis 75 %) oder umfassende Nachweise (bis 100 %) (Abb. RADAR-Bewertungsmatrix Befähiger, aus EFQM 2009, 46 – Tab. 9)

Im Bereich der Ergebniskriterien (Results) findet eine Untergliederung in die Attribute: Trends, Ziele, Vergleiche, Ursachen und Umfang statt. Diese werden ebenfalls genauer erläutert und definiert. Die Bewertungsmatrix ist ähnlich aufgebaut wie die Matrix bei den Befähigerkriterien und bewertet ebenfalls mit einer prozentualen Bewertung von 0 bis 100 %. Die Attribute in der Matrix sind jedoch andere als bei den Befähigerkriterien. Die detaillierten Beschreibungen sind der RADAR-Bewertungsmatrix Ergebnisse zu entnehmen (Abb. RADAR-Bewertungsmatrix Ergebnisse, aus EFQM 1999–2003, 29 – Tab. 10).

Für jedes Attribut der RADAR-Matrix (also für Trends, Ziele etc.) wird im Rahmen der Bewertung des Unternehmens ein Wert festgelegt und anschließend für den jeweiligen Block der Mittelwert errechnet. Der Mittelwert aus den beiden (oder bei den Befähigerkriterien drei Blöcken) ergibt dann die Bewertung des Teilkriteriums. Die Datensammlung, die die Basis für diese rechnerische Bewertung hergibt, wird über die im nächsten Abschnitt beschriebenen Standardformulare ermittelt.

Die Bewertung des Managementsystems mit der RADAR-Systematik

Ausgangspunkt der Arbeit mit dem EFQM-Excellence-Modell ist i.d.R. die Selbstbewertung einer Organisation mit dem Ziel, daraus Impulse zur Verbesserung zu erhalten. Die EFQM definiert Selbstbewertung als „eine von der Organisation durchgeführte umfassende, systematische und regelmäßige Überprüfung ihrer Tätigkeiten und Ergebnisse anhand des EFQM-Excellence-Modells. Mit Hilfe des Selbstbewertungsprozesses kann eine Organisation ihre Stärken und Verbesserungspotenziale klar erkennen und in geplante Verbesserungsmaßnahmen umsetzen, deren Fortschritt überwacht wird" (EFQM 1999–2003a, 11).

Die EFQM kennt dabei vier Methoden der Selbstbewertung, die im Folgenden dargestellt werden. Die Reihenfolge der im Folgenden dargestellten Methoden geht vom höchsten Komplexitätsgrad zum niedrigsten.

Selbstbewertung mit dem Standardformular

Die erste vorzustellende Methode ist die genaueste und komplexeste Methode, bei der so genannte Standardformulare verwendet werden.

Tab. 11: Das Standardformular zur Selbstbewertung mit dem EFQM-Excellence-Modell

Dokumentation	**Selbstbewertung am:**
Betrieb:	
Kriterium:	3. Mitarbeiterinnen und Mitarbeiter
Unterkriterium:	3.a Personalpläne unterstützen die Strategie der Organisation.

Exzellente Organisationen:	**Stärken:**
• Definieren die Leistungsniveaus der Mitarbeiterinnen und Mitarbeiter, die erforderlich sind, um die strategischen Ziele zu erreichen. • Stimmen die Personalpläne mit ihrer Strategie, der Organisationsstruktur sowie neuen Technologien und Schlüsselprozessen ab. • Beziehen Mitarbeiterinnen und Mitarbeiter und deren Vertreter in die Entwicklung und Überprüfung der Personalstrategie, der Personalpolitik und der Personalpläne ein und übernehmen kreative und innovative Ansätze, wo dies angebracht ist. • Steuern die Personalbeschaffung, die Karriereentwicklung, die Mobilität der Mitarbeiterinnen und Mitarbeiter und die Nachfolgeplanung, unterstützt durch eine angemessene Personalpolitik, die Fairness und Chancengleichheit gewährleistet. • Setzt Mitarbeiterbefragungen und andere Formen der Rückmeldungen von Mitarbeiterinnen und Mitarbeitern ein, um die Personalstrategie, die Personalpolitik und die Personalpläne zu verbessern.	
Nachweise:	
Verbesserungsbereiche:	

Wertung:			
Vorgehen	**Umsetzung**	**Bewertung und Verbesserung**	**Gesamtergebnis**
%	%	%	%

In jedem Formular wird ein Teilkriterium des EFQM-Modells dargestellt. In der Konsequenz bedeutet dies, dass es 32 Formulare gibt, die von den am Prozess beteiligten Personen erarbeitet und bewertet werden müssen. Im oberen Teil des Formulars wird das Kriterium aus dem EFQM-Modell zitiert; darunter wird die Formulierung für das jeweilige Teilkriterium vermerkt. Im linken mittleren Teil werden die jeweiligen Ansatzpunkte aufgeführt, die als Hilfe zum Verständnis des Teilkriteriums dienen sollen. Der rechte mittlere Teil ist von den am Prozess Beteiligten auszufüllen. Sie sollen die Stärken des Unternehmens zu diesem Teilkriterium auf der Basis einer umfassenden Datensammlung und Analyse benennen und in der nächsten Zeile des Formulars die Verbessserungspotenziale identifizieren und sammeln. Im unteren Teil der Formulare sollen die Nachweise für die benannten Stärken gesammelt und knapp, aber in ganzen Sätzen beschrieben werden. Die letzte Zeile der Tabelle dient dem Notieren der Bewertung, die nach der RADAR-Matrix für das Teilkriterium ermittelt wurde. Sie enthält die aus dem RADAR-Modell entnommenen Kategorien (Vorgehen, Umsetzung, Bewertung und Überprüfung). Hier sollen Prozentzahlen als Bewertung eingetragen werden. Die ebenfalls enthaltene Zelle „Gesamtbewertung“ weist das (gerundete) arithmetische Mittel aus den drei zuvor ermittelten Werten aus.

Die Standardformulare können an beliebig viele Mitarbeitende der Organisation ausgegeben und von ihnen bearbeitet werden. Als Ergebnis lassen sich die zurückgegebenen Formulare zusammenfassen und nach der oben unter RADAR-Methode beschriebenen Vorgehensweise zu einer Gesamtselbstbewertung der Organisation zusammenfassen.

Bewertungsworkshops als Methode zur Selbstbewertung

Der Bewertungsworkshop als Methode zur Selbstbewertung kann als Ergänzung zu der hier vorgestellten Methode mit Standardformularen durchgeführt werden. Das Grundprinzip der Workshops besteht darin, dass eine ausgewählte Gruppe von Mitarbeitenden mit Expertenwissen aus unterschiedlichen Bereichen des Unternehmens zusammenkommt und eine Selbstbewertung des Unternehmens – möglichst im Konsens – herbeiführt. Dabei kann es hilfreich sein, wenn die beteiligten Mitarbeitenden im oben beschriebenen Standardformular ihre eigene Bewertung bereits vorgenommen haben und insbesondere Nachweise vorab gesammelt wurden. Diese Bewertung vor dem Bewertungsworkshop kann auch in Gruppen oder Teams erfolgen, damit eine möglichst breite Basis für die Gesamtbewertung zu Grunde gelegt wird.

Der Workshop sollte nach Möglichkeit von einem externen Moderator geleitet werden, um sicherzustellen, dass die Ergebnisse eine gewisse Objektivität zeigen. Die Empfehlung der EFQM für den Ablauf der Bewertungsworkshops lautet: „Basierend auf den vorher gesammelten Nachweisen und Daten stellt der ‚Kriterieneigner‘ den anderen Teammitgliedern das erste Teilkriterium hinsichtlich seiner Stärken und Verbesserungspotenziale vor (EFQM 1999–2003a, 39).“ Anschließend diskutieren die Workshopteilnehmer, ob alles für dieses Teilkriterium Wesentliche berücksichtigt wurde. Sie bewerten das Kriterium jeder für sich und stellen einen Konsens der Bewertung her. So wird Kriterium für Kriterium abgearbeitet und so das Konsensergebnis für die Gesamtorganisation erarbeitet.

Durch die umfassende Anlage des Modells, das alle relevanten Teile eines Unternehmens betrachtet und beleuchtet, entsteht für alle Beteiligten ein umfassendes Bild des bewerteten Unternehmens. Die Vorteile dieser Methode liegen zum einen in der „Bildung einer gemeinsamen Sichtweise“ (EFQM 1999–2003a, 39). Zum anderen erhöht sie die Bereitschaft der Beteiligten, an Verbesserungsprojekten verantwortlich mitzuwirken, die sich daraus ergeben. Die Risiken der Methode liegen im Erfordernis einer sehr guten Vorbereitung und Moderation sowie im hohen Aufwand für die Organisation. Je nach Größe des Unternehmens muss man mit zwei oder mehr Tagen Selbstbewertungsworkshop rechnen.

Sowohl für die Selbstbewertungsmethode mit Standardformularen als auch beim Bewertungsworkshop wird zum Abschluss ein Formular verwendet, in dem die Ergebnisse zusammengefasst werden. Aus diesem errechnet sich eine Punktzahl, die das Gesamtergebnis der Organisation beziffert. Der Berechnung liegt zu Grunde, dass die EFQM einige der neun Hauptkriterien stärker gewichtet hat als andere. Dies ist im Modell dargestellt.

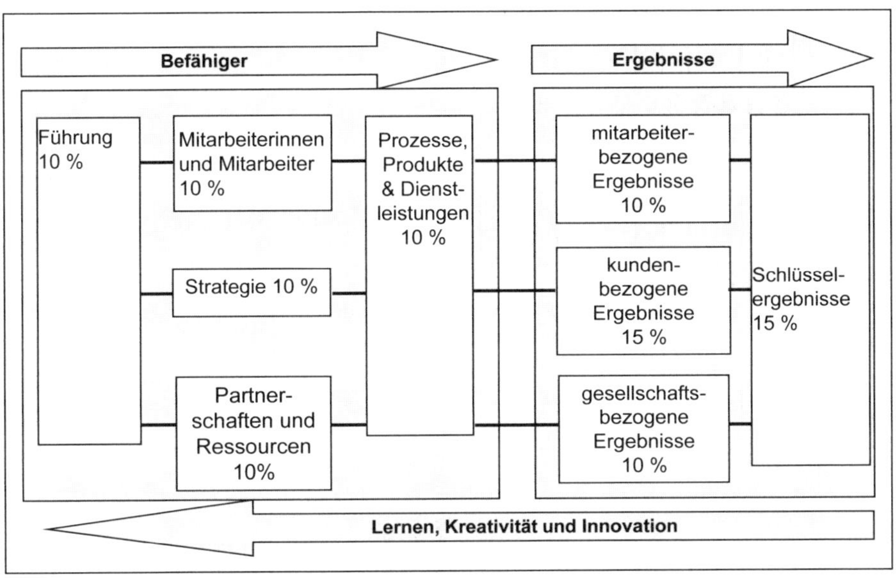

Abb. 21: Das EFQM-Excellence-Modell mit gewichteten Kriterien (Quelle: EFQM 2009, 50)

Die besten Unternehmen erzielen Ergebnisse, die über 75 % liegen. In Punkten ausgedrückt bedeutet dies 750 Punkte und mehr (vgl. EFQM 1999–2003a, 47).

Sowohl die Bewertung mit Standardformularen als auch die gemeinschaftliche Bewertung durch Workshops sind Grundprinzipien, die auch bei der externen Bewertung angewendet werden. Darauf wird im Kapitel über die externen Anerkennungsverfahren genauer eingegangen.

Das Berechnungsverfahren für die Endpunktzahl sieht wie folgt aus (Abb. 22).

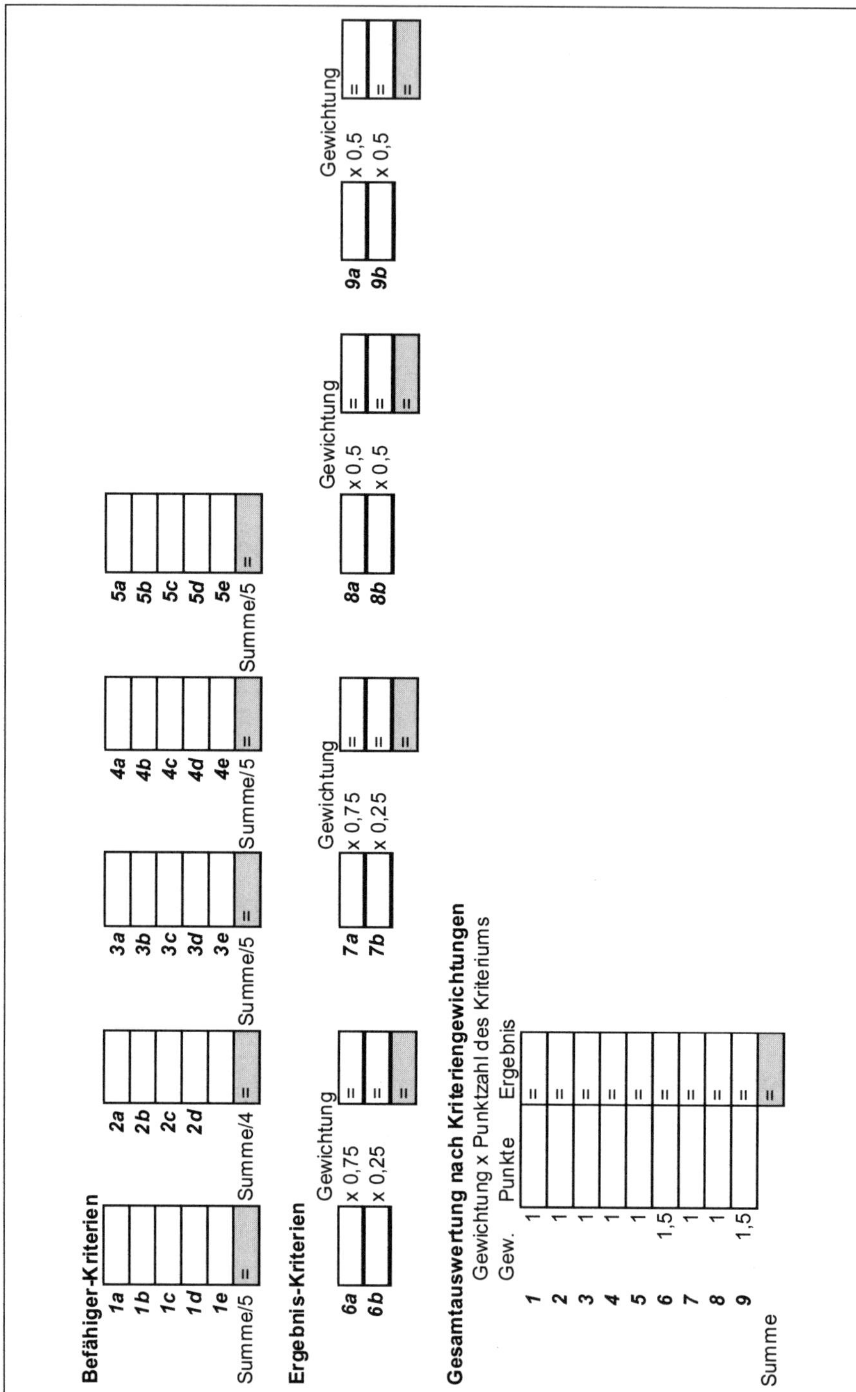

Abb. 22: Auswertungsschema für die Bewertung nach dem EFQM-Excellence-Modell mit der RADAR-Matrix (vgl. EFQM 2009, 51)

Tab. 12: Selbstbewertungsfragebogen für das Befähigerkriterium Mitarbeiter, 1. Seite (Quelle: Deutsches EFQM-Center, Materialien für die Selbstbewertung beim Level: Committed to Excellence)

Kriterium 3: Mitarbeiter		Vorgehen					Umsetzung					Bewertung und Überprüfung					Ergebnisse				
Wie die Organisation das Potenzial ihrer Mitarbeiter managt, entwickelt und freisetzt, um ihre Politik und Strategie und die Effektivität ihrer Prozesse zu unterstützen. Bewerten Sie für jede der 10 Fragen Vorgehen, Umsetzung, Bewertung und Überprüfung sowie Ergebnisse.		Ist das Vorgehen klar begründet, eindeutig definiert, auf die Interessengruppen ausgerichtet sowie mit anderen Vorgehensweisen zweckmäßig verknüpft?					In welchem Umfang ist das Vorgehen umgesetzt und basiert die Umsetzung auf einem strukturierten Plan?					Sind Messgrößen zur Bewertung der Effektivität des Vorgehens definiert und werden diese verwendet um das Vorgehen zu bewerten und zu verbessern					Sind Erfolge erzielt worden und trägt das Vorgehen zum Erreichen der Ziele der Organisation bei?				
1 = Kein Nachweis oder anekdotisch 5 = Umfassende Nachweise		1	2	3	4	5	1	2	3	4	5	1	2	3	4	5	1	2	3	4	5
Q1	Wie stellen Sie sicher, dass Ihr Personalplan auf Ihre Strategie abgestimmt ist?																				
A1:																					
Q2:	Welches sind die wichtigsten Vorgehensweisen bezüglich Ihrer Mitarbeiterpolitik hinsichtlich z.B. Ressourcenplanung, Einstellung, Karriereentwicklung, Chancengleichheit, Beurteilung?																				
A2:																					
Q3:	Wie erfassen Sie die Rückmeldung Ihrer Mitarbeiter, um daraus Anhaltspunkte zur Verbesserung der Vorgehensweisen zur Mitarbeiterpolitik zu gewinnen und durchzuführen?																				
A3:																					
Q4:	Wie identifizieren und entwickeln Sie die Fähigkeiten Ihrer Mitarbeiter, um zu gewährleisten, dass Ihre Organisation in der Lage ist, ihre Ziele zu erreichen?																				
A4:																					
Q5:	Wie ermutigen und unterstützen Sie Ihre Miterbeiter?																				
A5:																					
Q6:	Welche Möglichkeiten bieten Sie Mitarbeitern, an Verbesserungsaktivitäten mitzuwirken?																				
A6:																					

Tab. 13: Selbstbewertungsfragebogen für das Ergebniskriterium Mitarbeiterbezogene Ergebnisse, 1. Seite (Quelle: Deutsches EFQM-Center, Materialien für die Selbstbewertung beim Level: Committed to Excellence)

Kriterium 7: Mitarbeiterbezogene Ergebnisse		Trends					Ziele					Vergleiche					Ursachen				
Was die Organisation in Bezug auf ihre Mitarbeiter erreicht. Bewerten Sie für jede der 10 Fragen Trends, Ziele, Vergleiche und Ursachen.		Sind Trends nachhaltig positiv?					Setzen und erreichen Sie Ziele?					Vergleichen Sie Ihre Ergebnisse mit denen anderer Organisationen und wie schneiden Sie dabei ab?					Kennen Sie den Ursachen-Wirkungszusammenhang zwischen den Vorgehensweisen und den Ergebnissen?				
1 = Kein Nachweis oder anekdotisch 5 = Umfassende Nachweise		1	2	3	4	5	1	2	3	4	5	1	2	3	4	5	1	2	3	4	5
Q1	Welches sind die Messergebnisse, mit denen Sie die Motivation der Mitarbeiter beurteilen (z.B. bezogen auf Karriereentwicklung, Handlungsspielräume, Beteiligung)?																				
A1:																					
Q2:	Welche Messergebnisse liegen vor über die Zufriedenheit der Mitarbeiter mit Anstellungsbedingungen, Entlohnung und Sozialleistungen?																				
A2:																					
Q3:	Welche Messergebnisse liegen vor über die Zufriedenheit der Mitarbeiter mit den Möglichkeiten zu lernen und etwas zu erreichen?																				
A3:																					
Q4:	Welche Messergebnisse liegen vor über die Zufriedenheit der Mitarbeiter mit der Kommunikation?																				
A4:																					
Q5:	Welche Messergebnisse liegen vor über die Zufriedenheit der Mitarbeiter mit der Kollegialität und dem Führungsstil?																				
A5:																					
Q6:	Welche Indikatoren liegen vor, um die Qualifikationen und Fähigkeiten der Mitarbeiter zur Erreichung der Ziele der Organisation zu bewerten?																				
A6:																					
Q7:	Welche Indikatoren liegen vor, um die Wie ist die Produktivität der Mitarbeiter zu bewerten?																				
A7:																					

Tab. 14: Selbstbewertungsfragebogen für das Ergebniskriterium Mitarbeiterbezogene Ergebnisse, 2. Seite (Quelle: Deutsches EFQM-Center, Materialien für die Selbstbewertung beim Level: Committed to Excellence)

Kriterium 7: Mitarbeiterbezogene Ergebnisse		Trends					Ziele					Vergleiche					Ursachen				
Was die Organisation in Bezug auf ihre Mitarbeiter erreicht. Bewerten Sie für jede der 10 Fragen Trends, Ziele, Vergleiche und Ursachen.		Sind Trends nachhaltig positiv?					Setzen und erreichen Sie Ziele?					Vergleichen Sie Ihre Ergebnisse mit denen anderer Organisationen und wie schneiden Sie dabei ab?					Kennen Sie den Ursachen-Wirkungszusammenhang zwischen den Vorgehensweisen und den Ergebnissen?				
1 = Kein Nachweis oder anekdotisch 5 = Umfassende Nachweise		1	2	3	4	5	1	2	3	4	5	1	2	3	4	5	1	2	3	4	5
Q8:	Welche Indikatoren liegen vor, um den Grad der Anerkennung für Einzelne und Teams zu bewerten?																				
A8:																					
Q9:	Welche Indikatoren liegen vor, um das Niveau der Fehlzeiten und krankheitsbedingter Abwesenheiten zu bewerten?																				
A9:																					
Q10:	Welche Indikatoren liegen vor, um Mitarbeiterfluktuation zu bewerten?																				
A10:																					

Stärken	Verbesserungspotenziale	Weches ist der Nutzen, falls dieses Verbesserungspotenzial aktiviert wird?	Wie groß ist der Aufwand, dieses Verbesserungnspotenzial zu aktivieren?	Priorität

Die detaillierte Fragebogenmethode

Die dritte hier vorgestellte Selbstbewertungsmethode ist die Fragebogenmethode. Der Bogen ist von der EFQM erhältlich und umfasst 90 Fragen; je zehn zu jedem Kriterium des EFQM-Modells. Die Beantwortung der Fragen erfolgt nach der RADAR-Logik, jedoch mit einem vereinfachten Punkteschema.

Im Bereich der Befähigerkriterien bedeutet dies, dass das Vorgehen, die Umsetzung, die Bewertung und Überprüfung sowie die Ergebnisse in einer Skala von 1 (kein Nachweis oder anekdotische Nachweise) bis 5 (umfassende Nachweise) bewertet werden. Für die Ergebniskriterien sind dies die Aspekte: Trends, Ziele, Vergleiche und Ursachen (Tab. 12 und 13).

Dieser Fragebogen wird von der EFQM insbesondere als Einstieg in Selbstbewertungsverfahren genutzt, um Unternehmen damit eine gut handhabbare und dennoch differenzierte Form der Selbstbewertung anzubieten. Für die Assessoren, die im später genauer beschriebenen Verfahren „Committed to Excellence – Verpflichtung zu Excellence" eine externe Prüfung vornehmen, bietet der bearbeitete Fragebogen eine gute Basis für eine Vorabeinschätzung des zu prüfenden Unternehmens (Tab. 14).

Dieser Fragebogen enthält pro Hauptkriterium eine Tabelle, in der parallel zur Bewertung Stärken und Verbesserungspotenziale gesammelt werden sollen, die schließlich hinsichtlich des Nutzens und des Aufwands einer Realisierung von Verbesserungsideen bewertet werden sollen, um so die für das Unternehmen prioritären Verbesserungsbereiche herauszufiltern. Von der nachfolgend erläuterten einfachen Fragebogenmethode unterscheidet sie sich durch die Anzahl der Fragen und die stärkere Anlehnung an die RADAR-Bewertung.

Einfacher Fragebogen

Als weitere Möglichkeit für einen Start in das EFQM-Modell bietet sich der einfache Fragebogen an. Die EFQM nennt diesen Fragebogen „Excellence bestimmen – Eine Fragebogenmethode" (EFQM 1999–2003a, 35). Er stellt Fragen zu allen neun Kriterien des EFQM-Modells, die mittels eines einfachen Antwortrasters beantwortet und ausgewertet werden. Hier sollen zwei Beispiele zum Thema „Führung" genannt werden: „Schaffen die Führungskräfte ein Umfeld, das für den Erfolg förderlich ist?" „Ermutigen die Führungskräfte ihre Mitarbeiter dazu, ihre eigenen Ideen, Ansichten und Meinungen einzubringen?" (EFQM 1999–2003a, 35). Die Antwortmöglichkeiten beschränken sich auf die Alternativen: „ja" und „nein". Eine Erweiterung der Antwortskala auf die Auswahlalternativen: „nicht begonnen, gewisse Fortschritte, beträchtliche Fortschritte, vollständig erreicht" ist möglich. Insgesamt umfasst der einfache Fragebogen 50 Fragen. Die einfache Fragebogenmethode wurde in den „vergangenen Jahren immer wieder als einfache und schnelle Methode (quick and dirty) eingesetzt" (EFQM 1999–2003a, 35).

Gegenüber der Arbeit mit den Standardformularen und der Workshopmethode zur Selbstbewertung liegen die Vor- und Nachteile auf der Hand. Als Hauptvorteil ist die schnelle und einfache Anwendung zu nennen. Eine tief gehende Einweisung in die RADAR-Methode ist nicht zwingend erforderlich. Einer der Nachteile ist, dass eine Liste der „Stärken und Verbesserungspotenziale ... zunächst nicht erarbeitet"

(EFQM 1999–2003a, 36) wird und der Bewertung keine differenzierte und datengestützte Analyse des Unternehmens vorausgehen muss. Diese Methode erschließt lediglich einen oberflächlichen ersten Gesamteindruck. Dieser einfache Fragebogen arbeitet nicht mit der RADAR-Systematik.

Die Wahl der Selbstbewertungsmethode

Die EFQM macht bewusst keine Vorgaben darüber, welche Methode für welche Organisation die geeignete ist und sagt selbst: „Es gibt keine letztgültige Antwort auf die Frage ‚Welche Methode der Selbstbewertung ist für meine Organisation ist die Richtige?'" (EFQM 1999–2003a, 15). Lediglich im Zusammenhang mit Verfahren der externen Bewertung und Überprüfung wird spezifiziert, welche Anforderungen die Unternehmen hinsichtlich durchgeführter Selbstbewertungen erfüllen müssen. So ist beispielsweise für die Erlangung der Stufe „Committed to Excellence" mindestens ein Bewertungsverfahren anhand der 32 Teilkriterien des Modells erforderlich. Damit ist als Mindestanforderung die Selbstbewertung mit dem detaillierten Fragebogen gesetzt.

5.2.4 Externe Anerkennungsverfahren – Die Levels of Excellence (Stufen der Excellence)

Als externe Verfahren der Bewertung sind die „Levels of Excellence" (Stufen der Excellence) zu nennen, die auf den Selbstbewertungen der jeweiligen Organisation beruhen und die durch Validation oder externe Assessments festgestellt werden.

Dieses externe Verfahren wurde im Jahr 2001 von der EFQM eingeführt. Ziel auf Seiten der Anwender ist die Anerkennung außerhalb der Bewerbung um den EFQM Excellence Award (EEA) oder den Ludwig-Erhard-Preis (LEP) und der Wunsch nach methodischer Unterstützung bei vergleichsweise niedrigem Reifegrad. Von Seiten der EFQM sollten mehr Organisationen mit der Idee der Excellence vertraut gemacht, Kriterien für eine Bewerbung um den EEA entwickelt und Berater und Assessoren in ein EFQM-Programm eingebunden werden.

Dieses besteht aus drei Stufen: Committed to Excellence (Verpflichtung zu Excellence), Recognised for Excellence (Anerkennung für Excellence) und der EFQM Excellence Award (EFQM Excellence Preis) auf europäischer Ebene oder der Ludwig-Erhard-Preis (LEP) auf deutscher Ebene.

Das Programm ist für Organisationen mit unterschiedlichem Reifegrad in Bezug auf die erreichte „Excellence" vorgesehen. Bei der Bewertung der Stufe „Committed to Excellence" wird extern geprüft, ob die Organisation in der Lage ist, aufgrund einer Selbstbewertung Verbesserungsprojekte durchzuführen. Von einer Organisation, die eine Auszeichnung über „Recognised for Excellence" erwerben will, wird ein mehrmaliges Durchlaufen des Selbstbewertungs- und Verbesserungszyklus vor einer Bewerbung erwartet und ein externes Team von Assessoren bewertet die Organisation. Die Beteiligung am EFQM Excellence Award setzt eine mindestens fünfjährige Geschichte der kontinuierlichen Verbesserung voraus. Vergleichbares gilt auch für den Ludwig-Erhard-Preis als nationalen Qualitätspreis.

Committed to Excellence – Verpflichtung zur Excellence

Diese unterste Stufe der externen Anerkennung wird nach einem vorgeschriebenen Verfahren erteilt. Das Unternehmen soll in diesem Verfahren weniger nachweisen, dass es eine exzellente Bewertung erzielen kann, sondern soll mehr unter Beweis stellen, dass es in der Lage ist, Verbesserungsprojekte methodisch und gemäß einer Zeitvorgabe durchzuführen.

Um diese Stufe zu erreichen, wird ein zweistufiger Prozess durchlaufen. In der Phase 1 führt die Organisation eine Selbstbewertung durch, die mindestens mit dem detaillierten Fragebogen ausgestaltet wird. Die EFQM empfiehlt, dass ein Team von Führungskräften die Selbstbewertung gemeinsam durchführt und die Fragen des detaillierten Fragebogens im Konsens beantwortet. Im Anschluss an die Selbstbewertung oder in deren Rahmen werden Kriterien, nach denen Verbesserungsprojekte priorisiert werden sollen, festgelegt. Danach werden drei Verbesserungsprojekte festgelegt, geplant und durchgeführt. „Als Ergebnis der Phase 1 hat der Bewerber ein fundiertes Profil der eigenen Organisation anhand der neun Kriterien des EFQM-Excellence-Modells erarbeitet. Stärken und Verbesserungspotenziale werden verstanden und führen konsequent zu einem priorisierten Projektplan“ (EFQM 2002–2005, 12), der in einem Zeitfenster von sechs bis neun Monaten umgesetzt wird. In der Phase 2 erfolgt ein Vor-Ort-Besuch eines von der EFQM anerkannten und zugeteilten Validators. Zwischen dem Abschluss der Selbstbewertung und dem Vor-Ort-Besuch darf maximal ein Zeitraum von neun Monaten liegen. Die validierende Person beurteilt anhand der vom Bewerber vorgelegten Dokumente und aufgrund von Gesprächen mit Führungskräften und Mitarbeitenden der Organisation, ob der Bewerber die Bedingungen, die an die Durchführung der Selbstbewertung, an die Prioritätensetzung und an die Entwicklung und Umsetzung der Verbesserungsprojekte gestellt werden, erfüllt.

Um das Verfahren zu durchlaufen, wendet man sich an das Deutsche EFQM-Center innerhalb der DGQ (Deutsche Gesellschaft für Qualität) und bewirbt sich um die Stufe Committed to Excellence. Das Verfahren ist selbstverständlich mit zusätzlichen Kosten verbunden. Die Höhe der Kosten liegt z.Zt. bei ca. 4000 € zzgl. MwSt.

Recognised for Excellence – Anerkennung für Excellence

Die zweite Stufe der externen Verfahren (Recognised for Excellence) wird nach erreichten Punkten im Rahmen der Vorgaben der RADAR-Logik und aufgrund des vollständigen EFQM-Modells beurteilt. Hier geht es darum, anders als im bereits geschilderten Verfahren des „Committed“ die Excellence der Organisation nachzuweisen. Wie im vorherigen Verfahren ist der Ausgangspunkt eine Selbstbewertung aller Kriterien und Teilkriterien des EFQM-Modells. Die Selbstbewertung muss mit Hilfe der RADAR-Matrix durchgeführt und es muss eine Punktzahl von mindestens 400 Punkten erreicht werden.

Nach einer Selbstbewertung wird ein vorstrukturierter Bericht erstellt, der bei der Deutschen EFQM eingereicht wird. Die Deutsche EFQM bestimmt ein Assessorenteam, das je nach Größe der Organisation aus drei bis fünf Personen besteht. Dieses analysiert den eingereichten Bericht und „verifiziert die Angaben der Organisation anlässlich eines üblicherweise 3-tägigen Vor-Ort-Besuchs“ (EFQM 2002–2005, 15).

Das Assessorenteam erstellt aufgrund der Unterlagen und der bei dem Vor-Ort-Besuch gewonnenen Erkenntnisse einen Statusbericht über die Bewerberorganisation. Hierin liegt ein großer Wert für die beurteilte Organisation: Sie erhält neben einem differenzierten Feedback-Bericht eine detaillierte Punktbewertung auf Teilkriterienebene und damit wichtige Anhaltspunkte für ihre eigene Verbesserungsstrategie.

Im Gegensatz zur Bewerbung um den EFQM Excellence Award oder den Ludwig-Erhard-Preis und zum Verfahren „Committed to Excellence“ hat die Organisation zwölf Monate Zeit, den Prozess zu durchlaufen. Erhält die Organisation mindestens 300 Punkte nach dem Radar-Bewertungsschema, erhält sie die Urkunde „Recognised for Excellence“ mit drei Sternen, bei 400 Punkten mit vier Sternen und bei 500 Punkten mit fünf Sternen.

Die Kosten für dieses Anerkennungsverfahren setzen sich aus den Gebühren an die EFQM und den Kosten der Assessoren während des Vor-Ort-Besuches zusammen (Spesen). Es kann von einem Gesamtkostenrahmen von 8000–10 000 € ausgegangen werden.

Der Europäische Excellence-Preis und der Ludwig-Erhard-Preis

„European Excellence Award (Europäischer Excellence-Preis) und Ludwig-Erhard-Preis (deutscher Excellence-Preis) sind harte und anspruchsvolle Wettbewerbe für Organisationen oder Organisationseinheiten, die als nationale oder europäische Vorbilder anzusehen sind“ (EFQM 2002–2005, 8). Diese Aussage der EFQM drückt aus, wie hochwertig die Auszeichnungen sind, die bei diesen Wettbewerben erzielt werden können. Die Bewerbungen um diese Preise setzen eine mindestens fünfjährige Geschichte der kontinuierlichen Verbesserung voraus. Die Anforderungen an sich bewerbende Unternehmen sind, „dass sie die konsequente Umsetzung der ganzheitlichen Managementmethode zu einer kontinuierlichen und nachhaltigen Verbesserung in allen Aspekten ihrer Leistungsfähigkeit geführt hat“ (ILEP 2009, 2).

Nach der Durchführung der Selbstbewertung der Organisation wird ein bis zu 75 Seiten starker Bericht erstellt, der umfassend und detailliert das Vorgehen und die Ergebnisse der Organisation im Hinblick auf die kontinuierliche Verbesserung darstellt. Seit 2007 bietet die Initiative Ludwig-Erhard-Preis (ILEP) ebenso wie die EFQM in Brüssel zwei unterschiedliche Bewerbungsverfahren an. Das „alte“ Verfahren umfasst eine 75-seitige ausführliche Bewerbung, die das Unternehmen anhand der 32 Teilkriterien detailliert beschreibt. Das „neue“ Verfahren ermöglicht es den Bewerberunternehmen, eine komprimierte Bewerbung mit ca. zwei Seiten pro Hauptkriterium zzgl. einigen Seiten für die Darstellung des Unternehmens als Ganzem einzureichen.

Bevor eine Bewerbung um den Preis eingereicht oder ins Auge gefasst wird, wird das Unternehmen von Seiten der EFQM bzw. der ILEP darin beraten, ob die Bewerbung aussichtsreich sein könnte und das Unternehmen den erforderlichen Reifegrad bereits erreicht hat. Diese Vorsondierung ist sinnvoll, weil der Prozess aufwendig ist und es wenig sinnvoll ist, Organisationen in den Wettbewerb aufzunehmen, die die Reife noch nicht erlangt haben. Dies bedeutet aber nicht, dass bereits Aussicht auf eine der Auszeichnungen bestehen muss. Die Initiative Ludwig-Erhard-Preis weist darauf hin, dass sich eine Bewerbung auch lohnt, wenn das Unternehmen nicht sofort Preisträger werden sollte. Als Vorteil einer Bewerbung nennt sie die Information für Bewerber: „Durch die Teilnahme am Bewerbungsverfahren unterzieht sich Ihre gesamte Organisation einer grundlegenden Analyse" (ILEP 2009, 1).

Wie beim Verfahren „Recognised" werden von der EFQM bzw. der ILEP Assessoren ausgewählt, die den Bericht prüfen und in einem Vor-Ort-Besuch eine Bewertung des Unternehmens durchführen. Das Assessorenteam besteht aus fünf bis acht Personen. Die Anzahl wird nach Komplexität und Größe der zu beurteilenden Organisation festgelegt. Bei den Assessoren handelt es sich immer um erfahrene Führungskräfte aus unterschiedlichen Branchen und Unternehmensbereichen, die besonders im EFQM-Modell geschult sind. Die Assessoren arbeiten im Rahmen des Preiswettbewerbs ehrenamtlich. Der Bewerber trägt neben den Gebühren der EFQM die Kosten der Assessoren während des Vor-Ort-Besuches (Spesen). Die Assessoren werden einerseits nach Branchen- und Feldkenntnis ausgewählt, andererseits aber auch so eingesetzt, dass sie nicht in Unternehmen tätig werden, die zum eigenen beruflichen Wirkungskreis im Wettbewerb stehen.

Während des Vor-Ort-Besuches erstellen die Assessoren eine vollständige Bewertung des Unternehmens anhand aller 32 Teilkriterien mit der RADAR-Matrix sowie einen Feedback-Bericht, der dem Unternehmen anschließend zugeht und die differenzierte Bewertung inhaltlich und in der Punktsystematik der RADAR-Matrix darstellt.

„Beim European Quality Award [jetzt European Excellence Award] entscheidet daraufhin die Jury, ob ein Bewerber als Finalist, Prize Winner oder letztlich als Award Winner abschneidet" (EFQM 2002–2005, 9). Beim Ludwig-Erhard-Preis werden die analogen Auszeichnungen „Finalist, Auszeichnung und für einen einzigen Gewinner der Preis vergeben" (EFQM 2002–2005, 9). Die Kosten der Wettbewerbsteilnahme belaufen sich für den ILEP auf 2000 € bis 9500 €, abhängig von der Anzahl der Mitarbeiter des Unternehmens. Der ILEP wird in vier Größenklassen von Unternehmen jährlich vergeben. Dies sind: Bewerber mit bis zu 15 Mitarbeitenden, mit 16 bis 100 Mitarbeitenden, mit 101 bis 500 Mitarbeitenden und mit über 500 Mitarbeitenden (jeweils auf Vollzeitbasis). Eine Differenzierung zwischen Wirtschaftsunternehmen und Unternehmen des öffentlichen Dienstes und aus dem Feld sozialer Einrichtungen wird nicht mehr vorgenommen. Aktuelle Informationen zum gesamten Anerkennungsprogramm sind auf den Webseiten der ILEP zu finden (www.ilep.de).

5.2.5 Entwicklungsorientierung

Mit den von der EFQM vorgegebenen Verfahren wird sichergestellt, dass die Organisationen, die sich nach dem EFQM-Modell richten, ein umfassendes und hochwertiges Qualitätsmanagementsystem aufbauen. In der Entwicklung dieses Systems steht die Selbstbewertung als Instrument der Beurteilung der Organisation im Mittelpunkt.

Mit den von der EFQM ausgewählten und in ganz Europa anerkannten Kriterien kann die Organisation systematisch ihre Stärken und Verbesserungspotenziale identifizieren und bewerten. Die Möglichkeiten der Selbstbewertung sind sehr vielfältig und können so den jeweiligen Bedürfnissen der Organisation angepasst werden, ohne dass dieses Instrument seine Wirkung verliert.

Die seit 2001 eingeführten Verfahren der Fremdbewertung (Committed, Recognised und EEA) basieren sämtlich auf den Selbstbewertungen der Organisation. Im ersten Schritt weist die Organisation nach, dass sie in der Lage ist, aus der Selbstbewertung heraus Verbesserungsprojekte zu entwickeln, zu priorisieren und durchzuführen. Die Validatoren im Verfahren „Committed to Excellence" haben weniger die Aufgabe, das Ergebnis der Projektdurchführung, als vielmehr, den Prozess derselben zu beurteilen. Im weiteren Prozess spielen die im Selbst- und Fremdbewertungsverfahren erzielten Punkte die wichtigste Rolle für die Anerkennung der Organisation. Die Elemente „Recognised" und die abgestuften Anerkennungen bei der Bewerbung um den deutschen oder den europäischen Preis bieten den Organisationen umfassende und vielfältige Möglichkeiten der Rückmeldung zu ihren Bemühungen um ständige Verbesserung.

Mit den oben genannten und beschriebenen Verfahren der Selbstbewertung sowie dem neuen Kriterienkatalog, der die Dienstleistung im neuen Modell im Kriterium 5 aufgenommen hat, ist das EFQM-Modell ausgesprochen gut geeignet, um auch bei kleinen und mittleren sozialen Organisationen als Reflexionsraster zur Bewertung des Qualitätsmanagementsystems genutzt zu werden. Insbesondere die im neuen Modell verankerte stärkere Strategieorientierung kommt der Entwicklung sozialer Organisationen sehr entgegen.

Beobachtungen in der Praxis zeigen, dass Organisationen der Sozialen Arbeit, die wenig formalisierte Arbeitstrukturen aufweisen, einen erhöhten Bedarf und Aufwand haben, Nachweise für die Bewertung der Kriterien des Modells heranzuziehen. Häufig müssen zunächst grundlegende Dinge des Prozessmanagements, der Ergebnisermittlung und der Führungsstrukturen entwickelt werden, bevor eine solide RADAR-Bewertung, die den Grundkonzepten der Excellence gerecht wird, überhaupt möglich ist.

5.2.6 Exkurs: Handbuch und dokumentierte Prozessbeschreibungen

Die EFQM selbst fordert für ihre Strategie der Qualitätsentwicklung kein Qualitätsmanagementhandbuch im klassischen Sinne, wie dies das QM-Modell DIN ISO EN 9001 fordert. Allerdings nimmt die EFQM im Bereich der Prozesse Bezug auf Verfahren der Prozessführung und -verbesserung sowie des systematischen Prozessmanagements. Methoden der Prozessführung und -verbesserung, Dokumentationen der Kern- und Teilprozesse der Organisation sowie der Messung der Prozesse sind erforderlich. Mit der klaren Ergebnisorientierung des gesamten Modells spielen Kennzahlen eine entscheidende Rolle zur Steuerung. Definierte Regeln und Prozesse nehmen in allen Kriterien des Modells eine wichtige Rolle ein. Der Aufbau eines QM-Handbuches ist somit zwar nicht zwingend, allerdings in den meisten Fällen empfehlenswert.

5.3 Das KQS-Modell als Ableitung aus dem LQW-Modell

5.3.1 Historie

Das LQW-Modell (Lernerorientierte Qualitätstestierung in der Weiterbildung) wurde in der Zeit von 2000 bis 2005 entwickelt. Es entstand im Rahmen mehrerer Projekte der Bund-Länder-Kommission für Bildungsplanung und Forschungsförderung und wurde aus Mitteln des Bundesministeriums für Bildung und Forschung und des europäischen Sozialfonds finanziert. Betreiber des Modells ist heute die ArtSet Qualitätstestierung GmbH mit Sitz in Hannover, die im Kontext der Entwicklung des Modells entstanden ist.

Mittlerweile liegen verschiedene aus dem LQW-Modell abgeleitete Modelle für Arbeitsfelder der Bildungs- und Sozialen Arbeit vor. Die über LQW hinaus entwickelten Modelle sind folgende: KQS (kundenorientierte Qualitätstestierung für Soziale Dienstleistungsanbieter), LQK (Lernerorientierte Qualitätstestierung für Kindertagesstätten), KQB (Kundenorientierte Qualitätstestierung für Beratungsorganisationen) und LQB (Lernerorientierte Qualitätstestierung für Bildungsveranstaltungen). ArtSet schreibt im Leitbild für den Bereich der Qualitätstestierung: „Grundlage unserer Arbeit ist ein besonderes Qualitätsmanagementsystem, das der Eigenlogik von Bildungsorganisationen und Sozialen Dienstleistungsanbietern gerecht wird“ (ArtSet 2009).

Mit inzwischen weit über 500 Testierungen im Bereich der Weiterbildungsorganisationen hat das Modell in Deutschland und darüber hinaus eine bedeutende Marktposition erreicht. Die abgeleiteten Modelle wie z.B. das KQS genießen noch keine so große Verbreitung wie LQW, haben aber das Potenzial, sich weiter zu verbreiten.

5.3.2 Die Systematik der Modelle LQW und KQS

In der Modelldarstellung werde ich auf das KQS-Modell eingehen und die QM-Anforderungen dieses Modells darstellen. Die Grundstrukturen sind in allen Modellen der LQ-Familie gleich.

Die Arbeit mit KQS gestaltet sich in sechs Phasen, nach deren Durchlaufen der Arbeitszyklus wieder von vorne – auf höherer Stufe – beginnt. ArtSet stellt die Phasen wie folgt dar (Abb. 23):

Nach einer Einführung in das Modell, die z.B. in Form eines Einführungsworkshops erfolgen kann und die die Stärken/Schwächen-Analyse einschließen sollte,

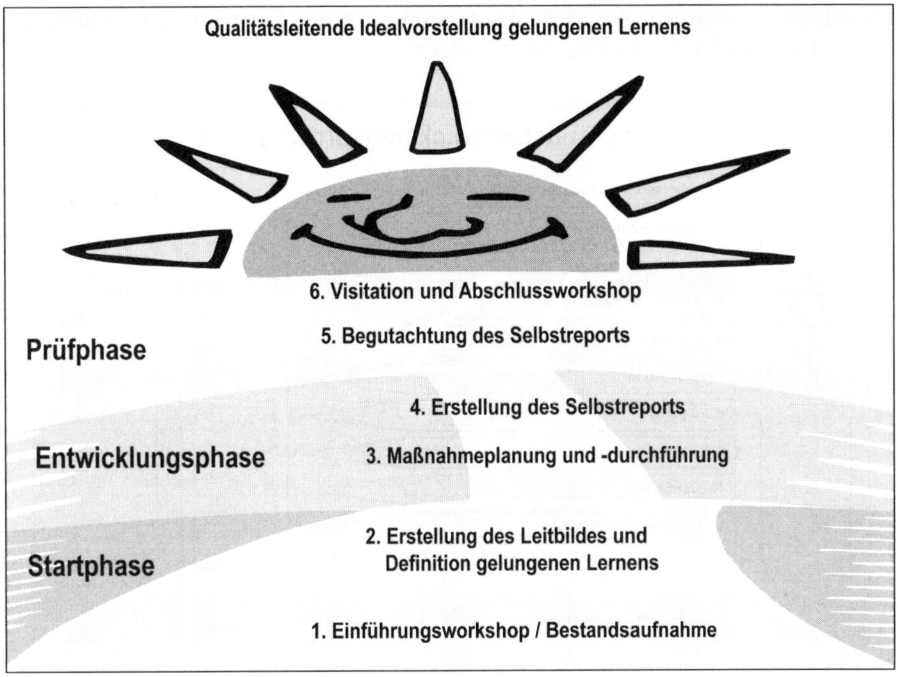

Abb. 23: Lernerorientierung vom Einführungsworkshop bis zum Abschlussworkshop (Quelle: ArtSet 2005, 15)

folgt die einrichtungsinterne Entwicklungsarbeit. Zunächst werden Leitbild und eine in dieses Leitbild integrierte Definition gelungener Dienstleistung erarbeitet. Ausgehend davon werden QM-Maßnahmen entwickelt und umgesetzt und schließlich in einem Selbstreport dargestellt. Dieser wird von externen Gutachtenden im Hinblick auf die Erfüllung der Anforderungen des Modells beurteilt und mit Anregungen und Kommentaren der Gutachtenden angereichert. In einer Visitation, die die Umsetzung vor Ort in der Einrichtung in den Blick nimmt, macht sich die gutachtende Person ein Bild vom gelebten QM. Die Einrichtung hat dabei die Gelegenheit, Dinge, die im Selbstreport noch nicht ausreichend dargestellt waren, nachzubessern. Ist diese Visitation erfolgreich abgeschlossen und sind alle Anforderungen des Modells erfüllt, kann im Abschlussworkshop eine Zielvereinbarung für die nächsten vier Jahre, dem Zeitraum bis zu Re-Testierung, entwickelt werden. Diese Vereinbarung wird schließlich in einem siebten, in der Grafik nicht dargestellten Schritt zwischen ArtSet und der Einrichtung als Qualitätsentwicklungsvereinbarung für die folgenden vier Jahre geschlossen.

Das KQS-Modell besteht aus elf Qualitätsbereichen, zu denen in einem Selbstreport die in der Einrichtung entwickelten und umgesetzten Verfahren beschrieben werden müssen, und einem zwölften Qualitätsbereich, der die strategischen Entwicklungsziele umfasst, die bei der Ersttestierung vereinbart und bei der Re-Testierung als Anforderungen mit auf ihre Erfüllung überprüft werden. Der Selbstreport ist nicht einem QM-Handbuch gleichzusetzen. Vielmehr dient der Selbstreport einerseits der verschriftlichten QM-Prozessreflexion der Einrichtung und andererseits der Begutachtung durch externe Gutachtende.

Abb. 24: Das Qualitätsentwicklungs- und testierungsmodell (Quelle: ArtSet 2005, 11)

Im Folgenden werden die verschiedenen Phasen und Bereiche des Modells vorgestellt, ohne zu sehr ins Detail zu gehen. Das Handbuch zum Modell kann kostenfrei von der ArtSet-Homepage heruntergeladen werden (www.artset-lqw.de oder www.artset-kqs.de).

5.3.3 Leitbild, Definitionen des Gelungenen und die Qualitätsanforderungen im KQS-Modell

LQW und KQS sind im Gegensatz zu den Modellen der DIN EN ISO 9000er-Familie und dem EFQM-Modell branchenspezifische Modelle. So nehmen die Entwickler und Protagonisten dieser Modelle auch in Anspruch, einen besonderen Ansatz gefunden zu haben, wie Qualitätsentwicklung in den Bereichen Bildung und Soziale Arbeit gefördert werden kann.

Im LQW-Leitfaden heißt es dazu: „Mit der Lernerorientierten Qualitätstestierung wurde ein praktikables und wirksames Qualitätsmanagementsystem vorgelegt, das sich aus dem Bildungsprozess heraus begründet und seinen Focus auf die Lernenden setzt“ (ArtSet 2006, 7). Eine konsequente Weiterentwicklung wurde schließlich im Hinblick auf die spezifischen Anforderungen in der Sozialen Arbeit vorgenommen. Das Modell KQS trägt der Tatsache Rechnung, dass in der Sozialen Arbeit die Koproduktion von Klient/in und Fachkraft die zentrale Größe von erfolgreicher Tätigkeit ist. „Weil die lernende Gestaltung des eigenen Lebens etwas ist, das im

Wesentlichen nur durch die individuellen Kunden selbst in Eigenaktivität hergestellt werden kann – Betreuende, Lehrende, Helfer etc. können diesen Prozess nur unterstützen –, stehen die Kunden als Leistungsempfänger im Zentrum der Qualitätsbemühungen von sozialen Einrichtungen. Auf die Kunden ist die Qualitätstestierung der sozialen Dienstleistungsanbieter und mithin das Testierungsverfahren ausgerichtet" (ArtSet 2005).

Aus dieser Begründung der besonderen Anforderung wird im Leitfaden zum Modell abgeleitet, dass es sich bei KQS nicht um ein System handele, das sich an fremd gesetzten Normen orientiert. Die Entwicklung eigener Werte und Vorgehensweisen wird als die Besonderheit des Modells betrachtet (vgl. ArtSet 2005, 4).

Mit der Forderung des Modells, die Definition des Gelungenen in das Leitbild zu integrieren und dessen gemeinsame Entwicklung an den Anfang des QM-Prozesses zu stellen, will ArtSet deutlich machen, dass der gesamte QM-Prozess an den Bedürfnissen der Kund/inn/en auszurichten ist. Die Logik der Organisationsentwicklung im Kontext von QM soll sich daran ausrichten, dass die Organisation die Kund/inn/en nur bei der Selbstentwicklung unterstützen kann.

Insofern wird QM hier als Hilfsinstrument der individuellen Entwicklung der Kund/inn/en verstanden, das durch die Gestaltung der Kontextbedingungen wie Raum, Zeit, fachliche Kompetenz, finanzielle Förderung und Material den Selbstbildungsprozess unterstützt und fördert (vgl. ArtSet 2005, 14).

Dieser Anspruch wird in QM-Systemen nach LQW bzw. KQS dadurch eingelöst, dass in den Qualitätsbereichen, die die Anforderungen an das QM-System formulieren, i.d.R. explizit auf die Kund/inn/en Bezug genommen wird und in jedem Qualitätsbereich geklärt sein muss, wie sich die QM-Verfahren auf Leitbild und Definition gelungenen Lernens oder gelungener Dienstleistung rückbeziehen (vgl. ArtSet 2005, 14).

Genau wie das Leitbild muss diese Definition unternehmensindividuell erarbeitet werden. Vorgaben, wie sie auszusehen hat, gibt es im Modell nicht. Insofern werden bei der externen Bewertung (siehe weiter unten zum Begutachtungsverfahren) auch nur die selbst gesetzten Maßstäbe als Bewertungsgrundlage herangezogen.

Auch wenn dieses Herangehen als der Kernaspekt der branchenspezifischen Besonderheit des Modells betrachtet werden kann, macht dies im Vergleich zu einer reflektierten und professionellen Anwendung von ISO und EFQM m.E. keinen großen Unterschied. Auch die beiden großen Universalmodelle beinhalten, wie oben gezeigt wurde, viele Aspekte, bei denen in die QM-Entwicklung der Kund/inn/ennutzen sowie die Leitbildaspekte an zentraler Stelle als Impulsgeber einfließen.

Die Besonderheit erhalten die Modelle LQW und KQS m.E. erst daraus, dass in jedem Qualitätsbereich eine Verpflichtung besteht, die getroffenen Maßnahmen aus dem Leitbild und der Definition gelungenen Lernens zu begründen und dadurch ein Branchenbezug explizit formuliert werden muss.

Qualitätsanforderungen im KQS-Modell

Im Folgenden werden die Begründungen für die einzelnen Qualitätsbereiche (QB), wie ArtSet sie im Handbuch zum KQS-Modell darstellt, zusammengefasst wiedergegeben sowie die Anforderungen zitiert. (Dabei wird die sinngemäße Wiedergabe nicht immer wieder mit dem Literaturverweis versehen, sondern nur die wörtlich zitierten Passagen der Anforderungen). Jedem QB ist eine Definition vorangestellt, die eine allgemeine Erläuterung des zu regelnden Feldes gibt. Im Leitfaden wird jeder QB durch drei thematische Aspekte dargestellt: die Spezifikationen, die Anforderungen und die Nachweismöglichkeiten.

Die Spezifikationen erläutern, worauf der Blick gelenkt werden sollte oder gelenkt werden kann. Sie stellen keine Anforderungen dar, die im Testierungsprozess überprüft werden.

Die Anforderungen sind als Standards im Sinne von Mindestanforderungen zu verstehen. Sie bilden die Basis für die Gutachtenden, den Selbstreport und in der Visitation die Einrichtung hinsichtlich der Erfüllung dieser Anforderungen zu prüfen.

Die Nachweismöglichkeiten sollen den Einrichtungen Hilfen anbieten, wie sie die Erfüllung der Anforderungen belegen können.

Qualitätsbereich 1: Leitbild

Wie bereits beschrieben, bildet das Leitbild den die Handlungen leitenden Rahmen für die Arbeit einer Einrichtung. Der QB beinhaltet folgende Anforderungen:

„- Aussagen zu allen acht Spezifikationen sind vorhanden. - Das Leitbild ist partizipativ erstellt. - Es ist schriftlich fixiert. - Es ist intern kommuniziert und extern veröffentlicht. - Die Kontroll- und Revisionsverantwortung ist festgelegt" (ArtSet 2005, 33). Die Spezifikationen umfassen: Identität und Auftrag, Werte, Einrichtungsspezifische Kund/inn/en, Allgemeine Ziele, Fähigkeiten, Leistungen, Ressourcen und die Definition gelungener Dienstleistung (vgl. ArtSet 2005, 33).

Qualitätsbereich 2: Bedarfserschließung und Informationsbeschaffung

Gegenstand dieses QB ist die Frage danach, wie eine Einrichtung den Bedarf bei direkten Kund/inn/en, Kostenträgern und Gesellschaft ermittelt.

„- Analysen erfolgen regelmäßig. - Geeignete Verfahren werden eingesetzt. - Eine Begründung über Analyserhythmus, Umfang und Verfahren liegt vor. - Ein Zusammenhang der Qualitätsentwicklungsmaßnahmen dieses Bereiches mit dem Leitbild und der Definition gelungener Dienstleistung ist ausgewiesen" (ArtSet 2005, 34).

Qualitätsbereich 3: Dienstleistungen/Produkte

Dieser QB geht explizit auf die Leistungserstellung als Zusammenwirken von Professionellen und Kund/inn/en ein und betont die Bedeutung der Kompetenzen der Beschäftigten. Während in den Spezifikationen der dialogische Charakter der Dienstleistungserstellung ansatzweise thematisiert wird, ist er als abzuprüfende Anforderung aber schon kaum noch auszumachen. Dies mag damit zusammenhängen, dass trotz des Anspruchs, ein branchenspezifisches Modell zu sein, die verschiedenen Kund/inn/en - im Kontext des i.d.R. wirksam werdenden sozialrechtlichen Dreiecks (Kostenträger, Klient/inn/en als Kund/inn/en, Pädagog/inn/en) - nicht unterschieden werden. Die Anforderungen heißen:

„- Die Dienstleistungen/Produkte sind beschrieben. - Die Kunden werden informiert über Inhalte, Ziele, Arbeitsformen und Voraussetzungen der Dienstleistungen/Produkte sowie über die Kompetenzen der Fachkräfte. - Gründe für Erfolge und Misserfolge werden analysiert und ausgewertet. - Ein Zusammenhang der Qualitätsentwicklungsmaßnahmen dieses Bereiches mit dem Leitbild und der Definition gelungener Dienstleistung ist ausgewiesen“ (ArtSet 2005, 35).

Eine explizite Einbeziehung des Uno-actu-Prinzips in der sozialen Dienstleistung in die Anforderungen ist nicht realisiert, sondern es wird anbieterorientiert gedacht. Eine Unterscheidung der Anforderungen hinsichtlich Kostenträgern und Klient/inn/en ist nicht im Modell eingearbeitet.

Qualitätsbereich 4: Schlüsselprozesse

Der QB Schlüsselprozesse fordert die Einrichtung auf, sich der Schlüsselprozesse bewusst zu werden und diese zu gestalten und zu beschreiben. Dabei werden an die Beschreibung der Schlüsselprozesse keine weiteren differenzierten Anforderungen gestellt, als die Schnittstellen zu beschreiben und den Zusammenhang mit dem Leitbild und der Definition gelungener Dienstleistung darzustellen.

Eine Verpflichtung zur Erstellung eines Handbuches oder der Gestaltung eines gesamten Prozesssystems ist damit in KQS nicht enthalten. Eine direkte Verzahnung mit strategischen Prozessen ist aufgrund der Anforderungen nicht verpflichtend. Auch der Rückbezug zum Leitbild führt nicht dazu, hier eine verbindliche Regelung zu treffen, da auch dieser QB keine Strategieaspekte einfordert. Die Anforderungen sind wie folgt formuliert:

„- Eine Begründung für die einrichtungsspezifischen Schlüsselprozesse liegt vor. - Die Abläufe sind dokumentiert. - Die Verantwortung für die Prozesse ist festgelegt. - Die Schnittstellen innerhalb der Prozesse und ggf. zwischen den Schlüsselprozessen sind definiert. - Ein Zusammenhang der Qualitätsentwicklungsmaßnahmen dieses Bereiches mit dem Leitbild und der Definition gelungener Dienstleistung ist ausgewiesen“ (ArtSet 2005, 36).

Qualitätsbereich 5: Externe Partnerschaften

Der Qualitätsbereich 5 beschäftigt sich mit externen Partnerschaften. Dabei werden im KQS-Modell lediglich die externen Dienstleister in den Blick genommen. Andere Partnerschaften, die z.B. strategischen Wert haben, werden nicht in den Blick genommen. Die Anforderungen sind:

„- Die Anforderungen an externe Dienstleister sind beschrieben. - Die Erfüllung der Anforderungen durch die externen Dienstleister ist nachgewiesen. - Beratung und Förderung der externen Dienstleister wird angeboten. - Gründe für Erfolge und Misserfolge werden gemeinsam mit dem externen Dienstleister analysiert und ausgewertet. - Ein Zusammenhang der Qualitätsentwicklungsmaßnahmen dieses Bereiches mit dem Leitbild und der Definition gelungener Dienstleistung ist ausgewiesen“ (ArtSet 2005, 5).

Qualitätsbereich 6: Evaluation der Dienstleistungsprozesse

Als Zielgröße für die Evaluation der Dienstleistungen formuliert der KQS-Leitfaden den Grad der Zufriedenheit der Kund/inn/en sowie die Realisierung des instiutionellen Anspruchs. Dabei zeigen die Anforderungen lediglich auf, dass Erhebungen durchgeführt und daraus Maßnahmen abgeleitet werden müssen. Eine qualitative Beschreibung, was bezüglich der Zufriedenheit und des institutionellen Anspruchs erreicht werden soll, fehlt. Dies soll die jeweilige Einrichtung in ihrer eigenen Zielplanung definieren.

Dementsprechend sind die Anforderungen so formuliert, dass sie lediglich nach Verfahren fragen, nicht nach Ergebnissen, die zu erreichen sind. Sie lauten:

„– Rückmeldungen erfolgen regelmäßig. – Geeignete Verfahren werden eingesetzt. – Eine Begründung über Erhebungsrhythmus, Umfang und Verfahren liegt vor. – Rückmeldung über Evaluationsergebnisse an die Fachkräfte findet statt. – Konsequenzen in Bezug auf die Rückmeldungen werden gezogen. – Ein Zusammenhang der Qualitätsentwicklungsmaßnahmen dieses Bereiches mit dem Leitbild und der Definition gelungener Dienstleistung ist ausgewiesen“ (ArtSet 2005, 38).

Qualitätsbereich 7: Infrastruktur

In diesem QB hat die Einrichtung, die sich testieren lassen möchte, die Aufgabe, die infrastrukturellen Rahmenbedingungen zu definieren, die sie benötigt, um ihre Leistungen kund/inn/engerecht erbringen zu können. Dazu gehören Räume, Ausstattung, Materialien, Medien sowie bei stationären und teilstationären Einrichtungen auch die Versorgungs-, Unterbringungs- und Freizeiteinrichtungen. Dazu lauten die Anforderungen:

„– Die Einrichtung überprüft regelmäßig, ob Ort und Ausstattung themen- und methodenangemessen sind. – Die Einrichtung zeigt auf, welche Verbesserungsanstrengungen ggf. unternommen wurden. – Verfügbarkeit und Einsatzfähigkeit der technischen Geräte und Einrichtungen wird regelmäßig überprüft. Für stationäre und teilstationäre Einrichtungen: – Die Einrichtung überprüft regelmäßig, ob Lebensort und Ausstattung kunden- und bedürfnisangemessen sind. – Ein Zusammenhang der Qualitätsentwicklungsmaßnahmen dieses Bereiches mit dem Leitbild und der Definition gelungener Dienstleistung ist ausgewiesen“ (ArtSet 2005, 39).

Die Kriterien, anhand derer dies erfolgen soll, sind in den Anforderungen nicht benannt. Es wird von der Einrichtung auch nicht eingefordert, diese zu benennen. Obwohl dies im Referenzmodell LQW gefordert wird, wurde es in KQS nicht aufgenommen. Ein Grund dafür ist nicht zu erkennen.

Qualitätsbereich 8: Führung

Führung wird im KQS-System direkt an Grundelemente des Managements mit Zielvereinbarungen geknüpft. Führen und Leiten werden sowohl als personenbezogene Aufgaben als auch als Entscheidungsaufgabe verstanden. Gegenüber den Mitarbeitenden hat die Führung die Funktion der Arbeitskoordination und die Funktion, die Richtung zu weisen. Im täglichen Organisationsgeschehen hat Leitung die Aufgabe, Entscheidungen zu treffen, Regeln für Entscheidungen festzulegen und Entscheidungskompetenzen zu delegieren, wo erforderlich. Dementsprechend lauten die Anforderungen des Modells:

„- Führungsgrundsätze sind vereinbart und verschriftlicht. - Konferenzen und Besprechungen finden systematisch statt und werden dokumentiert. - Zielvereinbarungsgespräche finden regelmäßig statt. - Entscheidungsprozesse und -verfahren sind beschrieben und dokumentiert. - Führungskräfte unternehmen Schritte in Bezug auf externe Organisationen und Kunden, um sie in den Verbesserungsprozess zu integrieren. - Die Zuständigkeit für Qualitätsentwicklung ist geregelt. - Ein Zusammenhang der Qualitätsentwicklungsmaßnahmen dieses Bereiches mit dem Leitbild und der Definition gelungener Dienstleistung ist ausgewiesen" (ArtSet 2005, 40).

Qualitätsbereich 9: Personal

Ergänzend zu den Anforderungen des QB Führung werden im QB Personal Aspekte gefordert, die das Personal in die Lage vesetzen, die durch die Führung gestalteten Anforderungen, Aufgaben und Verantwortlichkeiten auch ausfüllen zu können. Die Ressource Mitarbeitende erhält hier eine zentrale Stellung. Die entwickelten Anforderungen sind denen aus der DIN EN ISO (zumindest aus der Norm 9004) und EFQM insofern ähnlich, als das Wissen und die Kompetenzen der Mitarbeitenden und die Entwicklung der Kompetenzen als zentraler Schatz sozialer Dienstleistungsorganisationen betrachtet werden. Die Anforderungen lauten:

„- Aufgabenprofile der Leitung und der Mitarbeiter/innen sind vorhanden und werden fortgeschrieben. - Kompetenzprofile der Leitung und der Mitarbeiter/innen sind vorhanden und werden aktualisiert. - Kompetenzanforderungen und entsprechende Maßnahmeplanungen werden systematisch ermittelt. - Entwicklungsgespräche mit Mitarbeiter/innen werden regelmäßig durchgeführt. - Eine systematische Fortbildungsplanung und Auswertung für alle Beschäftigtengruppen liegen vor. - Mitarbeiter/innen werden fortlaufend in Verbesserungsaktivitäten mit einbezogen. - Ein Zusammenhang der Qualitätsentwicklungsmaßnahmen dieses Bereiches mit dem Leitbild und der Definition gelungener Dienstleistung ist ausgewiesen" (ArtSet 2005, 41).

Qualitätsbereich 10: Controlling

Mit diesem Qualitätsbereich werden Anforderungen formuliert, die in sozialen Dienstleistungseinrichtungen auch heute noch große Schwierigkeiten bereiten. Insbesondere die Formulierung von inhaltlich-fachlich fundierten und qualitativen Indikatoren bereitet vielen Organisationen große Schwierigkeiten (Für den Bereich Controlling gibt dieses Buch in Kap. 9 Hilfen.).

In den Anforderungen des QB 10 heißt es: „- Ein dokumentiertes Berichtswesen zu relevanten, begründeten Spezifikationen liegt vor. - Kennzahlen und qualitative Erfolgsindikatoren werden gebildet, begründet und bewertet. - Der Einsatz der wirtschaftlichen Mittel wird zweckmäßig gemanagt und gesteuert. Die eingesetzten Verfahren sind beschrieben. - Ein Zusammenhang der Qualitätsentwicklungsmaßnahmen dieses Bereiches mit dem Leitbild und der Definition gelungener Dienstleistung liegt vor" (ArtSet 2005, 42).

Das Modell unterscheidet in seinen Anforderungen an Controlling nicht zwischen Forderungen in Bezug auf Output und Outcome-Faktoren. Analysen zur Effektivität und Effizienz werden eingefordert, ohne zu beschreiben, was darunter im sozialen Dienstleistungsbereich zu verstehen ist. So ist es sicherlich möglich, die Effizienz von Maßnahmen der Qualitätsentwicklung und die von entwickelten Verfahren für die Organisation zu messen und zu beurteilen. Effizienzkriterien hinsichtlich der Erreichung von Zielen der Klient/inn/en zu entwickeln, stellt sich allerdings sehr viel schwieriger dar, da sie sich oft der Kenntnis und dem Zugriff der Organisation entziehen. So wird das Controlling im QB 9 auf die Ziele der Organisation reduziert. Damit verschenkt das Modell m.E. eine zentrale Chance, eine branchenspezifische Ausprägung zu bieten.

Die Anforderungen im Einzelnen lauten: „– Ein dokumentiertes Berichtswesen zu relevanten, begründeten Spezifikationen liegt vor. – Kennzahlen und qualitative Erfolgsindikatoren werden gebildet, begründet und bewertet. – Der Einsatz der wirtschaftlichen Mittel wird zweckmäßig gemanagt und gesteuert. Die eingesetzten Verfahren sind beschrieben. – Ein Zusammenhang der Qualitätsentwicklungsmaßnahmen dieses Bereiches mit dem Leitbild und der Definition gelungener Dienstleistung liegt vor“ (ArtSet 2005, 42).

Qualitätsbereich 11: Kundenkommunikation

Dieser QB stellt Anforderungen bezüglich der Kommunikation der Organisation mit den Kund/inn/en. In den Anforderungen wird nicht zwischen verschiedenen Kund/inn/en in der Sozialen Arbeit unterschieden. Sie können sowohl hinsichtlich der Kommunikation mit den Klient/inn/en als auch mit den Kostenträgern ausgelegt werden. Je nach Bedarf und Kund/inn/enstruktur der Organisation werden sich die Verfahren unterscheiden, die die Organisationen regeln. Die Anforderungen lauten:

„– Die Geschäftsbedingungen sind vollständig dokumentiert und veröffentlicht. – Die wichtigsten Kundenkommunikationsverfahren sind begründet und dokumentiert. – Vollständige und verständliche Information für alle relevanten und begründeten Aspekte der Dienstleistung/des Produktes ist vorhanden. – Anregungen und Beschwerden werden erhoben und ausgewertet, Konsequenzen werden gezogen. – Ein Zusammenhang der Qualitätsentwicklungsmaßnahmen dieses Bereiches mit dem Leitbild und der Definition gelungener Dienstleistung ist ausgewiesen“ (ArtSet 2005, 11).

Insgesamt geht es darum, transparente Bedingungen zu schaffen und die Zufriedenheit der Kund/inn/en durch klare Kommunikationsabläufe für die Weiterentwicklung der Qualität der Leistungen zu nutzen. Der QB legt einige Verfahren fest, die umgesetzt werden müssen: AGBs, Produkt- und Leistungsinformationen sowie ein Anregungs- und Beschwerdewesen müssen vorgehalten werden. Wie sie zu gestalten sind, gibt der QB nicht vor.

Qualitätsbereich 12: Strategische Entwicklungsziele

Neben der Definition des Gelungenen im Leitbild stellt dieser QB eine Besonderheit des KQS-Modells im Vergleich zu anderen Modellen dar. Im QB 12 kommen die strategischen Aspekte der Qualitäts- und Organisationsentwicklung zum Tragen. Als Anforderungen sind dort formuliert:

„- Evaluations- und Entwicklungsworkshops finden regelmäßig statt. - Ein Katalog für Qualitätsentwicklungsziele und/oder -maßnahmen liegt vor. - Strategische Entwicklungsziele der Gesamtorganisation werden vorgeschlagen" (ArtSet 2005, 44). Die Erfüllung der Anforderungen führt dazu, dass zwischen ArtSet und der Einrichtung eine Zielvereinbarung als Qualitätsentwicklungsvereinbarung geschlossen werden kann. Die darin enthaltenen strategischen Entwicklungsziele sind Anforderungen für die Re-Testierung nach vier Jahren. Sie gelten dann als zu erfüllende Mindestanforderungen, so wie andere Anforderungen aus den QBs.

5.3.4 Prüf- und Bewertungsverfahren

Der Selbstreport im Begutachtungsprozess

Das Prüf- und Bewertungsverfahren nach KQS gliedert sich in verschiedene Elemente und Phasen. Basis dafür ist in allen Phasen der von der Einrichtung erstellte Selbstreport.

Dieser hat – neben der Aufgabe der Selbstvergewisserung der Organisation über ihre eigenen Lernprozesse – die Zielsetzung, den Gutachtenden deutlich zu machen, was in der Organisation hinsichtlich Qualitätsentwicklung geschieht. Er muss deshalb ohne Rückgriff auf Nachweise und Dokumente in der Organisation verständlich sein. ArtSet beschreibt dies mit dem Terminus: „selbsterklärend". Die Erfüllung jeder Anforderung muss dadurch nachgewiesen werden, dass inhaltlich ausgeführt und nachgewiesen wird, was die Organisation wie tut, um sie zu erfüllen. Die Untermauerung mit Beispielen sowie die Auflistung von Nachweisen, die zum genaueren Nachvollziehen einsehbar sind, gehören mit in den Selbstreport (vgl. Zech 2006, 104 f.).

Jeder Selbstreport umfasst nach einem administrativen Teil, der die Organisation und deren Struktur darstellt, eine Gesamtprozessbeschreibung. Diese reflektiert den durchlaufenen Prozess und legt dar, wo Hürden und Hindernisse waren, was gut gelaufen ist, was erfolgreich und auch was weniger erfolgreich war. Im dritten Teil werden dann die konkreten Entwicklungen entlang der Qualitätsbereiche beschrieben (ausführlicher bei Zech 2006, 104 ff.)

Die Begutachtung

Die Begutachtung wird stets von zwei unabhängigen Personen vorgenommen, die zur Organisation in keiner Beziehung stehen. Aufgrund des Selbstreportes verschaffen sie sich ein Bild von der Organisation und ihren Qualitätsaktivitäten. Da dies ohne Einsicht in Nachweise erfolgt, sind die Gutachtenden darauf angewiesen, dass der Selbstreport aus sich heraus verständlich ist. Sie erstellen voneinander unabhängige Gutachten, die dann zu einem gemeinsamen zusammengeführt werden.

Entlang der Anforderungen müssen die Gutachtenden Stellung beziehen, ob die Mindestanforderungen erfüllt sind. Das Gutachten enthält zu jedem QB einen

Prüfteil, der wiedergibt, was die Gutachtenden bezüglich der Anforderungen aus dem Selbstreport haben verstehen können und als erfüllt betrachten. Sind nicht alle Anforderungen erfüllt, enthält das Gutachten Auflagen, die formulieren, was nachzubessern ist, bis die Visitation stattfindet. Im dann folgenden Kommentarteil geben die Gutachtenden Hinweise, was die Organisation ggf. noch besser machen oder weiterentwickeln könnte. Dieser beratende Teil des Gutachtens hat für die Organisationen, die sich testieren lassen, besonderen Wert. Mit diesen Anregungen ist das Gutachten zugleich auch Beratung zur Qualitätsentwicklung (vgl. Zech 2006, 129 ff.).

Nach Erhalt des Gutachtens, das zuvor noch von einer Qualitätskontrolle bei ArtSet geprüft wird und dann an die Einrichtung geht, hat diese sechs Wochen Zeit, um sich auf die Visitation vorzubereiten.

In der Visitation stehen die Reflexion des Qualitätsentwickungsprozesses sowie das Gutachten und seine Auflagen im Zentrum. Die Organisation muss nun nachweisen, dass sie alle Auflagen erfüllt hat. Dabei geht es darum, mit der Organisation eine Basis für die weitere Qualitätsarbeit zu schaffen. Dazu gehören die Beseitigung der aus dem Selbstreport entstandenen Auflagen, die Diskussion des Gutachtens sowie die Besprechung der Anregungen und Kommentare.

Das im Anschluss von dem/der Erstgutachtenden zu erstellende Visitationsprotokoll spricht eine Empfehlung aus, ob die Organisation testiert werden soll. Ist dies nicht der Fall, kann die Organisation einen erneuten Selbstreport vorlegen, der wiederum begutachtet wird. Bei positivem Ausgang entscheidet die Testierungsstelle letztlich über die Erteilung des Testates aufgrund der ihr vorliegenden Berichte und Protokolle (vgl. ausführlicher in Zech 2006, 150 ff.).

Der Abschlussworkshop

Der Abschlussworkshop dient einerseits dazu, mit der Einrichtung gemeinsam die strategischen Entwicklungsziele für die nächsten vier Jahre bis zu Retestierung zu formulieren. Andererseits wird der Qualitätsentwicklungsprozess reflektiert, um daraus Impulse für die weitere Entwicklung bis zur Re-Testierung zu erhalten. Dabei geht es nicht um die Vereinbarung kleinteiliger operativer Ziele, sondern um die Gesamtausrichtung. Der/die Erstgutachter/in hat darin die moderierende Rolle und hilft der Einrichtung, die strategisch relevanten Ziele zu finden und diese operationalisiert und messbar zu formulieren. Da sie bei der Re-Testierung als Mindestanforderung gelten, ist hier besondere Klarheit und Realismus erforderlich.

Gelingt es, diese Aufgaben zu erledigen, wird der Organisation als „Ausdruck der Wertschätzung für die von der Organisation geleistete Qualitätsarbeit die LQW-Netzwerkfliese [bei KQS – die KQS-Netzwerkfliese]“ überreicht (Zech 2006, 153). Diese Fliese ist Teil eines Gesamtkunstwerkes und symbolisiert, dass die Qualitätsarbeit in einem Netzwerk mit anderen Einrichtungen stattfindet. ArtSet organisiert jährlich Konferenzen, auf denen sich die Nutzenden des Modells zum Erfahrungsaustausch treffen. Diese Netzwerkkonferenzen dienen dem Lernen voneinander.

5.3.5 Externe Anerkennungsverfahren

Die Ergebnisse zu den strategischen Entwicklungszielen werden von der Organisation nach dem Abschlussworkshop ggf. sprachlich noch einmal überarbeitet und dann an die Testierungsstelle von ArtSet geschickt. Dort werden sie in eine Vertragsform gegossen und von beiden Seiten als verbindliche Vereinbarung unterzeichnet.

Mit der Unterschrift wird dann auch das Testat ausgegeben, welches für vier Jahre gilt.

Entgegen den Gepflogenheiten bei QM-Systemen nach DIN EN ISO 9001 gibt es bei den LQ-Modellen keine jährlichen Überwachungen oder Zwischenprüfungen. Die Organisationen müssen allerdings nach QB 12 die Anforderung erfüllen, dass sie regelmäßig Evaluations- und Entwicklungsworkshops durchführen. Das Modell gibt den Zyklus dafür nicht vor, wobei ein jährlicher Turnus durchaus üblich ist.

5.3.6 Entwicklungsorientierung

ArtSet sieht die gesamte LQ-Familie als auf die Selbstentwicklungsfähigkeiten der Organisationen gerichtet. Aus diesem Grunde sind die Anforderungen als Mindestanforderungen gesetzt und werden durch aus der Organisation heraus entwickelte, strategische Entwicklungsziele ergänzt.

Die sich darin ausdrückende Grundhaltung der Modelle der LQ-Familie hat System. Als systemische QM-Modelle will ArtSet die Selbstreflexionsfähigkeit der Organisation dadurch anregen, dass Selbstentwicklung durch externe Beobachter und deren Feedback angeregt wird. Aus dieser Logik verbietet es sich, normative Vorgaben zu machen, die das organisationale Lernen möglicherweise in eine Richtung drängen, die nicht der Eigenlogik der Organisation entspricht. Die Aufrechterhaltung der eigenen Sinnkonstruktion in einer Organisation ist eine wichtige Triebfeder für Entwicklung.

In der Praxis der externen Begutachtung zeigt sich, dass das Modell keine normativen Setzungen aufweist. Ein Bereich, in dem dies deutlich wird, ist die Tatsache, dass die Gutachtenden nicht mit der organisationseigenen Güte der Definition gelungenen Lernens oder gelungener Dienstleistung arbeiten. Die Gutachtenden geben hier bestenfalls Anregungen, machen aber keine Vorgaben. Die Anforderung des QB 1 beinhaltet, dass eine Definition gelungener Dienstleistung vorliegen muss, nicht aber, welche Güte sie haben muss. Im Rahmen des Gutachtens können jedoch Anregungen zur Weiterentwicklung gegeben werden. Diese haben keinen verpflichtenden Charakter. In die Begutachtung fließt lediglich ein, ob die Einrichtung ihren Weg der Beschäftigung damit schlüssig darstellen kann. Die Güte der Definition wird damit nur in Kommentaren und Anregungen gespiegelt.

Ähnliches zeigt sich in vielen anderen Qualitätsbereichen. Die Organisationen sollen ihre Qualitätsmaßnahmen nach ihren eigenen Bedarfen und ihrer eigenen Logik entwickeln können. Sie sollen keine von außen aufgesetzten Maßnahmen realisieren müssen, die für sie keinen Sinn machen. Dies ist sicherlich positiv zu beurteilen. Insgesamt ergibt sich so ein Modell, das Mindestanforderungen stellt und die Entwicklung darüber hinaus der freien Entscheidung der Organisation überlässt.

Die Gesamtprozessreflexion sollte Defizite des Prozesses und der Weiterentwicklung zum Ausdruck bringen und die Organisation nach und nach auf die Spur zur selbstgesteuerten Weiterentwicklung bringen. Dies zu unterstützen, ist Aufgabe der Gutachten, der Visitationen und des Abschlussworkshops.

In die LQ-Modelle sind viele Elemente aus DIN EN ISO 9001 und 9004 sowie aus dem EFQM-Modell eingeflossen. Die Excellence-Orientierung fehlt hier allerdings. Sie wird nicht durch das Modell gesetzt, sondern muss aus dem Unternehmen heraus selber entwickelt werden.

5.4 Zusammenfassende Übersicht über die QM-Modelle: DIN EN ISO 9000 ff., EFQM und KQS

Gegenstand der Betrachtung	DIN EN ISO 9000 ff. und verbundene Normen	EFQM-Excellence-Modell	KQS-Modell und LQ-Familie
Historie	ISO 9000 wurde erstmals im Jahr 1987 veröffentlicht.	Gründung der European Foundation for Quality Management 1988, erster Qualitätspreis 1992	Entwicklung seit 2000 im Rahmen von Projekten der Bund-Länder-Kommission für Bildungsplanung und Forschungsförderung
Grundsätze	8 Qualitätsgrundsätze als Basis des Modells	8 Grundkonzepte der Excellence	Keine allgemeinen Grundsätze
Modelldokumente – Basis	Normfamilie 9000 (Begriffe), 9001 (Anforderungen), 9004 (Weiterentwicklung) mit verbundenen Normen 19011 (Leitfaden für Audits) und 17021 (Konformitätsbewertung – Anforderungen an Stellen, die Managementsysteme auditieren und zertifizieren)	Leitfaden mit an Excellence-Kriterien ausgerichteten Formulierungen und Beschreibungen eines optimalen Systemstatus	Handbuch mit allgemeinen Erläuterungen zum Modell und Darstellung von 12 Qualitätsbereichen und ihren Mindestanforderungen
Systematik und Aufbau	Mindestanforderungen, aufgegliedert in die Bereiche: Qualitätsmanagementsystem, Verantwortung der Leitung, Management von Ressourcen, Produktrealisierung und Messung,	9 Kriterien, die sich auf Menschen, Prozesse und Ergebnisse beziehen. Dem Aspekt Menschen sind die so genannten Befähigerkriterien (Führung, Strategie, Mitarbeiterinnen und	12 Qualitätsbereiche formulieren Mindestanforderungen in den Bereichen: 1. Leitbild 2. Bedarfserschließung 3. Dienstleistungen

Gegenstand der Betrachtung	DIN EN ISO 9000 ff. und verbundene Normen	EFQM-Excellence-Modell	KQS-Modell und LQ-Familie
	Analyse, Verbesserung in der ISO 9001 sind die Basis für externe und interne Prüfungen.	Mitarbeiter Partnerschaften und Ressourcen) zugeordnet, die durch das Kriterium Prozesse abgerundet werden. Zu den Ergebnissen gehören Ergebnisse auf verschiedenen Ebenen (Kunden, Mitarbeiter, Gesellschaft, Schlüsselergebnisse). Jedes Befähigerkriterium ist in 4–5 Teilkriterien untergliedert und wird exemplarisch mit Ansatzpunkten erläutert. Jedes Ergebniskriterium ist durch 2 Teilkriterien untergliedert. Sie stellen optimale (exzellente) Leistungen dar.	4. Schlüsselprozesse 5. Externe Partnerschaften 6. Evaluation 7. Infrastruktur 8. Führung 9. Personal 10. Controlling 11. Kundenkommunikation 12. Strategische Entwicklungsziele
Bedeutung des Prozessdenkens	Prozessmodell als Ansatz der hierarchie- und funktionsübergreifenden Prozessgestaltung	Prozesse, Produkte und Dienstleistungen nehmen eine zentrale Position im Modell ein.	Lediglich die Schlüsselprozesse werden explizit herausgestellt. Sie müssen identifiziert und beschrieben sein.
Selbstbewertung	Die Norm 9004 enthält ein Verfahren zur Selbstbewertung und zusätzliche Hinweise zu Verbesserung, Innovation und Lernen.	Die systematische Selbstbewertung ist der Ausgangspunkt für alle Verbesserungsaktivitäten.	Der Selbstreport dient der organisationseigenen Reflexion und ist Basis der externen Begutachtung.
Arbeitshilfen	Die Norm 19011 gibt Anleitung zum Auditieren von Qualitätsmanagementsystemen, sonst keine spezifischen Arbeitshilfen zum Aufbau des QM.	Erweiterung durch Leitfaden für die Selbstbewertung, keine spezifischen Arbeitshilfen zum Aufbau des QM	Arbeitshilfen im Internet bieten umfangreiche Umsetzungshilfen zu jedem QB.
Excellence-Orientierung	Kein Excellence Modell – Orientierung an Mindestanforderungen und der ständigen Weiterentwicklung – durch Norm 9004 Entwicklung in Richtung Excellence-Modell	Excellence-Modell – Orientierung an der Spitze der Unternehmen, am möglichen Optimum	Kein Excellence-Modell – Orientierung an Mindestanforderungen und der ständigen Weiterentwicklung

Gegenstand der Betrachtung	DIN EN ISO 9000 ff. und verbundene Normen	EFQM-Excellence-Modell	KQS-Modell und LQ-Familie
Prüf- und Bewertungsverfahren	Interne und externe Audits (9001 und 19011)	Selbstbewertung, Levels of Excellence mit Wettbewerbsverfahren um Qualitätsauszeichnungen auf europäischer und nationaler Ebene	Begutachtung des Selbstreportes und Visitation mit anschließendem Abschlussworkshop
Externe Anerkennungsverfahren	Zertifizierungsverfahren durch eine von der TGA (oder neue nationale Akkreditierungsstelle) zugelassene Zertifizierungsgesellschaft mit Zulassung für den eigenen Branchenbereich	Externe Begutachtungen mit unterschiedlicher Tiefe, je nach Level, das erreicht werden soll: Committed to Excellence, Recognised for Excellence und Qualitätspreise (Ludwig-Erhard-Preis (LEP) oder European Excellence Award (EEA))	Klarer Ablauf verschiedener Schritte: 1. Bestandsaufnahme 2. Leitbild mit Definition des Gelungenen 3. Maßnahmen 4. Selbstreport 5. Begutachtung 6. Visitation und Abschlussworkshop 7. Vertrag über strategische Entwicklungsziele
Entwicklungsorientierung durch Prüfverfahren	Durch regelmäßige Überwachungsaudits, Erweiterung und Weiterentwicklung mit Hilfe der ISO 9004, der Selbstbewertung sowie der in der 9001 verpflichtenden Managementbewertungen und abzuleitenden Maßnahmen	Durch das gestufte Anerkennungssystem, die regelmäßig wieder durchzuführenden Selbstbewertungen und die Orientierung an Excellence hat das EFQM-Modell eine klare Entwicklungsorientierung.	Strategische Entwicklungsziele sind bei Re-Testierung nach 4 Jahren als Mindestanforderungen zu prüfen.
Verankerung des Kontinuierlichen Verbesserungsprozesses (KVP) im QM-Ansatz	Die Norm 9004 enthält darüber hinausgehende Hinweise zur Leistungsverbesserung, die keine Basis für die Zertifizierung sind.	Die Levels of Excellence sind ein gestuftes Anerkennungsmodell, das auf kontinuierliche Weiterentwicklung gerichtet ist.	Die strategischen Entwicklungsziele, die im Abschlussworkshop erarbeitet werden, dienen der Überprüfung nach 4 Jahren und damit der konsequenten Entwicklungsorientierung.
Entwicklungsorientierung – gesamt	QM als Entwicklungsansatz für Prozesse und Unternehmenssteuerung unter Qualitätsgesichtspunkten	QM wird als unternehmesweites Instrument zur Umsetzung der strategischen Prozesse und der systemischen Organisationsentwicklung verstanden. Ziel ist das Erreichen von Excellence.	QM wird als systemischer Organisationsentwicklungsansatz verstanden, der die Selbstreflexionsfähigkeit fördern soll.

6 Qualitätsmanagement und Organisationsentwicklung – Bausteine für das eigene Unternehmen

Qualitätsmanagement, unabhängig davon, ob es nach einem vorgefertigten Modell aufgebaut wird oder ob es ohne eine solche Rahmenorientierung entwickelt wird, braucht einen unternehmensspezifischen Zuschnitt. Im folgenden Kapitel werden Bausteine vorgestellt, die soziale Einrichtungen nutzen können, um ihr individuelles System zu entwickeln. Es spielt keine Rolle, ob diese Instrumente und Methoden mit oder ohne ein Rahmenmodell des QM eingesetzt werden. Dabei werden verschiedene Aspekte bzw. Bausteine vorgestellt, die in der Praxis wie ein Baukasten nach eigenem Bedarf zusammengestellt und genutzt werden können. Dies geschieht immer in einer Art und Weise, die die praktische Nutzung für die Soziale Arbeit aufzeigt. Zunächst werden Instrumente präsentiert, die sich mit den organisationsentwicklerischen Aspekten des QM beschäftigen (6), um danach den Bezug zur fachlichen Seite der Sozialen Arbeit stärker in den Fokus zu nehmen (7). Kap. 8 beschäftigt sich danach damit, methodische Arbeitsansätze vorzustellen, die in der QM-Arbeit sinnvoll sind und beherrscht werden sollten. Schließlich geht es in Kap. 9 um die Stärkung der Controllingkompetenzen in Einrichtungen der Sozialen Arbeit, indem Aspekte eines integrierten Controlling – zwischen finanzwirtschaftlichen und fachlichen Aspekten – erläutert werden.

6.1 Organisation und Organisationsentwicklung

Der Organisationsbegriff

An dieser Stelle sollen keine ausführlichen Erörterungen zu Organisation und Organisationsentwicklung erfolgen. Zu diesen Fragestellungen liegt umfangreiche Literatur vor, die vertiefend studiert werden kann. Um aber die organisationsentwicklerische Leistung des QM zu skizzieren, sind einige Anmerkungen zum Begriff und zu Grundlagen der Organisationsentwicklung relevant.

In der Organisationslehre wird zwischen drei Begriffen von Organisation unterschieden: dem tätigkeitsorientierten, dem instrumentellen und dem institutionellen Organisationsbegriff.

Mit dem tätigkeitsorientierten Begriff wird auf den „Prozess des Entwerfens einer Handlungsordnung" verwiesen. Zu Grunde liegt der Gedanke, dass durch die rationale und zielorientierte Strukturierung eine verbindliche Ordnung entsteht, der die Organisationsmitglieder folgen (vgl. Grunwald 2008d, 737). Laut Grunwald sind in moderneren Ansätzen, die diese Perspektive vertreten, durchaus auch Elemente mit einbezogen, nach denen Organisationen sowohl durch Fremdorganisation als auch durch Selbststeuerung von Organisationsmitgliedern gestaltet werden.

Ein anderes Verständnis von Organisation bezieht sich auf das instrumentelle Verständnis, in dem vor allem Wirtschaftlichkeit und sachliche Logik der Aufgaben- und Funktionsteilung eine zentrale Rolle einnehmen. Dieses Verständnis ist eng mit dem tätigkeitsorientierten verbunden (vgl. Grunwald 2008d, 737).

Der dritte der gängigen Begriffe bezieht sich auf die Organisation als Institution und nimmt das gesamte System in den Blick. Grunwald beschreibt dies wie folgt: „Der institutionelle Organisationsbegriff verlässt [...] die rationalistische Beschränkung auf die Organisationsstruktur und die formale Organisation und richtet sein Augenmerk auf die gesamte Organisation, das ganze soziale Gebilde, die geplante Ordnung und die ungeplanten Prozesse, die Funktionen, aber auch die Dysfunktionen organisierter Arbeitsabläufe, die Entstehung und die Veränderung von Strukturen, die Ziele und ihre Widersprüche (Schreyögg 2003, S. 11)" (Grunwald 2008d, 738).

Die bis hier skizzierten Begriffsverständnisse von Organisation sind nicht alternativ, sondern ergänzend zu verstehen. Alle Perspektiven und Aspekte haben innerhalb von Organisationen ihre Berechtigung. Für das Qualitätsmanagement spielt aber die Frage eine bedeutende Rolle, wie sich Organisationen organisieren.

Der Begriff des Organisierens

Organisieren bedeutet, eine Organisation zu gestalten. Grunwald fasst dies mit Bezug auf Schreyögg zusammen, indem er die wesentlichen Aspekte des Organisierens nennt: Gestaltung der Interaktion zwischen Organisation und Umwelt, Berücksichtigung informaler Regeln, Beachtung des Spannungsfeldes zwischen Fremd- und Selbstorganisation, die Vermittlung von Organisationsstrukturen und das Verhalten von Mitarbeiter/inne/n in diesen Strukturen sowie die Gestaltung von Veränderungsprozessen (vgl. Grunwald 2008d, 738).

Wesentliche Bestimmungsgrößen des Organisierens sind – neben dem Wechselspiel von System und Umwelt und der Differenzierung zwischen formalen und informalen Regeln innerhalb einer Organisation – die systemischen Prozesse der Selbstorganisation.

Diese Aspekte sind im Kontext von Qualitätsmanagement von besonderer Bedeutung.

Damit verbunden ist zugleich das Wechselspiel zwischen formalen und informalen Regeln. Das Qualitätsmanagement stellt in seiner systemstrukturierenden Funktion eine Reihe von formalen Regeln auf, die jedoch stets durch informale ergänzt und modifiziert werden müssen. Gerade in der sozialen Dienstleistung findet die Gestaltung der Dienstleistungskultur in diesem Wechselspiel statt: Die formalen Strukturen geben einen Rahmen zur Erbringung einer höchst individuellen und auf der Gestaltung von Beziehungen beruhenden Dienstleistung. Dabei ist die Leistungsfähigkeit des dienstleistenden Personals von der Kultur und den Werten innerhalb einer Organisation ebenso mitbestimmt wie von formalen Rahmensetzungen.

Prozesse der Selbstorganisation sind nach der modernen systemischen Organisationslehre Ordnungen, die in Ordnungen entstehen und sich nicht durch formale Strukturen bestimmen lassen. Spontane Ordnungsleistungen werden als systemeigen betrachtet und führen dazu, dass Fremdorganisation, z.B. durch Vorgaben im Qualitätsmanagement, immer nur begrenzte Wirkung haben. Sie werden durch Selbstorganisationsprozesse verändert, überlagert oder sogar außer Kraft gesetzt, wenn sich diese fremdorganisierten Strukturen als für die Organisationsmitglieder nicht hilfreich oder sogar störend erweisen.

Organisieren bedeutet dementsprechend, den Freiraum für eigeninitiatives Handeln und motiviertes Mitwirken der Mitarbeitenden zu schaffen. Insofern muss auch das Qualitätsmanagement dafür Sorge tragen, dass die Mitarbeitenden einerseits wesentliche formale Regeln einhalten, zugleich aber motiviert an der Veränderung und Weiterentwicklung der Organisation und ihrer Leistungen mitwirken. Dazu bedarf es sowohl des Zulassens informaler Organisationsprozesse als auch der Vorgabe von zu erfüllenden Regeln in Verbindung mit Definitionen von Freiräumen für eigenständige Entscheidung und Gestaltung. Die Übertragung von Verantwortung muss somit zugleich mit der von Befugnissen verbunden sein, um eigenständig handelnde Mitarbeitende einzubinden.

Im Kontext des Wandels des Umfeldes sozialer Organisationen kommt hinzu, dass Organisieren immer auch bedeutet, Wandel zu ermöglichen. Die Organisationslehre zeigt, dass dies nur zu bewerkstelligen ist, wenn sowohl die Mitarbeitenden als auch andere Stakeholder an der Entwicklung einer Organisation Anteil haben und das Wechselspiel zwischen Organisation und Umwelt immer wieder zum Gleichgewicht führt (vgl. Grunwald 2008d, 739).

6.2 Konsequenzen der organisationsentwicklerischen Perspektive für den Aufbau von Qualitätsmanagement

Aus den bisherigen Ausführungen ist deutlich geworden, dass Organisationen flexible Gebilde sein müssen, die sich den Umweltanforderungen einerseits anpassen, andererseits aber auch in die kritische Auseinandersetzung mit diesen eintreten. Der daraus resultierende Weg zwischen Bewahren und Verändern wird häufig mit dem Terminus des Organisationslernens verbunden.

Merchel macht deutlich, dass die Einführung von Qualitätsmanagement und damit auch der Weg des Lernens in Organisationen in strategische Entscheidungen eingebettet ist. Es ist immer im Kontext der Aushandlungen innerhalb einer Organisation zu betrachten, die mit Macht verbunden sind (vgl. Merchel 2004, 145 ff.).

Dementsprechend bewegt sich Qualitätsmanagement, wie er zutreffend beschreibt, im Spannungsfeld unterschiedlicher Interessen: „auf der einen Seite die Intention, über Verfahren ein strukturiertes Nachdenken der Institution über sich selbst zu initiieren, also einen selbstorganisierten Lernprozess der Mitarbeiter zu organisieren, und auf der anderen Seite das Bestreben, über das Setzen von qualitativen Maßstäben und über Leistungsvergleiche Mitarbeiter in ihrem Verhalten gezielt zu steuern" (Merchel 2004, 146).

Beide Aspekte spielen für das Qualitätsmanagement eine wesentliche Rolle. Das Lernen, das insbesondere aus informalen und selbstorganisierten Prozessen entsteht, und die Umsetzung generalisierter Verfahrens- und Handlungsanforderungen bilden die beiden Seiten von Qualitätsmanagement. Erkenntnisse, die aus Reflexionsprozessen gewonnen werden, sollen im Rahmen von Qualitätsmanagement systematisch dazu genutzt werden, um die Leistungserbringung und damit den Nutzen für die Kund/inn/en zu verbessern und zu erhöhen.

Auch wenn Merchel einen – aus meiner Sicht scheinbaren – Widerspruch zwischen den selbstorganisierten Lernprozessen (im Sinne der Organisationsentwicklung) und dem „bisweilen hierarchisch vermittelte[n] Interesse an der gezielten Beeinflussung von Mitarbeitern, Einrichtungen und Organisationssegmenten“ sieht, trifft zu, dass das Qualitätsmanagement methodisch stark zu partizipatorischen Verfahren tendiert (Merchel 2004, 146).

Qualitätsmanagement als Instrument der Organisationsentwicklung befasst sich folglich mit verschiedenen Themenfeldern, die oft zu Beginn eines Prozesses der Einführung in Organisationen der Sozialen Arbeit stehen und die auf Partizipation und Selbstreflexion ausgerichtet sein sollten, wenn die Mitarbeitenden motiviert und nachhaltig eingebunden sein sollen.

6.3 Bausteine mit organisationsentwicklerischer Wirkung

Themenfelder, die sich aus dieser Perspektive für den Aufbau von QM ergeben, sind: 1. Zusammenspiel von Strukturen, Prozessen und Ergebnissen erkennen, 2. Wertorientierung in Vision, Mission und Leitbild umsetzen, 3. Kunden- und Stakeholderanalyse, 4. Denken in Prozessen, Prozesse identifizieren und ihre Wechselwirkungen erkennen, 5. strategische und operative Planung für die Organisation entwickeln, 6. Projekte als Arbeitsform für den Qualitätsmanagementprozess und den Systemaufbau, 7. Implikationen des Qualitätsmanagements für das Führungsmodell, 8. Aufbau eines systematischen Personalmanagements und einer Personalentwicklung, 9. Aufbau einer Qualitätsdokumentation (Vorgabe- und Nachweisdokumente) entlang der Prozesse und externen Anforderungen. Dabei ist einerseits zu klären, welche Prozesse dokumentiert und festgelegt werden sollen, weil sie erfolgsrelevant sind, und andererseits ist zu klären, welche Aufzeichnungen erforderlich sind, weil sie entweder gesetzlich gefordert sind, vom Kostenträger verlangt werden oder für die Qualitätskontrolle, -sicherung und -entwicklung erforderlich sind.

6.3.1 Das Zusammenspiel von Strukturen, Prozessen und Ergebnissen erkennen

An mehreren Stellen in diesem Buch ist bereits aufgezeigt worden, dass Qualitätsmanagement grundsätzlich ein Denken und Handeln in Form des PDCA-Zyklus erfordert, um die ständige Verbesserung zu realisieren. Um dies zu erreichen, müssen sowohl hinsichtlich der Leistungserbringung als auch der Entwicklung der

Organisation die Strukturen, Prozesse und Ergebnisse so kombiniert werden, dass dies zu Mehrwert und Wertschöpfung führt. In Kap. 1 wurden diese drei Bereiche als Qualitätsdimensionen im Hinblick auf die Leistungserstellung beschrieben. Hinsichtlich der die Leistungen erbringenden Organisation sind sie von nicht minderer Bedeutung, wenn es darum geht, diese so auszurichten, dass sie sich in der

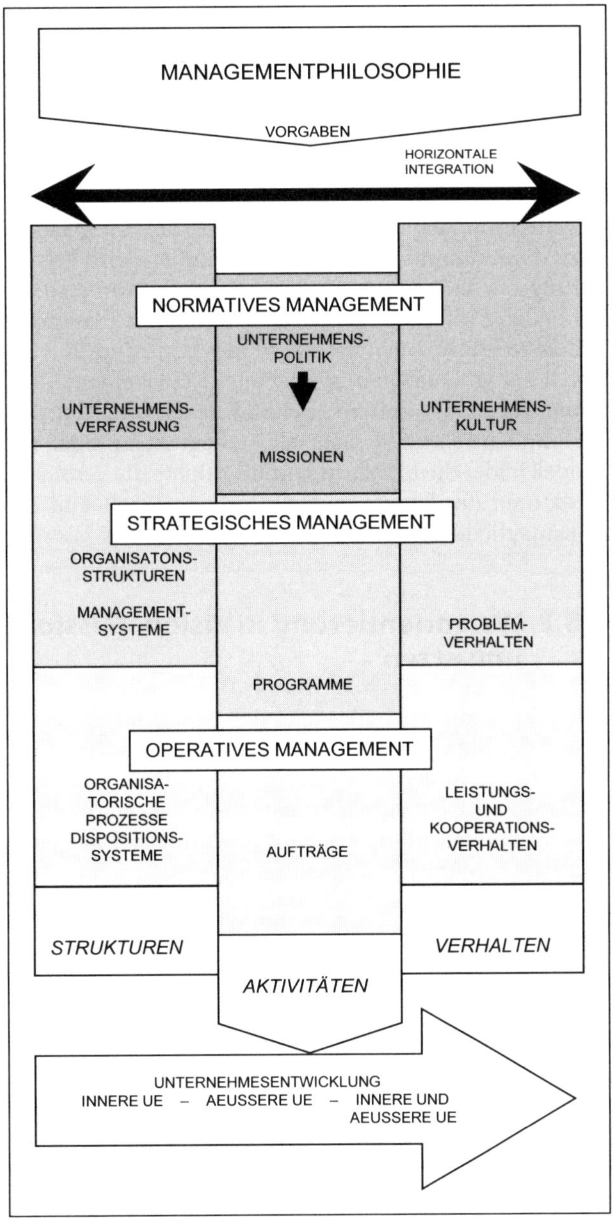

Abb. 25: Das St. Gallener Managementmodell (Quelle: Bleicher 1992, 77)

Interaktion von Umwelt und Organisation stetig weiterentwickelt und die Organisation in der Lage sein soll, den Rahmenbedingungen und aktuellen Anforderungen entsprechende Leistungen zu erbringen. Hinsichtlich der Strukturen ergibt sich daraus, dass ein Qualitätsmanagement immer erfordert, die Aufbau- und Ablaufstrukturen einer Organisation zu überprüfen, Prozesse der Überprüfung und des Veränderns der Organisation in den Blick zu nehmen und zu beobachten, welche Veränderungen zu welchen Ergebnissen führen, um darauf erneut steuernde Impulse zu setzen.

Auch die selbstorganisierenden Impulse aus dem Unternehmen, z.B. durch Mitarbeitende, geschehen in Strukturen und Prozessen, die Ergebnisse hervorbringen. Welche Richtung die Entwicklung, die Veränderungen und das Lernen nehmen, wird in der Regel versucht, durch eine Analyse vorhandener und den Entwurf gewünschter Strukturen zu prägen. Diese basieren i.d.R. auf der Wertorientierung der Organisation, die im Rahmen des Aufbaus von Qualitätsmanagement in die Vision und Mission und in ein Leitbild formuliert wird (vgl. Kap. 6.2). Diese Wertformulierungen sollten mit der Analyse der Kund/inn/en und ihrer Anforderungen sowie der anderer Interessengruppen (Stakeholdern) verbunden sein (vgl. Kap. 6.3).

Ein in diese Richtung weisendes Verständnis von Organisationsentwicklung durch ein an Qualität ausgerichtetes Management, das Werten verpflichtet ist und damit Vision, Mission und Leitbild als Orientierung fest in der Organisation verankert, findet sich im St. Gallener Managementmodell (Bleicher 1992, 77). In diesem Modell bildet die Managementphilosophie die verbindende Klammer zwischen den Strukturen des Unternehmens (formale Seite) und dem Verhalten der Organisationsmitglieder (informale Seite) (vgl. Abb. 25).

6.3.2 Wertorientierung in Vision, Mission und Leitbild umsetzen

Mit der Vision wird „das Ziel der Reise“ formuliert, zu dem die Unternehmung langfristig kommen will. Beispielsweise hatte Henry Ford die Vision, jeder Amerikaner solle in der Lage sein, einen Ford zu fahren. Aus dieser Vision leiteten sich nachfolgend viele seiner Prinzipien in der Autoproduktion ab, die zu preiswerten und massenhaft produzierten Autos führten. Eine Vision sollte auf einen Zeitraum von etwa zehn bis15 Jahren ausgelegt sein.

Aus der Vision lässt sich ableiten, was der mittelfristige Auftrag einer Organisation ist, dem sie sich selber stellt bzw. der ihr von außen aufgetragen ist und den sie annimmt. Dieser als Mission bezeichnete Arbeitsauftrag beschreibt mittelfristig zu erreichende globale Ziele, während auf der untersten Ebene des Leitbilds Zielsetzungen formuliert und Verhaltensmaximen darlegt werden, die Grundlagen für das Handeln aller Organisationsmitglieder sind (vgl. Rugor 2003, 42). Ein Leitbild soll insgesamt handlungsleitend sein und somit helfen, Identität und Transparenz in der Organisation zu schaffen.

Was sind die wesentlichen Merkmale, die ein fertiges Leitbild enthalten sollte, das diesen Aspekten gerecht wird und von der Vision bis zur Handlungsanleitung reicht? Die folgende Darstellung zeigt neun zentrale Elemente, die bei einer Leitbildentwicklung berücksichtigt werden sollten. Es folgt ein Vergleich mit einem publizierten Leitbild. Das Beispiel basiert auf der Präambel des Leitbildes des Deutschen Caritasverbandes mit Ausnahme des nicht bezifferten Punktes, der aus dem Kapitel über das Organisationsprofil stammt. Das Gesamtleitbild umfasst eine Reihe weiterer Aussagen. Diese hier aufzunehmen, würde den Rahmen sprengen. Die Aussagen aus der Präambel wurden nummeriert und den Feldern des Modells zugeordnet. Aussagen über das Verhältnis zu Mitarbeitenden finden sich im genannten Kapitel über das Organisationsprofil und wurden hier mit aufgenommen, da die Präambel dazu keine Aussage enthält.

Tab. 16: Raster zur Erstellung eines Leitbildes

Warum gibt es die Organisation?	**Vision** Was sind die Grundwerte?	Welche Bedeutung hat dies für die Gesellschaft?
Welchen gesellschaftlichen Aufgaben widmet sich die Organisation?	**Mission** Wie gestaltet sie ihr Verhältnis zu anderen?	Mit welchen Partnern arbeitet sie eng zusammen?
Wie arbeitet die Organisation mit ihren MitarbeiterInnen zusammen?	**Intention/Ziele** Was leistet die Organisation für ihre Kunden?	Wie nutzt die Organisation der Gesellschaft?

Tab. 17: Beispiel eines Leitbildes angelehnt an die Präambel des Leitbildes des Deutschen Caritasverbandes (Quelle: http://www.caritas.de/2501.html, Abruf 22.7.2009, wörtlich zitiert)

1. Caritas ist konkrete Hilfe für Menschen in Not.	**Vision** 2. Richtschnur ihrer Arbeit sind Weisung und Beispiel Jesu Christi.	3. Die Hinwendung zu den Hilfebedürftigen und die Solidarität mit ihnen ist praktizierte Nächstenliebe.
4. Sie ist Aufgabe und Verpflichtung eines jeden Christen. 5. Sie ist zugleich Grundauftrag der Kirche. 8. Maßgebend für seine Tätigkeit sind der Anspruch des Evangeliums und der Glaube der Kirche.	**Mission** 6. Aus christlicher Verantwortung leistet Caritas vielfältige Hilfe mit und für Menschen. 9. Durch sein Wirken trägt er zur öffentlichen Beglaubigung der kirchlichen Verkündigung bei.	7. Als Wohlfahrtsverband der katholischen Kirche wirkt der Deutsche Caritasverband an der Gestaltung des kirchlichen und gesellschaftlichen Lebens mit.
Er beteiligt seine Mitarbeiterinnen und Mitarbeiter an den ihr jeweiliges Arbeitsfeld betreffenden Ziel- und Entscheidungsfindungen.	**Intention/Ziele** 11. Er lässt sich vom Bild einer solidarischen und gerechten Gesellschaft leiten, in der auch Arme und Schwache einen Platz mit Lebensperspektiven finden können.	10. Als Spitzenverband der freien Wohlfahrtspflege steht der Deutsche Caritasverband in der Mitverantwortung für die sozialen Verhältnisse in der Bundesrepublik Deutschland.

Das Leitbild entwickelt eine Wirkung für die Organisationsentwicklung, wenn es innerhalb eines Diskussionsprozesses der Organisation entsteht und Meinungen aus verschiedenen Perspektiven einfließen. In dieser Hinsicht enthalten die drei in diesem Band behandelten QM-Modelle sehr unterschiedliche Vorgaben.

In der DIN EN ISO 9001:2008 wird das Leitbild nicht explizit eingefordert. Allerdings gibt die Norm vor, dass eine dokumentierte Qualitätspolitik und Qualitätsziele vorhanden sein müssen (Kap. 4.2 Dokumentationsanforderungen – 4.2.1 Allgemeines). Dies wird in Kap. 5 (Verantwortung der Leitung) unter 5.1, 5.3 und 5.4 weiter vertieft, indem dort festgelegt wird, dass die Verantwortung für die Festlegung und die Verbreitung der Qualitätspolitik und der -ziele bei der Leitung liegt. Eine kooperative oder partizipative Entwicklung wird von der Norm nicht als Forderung festgelegt.

Im EFQM-Modell wird ebenfalls nicht von einem Leitbild, wohl aber im neuen Modell von Leitlinien gesprochen. Hier spielt die Entwicklung der Strategie eine wichtige Rolle für die Excellence- und Qualitätsentwicklung in einer Organisation. Schaut man hier auf die einzelnen Kriterien und Teilkriterien des Modells, so sind einige Hinweise auf die Verbindung von Strategie, Vision, Mission und Leitlinien und die Einbeziehung von Interessengruppen und Mitarbeitenden zu finden. Das Kriterium 2a verweist lediglich darauf, dass die Strategie auf dem Verständnis der Bedürfnisse und Erwartungen der Interessengruppen und des externen Umfeldes beruhen soll. In 2c werden Strategie und Leitlinien in den Dienst der ökonomischen, ökologischen und gesellschaftlichen Nachhaltigkeit gestellt. Zentral ist, dass sowohl Stratgie als auch Leilinien als stetig in Entwicklung befindlich, regelmäßig zu überprüfend und zu aktualisieren dargestellt werden. Die explizite Einbeziehung der Mitarbeitenden bei der Entwicklung und Aktualisierung ist dort nicht formuliert, ergibt sich allerdings aus der Schnittfläche mit dem Grundkonzept „Durch Mitarbeiterinnen und Mitarbeiter erfolgreich sein". Auch wenn in diesem Grundkonzept nicht formuliert ist, dass Leitlinien bzw. Leitbild zusammen mit den Mitarbeitenden entwickelt werden, so wird auf gemeinsame Werte und ethische Grundsätze besonders hingeweisen. Im Kriterium 3c findet sich der Hinweis darauf, dass exzellente Organisationen dafür sorgen, dass sowohl auf persönlicher Ebene als auch auf Ebene des Teams die Mission, Vision und die strategischen Ziele der Organisation mit den Mitarbeitenden abgestimmt sind (3c). Ein Leitbild beinhaltet diese Aspekte. Dies wird durch das Teilkriterium 3d (Mitarbeiterinnen und Mitarbeiter kommunizieren wirkungsvoll in der gesamten Organisation) unterstrichen (EFQM 2009, 23).

Lediglich das LQW/KQS-Modell definiert die klare Anforderung der Entwicklung eines Leitbildes, das zudem auch partizipativ erstellt sein muss. Eine genaue Festlegung des Umfanges der Partizipation wird nicht vorgenommen, um der einzelnen Einrichtung den Spielraum zu lassen, dies der Organisation angemessen zu gestalten.

6.3.3 Kunden- und Stakeholderanalyse

Qualitätsmanagement richtet sich nicht nur danach aus, welchen Werten und Visionen eine Organisation verbunden ist, sondern auch danach, welche Kund/inn/engruppen und Interessenpartner eine Organisation für sich gewinnen und an sich binden will. Diese Kund/inn/engruppen und Interessenpartner werden in der betriebswirtschaftlichen Literatur mit dem Begriff der Stakeholder bezeichnet. Eine Stakeholderanalyse dient dazu, Einflüsse und Interessen der verschiedenen Stakeholder zu identifizieren und deren Bedürfnisse und Erwartungen zu ermitteln.

Ein Stakeholder zeichnet sich dadurch aus, dass er einerseits Interessen im Sinne von Nutzenvorstellungen hat, andererseits aber häufig auch mit Macht ausgestattet ist, die real eingesetzt wird oder bei der zumindest der Wille zum Einsatz vorliegt. Diese Machtmöglichkeiten können massiven Einfluss auf die Geschicke einer Organisation haben. „Der Stakeholder kann durch seine Macht Einfluss auf die Organisation nehmen und sie in seiner Existenz bedrohen. Er ist andererseits derjenige, der auch Erwartungen an die Organisation hat und an ihrer Existenz Interesse hat" (Schellberg o.J., 4).

In einer Stakeholderanalyse werden die Bedürfnisse und Interessen (Nutzenerwartungen) der Stakeholder dokumentiert sowie deren Machtkompetenz und der Wille zur Durchsetzung der Macht festgehalten.

Typische Stakeholder sozialer Einrichtungen sind z.B. öffentliche Zuschussgeber, Kostenträger, mit denen Leistungsvereinbarungen geschlossen werden, private Spender/innen, Leistungsempfänger/innen (Adressat/inn/en der sozialen Dienstleistungen), Träger von Einrichtungen, Aufsichtsbehörden, Gremien, die mit den Aufgaben der Organisation zu tun haben. Dazu gehören z.B. auch politische Parteien und Institutionen der Politikadministration wie Kommunalverwaltungen, Ministerien etc.

Hinsichtlich des Aufbaus von Qualitätsmanagement ist es einerseits wichtig, die Stakeholder in den Blick zu nehmen, die Machtmittel in der Hand haben, um auf die Geschicke der Organisation Einfluss zu nehmen. Andererseits sind aber auch die direkten Nutzer/innen, die Kund/inn/en, wichtig, da deren Anforderungen zentrale Bestimmungsgrößen für die Entwicklung sein müssen. Auch wenn in einigen Bereichen der Sozialen Arbeit die Macht der Nutzer/innen noch recht gering ist, sind sie wichtige Stakeholder. Geht es um den Aufbau eines QM-Systems, sind natürlich auch die Mitarbeitenden wichtige Stakeholder, da sie über große Macht verfügen, den QM-Prozess zu fördern oder auch zu blockieren.

In der Literatur existieren unterschiedliche Instrumente zur Analyse der Stakeholder. Allen Ansätzen ist gemeinsam, dass es zunächst um die Aufgabe geht, die relevanten Stakeholder zu definieren, diese zu analysieren, hinsichtlich ihres Einflusses zu bewerten und Handlungsoptionen zur Einbindung bzw. zur Gewinnung von Unterstützung durch den Stakeholder zu entwickeln.

Grundsätzlich wird bei der Analyse von Stakeholdern zwischen zwei Gruppen unterschieden: den Anspruchsgruppen innerhalb und denen außerhalb des Unternehmens. Zu den Stakeholdern innerhalb des Unternehmens gehören z.B. die Mitarbeitenden, das Management und die Eigentümer. Die externen Stakeholder sind im Bereich Sozialer Arbeit i.d.R. Geldgeber, öffentliche Auftraggeber, Spender etc.

Eine solche Analyse kann wie folgt aufgebaut sein (Tab. 18):

Der Stakeholderanalyse muss vor einer Bewertung der einzelnen Stakeholder eine Informationssammlung vorausgehen. Ihr sollte eine Festlegung von Strategien und Maßnahmen zum Umgang mit den Stakeholdern folgen.

Tab. 18: Raster für eine Stakeholderanalyse

Stakeholder/ Interessierte Partei	Nutzenerwartungen	Machtmöglichkeiten	Wille zur Macht-ausübung/Risiko
Adressaten der Einrichtung			
Kommune			
Kostenträger			
Träger der Einrichtung			

Eine Methode, wie mit den gesammelten Informationen über Stakeholder umgegangen werden kann ist die Kraftfeldanalyse. Mit ihr können sinnvolle Maßnahmen festgelegt werden, um auf die Stakeholder einzugehen. Dabei wird in einem Koordinatenkreuz für jeden Stakeholder festgelegt, welchen Nutzen dieser für die Einrichtung hat und welche Macht ihm zur Verfügung steht. Im folgenden Schaubild wird dies an einem Beispiel veranschaulicht. Das Beispiel bezieht sich auf eine Einrichtung der Beschäftigungsförderung, die Qualifizierungsangebote im handwerklichen Bereich für benachteiligte Jugendliche im Übergang Schule–Beruf macht. Stakeholder sind dabei die Jugendlichen selbst, deren Eltern, die Agentur für Arbeit, die örtliche ARGE zur Umsetzung des SGB II sowie die Bildungseinrichtungen der Handwerkskammer und andere in der Region tätige Bildungsanbieter aus dem gleichen Arbeitsfeld (Tab. 19).

Nach dieser inhaltlichen Analyse der Stakeholder müssen diese bewertetet werden. Dabei gibt es einerseits den Einfluss der Stakeholder auf die Organisation, aber andererseits natürlich auch den Einfluss der Organisation auf die Stakeholder, für die die Partnerschaft mit der Organisation ggf. auch von großer Bedeutung ist. Um diesen Schritt zu realisieren, bietet sich ein so genannter paarweiser Vergleich an, bei dem die Einflüsse in beiden Richtungen bewertet werden (Stakeholder zu Organisation und Organisation zu Stakeholder). Dabei hat sich eine skalierte Bewertung bewährt. Folgende Werte können genutzt werden: sehr viel wichtiger = 9, viel wichtiger = 7, etwa gleich wichtig = 5, viel weniger wichtig = 3, fast bedeutungslos = 1. Für jeden Stakeholder wird bewertet, wie hoch sein Einfluss und seine Macht gegenüber der Organisation sind und wie hoch das Risiko ist, das für die Organisation vom Stakeholder ausgeht. Ebenso wird bewertet, wie sich die Situation ausgehend von der Organisation zum Stakeholder darstellt. Daraus ergibt sich eine Tabelle, die auf unser Beispiel von oben bezogen wie in Tab. 20 aussehen könnte.

Eine Kraftfeldanalyse kann schließlich helfen, genauer zu betrachten, auf welche Stakeholder eingegangen werden sollte und wie dies erfolgen sollte. Die so gewonnenen Impulse sollten Eingang in die Entwicklung des Qualitätsmanagements finden. Im ersten Schritt kann in einem Kraftfeld festgehalten werden, welche der Stakeholder die wichtigsten sind. Dabei werden Nutzenerwartung und Macht bzw. Einfluss der Stakeholder im Verhältnis zueinander bewertet. Die Stakeholder, die im Quadranten I eingetragen werden, sind diejenigen, deren Anforderungen zu erfüllen, existenzsichernde Funktion hat. Ebenso kommt den Stakeholdern im Quadranten II eine wichtige Funktion zu, auch wenn sie nicht über so viel Macht verfügen.

Tab. 19: Beispiel einer Stakeholderanalyse

Stakeholder/ Interessierte Partei	Nutzenerwartungen	Machtmöglichkeiten	Wille zur Macht-ausübung/Risiko
Betroffene Jugendliche	Hoch, ohne Jugendliche keine Maßnahmen, Berufliche Qualifizierung und Orientierung, Vermittlung in Ausbildungs-plätze, Erreichen eines Schulabschlusses	Einfluss über die inhalt-lichen Wünsche und Neigungen, Mitwirkungsbereitschaft	Gering, da Einfluss-möglichkeiten oft nicht bekannt sind, Abhängigkeitsverhält-nis zur Leistung der Einrichtung
Eltern	Entwicklung beruflicher Perspek-tiven für Jugendliche, Ggf. Abmilderung sozialer Auf-fälligkeiten, Je nach sozialer Situation höher oder geringer	Einfluss über die Äuße-rung inhaltlicher Wün-sche und Mitwirkung bei der Integrationsarbeit, Eher gering, da keine finanzielle Macht aufgrund öffentlicher Kostenträgerschaft	Gering, da oft keine anderen Möglichkei-ten verfügbar sind, das Ziel der berufli-chen Integration zu verfolgen, Erfahrungsgemäß eher gering, da selber oft in problematischer Lebenssituation
Agentur für Arbeit	Hoch, Möglichst alle Jugendli-chen sollen nach Maßnahmen eine Perspektive mit nachhalti-ger Wirkung haben, Einspareffekte im Hinblick auf nicht mehr erforderlichen weite-ren Unterstützungsbedarf	Hoch, Übernahme von Maßnahmenkosten kann gestoppt werden bzw. für Folgemaßnah-men nicht mehr erteilt werden, In Folgeausschreibungen wird die Integrations-quote in nachhaltige Perspektiven als Maßstab für Bewertung angelegt	Hoch, Es gibt genü-gend konkurrierende Anbieter am Markt, die die Aufgabe zu übernehmen bereit sind, Beauftragung anderer Träger im Rahmen von Ausschreibungen ist üblich
Bildungsein-richtungen der Handwerkskam-mer und andere in der Region tä-tige Bildungsan-bieter aus dem Arbeitsfeld	Hoch, Teile der Lehrgänge werden im Bildungszentrum der HWK durchgeführt, wodurch eine Teilauslastung der Werkstät-ten entsteht, Kooperative Angebote von Maßnahmen senken die Gefahr, leer auszugehen	Werkstätten werden nicht zur Nutzung ange-boten, HWK könnte konkurrie-rend eine ähnliche oder gleichartige Maßnahme anbieten	Mittel, Hängt von den eigenen Chancen ab, alleine eine Maß-nahmen genehmigt zu bekommen und realisieren zu können
Kommune	Mittel, einerseits Erwartung der erfolgreichen Berufsintegra-tion, andererseits keine direkte Zuständigkeit, außer wenn Jugendliche in Leistungsbezug nach SGB II fallen könnten	Kein Einfluss auf Ent-scheidungen der Verga-be von Maßnahmen der Agentur für Arbeit	Gering
Spender	Keine bis Gering, Absetzbarkeit in der Steuerer-klärung	Hoch, Entzug der Mittel bei Unzufriedenheit	Hoch, Imageaspekte spielen eine Rolle

Tab. 20: Beispiel einer Stakeholderanalyse im paarweisen Vergleich

	Stakeholder zu Organisation	Stakeholder zu Organisation	Stakeholder zu Organisation	Organisation zu Stakeholder	Organisation zu Stakeholder	Organisation zu Stakeholder	Stakeholderrelevanz
Stakeholder	**Nutzen**	**Macht**	**Risiko**	**Nutzen**	**Macht**	**Risiko**	
Jugendliche	9	1	3	9	5	5	32
Eltern	5	1	3	1	1	1	12
Agentur für Arbeit	9	9	9	3	1	1	32
HWK/ andere Bildungsträger	5	5	3	5	5	9	32
Kommune	3	7	5	7	1	1	24
Spender	3	3	3	1	1	1	12

Allerdings würde der Zweck der Organisation wegbrechen, wären sie nicht im Boot. Die Nutzer/innen haben folglich nur dann wirklich Einfluss und Macht, wenn sie sich auch entscheiden können, die Leistung nicht oder bei einem anderen Anbieter zu nutzen. Im Quadranten III finden sich die Stakeholder wieder, auf deren Belange einzugehen am wenigsten bedeutsam ist, da sie auch wenig Macht haben, ihre Interessen durchzusetzen. Im Quadranten IV finden sich schließlich die Stakeholder, die zwar eine hohe Macht und einen großen Einfluss auf die Erstellung der Leistungen haben, die jedoch nur geringen Nutzen daraus ziehen. Dies könnten z.B. Spender sein, die zwar wesentlich zur Ermöglichung eines Angebotes beitragen, aber keinen direkten Nutzen daraus ziehen. Ebenso könnte die Kommune im Quadranten IV verortet sein, wenn sie keine große Nutzenerwartung an einen Bildungsträger hat und sich dessen Integrationsleistung auf Klientel der Kommune bezieht. Dennoch könnte sie Macht haben, indem sie z.B. bei Vergaben von EU-Mitteln, die über kommunalpolitische Gremien beeinflusst werden, diese Macht geltend macht (Abb. 26).

Mit der oben beschriebenen Stakeholderanalyse kann in Form einer Kraftfeldanalyse genauer betrachtet werden, welche Stakeholder vorrangig bei der Entwicklung des Qualitätsmanagements mit ihren Anforderungen berücksichtigt werden sollten. Dabei spielen vor allem die Aspekte eine Rolle, mit denen die Stakeholder Einfluss auf die Organisation nehmen. „Die Grenze des Stakeholder Ansatzes ist damit ebenfalls beschrieben: Er basiert darauf, dass die Stakeholder ‚bedient' werden, die ihre Erwartungen äußern, Macht haben und diese durchsetzen wollen. Die übrigen Interessengruppen werden vernachlässigt – Anspruchsgruppen ohne Macht werden nicht bedient. Der Ansatz ist somit ein Ansatz, der zwar zutiefst pluralistisch ist, jedoch im Hinblick auf Fachlichkeit oder eine transzendent bestimmte Ethik

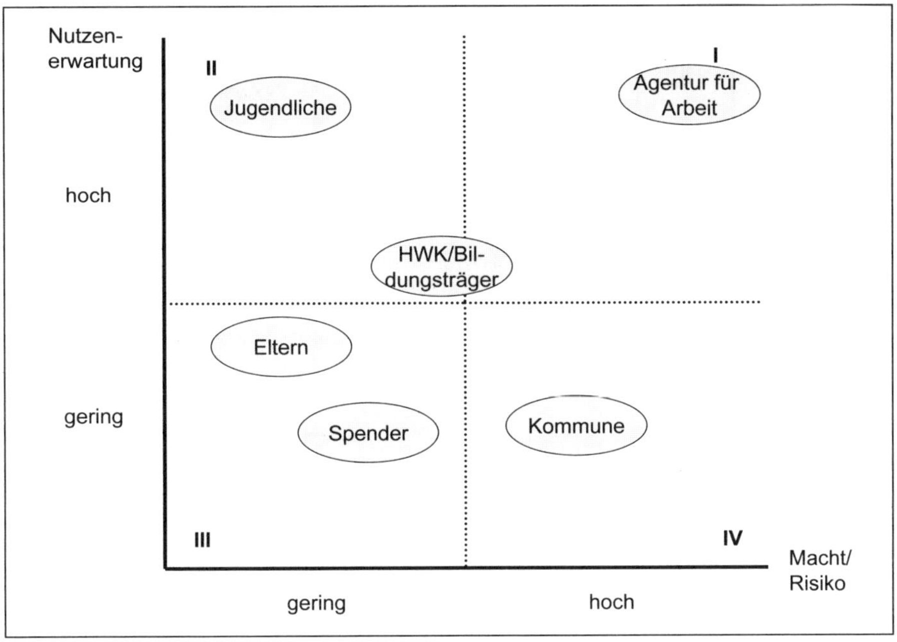

Abb. 26: Beispiel einer Kraftfeldanalyse im Rahmen der Stakeholderanalyse

problematisch sein kann" (Schellberg o.J., 6). Schellberg macht mit dieser Beschreibung deutlich darauf aufmerksam, dass in der Sozialen Arbeit zwar die Analyse der Anforderungen der Stakeholder für existenzsichernde Strategieentwicklung wichtig ist, aber nicht der einzige Steuerungsaspekt sein darf. Im Sinne des Verständnisses von sozialer Dienstleistung als Koproduktion mit den Nutzer/inne/n kommt diesen hinsichtlich der Qualität und damit auch des Erfolges der Leistung ein größerer Machtfaktor zu als bei der bloßen Betrachtung ihrer Marktmacht, wie das folgende Kraftfeld zeigt. Die Jugendlichen in der beruflichen Integrationsmaßnahme haben eine enorme Macht, den Erfolg durch ihre Mitwirkung zu beeinflussen. Ist dieser nach einer Maßnahme gering, so hat auch der Träger Schwierigkeiten, Folgemaßnahmen zu erhalten. In der Kraftfeldanalyse verschiebt sich folglich die Position der Jugendlichen, wenn es um ihre Bedeutung für den Aufbau des Qualitätsmanagements geht (Abb. 27).

Bis hierher wurde auf externe Stakeholder Bezug genommen. Für den Aufbau eines QM-Systems spielen die internen Stakeholder aber auch eine sehr wichtige Rolle. Einerseits sollen sie im QM mitwirken, andererseits sind sie die zentralen Leistungsträger. Dabei nehmen die Mitarbeitenden in der sozialen Dienstleistung eine Schlüsselrolle ein, da sie in der Interaktion mit den Nutzer/inne/n die Qualitätsmaßstäbe realisieren sollen. Erweitert man die Stakeholderanalyse also um die internen Stakeholder wie z.B. Mitarbeitende, Management/Führungskräfte und die Eigenkapitalgeber, so wird deutlich, dass die Mitarbeitenden hinsichtlich ihrer Macht und des Risikos, das durch sie besteht, eine wichtige Position einnehmen. Dabei spielen die Führungskräfte im Management eine besonders wichtige Rolle.

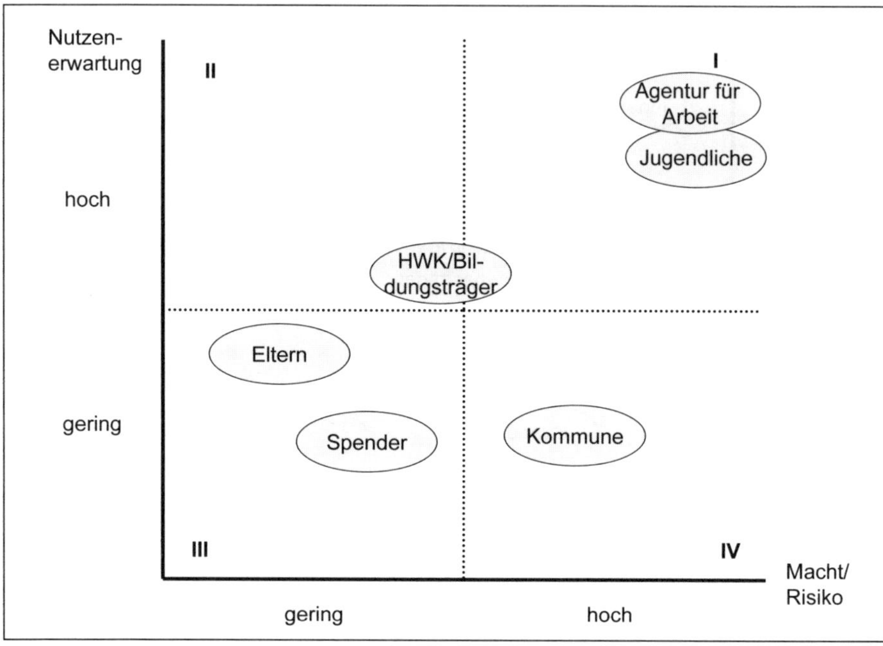

Abb. 27: Beispiel einer Kraftfeldanalyse im Rahmen der Stakeholderanalyse für Zwecke der Qualitätsentwicklung

Beide Gruppen gefährden den Erfolg einer sozialen Dienstleistungsorganisation, wenn sie gegen die Organisation arbeiten. Auch wenn sie bei der Stakeholderanalyse bezüglich der Marktmacht nicht im Vordergrund stehen, sind sie für die Analyse hinsichtlich der Qualitätsentwicklung von besonderer Bedeutung. Dagegen sind die Shareholder oder Eigenkapitalgeber in der Sozialen Arbeit häufig nicht von so zentraler Bedeutung wie in Wirtschaftsunternehmen, da sie in gemeinnützigen Organisationen mit ihrem Kapital nicht völlig frei agieren, sondern an Vorgaben des Steuerrechtes gebunden sind. Ein um diese Gruppen erweitertes Kraftfeld könnte sich wie folgt darstellen (Abb. 28).

Aus diesem Kraftfeld ergibt sich, wessen Qualitätsanforderungen beim Aufbau des QM insbesondere berücksichtigt werden müssen.

In der DIN EN ISO 9000 ff. ist dieser Aspekt insbesondere in der Norm 9004 berücksichtigt. Dort werden im Qualitätsmanagementmodell die anderen Interessengruppen neben den direkten Kund/inn/en bzw. Nutzer/inne/n deutlich in den Blick genommen. An vielen Stellen wird verdeutlicht, dass die interessierten Parteien zufrieden gestellt werden sollen, sowohl hinsichtlich der Dokumentation, als auch hinsichtlich der Verantwortung der Leitung für die Erfüllung der Erwartungen beim Management der Ressourcen und der Prozesse und dem Erzielen von Ergebnissen.

Im Modell der EFQM finden sich die Bezüge zur Stakeholderanalyse an unterschiedlichen Stellen. Ein wesentlicher Bezugspunkt ist das Grundkonzept „Partnerschaften aufbauen". Mit diesem wird deutlich gemacht, dass Partnerschaften wertschöpfend gestaltet und damit Erfolg versprechend entwickelt werden sollen. Dies

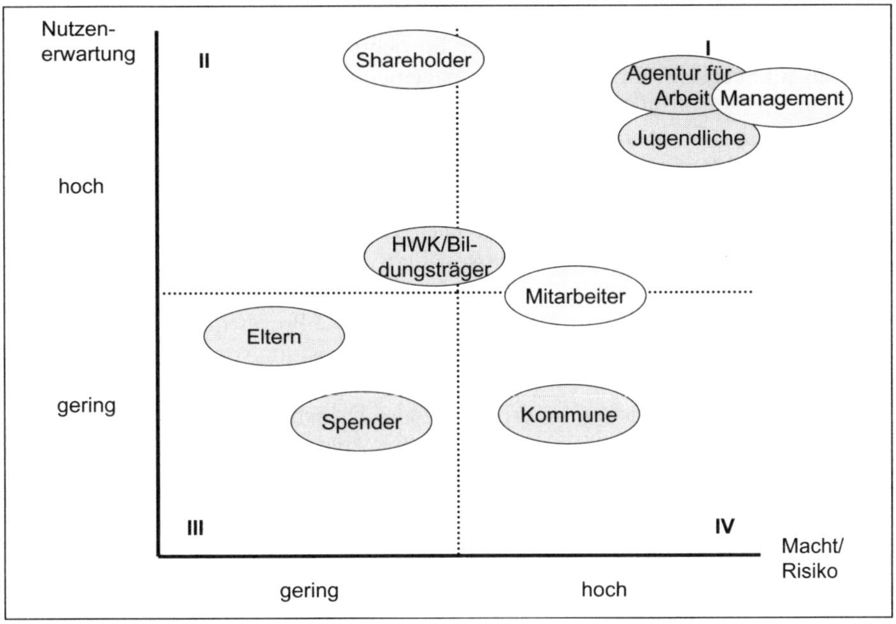

Abb. 28: Beispiel einer Kraftfeldanalyse im Rahmen der Stakeholderanalyse im Kontext der Qualitätsentwicklung unter Einbezug interner Stakeholder

spiegelt sich in verschiedenen EFQM-Teilkriterien wieder, u.a. im Kriterium 4a, in dem darauf Bezug genommen wird, dass Partnerschaften so entwickelt werden sollen, dass sie „Strategie und Leitlinien sowie die wirkungsvolle Durchführung von Prozessen" unterstützen. So heißt es dort z.B.: „Partner und Lieferanten werden zu nachhaltigem Nutzen gemanagt. Exzellente Organisationen: Segmentieren und differenzieren Partner und Lieferanten in Abstimmung mit der Strategie der Organisation" (EFQM 2009, 27). Hier wird darauf hingewiesen, dass die Partnerschaften zum gegenseitigen Nutzen und zur Steigerung der Wertschöpfung dienen sollen.

Im KQS-Modell sind ebenfalls Bezüge zu Stakeholdern enthalten, allerdings wesentlich weniger differenziert. Im Kontext des Qualitätsbereiches 2: Bedarfserschließung wird bei den Spezifikationen auf die Informationen über Bedarfe institutioneller Kund/inn/en verwiesen und die Anforderung formuliert, zur Erhebung geeignete Verfahren vorzuhalten. Eine Stakeholderanalyse könnte diese Anforderung erfüllen. Der Qualitätsbereich 5 (Externe Partnerschaften) dagegen bezieht sich nicht auf Stakeholder allgemein, sondern nur auf externe Dienstleister.

6.3.4 Denken in Prozessen, Identifikation und Wechselwirkungen von Prozessen

Die drei in diesem Band behandelten Referenzmodelle für den Aufbau von Qualitätsmanagement operieren mit dem Prozessbegriff als zentraler Kategorie. Der lateinische Begriff Procedere verweist auf Verlauf, Ablauf, Hergang und Entwicklung.

Das Denken in Prozessen ist in der Sozialen Arbeit schwierig, weil es zum einen oft nicht mit der Aufbauorganisation einer Einrichtung deckungsgleich ist und zum anderen auf Skepsis stößt, da Prozessmanagement häufig mit Standardisierung von Handlungsvollzügen gleichgesetzt wird. Um dies zu relativieren, möchte ich zunächst etwas näher auf ein systemisches Verständnis des Begriffes Prozess eingehen und dies in den Kontext des QM einordnen.

Wie bereits in Kap. 4 dargestellt, nimmt der Prozessbegriff auch in der Differenzierung der Qualitätsdimensionen nach Donabedian und Meyer/Mattmüller eine wichtige Position ein. Die Prozessqualität wird als der Faktor betrachtet, der insbesondere bei der Erstellung von sozialen Dienstleistungen aufgrund des koproduktiven Prozesses besonderer Beachtung bedarf. Die Prozessqualität „umfasst alle Aktivitäten, die im Laufe der Erstellung der Dienstleistung vorgenommen werden, um das mit der Leistung verbundene Ziel zu erreichen" (Grunwald 2008, 811). Wesentlicher Faktor dabei ist es, innerhalb sozialer Dienstleistungsorganisationen die Arbeitsgestaltung nach kund/inn/enorientierten Ablaufmodellen auszurichten und von einer Arbeitsorganisation, die sich an Strukturprinzipien der Organisation ausrichtet, weg zu kommen. Dies erfordert, innerhalb des Qualitätsmanagements und der Organisationsentwicklung in Prozessen zu denken.

Unter Prozess wird dabei ein „Satz von in Wechselbeziehung oder Wechselwirkung stehenden Tätigkeiten, der Eingaben (Input) in Ergebnisse (Output) umwandelt" verstanden (DIN EN ISO 9000:2008, Kap. 3.4.1). Dabei benennt die Norm 9000, dass die Eingaben in der Regel die Ergebnisse vorheriger Prozesse sind. Systemtheoretisch wird Prozess wie folgt verstanden: „Bei Prozessen handelt es sich um die selektive Verknüpfung einer Mehrheit von Einzelereignissen; Prozesse bestehen somit aus Ereignissen, die in einer bestimmten Weise zeitlich angeordnet sind" (Kneer 1997, 94). Prozesse sind Kommunikationssequenzen, die sich dadurch entwickeln, dass „konkrete selektive Ereignisse zeitlich aufeinander aufbauen, aneinander anschließen, also vorherige Selektionen bzw. zu erwartende Selektionen als Selektionsprämisse in die Einzelselektion einbauen" (Luhmann 1984, 74). In Prozessen wird also versucht, Anschluss an vorherige Prozesse zu finden. Die Komplexität der Interaktionen in sozialen Systemen wird im Prozessverständnis versucht zu reduzieren, indem auf die Wahrscheinlichkeit und Vorhersagbarkeit von Anschlüssen zwischen Kommunikationen Bezug genommen wird (vgl. Luhmann, 1984, 75). Es wird von einer doppelten Selektion ausgegangen: die erste Selektion ist die Begrenzung der Möglichkeiten an Ereignissen, die auf ein vorhandenes Ereignis folgen können. Die zweite Selektion geschieht im Vollzug eines Prozesses insofern, als sich dann entscheidet, welche Möglichkeit aktualisiert wird. Ein Prozess ist in diesem Verständnis kein einfaches Nacheinander verschiedener Ereignisse. Ein Prozess umfasst die gesamte Ordnung der Ereignisse in Sequenzen, die sowohl die bereits realisierten Ereignisse und Selektionen als auch die zu erwartenden Selektionen in dem Moment berücksichtigt, in dem ein Ereignis zu realisieren, also ein Prozessschritt zu tun ist.

Wenn im Qualitätsmanagement daher das Management von Prozessen als zentrale Kategorie genutzt wird, so geht es dabei immer darum, auf der Basis von vorhandenen Strukturen die Anschlüsse von Ereignissen an vorherige zu selektieren, die im Sinne der Ziele (Qualitätsziele, Organisationsziele, Kund/inn/enziele) erwünscht sind. Während bei der Gestaltung von Strukturen in Organisationen Abgrenzungen gesetzt und auch wieder verändert werden können, verlaufen Prozesse in der Zeit und sind – einmal vollzogen – irreversibel (vgl. Luhmann 1984, 74).

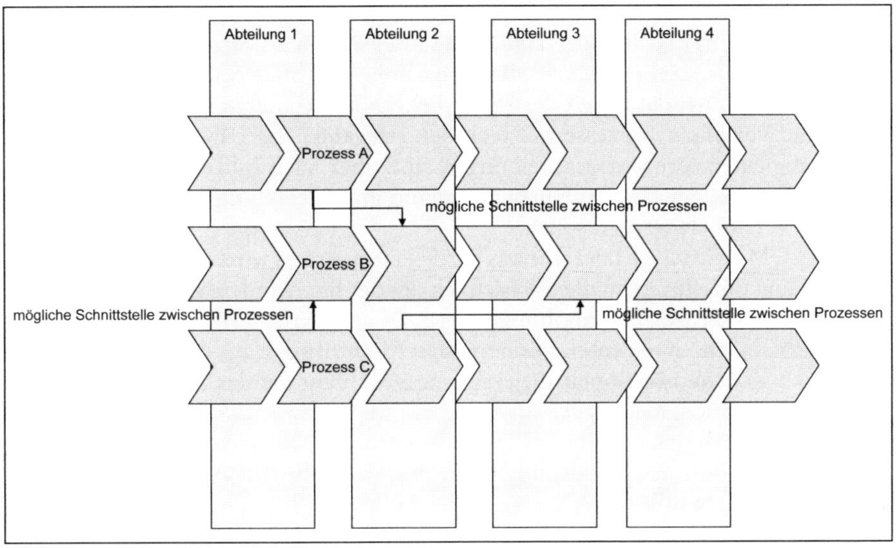

Abb. 29: Strukturen und Prozesse in einer Organisation

In der Sozialen Arbeit kommt aus diesem Grunde der Gestaltung von Prozessen besondere Bedeutung zu. Die Gestaltung von Prozessen der Sozialen Arbeit unterliegt nicht nur der Selektion durch die dienstleistende Organisation, sondern zugleich auch der Selektion der koproduktiv tätigen Nutzer/innen und Kund/inn/en der sozialen Dienstleistung. In ihren Kommunikationen schließen diese in eigenwilliger Weise an die Selektionen und Kommunikationen der in der Organisation handelnden Personen sowie der als möglich beschriebenen Prozessverläufe an. Werden Prozesse im QM gestaltet, so ist nicht nur einzubeziehen, wie die einem Prozessschritt vorausgehenden Selektionen regelmäßig verlaufen sein sollen, sondern auch, welche zu erwartenden Selektionen im Vollzug des Prozesses zu berücksichtigen sind. Eine Beschreibung eines definierten Prozesses innerhalb eines Qualitätsmanagementsystems ist immer nur eine Möglichkeit dessen, wie die Realität sich gestalten könnte. In ihr wird der Prozess so beschrieben, wie er aus der Sicht der Organisation bestmöglich verlaufen sollte. Dennoch ist es wichtig, immer bewusst zu halten, dass Prozesse situativ gestaltbar sind, dass sie auch anders verlaufen können, als es im QM-System vorgezeichnet ist.

Prozessmanagement in der Sozialen Arbeit muss also einerseits erwartete Annahmen (der Kostenträger, Shareholder, Fachkräfte, Kund/inn/en und Nutzer/innen) und erwartbare Annahmen (Reaktionen der Kund/inn/en und Klient/inn/en) über Prozessabläufe machen, die eine relative Stabilität der Prozesse sicherstellen und zugleich flexibel sind, um auf unerwartete Selektionen und Ereignisse eingehen zu können. Prozessmanagement in der Sozialen Arbeit kann aus diesem Grunde auch nur nach der 80/20-Regel gestaltet werden: 80 % der abzuwickelnden Prozesse verlaufen vermutlich nach der erwarteten Prozessplanung, 20 % der Prozesse müssen nach individuellen Anforderungen und Gegebenheiten gestaltet werden. Aus der systemischen Perspektive betrachtet setzt Prozessmanagement Kausalitäten zwischen Prozessschritten und Prozessen voraus, die nicht zwingend gegeben sind. Dennoch bewähren sich Prozessmodelle in der Praxis als Handlungsorientierung insbesondere für solche Abläufe, die einen hohen Formalisierungsgrad erfordern und eine hohe Zuverlässigkeit der wiederkehrenden Routinen verlangen. Beispiele dafür sind vor allem Prozesse mit rechtlich relevanten oder bürokratisch-verwaltenden Aspekten. Prozessbeschreibungen sind aber auch hilfreich, wenn in einer Organisation auf der Basis fachlicher Verständigung Selektionen für Abläufe intersubjektiv vereinbart werden sollen.

In der QM-kritischen Literatur aus der Sozialen Arbeit wird dies häufig als Standardisierung umschrieben, die die Fachlichkeit der handelnden Subjekte ausblende. Auch die beste Prozessbeschreibung befreit die sozialarbeiterische Fachkraft allerdings nicht davon, in der Interaktion mit den Klient/inn/en aus der Kontingenz von möglichen Kommunikationen diejenige auszuwählen, die der Situation und dem Individuum am angemessensten erscheint.

In den QM-Modellen DIN EN ISO, EFQM und KQS spielt die Identifizierung von Prozessen und das Management von Prozessen für den Aufbau des QM-Systems eine wichtige Rolle.

6.3.5 Prozessorientierung und -management in der DIN EN ISO 9001:2008

In der DIN EN ISO 9001:2008 heißt es im Kap. 4.1: „Die Organisation muss a) die für das Qualitätsmanagementsystem erforderlichen Prozesse und ihre Anwendung in der gesamten Organisation festlegen, b) die Abfolge und Wechselwirkungen dieser Prozesse festlegen, c) die erforderlichen Kriterien und Methoden festlegen, um das wirksame Durchführen und Lenken dieser Prozesse sicherzustellen, d) die Verfügbarkeit von Ressourcen und Informationen sicherstellen, die zur Durchführung und Überwachung dieser Prozesse benötigt werden, e) diese Prozesse überwachen, messen und analysieren, und f) die erforderlichen Maßnahmen treffen, um die geplanten Ergebnisse sowie eine ständige Verbesserung dieser Prozesse zu erreichen" (DIN EN ISO 9001:2008, Kap. 4.1).

Auch wenn in diesem Teil der Normformulierung sehr viele Kausalbezüge zwischen Prozessgestaltung, Methoden und Ergebnissen der Prozesse formuliert sind, kann dies in Bezug auf die Soziale Arbeit nicht primär mechanistisch und technizistisch ausgelegt werden. Wenn z.B. von erforderlichen Kriterien und Methoden gesprochen wird, sind hier die der Sozialen Arbeit zu denken. Wenn davon gesprochen wird, dass die Verfügbarkeit der Ressourcen und Informationen sicherzustellen ist, so sind damit für die Soziale Arbeit auch die Ressourcen der Klient/inn/en und das Wissen über die Bedarfe und Probleme der Klient/inn/en gemeint. Eine Prozessbeschreibung in der Sozialen Arbeit erfordert folglich, aus den Möglichkeiten eines Prozessablaufes diejenige herauszusuchen, die am wahrscheinlichsten die zu bearbeitenden Fragestellungen lösen helfen kann. Dazu gehört dann auch, solche Prozesselemente mit aufzunehmen, die den Dialog und die Koproduktion mit den Klient/inn/en bzw. Nutzer/inne/n umfassen.

Neben der Beschreibung einzelner Prozesse verlangt die Norm auch die Beschreibung der Wechselwirkungen der Prozesse des Qualitätsmanagements (vgl. DIN EN ISO 9001:2008, Kap. 4.2.2). Mit dieser Forderung wird auf die grundsätzlichen Bezüge zwischen verschiedenen Prozessen einerseits, aber auch auf die konkreten Schnittstellen zwischen einzelnen Prozessen andererseits Bezug genommen.

Schnittstellen können sowohl am Ende eines Prozesses am Übergang in einen folgenden Prozess liegen oder auch am Übergang von einem Prozessschritt zum nächsten, wenn beispielsweise ein paralleler Prozess ansetzt. Ein typisches Beispiel ist ein Prozess: „Aufnahmeverfahren" in einer stationären Jugendhilfeeinrichtung. Während im eigentlichen Aufnahmeprozess Schritte wie „1. Kontakt- und Familiendaten erfassen, 2. Überweisungsinformationen vom Jugendamt in Aufnahmecheckliste auswerten, 3. Kontakt zum Klient/inn/ensystem herstellen, 4. Erstgespräch führen, 5. Hilfeplanung erstellen usw." den Kernprozess ausmachen, besteht bereits beim Schritt 1. eine Schnittstelle zu einem Verwaltungsprozess als unterstützendem Prozess, der parallel weiter läuft und z.B. Schritte wie: „1. Klientenakte/Stammakte anlegen, 2. Ersterfassungsbogen anlegen, 3. Handakte anlegen usw." enthält.

Diese Wechselwirkungen und Schnittstellen zu gestalten, ist besonders wichtig, weil an diesen Punkten i.d.R. verschiedene Handelnde tätig werden, kooperieren und Arbeit übergeben werden muss. Die meisten Reibungs- und Qualitätsverluste entstehen, wenn an Schnittstellen Abläufe nicht funktionieren und Information und Kommunikation nicht gelingt.

6.3.6 Prozessmanagement mit Fakten im EFQM-Modell für Excellence

Im EFQM-Modell für Excellence ist die Prozessorientierung im Grundkonzept „Mit Prozessen managen" festgeschrieben. Hier heißt es: „Exzellente Organisationen werden mittels strukturierter und an der Strategie ausgerichteter Prozesse gemanagt. Sie treffen faktenbasierte Entscheidungen, um ausgewogene und nachhaltige Ergebnisse zu erzielen" (EFQM 2009, 11). Ähnlich wie in der DIN EN ISO 9001:2008 wird hier auf die Zusammenhänge der Prozesse Bezug genommen.

Der Prozessgestaltung kommt eine wesentliche den Erfolg treibende Funktion zu. So lautet das Kriterium des Modells: „Exzellente Organisationen entwerfen, managen und verbessern Prozesse, Produkte und Dienstleistungen, um Wertschöpfung für Kunden und andere Interessengruppen zu generieren" (EFQM 2009, 31).

Unter dem Teilkriterium 5a („Prozesse werden entwickelt und gemanagt, um den Nutzen für die Interessengruppen zu optimieren") finden sich ähnliche Ausführungen wie in der DIN EN ISO 9001:2008. Beispielhaft wird angeführt, dass es darum geht, die funktionsübergreifenden Prozesse zu analysieren, zu kategorisieren und zu priorisieren, diese effektiv zu managen, die Prozessverantwortungen zu definieren sowie Prozesskennzahlen einzuführen, die mit den strategischen Zielen verbunden sind. In den weiteren Teilkriterien b bis e werden Aspekte der Weiterentwicklung von Prozessen im Kund/inn/eninteresse und in Bezug auf die Kommunikation mit den Kund/inn/en als wichtige Aspekte des Prozessmanagements benannt.

Vergleichbare Ausführungen gibt es auch im KQS-Modell.

6.3.7 Schlüsselprozesse im KQS-Modell

Auch hier werden Prozesse als funktions- und bereichsübergreifend benannt. In diesem Modell wird allerdings nur auf die Schlüsselprozesse explizit Bezug genommen. Modellforderungen in Bezug auf die gesamte Prozessarchitektur gibt es hier nicht, wenngleich klargestellt wird, dass sich Schlüsselprozesse auf die Arbeitsabläufe der Gesamtorganisation beziehen. Im Handbuch zum Modell heißt es: „Die Klärung der Schlüsselprozesse dient der Transparenz, der Verfahrens- und Rechtssicherheit, der Verlässlichkeit, Verbindlichkeit und Eindeutigkeit. So wird untereinander abgestimmtes kooperatives Handeln innerhalb der Organisation gesichert" (ArtSet 2005, 36).

Im Gegensatz zu den universellen Modellen DIN EN ISO 9001:2008 und EFQM werden im Handbuch zum KQS-Modell zwar keine Vorgaben bezüglich der zu beschreibenden Prozesse gemacht, aber in den Spezifikationen einige Prozesse genannt, die besondere Aufmerksamkeit in der Sozialen Arbeit verdienen. Neben Prozessen wie der Erstellung des Gesamtkonzeptes, dem Aufnahme- und Entlassungsverfahren, der Krisenintervention sind Prozesse wie die Akquisition von Aufträgen u.v.m. beispielhaft benannt.

Die konkreten Anforderungen, die auch im Testierungsprozess geprüft werden, sind allerdings in diesem Modell globaler gehalten. Dazu heißt es: „Eine Begründung für die einrichtungsspezifischen Schlüsselprozesse liegt vor. Die Abläufe sind dokumentiert. Die Verantwortung für die Prozesse ist festgelegt. Die Schnittstellen innerhalb der Prozesse und ggf. zwischen den Schlüsselprozessen sind definiert" (ArtSet 2005, 36).

6.3.8 Prozessgestaltung und -management in der Praxis des QM

Das Denken in Prozessen, das Identifizieren von Prozessen und das Erkennen von Wechselwirkungen der Prozesse hat eine besondere Bedeutung für die Organisationsentwicklung.

Gerull beschreibt dies als den Versuch, ein neues Paradigma der Organisationsform zu begründen (vgl. Gerull 2007, 260). Damit ist gemeint, dass einerseits Hierarchien und andererseits Bereiche nicht mehr streng gegen- und untereinander abgegrenzt werden. Prozesse überwinden diese Grenzen und sollen zum Nutzen der Kund/inn/en synergetisch über tradierte und strukturell bedingte Grenzen hinweg wirken. Ein Prozess, der zum Nutzen der Kund/inn/en gestaltet wird, endet nicht an der Abteilungsgrenze, sondern geht darüber hinaus. Er wird von allen an der Leistungserstellung Beteiligten bestmöglich erbracht und durch Ineinandergreifen verschiedener Beiträge realisiert.

Dabei spielt insbesondere die Frage der Verantwortung für Prozesse eine Rolle. Während die Realisierung von einzelnen Prozessschritten innerhalb der Aufbauorganisation zugeordnet werden kann und bereichs- oder funktionsspezifisch definiert sein kann, ist die Prozessverantwortung übergreifend zu definieren.

Legende:

- **Unternehmensbereich/ Einrichtung**
  - Kernprozess
    - Teilprozess

Ergebnis der ersten Definition und Identifizierung von Kernprozessen und deren Teilprozesse:

- **In allen Einrichtungen des Trägers**
  - Case-Management
  - Kontakt, Beratung, Information
- **Ambulante psychiatrische Pflege**
  - Ablauforganisation
    - Vertrags- und Abrechnungsverfahren
    - Teamorganisation
    - Kooperationskontakte
  - Sozialpsychiatrische Bezugspflege
    - Alltagsbegleitung
    - Krisenprophylaxe und Intervention
    - Information und Beratung
    - Dokumentation
- **Ambulante Hilfen zum selbständigen Wohnen**
  - Existenzbedürfnisse sicherstellen
    - Grundversorgung sicherstellen
    - Medizinische Versorgung
    - Sozialpsychiatrische Begleitung
- **Integrationsfachdienst**
  - Berufliche Begleitung
    - Wiedereingliederung in den Betrieb
    - Begleitung bei bestehenden Arbeitsverhältnissen
    - Umsetzung des Klienten in dem Betrieb
    - Gestaltung behinderungsgerechter Arbeitsbedingungen
    - Betriebliche Beratung
    - Mitwirkung bei Kündigungsverfahren
    - Hilfe zur Förderung der beruflichen Perspektive
    - Maßnahmen zur sozialen Sicherung
    - Begleitung bei Arbeitsverlust
    - Kontaktpflege im Betrieb
  - Fachdienstliche Stellungnahme
    - Eingliederung in den Betrieb
    - Kostenklärung und Sicherung
    - Vernetzung und Öffentlichkeitsarbeit
    - Dokumentationsanforderungen
    - Teamablauf/ Organisation
- **Sozialstation**
  - Pflege
    - Grundpflege
    - Behandlungspflege
  - Versorgungs- und Unterstützungsangebote
    - Information und Beratung
    - Hausnotruf
    - Hauswirtschaft
  - Aufnahme und Begleitung
    - Hilfebedarfsermittlung und Planung
    - Aufnahmeverfahren
    - Haus und Hof
    - Allgemeine Budgetverwaltung
    - Öffentlichkeit und Gemeinde
    - Teamorganisation
- **Stationäre Hilfen**
  - Angebote
    - Freizeitangebote
    - Gesundheitspflege
    - Milieugestaltung
    - Ergotherapie
    - Individuelle Begleitung und Case-Management
    - Versorgung
- **Tagesstrukturierende Hilfen**
  - Tagesstruktur
    - Aufnahmeverfahren
    - Pädagogisch/ ergotherapeutische Begleitung
    - Angebote: Tagesstätte und ausgelagerte Ergotherapie
    - Milieugestaltung

Abb. 30: Prozesse abteilungsbezogen gedacht – Erste Ergebnisse der Identifizierung von Prozessen im Verbund psychosozialer Dienstleistungen GmbH im Kreis Mettmann im Rahmen des QM-Einführungsprozesses

In Einrichtungen der Sozialen Arbeit, die in den Aufbau eines QM-Systems einsteigen, hört man zu Beginn immer wieder Argumente gegen die Definition und Beschreibung von Prozessen, die in verschiedenen Einrichtungen des gleichen Trägers in gleicher Weise gelten sollen. Argumente wie: „Bei uns (Wohnheim A) läuft die Arbeit aber ganz anders als bei Euch (Wohnheim B)“ werden gerne herangezogen, um die eigene Organisationseinheit als Unikat gegenüber anderen abzuschotten. Dieses Argument dient nicht selten dazu, Transparenz durch Darlegung der Prozesse nicht zuzulassen.

An einem Beispiel einer Einrichtung gemeindepsychiatrischer Dienste möchte ich erläutern, wie Synergien durch die Gestaltung funktions- und bereichsübergreifender Prozesse entstehen können.

Eine komplexe Einrichtung der gemeindepsychiatrischen Dienste hatte sich auf den Weg gemacht, ein QM-System nach DIN EN ISO 9001:2008 aufzubauen. Nach einigen einführenden Schulungen und Workshops wurde eine Arbeitsgruppe gebildet, die die Prozesse des Unternehmens identifizieren und die Management-, Kern- und unterstützenden Prozesse benennen sollte. Für jede der zum Träger gehörenden Einrichtungen wurde vorher in den Teams eine Übersicht erarbeitet, welche Prozesse in der Dienstleistungserbringung dort geführt werden. Die Übersicht zeigt das Ergebnis auf (Abb. 30). Es wird deutlich, dass bei der Herangehensweise, pro Einrichtung die Kernprozesse zu definieren, ein bunter Strauß entsteht, der zunächst so aussieht, als habe wirklich jede Einrichtung ganz unterschiedliche Dinge und Kernprozesse zu erledigen. Hinter den definierten Teilprozessen wurden dann noch die Detailprozesse gesammelt. Dabei wurde in jedem Team einzeln nicht deutlich, wo andere Einrichtungen ggf. ähnliche oder gleiche Abläufe zu bewältigen hatten. Es wurde auch nicht deutlich, wie Klient/inn/en des Trägers über die unterschiedlichen Einrichtungen hinweg betreut und begleitet wurden, obwohl viele Klient/inn/en mehrere Angebote und Einrichtungen des Trägers nutzten.

Erst als in einem weiteren Schritt diese Sammlung von Prozessen und Teilprozessen im Überblick analysiert wurde, wurde deutlich, dass die Klient/inn/en nur durchgängig mit hoher fachlicher Qualität zu betreuen sein würden, wenn die Prozesse quer zu den Einrichtungen gestaltet werden würden und die Einrichtungsgrenze nicht zugleich eine Grenze in der Betreuung und der Dienstleistungserbringung darstellen würde.

Aus den oben gezeigten zahlreichen Kern- und Teilprozessen wurden die wesentlichen qualitätsrelevanten Kernprozesse herausgearbeitet und definiert. Diese sind beim Beispielträger: 1. Hilfekoordinierende Beratung, 2. Grundversorgung, 3. Integration in Arbeit, 4. Gesundheitspflege und medizinische Versorgung, 5. Tagesstruktur, 6. Hilfe bei Suchtproblemen und Gefährdung, 7. Fachpädagogische Begleitung.

Im Zusammenhang von QM-Systemen wird der Begriff der Prozesslandschaft häufig verwendet. Nach der DIN EN ISO 9001:2008 Kap. 4.2.2 sollen die Wechselwirkungen von Prozessen dargestellt werden. Dies wird i.d.R. durch die Prozesslandschaft realisiert. Für die Beispieleinrichtung sieht die Prozesslandschaft wie folgt aus (Abb. 31).

Jedem der Kernprozesse (bzw. Hauptprozesse) wurden Teilprozesse und Vorgänge zugeordnet, die in einer Matrix im Qualitätsmanagementhandbuch aufgelis-

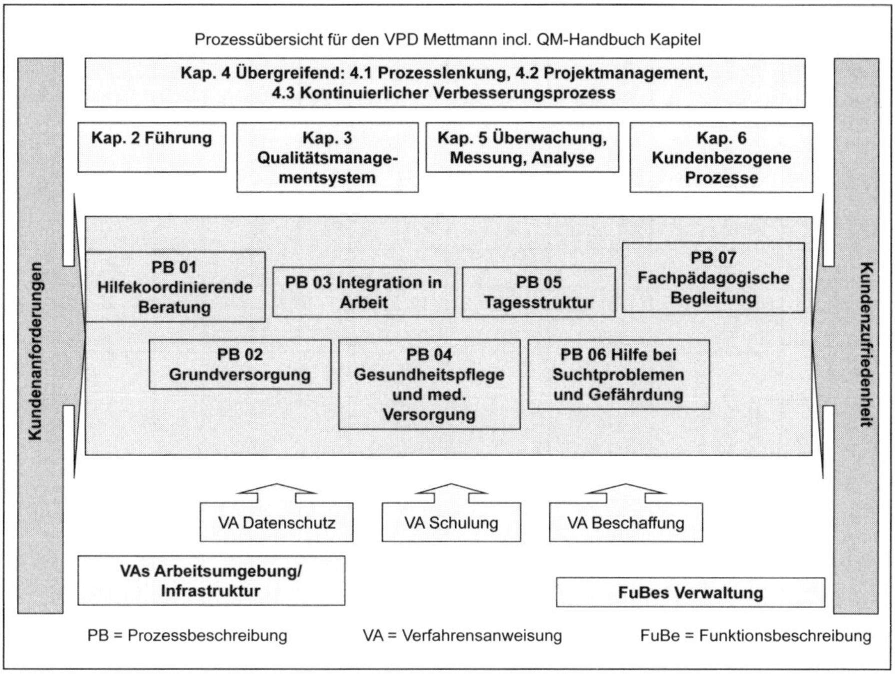

Abb. 31: Prozesslandschaft für den Verbund psychosozialer Dienstleistungen GmbH im Kreis Mettmann

tet sind, und in der jeweils ausgewiesen wird, welche Einrichtung diese Prozesse umsetzt. Auf diese Art und Weise konnten dann in der Folge Beschreibungen für Prozesse entwickelt werden, die über alle Einrichtungen in gleicher Weise als Qualitätsstandards gelten sollten. Die hier gezeigte Tabelle stellt drei der so detaillierten Hauptprozesse dar (Tab. 21).

Um in einem solchen komplexen Unternehmen Prozesse einrichtungsübergreifend gestalten und steuern zu können, müssen sie beschrieben werden, um die unbedingt einzuhaltenden Standards deutlich zu formulieren. Diese Beschreibungen tragen zur Transparenz bei und ermöglichen es, Arbeitsabläufe effizienter zu gestalten sowie Reibungen zu reduzieren. Dies sollte i.d.R. zu einer höheren Zufriedenheit von Mitarbeitenden und Kund/inn/en beitragen. Eine Prozesstransparenz ist erreichbar durch folgende Aspekte einer Prozessbeschreibung und -planung: Regelungen der Zuständigkeiten und der Prozessverantwortung, definierte Informations- und Kommunikationsstrukturen, statistische Daten- und qualitative Indikatorenerhebung, Regelungen und Management von Schnittstellen, definierte Verfahrensweisen bei möglicherweise auftretenden Prozessstörungen. Um dies zu leisten, sollten Prozessbeschreibungen für die Kernprozesse, aber auch für die wichtigen Management- und unterstützenden Prozesse erstellt werden. Wesentlich dabei ist, dass die Schnittstellen zwischen einzelnen Prozessen deutlich analysiert und definiert werden. Eine Strukturierung von Prozessbeschreibungen, die sich in der Praxis bewährt hat, sieht wie folgt aus: 1. die wichtigsten, im Text vorkommen-

Tab. 21: Auszug aus der Übersicht der Hauptprozesse, Teilprozesse und Vorgänge zu den Bereichen der Dienstleistungserbringung im Verbund psychosozialer Dienstleistungen GmbH im Kreis Mettmann

HP	01 Hilfekoordinierende Beratung					02 Grundversorgung				
TP	1.1 Erstkontakt		1.2 Klinik-sprechstunde	1.3 Hilfe-plankon-ferenz	1.4 Über-gänge	2.1 Um-setzung Leistungs-ansprüche	2.2 Körper-pflege und Wohnumfeld	2.3 Er-nährung	2.4 Aufnahme in stat. Einrichtung	
	1.1.1 Em-pfang	1.1.2 Durch-führung Erstgespräch							2.4.1 Vorbe-reitung Einzug	2.4.2 Ein-zug
Koordinie-rende Bera-tung	x	x	x	x	x					
aHW					x	x				
sHW						x	x	x	x	X
Tages-strukt.		x								
Sucht		x			x	x				
IFD										
Qualifizierung										
Nieder-schwelliger Kontakt	x									

Abkürzungen:
HP = Hauptprozess TP = Teilprozess sHW = stationäre Hilfe zum Wohnen aHW = ambulante Hilfe zum Wohnen FLS = Fachleistungsstunden

Tab. 21: Auszug aus der Übersicht der Hauptprozesse, Teilprozesse und Vorgänge zu den Bereichen der Dienstleistungserbringung im Verbund psychosozialer Dienstleistungen GmbH im Kreis Mettmann (Fortsetzung)

07 Fachpädagogische Begleitung												
7.1 Stabilisierung und Krisenprophylaxe			7.2. Krisenintervention und -begleitung				7.3 individuelle Förderung			7.4 Milieugestaltung u. Förderung der Mitwirkung		7.5 Forensische Nachsorge
7.1.1 Gespräche führen	7.1.2 Kontaktpflege/ Hausbesuche	7.1.3 Nachtbetreuung	7.2.1 Krisenintervention ohne Einweisung	7.2.2 Krisenintervention mit Einweisung	7.2.3 Begleitung bei Klinikaufnahme	7.2.4 Begleitung bei Rückkehr in die Einrichtung	7.3.1 Nahziel-Check	7.3.2 Überleitung und Bedarfsanpassung	7.3.4 Beendigung der Hilfen	7.4.1 Hausversammlung/ Klientenforum	7.4.2 Heimbeirat	7.5.1 Forensikteam
x	x			x				x				
x	x	x	x	x	X 10 FLS	X 10 FLS	x	x	x			x
x	x	x	x	x	x	x	x	x	x	x	x	x
							x	x				
							x	x				
							x	x				
							x	x				
								x				

Abkürzungen:
HP = Hauptprozess TP = Teilprozess sHW = stationäre Hilfe zum Wohnen aHW = ambulante Hilfe zum Wohnen FLS = Fachleistungsstunden

den Begriffe und Abkürzungen werden erklärt, 2. Ziel, Zweck und beabsichtigtes Ergebnis des Prozesses werden benannt, 3. die Prozessverantwortung wird festgelegt, 4. Verantwortung, Befugnisse und Kommunikationserfordernisse der Prozessschritte werden festgelegt (ein- oder ausgehende Dokumente), 5. Schnittstellen im Prozess zu anderen Prozessen werden markiert und definiert (ein- und ausgehende Verfahren), 6. mitgeltende Unterlagen werden benannt, 7. der Umgang mit Prozessstörungen wird beschrieben (Eskalationsweg). Inwiefern diese Festlegungen in ausformuliertem Text oder in Form von Flussdiagrammen mit entsprechenden Schnittstellendarstellungen erfolgen, bleibt der jeweiligen Organisation überlassen. Dies sollte davon abhängig gemacht werden, mit welchen Instrumenten die Nutzer/innen der Unterlagen am besten umgehen können und wie schnell die Informationen erfassbar sind und sein müssen.

In den verschiedenen Systemen des Qualitätsmanagements tauchen auch immer wieder Begriffe auf, die unterschiedlich benutzt werden. Ein Unterschied, der immer wieder gemacht wird, ist der zwischen Verfahrens- und Prozessbeschreibung sowie Arbeitsanweisungen.

Laut DIN EN ISO 9000:2005 ist ein Prozess ein „Satz von in Wechselbeziehung oder Wechselwirkung stehenden Tätigkeiten, der Eingaben in Ergebnisse umwandelt“ (DIN EN ISO 9000:2005, Kap. 3.4.5).

Dem entgegen steht die Definition für Verfahren, die in der DIN EN ISO 9000:2005 wie folgt lautet: „Festgelegte Art und Weise, eine Tätigkeit oder einen Prozess (3.4.1) auszuführen.“

Nach dieser Definition würde keine große Differenz zur Arbeitsanweisung bestehen. In der Praxis hat sich aber bewährt, hier eine weitere Unterscheidung zu treffen. Eine Arbeitsanweisung geht i.d.R. noch sehr viel mehr ins Detail, ist insofern zwar auch eine Art von Verfahrensbeschreibung, lässt der ausführenden Person aber keine eigenen Handlungsspielräume mehr, die in der Verfahrensanweisung insofern zumindest noch bestehen, als die Art und Weise der Ausführung einzelner Schritte der individuellen Freiheit und Fachlichkeit überlassen ist. Eine Arbeitsanweisung ist in allen Schritten exakt zu befolgen. Nichtbefolgen kann zu Gefahren und schwerwiegenden Fehlern führen, während bei einer Verfahrensanweisung ein recht enger Rahmen für das Handeln gesteckt wird, aber nicht alles exakt vorgegeben ist. Z.B. wäre eine Verfahrensanweisung für ein Beratungsgespräch eine solche, die Schritte in der Beratung definiert, die unbedingt gemacht werden müssen, nicht jedoch die Art und Weise und die Worte vorgibt, die gesprochen werden müssen. Eine Arbeitsanweisung dagegen würde genau dies festlegen. Weil das i.d.R. in der Sozialen Arbeit wenig Sinn stiftet, findet man in QM-Handbüchern Prozess- und Verfahrensbeschreibungen, selten jedoch Arbeitsanweisungen. Beispielhaft sind eine Prozessbeschreibung sowie eine Verfahrensbeschreibung auf den folgenden Seiten abgedruckt, wie sie in der oben genannten gemeindepsychiatrischen Einrichtung dokumentiert und angewendet werden. In vielen umgesetzten QM-Systemen wird keine Unterscheidung zwischen Prozess- und Verfahrensbeschreibung vorgenommen, sondern werden die Begriffe synonym verwendet. Gemeint sind damit meist Beschreibungen von Abläufen und ihren Schnittstellen zu weiteren Abläufen innerhalb und außerhalb einer Organisation. Für die Soziale Arbeit ist die Unterscheidung von Prozess und Handlung wichtig. Nicht jede sozialarbeiterische Handlung ist ein Prozess, vielmehr ist sie in die Prozesse der Dienstleistungserbringung eingebettet. Prozessbeschreibungen legen folglich auch nicht die Handlungen fest. Sie geben der Sozialen Arbeit aber eine Ausrichtung auf gesetzte oder vereinbarte Ziele und legen gewisse Standards fest, die dabei eingehalten werden müssen. Diese Standards können z.B. Arbeitsschritte sein, die für unverzichtbar gehalten werden, Leitlinien, die in der Arbeit zu berücksichtigen sind, oder Dokumentationsschritte, die für verbindlich erklärt werden. Innerhalb dieser Vorgaben handeln Sozialarbeiter/innen mit ihrer Fachlichkeit individuell und im Kontext mit der Beziehung zu den Klient/inn/en.

Eine klare Ausrichtung an definierten und beschriebenen Prozessen hat für die Kund/inn/en der Dienstleistungen die Vorteile, dass die Arbeitsabläufe zuverlässiger sind und dadurch mehr Zeit für die Kund/inn/en bleibt sowie weniger Fehler und Probleme an Schnittstellen zu angrenzenden Prozessen entstehen. Für die Einrichtung der Sozialen Arbeit liegen die Vorteile in der Reduzierung von Fehlern und Rückfragen, in höherer Transparenz für die Mitarbeitenden und die Kostenträger und in einer Kostensenkung durch Steigerung der Effizienz von Abläufen. Die Kostenträger profitieren längerfristig von einem günstigeren Preis-Leistungs-Verhältnis, insbesondere weil innerorganisatorische Abläufe besser funktionieren. Auf die direkte soziale Leistung mit und an den Klient/inn/en wirken sich Effizienzsteigerungen eher wenig aus. Aber auch die Mitarbeitenden haben einen Nutzen von klaren Prozessregelungen. Die Sicherheit der Arbeitsabläufe, die klare Regelung von Zuständigkeiten und Verantwortlichkeiten sowie die Verbesserung von Informationsfluss und Kooperation entlasten den Arbeitsalltag von immer wiederkehrenden Unklarheiten und Umwegen. Darüber hinaus entsteht durch eine übersichtliche Prozessarchitektur auch ein besserer Überblick über das gesamte Unternehmen. Dennoch sind nicht alle Bereiche der Sozialen Arbeit geeignet, in Prozessbeschreibungen gefasst zu werden. Grundsätzlich gilt, dass alle Arbeitsbereiche, in denen gesetzliche Verpflichtungen eingehalten werden müssen oder wo selbst gesetzte Standards gewünscht sind, beschrieben werden sollten. Weniger Regelungen sind in Bereichen sinnvoll, in denen große Erfordernisse von Freiheit in der Umsetzung Sozialer Arbeit notwendig sind.

Beim Aufbau eines QM-Systems gilt, dass all die Kernprozesse zuerst bearbeitet werden sollten,

- die sich stark auf die Zufriedenheit der Kund/inn/en auswirken,
- bei denen unterschiedliche Kund/inn/engruppen unterschiedliche Interessen haben,
- deren Abläufe als dringend verbesserungsbedürftig erscheinen,
- die durch Abläufe mit hohen Reibungsverlusten geprägt sind,
- die aktuell erfolgsversprechend überarbeitet und verbessert werden können und
- bei denen keine grundsätzlichen und vorher abschätzbaren unüberwindbaren Schwierigkeiten in personeller und finanzieller Hinsicht bestehen.

Für die Darstellung der Kernprozesse gibt es unterschiedliche Vorlagen. Keines der beschriebenen QM-Systeme legt fest, wie es genau zu dokumentieren ist. Im Folgenden werden zwei Beispiele möglicher Prozessbeschreibungen vorgestellt. In der Regel besteht eine Prozessbeschreibung aus einem einleitenden textlichen Teil und

Geltungsbereich: DL Kennung PB 07 Version: B 10/08 Seite 1von 2	**Qualitätsdokumentation** Prozessbeschreibung **Fachpädagogische Begleitung**	VPD

Einleitung zum Teilprozess Krise

Begriffe: (Definition) Krise
Def. 1: „Als Krise wird ein (nicht durch Krankheit erklärbarer) meist unter hohem emotionalem Druck einhergehender Verlust des seelischen Gleichgewichts bezeichnet, den der Betroffene mit seinen erlernten Bewältigungsmöglichkeiten nicht selber bewältigen kann". *(Fachlexikon der sozialen Arbeit, Deutscher Verein f. öffentliche und private Fürsorge. Frankfurt 3. Auflage 1993 ,S. 601)*

Def. 2: „Im psychiatrischen Sinne spricht man von einer Krise, wenn sich eine Lebenssituation wesentlich ändert, insbesondere wenn Hindernisse auftreten, die der Betroffene nicht mit seinen bisherigen Erfahrungen und Methoden bewältigen kann, so dass er in einen Zustand allgemeiner Labilität gerät" *(R. Tölle: Psychiatrie. Springer Verlag 9. Auflg. 1991 .S. 369)*

Def.3: Von einer forensischen Krise kann gesprochen werden, wenn das veränderte Verhalten des Klienten auf Deliktnähe oder Gefährlichkeit hinweist. *(Übereinkunft Forensikteam VPD)*

Abkürzungen:
BzP/CM: Bezugsperson / Casemanager, Ansprechpartner
Klient: Klient, Teilnehmer, Besucher
FLS: Fachleistungsstunden
f.A.: forensische Ambulanz
Kip.: Kriseninterventionsplan

In den folgenden vier Vorgängen werden die Tätigkeiten der Intervention und der Begleitung eines Krisengeschehens bei Klienten beschrieben. Sie umfassen folgende Ausgangssituationen:

- ➔ Krisenintervention ohne Einweisung: Vorgang 7.2.1.
- ➔ Krisenintervention mit Einweisung in die psychiatrische Klinik (Sektorstation) Vorgang 7.2.2.
- ➔ Begleitung bei stationärer Aufnahme: Vorgang 7.2.3.
- ➔ Begleitung bei der Rückkehr in die Einrichtung oder Wohnung: Vorgang 7.2.4.

Ziel / Ergebnis

Selbst bei größter Wachsamkeit, bestem fachlichen Wissen und Bemühen der Mitarbeiter, lässt sich das Auftreten einer Krise bei Klienten nie ganz verhindern. **Vorrangiges Ziel** einer konsequenten Begleitung des Klienten ist die

- ✔ Abmilderung des Krisenverlaufs sowie
- ✔ die Abmilderung aller möglichen Folgen einer Krise in sozialer und existentieller Hinsicht.
- ✔ Verhinderung der Rückführung in die forensische Abteilung der jeweiligen Klinik.

Grundsätzlich gilt:

Jeder Mitarbeiter im VPD - in jedem Dienstleistungsbereich - wird beim Gewahrwerden einer Krise bei einem Klienten tätig.

Der Umfang des Tätigwerdens fällt, gemäß des Arbeitsplatzes und der „Nähe" zum Klienten unterschiedlich aus. Es gibt Dienstleistungsbereiche, deren Intervention sich darauf beschränkt, einen anderen Bereich zu informieren, oder nur bestimmte Maßnahmen einzuleiten /zu begleiten. Siehe *Matrix 05 Prozessverantwortung bei Dienstleistungsprozessen*

Genehmigt durch: Geschäftsführung	Genehmigt am: 02.10.08	Gültig ab: 02.10.08

Abb. 32: Prozessbeschreibung Krisenintervention und Krisenbegleitung im Verbund psychosozialer Dienstleistungen GmbH im Kreis Mettmann. Allgemeine Einleitung, Seite 1

aus einer Darstellung des konkreten Prozessablaufes. Im einleitenden Textteil sollten mindestens folgende Dinge behandelt werden: Begriffe, Abkürzungen, Ziel und Ergebnis des Prozesses, Eingaben und Voraussetzungen des Prozesses, Vorgehen und Durchführung, Nennung der mitgeltenden Unterlagen sowie Mess- und Kennzahlen zum Prozess. Wenn es nicht schon an anderer Stelle genannt ist, sollte auch die

Geltungsbereich:DL Kennung PB 07 Version: B 10/08 Seite 2von 2	**Qualitätsdokumentation** Prozessbeschreibung **Fachpädagogische Begleitung**	VPD

Einleitung zum Teilprozess Krise

Achtung: Sobald bei forensischem Klientel Beobachtungen gemacht werden, die auf eine Krise hinweisen, müssen die im **Kip** genannten Personen unverzüglich informiert werden. Die Kontaktpersonen der f.A. veranlassen die forensische Einschätzung des Betreffenden.
Abhängig von dieser Einschätzung ist zu verfahren wie in Punkt *Vorgehen/ Durchführung* dargestellt ist.

Eingaben/Voraussetzungen

- Alle verfügbaren Informationen über Krisenzeichen sind den Mitarbeitern, insbesondere den BzP/CM bekannt.
- Die im VPD- Klientendokumentationssystem vorhandenen Formblätter zu Thema Krise sind zwingend zu nutzten.
- externe Formulare wie z. B. KiP sind eindeutig zu kennzeichnen und schnell zugänglich abzulegen.

Im forensischen ambulant betreuten Wohnen ist es zwingend notwendig, dass die abgebende Klinik einen **Kip** sowie ein Rückfallprophylaxenpapier zur Verfügung stellt. Die dort niedergeschriebenen Vorgaben sind für alle am forensischen Nachsorgeprozess beteiligten Mitarbeiter bindend.

Vorgehen/Durchführung

ist abhängig von der Ausgangssituation. Im folgenden sind vier Vorgänge als Flowchart dargestellt.
Jedem Prozessschritt ist die Regelung über die Verantwortung, Mitwirkung und Informationsweitergabe zugeordnet. Das Vorgehen bei möglichen Prozessstörungen ist anhand der Entscheidungsrauten ausgewiesen

➔ Der Vorgang: 07.2.1.
Beginnt mit dem Prozessschritt: *Beobachtung eines sicheren Krisenzeichen. Fremd- und/ oder Eigengefährdung: nein*
endet mit: *Ergreifen von Erstmaßnahmen. Ziel: Unterbringung*

➔ Der Vorgang:07.2.2.
Beginnt mit dem Prozessschritt: *Beobachtung akuter Krisenzeichen. Fremd- oder Eigengefährdung ist gegeben*
endet mit: *Klient wird in die Klinik gebracht*

➔ Der Vorgang 07.2.3.
Beginnt mit dem Prozessschritt: *Klient ist in der Klinikambulanz*
endet mit: *je nach Dauer ein Arztgespräch erwirken*

➔ Der Vorgang 07.2.4.
Beginnt mit dem Prozessschritt: *Entlassung zeichnet sich ab*
endet mit: *Entlassung aus der Klinik*

Mitgeltende Unterlagen:

sind in jedem Vorgang mittels Dokumentenzeichen (Markierung mit Großbuchstaben) ausgewiesen.

externe Dokumente: wie oben, Dokumentenzeichen mit Großbuchstabe und „ e" (für extern)

Mess- und Kennzahlen:

keine

Abb. 33: Prozessbeschreibung Krisenintervention und Krisenbegleitung im Verbund psychosozialer Dienstleistungen GmbH im Kreis Mettmann. Allgemeine Einleitung, Seite 2

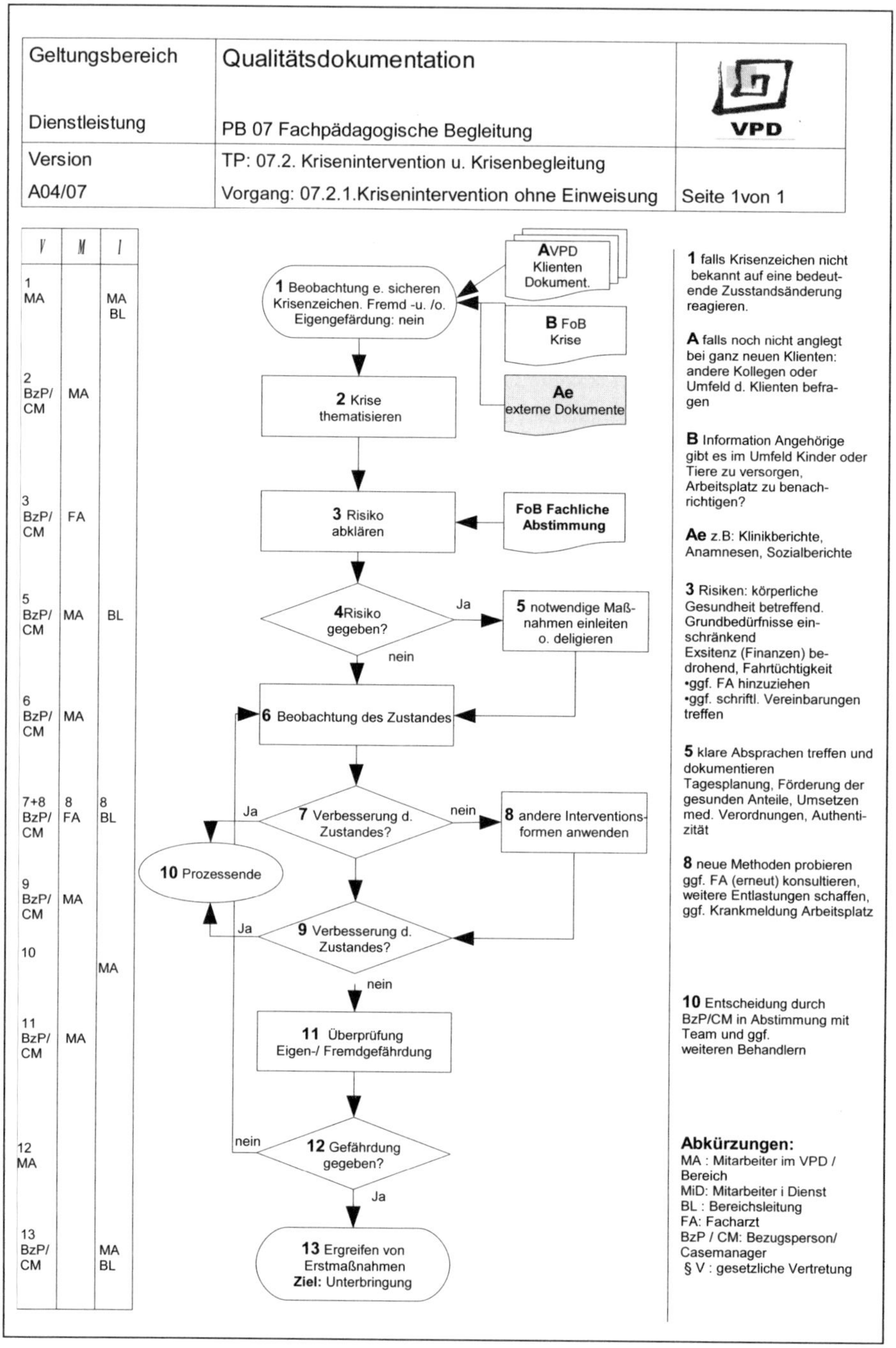

Abb. 34: Prozessbeschreibung Krisenintervention ohne Einweisung – Flussdiagramm im Verbund psychosozialer Dienstleistungen GmbH im Kreis Mettmann

Prozessverantwortung in die Beschreibung integriert sein. Manche Darstellungen nennen darüber hinaus auch die Vorgänger- und Anschlussprozesse.

Auf den vorhergehenden Seiten ist eine solche Beschreibung sowie ein dazu gehörendes Flussdiagramm für den Prozess: „Fachpädagogische Begleitung, Teilprozess Krise, Krisenintervention ohne Einweisung in die Klinik" aus der bereits mehrfach erwähnten Einrichtung VPD Mettmann dargestellt (Abb. 32, Abb. 33 und Abb. 34).

Die Spalten auf der linken Seite stellen jeweils dar, wer bei welchem Prozessschritt die Verantwortung (V) hat, wer mitwirken muss (M) und wer informiert (I) werden muss. In der rechten Spalte werden die einzelnen Prozessschritte erläutert, sofern dies notwendig ist oder Mitarbeitenden wichtige Hinweise zur Durchführung des Prozessschrittes gegeben werden sollen. Im mittleren Bereich werden alle Schritte, die zwingend im Prozess zu durchlaufen sind, dargestellt. Dabei zeigen die Pfeile jeweils an, ob Dinge in den Prozess hineinkommen oder aus ihm herausgehen bzw. in welche Richtung der Prozess weiter verlaufen kann. Die Symbole sind genormt und werden in Flussdiagrammen immer mit gleicher Bedeutung verwendet. Die folgende Grafik stellt die wichtigsten mit ihrer Bedeutung vor.

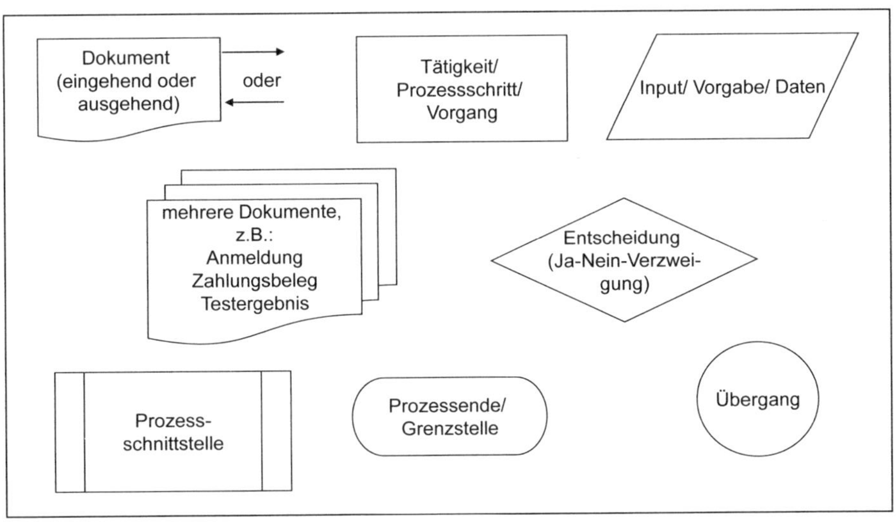

Abb. 35: Flussdiagrammsymbole und ihre Bedeutung

6.3.9 Strategische und operative Planung für die Organisation

Qualitätsmanagement bezieht sich, wie in Kapitel 1 bei den Begriffserläuterungen bereits aufgezeigt wurde, darauf, Anforderungen von Stakeholdern zu erfüllen. Dazu braucht es organisatorische Prozesse, mit denen möglichst alle Aktivitäten innerhalb einer Organisation darauf ausgerichtet werden. Da innerhalb einer Organisation aber viele Individuen tätig sind, die möglicherweise in verschiedene Richtungen arbeiten, und unterschiedliche Interessengruppen unterschiedliche Anforderungen stellen, braucht es eine Verständigung darüber, in welche Richtung und wie gearbeitet werden soll.

Zur Ausrichtung auf ein gemeinsames Ziel dient die Strategie einer Organisation.

Der Begriff Strategie kommt aus dem Griechischen „strategos" und bedeutet Feldherr, Heerführer. Die Strategie in der Wirtschaft weist auf die in einer bestimmten Zeit einzunehmende Zielposition, während die Taktik den Weg dahin beschreibt (vgl. Zollondz 2001, 1107 f.).

Bezüglich des Einsatzes des QM für die Organisationsentwicklung ist eine Entscheidung über die langfristige Zielsetzung erforderlich. Zollondz unterscheidet bei den QM-Ansätzen danach, inwiefern diese einer der drei folgenden strategischen Grundausrichtungen entsprechen. Er differenziert hier: 1. Orientierung an der Unternehmenskultur, die durch TQM-Strategien unterstützt wird, 2. Orientierung am Unternehmensimage, die durch Qualitätswettbewerbe gefördert wird, und 3. Orientierung am Leistungserstellungsprozess, die durch Zertifizierungsverfahren gestärkt wird (vgl. Zollondz 2001, 1114).

Für Einrichtungen der Sozialen Arbeit scheint es zunächst leicht zu sein, sich aufgrund eines oft vorhandenen starken sozial-ethischen Bezugsrahmens an einer TQM-Strategie auszurichten. Ein Unternehmen im Bereich sozialer Dienstleistungen ist aber nicht per se dadurch geprägt, dass im Unternehmen einheitliche und gleiche Werthaltungen vorhanden sind, die zugleich Führungs-, Organisations- und Gestaltungsprinzipien in allen Bereichen und Ebenen darstellen. Strategien, die sich an der Unternehmenskultur ausrichten und ein gemeinsames Qualitätsdenken im Sinne des TQM realisieren sollen, müssen sich nicht nur auf die Qualität der Produkte und Dienstleistungen, sondern auch auf die Qualität der Abläufe, der Arbeitsbedingungen und der Innen- und Außenbeziehungen richten. Damit setzt ein solcher strategischer Ansatz „an den Zielen, Normen und Werten der Unternehmung an. Nur eine in der Unternehmensphilosophie angelegte Wertorientierung nach Qualitätsmaßstäben und eine damit in Verbindung stehende Kund/inn/enorientierung im Sinne des Marketingansatzes wird den Ansprüchen einer TQM-Philosophie gerecht" (Zollondz 2001, 1115). Eine an der Unternehmenskultur ausgerichtete Strategie braucht sowohl eine systematische Ermittlung der vorhandenen Werte als auch eine langfristig angelegte Entwicklung und Veränderung der Werte und Ziele. Dies kann nur durch Verankerung in den Führungssystemen und im Bewusstsein der Führungskräfte und Mitarbeitenden erreicht werden. „Nur eine Unternehmensführung, die den Wandel tatsächlich will, die alle damit zusammenhängenden Konflikte meistert und eine entsprechende Strategie des QM kompromisslos entwickelt und umsetzt, kann einen notwendigen Kulturwandel herbeiführen" (Zollondz 2001, 1115). Insbesondere in der Sozialen Arbeit sind Prozesse des Kulturwandels mit tief greifenden Veränderungen notwendig, betrachtet man den in Kap. 1 beschriebenen Wandel des gesamten Umfeldes, der mit Termini wie „Wandel des Wohlfahrtsstaates vom Versorgungsstaat zum aktivierenden Sozialstaat" beschrieben werden kann. Insbesondere hinsichtlich der wettbewerblichen Ausrichtung und vermarktlichten Gestaltung des sozialen Dienstleistungssektors sind auch heute noch tief greifende Wandlungsprozesse in vielen Organisationen notwendig. Zollondz weist darauf hin, dass eine an der Unternehmenskultur ausgerichtete Strategie auf lange Sicht angelegt sein muss und mehr als zehn Jahre in Anspruch nehmen kann, bis diese tief greifend wirkt.

Neben dieser langfristigen Ausrichtung kann mit einer TQM-Strategie aber auch die Strategie der Orientierung am Wettbewerb und am Image verbunden werden. Dieser Weg ist insbesondere für Organisationen attraktiv, die Produkte oder Dienstleistungen anbieten, bei denen der Qualitätsunterschied entweder nicht groß ist oder deren Qualität von außen schwer zu beurteilen ist. Soziale Dienstleistungen sind aufgrund des Charakters der Prosumtion (Produktion und Konsumtion geschehen gleichzeitig) und des Uno-actu-Prinzips grundsätzlich solche Leistungen. Durch die Beteiligung an Qualitätswettbewerben und ein gutes Abschneiden dabei wird den Kund/inn/en präsentiert, dass das Unternehmen insgesamt einen hohen Standard realisiert. Die Qualität der einzelnen Leistung tritt bei der Entscheidung für einen Anbieter in den Hintergrund, da diese vor dem Kauf oder vor der Inanspruchnahme kaum beurteilbar ist. Im Bereich der sozialen Dienstleistungen ist in Deutschland vor allem der Weg des Wettbewerbs auf der Basis des EFQM-Excellence-Modells bekannt. Wie bereits in Kap. 5 dargestellt, werden im Rahmen der Levels of Excellence unterschiedliche Stufen der Auszeichnung ermöglicht, die teils auf Wettbewerb (im EEA und im LEP) beruhen, teils auf einer externen Bewertung des Reifegrades der Organisation ohne direkten Wettbewerb. Für die strategische Planung bedeutet dieser Weg, das QM an einem TQM-Ansatz auszurichten und dabei kurzfristige externe Rückmeldungen und Anerkennungen für die erzielten Erfolge und Fortschritte zu erhalten. Wettbewerbsvorteile entstehen dabei einerseits durch die interne Entwicklung, andererseits aber auch durch Imagegewinn aufgrund der erworbenen Auszeichnungen.

Bei der dritten Richtung, in die die strategische Ausrichtung im QM gehen kann, handelt es sich um die prozessorientierte Ausrichtung. Hierbei wird das QM vor allem an den Leistungserstellungsprozessen orientiert. QM-Systeme, die nach der DIN EN ISO 9001 zertifiziert sind, sind diesem Ansatz zuzurechnen. Dabei werden keine einzelnen Produkte oder Dienstleistungen auf ihre Qualität hin geprüft, sondern die Ausrichtung der Prozesse im Unternehmen wird daraufhin beurteilt, inwiefern sie in der Lage sind, Qualität der Leistungen zu erzeugen. Die Strategie hinter solchen Systemen zielt darauf ab, die interne Arbeitsteilung, die Zuweisung von Aufgaben und Verantwortungen zu klären sowie Aufbau- und Ablauforganisation zu vereinbaren und zu fixieren. Dabei ist mit der seit 2000 veröffentlichten reformierten Norm die klare Ausrichtung an den Stakeholdern stärker in den Vordergrund gerückt. Die Anforderungen der direkten Kund/inn/en sind durch operative Systeme umzusetzen. Rein auf die Erfüllung der Normforderungen der DIN EN ISO 9001 gerichtete Systeme haben wenig strategische Kraft. Sie haben eher den Effekt, eine solide marktgerechte Leistung wahrscheinlich zu machen sowie das Management der Organisation so auszurichten, dass die Kund/inn/enanforderungen und -rückmeldungen den Impulsgeber und den Motor für die Steuerung darstellen. Lediglich wenn ein solches System mit dem Gedanken der kontinuierlichen Verbesserung der DIN EN ISO 9004 verzahnt wird, entfaltet es die strategische Dimension. Mit der Ausrichtung an den verschiedenen Interessengruppen und der Umsetzung eines ständigen Verbesserungsprozesses kann aus dem prozessorientierten Ansatz ein strategischer Ansatz des TQM werden.

Tab. 22: Strategische Ausrichtung von QM-Systemen im Vergleich (vgl. Zollondz 2001, 1113 ff., und eigene Ergänzungen)

Kriterium	**Zertifizierungsstrategie**	**Entwicklungsorientierte, Zertifizierungs-, Testierungs- bzw. Gütesiegelstrategie**	**Wettbewerbsstrategie (z.B. nach EFQM)**	**Total Quality Management**
Beispiele	DIN EN ISO 9001:2000	DIN EN ISO 9004 KQS/LQW Levels of Excellence (Committed to Excellence/ Recognized for Excellence)	EFQM – Ludwig Erhard-Preis (LEP) Deutschland, EFQM – European Excellence Award (EEA) Europa	von Unternehmen selbst gestaltete Entwicklungsprozesse
Ansatz im Managementsystem	Optimierung des Leistungserstellungsprozess	lernorientiertes externes Profi-Feedback für die QE, Unternehmensimage	lernorientierter Vergleich mit anderen mit externem Profi-Feedback, Unternehmensimage	Entwicklung der Unternehmenskultur
Stellung im Gesamtprozess	Teilstrategie	Teilstrategie	Gesamtstrategie	Gesamtstrategie
Umsetzung	niedrige bis mittlere Komplexität und niedriger bis mittlerer Aufwand	niedrige bis mittlere Komplexität, niedriger bis mittlerer Aufwand	komplex und aufwendig	hoch komplex und sehr aufwendig
Umsetzungsvoraussetzungen	gering	gering bis mittel	mittel	hoch
Marktbezug	in geringem Umfang gegeben	in mittlerem Umfang gegeben	gegeben	gegeben
Aufwand	mittel	mittel	hoch	sehr hoch
Gefahr des Scheiterns	gering	gering bis mittel	mittel	hoch
Einbindung der Mitarbeiter	gering aber möglich	mittel	sehr hoch	sehr hoch
Methodenanforderung	mittel	mittel	hoch	sehr hoch
Zeitbetrachtung der Erfolgswirkung	mittelfristig	mittelfristig	mittel- bis langfristig	langfristig

Auch das Modell KQS bzw. das Muttermodell LQW sind der Kategorie der auf die Leistungserbringung ausgerichteten Modelle zuzurechnen. Auch wenn das externe Begutachtungs- und Prüfverfahren in diesem Modell Testierungsverfahren heißt, werden im Kern ähnliche Dinge geprüft wie bei der ISO-Zertifizierung. Auch beim Aufbau des Systems werden Dinge entwickelt, die sich auf eine verbesserte Leistungserbringung beziehen. Der strategische Aspekt kommt in diesem Modell durch den Qualitätsbereich der strategischen Entwicklungsziele hinzu. Inwiefern diese allerdings Ziele beinhalten, die die Unternehmenskultur verändern, wird nicht vom Modell vorgegeben. Die in den Spezifikationen zu diesem Qualitätsbereich genannten Aspekte beziehen sich eher auf Geschäftsstrategien als auf kulturelle Entwicklungslinien.

Zollondz hat in seinem 2001 veröffentlichten „Lexikon Qualitätsmanagement" eine Übersicht der drei beschriebenen Qualitätsstrategien veröffentlicht. Diese stützt sich zwar noch auf die DIN EN ISO aus dem Jahr 1994 und trifft insofern nicht mehr in allen Aspekten zu, dient aber als Grundlage für den auf der nächsten Seite folgenden Vergleich der QM-Strategien (Tab. 22).

Abhängig davon, welche strategische Ausrichtung eine Organisation wählt, braucht die Umsetzung von QM unterschiedliche operative Planungsschritte in der Entwicklung der Organisation als Ganzes. Dazu gehört sowohl die operative Planung der Einführung von Qualitätsmanagement als auch die operative Planung wichtiger Elemente der Organisationsentwicklung durch Qualitätsmanagement.

Vor der Planung und Festlegung eines Einführungsprojektes muss natürlich die Entscheidung für die Wahl des Modells fallen. Dabei sind nicht nur die Aspekte entscheidend, welches Modell am besten zur Organisation passt. Die Frage, was ggf. aufgrund gesetzlicher Vorgaben oder von den Kostenträgern von einer Einrichtung verlangt wird, spielt eine wichtige Rolle bei der Auswahl des QM-Ansatzes. Dabei ist die Frage, ob die Existenz eines QM-Systems durch eine externe Überprüfung nachgewiesen werden muss, von entscheidender Bedeutung. Alle drei hier beschriebenen Modelle bieten diese Möglichkeit mit unterschiedlicher Schnelligkeit und Nachhaltigkeit für die Qualitätsentwicklung. Während ein Zertifikat nach DIN EN ISO 9001 und eine Testierung nach KQS je nach Größe und vorherigem Reifegrad der Organisation in ein bis zwei Jahren erzielbar ist, braucht es zur Erlangung der Stufe „Committed to Excellence" ca. ein Jahr, zur Erlangung der Stufe „Recognized for Excellence" schon mindestens drei bis vier Jahre der kontinuierlichen Arbeit am QM-System.

Modellhafte Skizzen von Einführungsprozessen werden in Kap. 8.6 dargestellt, nachdem Rollen, Gremien und Strukturen für eine kooperative QM-Einführung vorgestellt wurden. Dort wird für jedes der drei Referenzmodelle ein Design für ein Einführungsprojekt skizziert.

6.3.10 Projekte als Arbeitsform für den QM-Prozess und Systemaufbau

Qualitätsmanagement in Form von Projekten in Organisationen der Sozialen Arbeit einzuführen, kann verschiedene Entwicklungsimpulse geben. Wie weit reichend diese sind, hängt von den Voraussetzungen ab, mit denen in ein solches Projekt gestartet wird.

Ein zentrales Interesse liegt i.d.R. darin, organisationales Lernen zu initiieren und eine Organisation durch ein Qualitätsmanagement-Einführungsprojekt darin zu fördern, dass sie sich ständig im Wechselspiel mit ihrer Umwelt weiterentwickelt, verändert und anpasst.

Anhand der beschriebenen Varianten von Einführungsprojekten ist deutlich geworden, dass einige zentrale Elemente in allen drei Ansätzen vorhanden sind: 1. Ist-Stands-Analyse, Evaluation der aktuellen Ausgangslage, 2. Abgleich mit einem gewünschten Ziel-Stand hinsichtlich organisatorischer und fachlich selbst zu entwickelnder oder zu ermittelnder Kriterien, 3. Planung von Maßnahmen zur Weiterentwicklung aus eigenen Mitteln und Ressourcen, 4. Interne Selbstprüfung an einem als Orientierungsmodell gesetzten Rahmen (Mindestanforderungen einer Norm bzw. eines Leitfadens oder Maximalforderungen anhand von Excellence-Kriterien), 5. externe Begutachtung, um eine Zertifizierung, Auszeichnung oder ein Testat zu erhalten.

Dieser Vorgehensweise liegt zu Grunde, dass Organisationen reflexiv ihr eigenes Handeln in organisationalen Strukturen und Abläufen betrachten, dazu eine Fremdreferenz heranziehen, um schließlich daran gemessen zu entscheiden, wie sie sich weiterentwickeln wollen. Da es, wie in Kap. 3 beschrieben, rechtlich noch weit gehend freie Entscheidungsräume für QM-Modelle in der Sozialen Arbeit gibt, trifft eine Organisation mit der Wahl des Modells auch die Wahl für den Referenzrahmen, den sie als für sich geeignet betrachtet. Diese Entscheidung ist häufig dem Umfeld gezollt, das bestimmte Prämissen setzt oder auch nicht setzt.

Letztlich hängt der organisationsentwicklerische Impuls aber weniger vom gewählten Modell ab als von den Implikationen, die die Leitung einer Organisation damit verbindet. So kann die Einführung eines QM-Systems auf der Basis der DIN EN ISO 9001 genauso partizipativ und mitarbeitendenorientiert stattfinden wie ein Prozess nach KQS oder EFQM. Die Entscheidung trifft die Leitung und sie wird darin sichtbar, wie eine Projektorganisation für die Einführung angelegt wird. So betont Merchel beispielsweise: „Eine für die Implementation des Qualitätsmanagements entscheidende Bedingung liegt in der Antwort auf die Frage, mit welchem Steuerungsinteresse die Anforderungen einer strukturierten Qualitätsbewertung und Qualitätsentwicklung an die Einrichtungen und an die Mitarbeitenden in den Einrichtungen herangetragen wird. Schließlich handelt es sich [...] bei Qualität um Konstrukte, bei denen man sich in Aushandlungskontexten bewegt und bei denen unterschiedliche Machtpotentiale und Machtspiele der Beteiligten Bedeutung erlangen. Welches Interesse sich bei diesen Aushandlungen durchsetzt und mit welchen zentralen Steuerungserwartungen und Haltungen die einzelnen am Prozess Beteiligten an die Vorgänge zur Qualitätsentwicklung herantreten, ist eine entscheidende Rahmenbedingung für den Sinn, den die Beteiligten in diesen Prozess hineinlegen, und für die fachlichen und organisationsbezogenen Entwicklungsoptionen, die im Prozess verankert werden können" (Merchel 2004, 146).

Merchel stellt das Interesse an der Organisationsentwicklung und an organisationalem Lernen dem Interesse an einer Steuerung des Verhaltens von Mitarbeitenden gegenüber. Auch wenn er erkennt und würdigt, dass QM-Systeme tendenziell auf partizipative Arbeit und Entwicklung ausgerichtet sind, baut er einen vermeintlichen Widerspruch zu fachlich begründeten, erforderlichen Freiheitsgraden von

Mitarbeitenden in der Sozialen Arbeit auf (Merchel 2004, 147). Gerade weil, wie oben beschrieben, QM-Systeme die Selbst- und Fremdreflexivität fördern, weil Organisationslernen gefördert wird, bietet QM eine weit reichende Option einer fachlich selbstverpflichtenden Gestaltung von sozialarbeiterischen Handlungsvollzügen. Wenn Merchel in seiner Kritik am QM-System im Rahmen der Zertifizierung nach der DIN EN ISO 9001 schreibt, dass dieses auf technokratischer Verfahrenskontrolle beruht, „bei der überprüft wird, ob die selbst gesetzten Verfahrensnormen eingehalten werden" (Merchel 2004, 146), so lässt er die Frage danach, wer die Verfahrensnormen setzt und sie zu generalisierten Handlungsanforderungen macht, insofern außen vor, als er eine Entwicklung unter starkem Hierarchieeinfluss für normal hält. Werden aber im Rahmen der QM-Entwicklung weit reichende Partizipationsstrukturen geschaffen und werden die Fachkräfte aktiv einbezogen, so lernen die Fachkräfte bei der Entwicklung von Verfahrensnormen bereits voneinander, und es werden auch in dabei entwickelten Standardisierungen Wissens- und Erfahrungssynergien einbezogen und aktiviert.

Ein nach dem oben beschriebenen Zyklus (Analyse/Evaluation, Verbesserungsmaßnahmen und wiederholte Selbst- und/oder Fremdüberprüfung) arbeitendes System dürfte, beteiligt es die Fachkräfte aktiv, kaum in die Gefahr geraten, QM als reines Kontroll- und Lenkungsinstrument für Mitarbeitende zu nutzen. Die Erfahrungen aus der Sozialen Arbeit zeigen eher, dass dort, wo die partizipative Entwicklung zu kurz kam, die Systeme nicht gelebt und genutzt werden und sie sich so zu „Papiertigern" entwickeln. Im negativen Fall sind sie nutzlos und kosten Ressourcen. Gerade wegen der Eigenwilligkeit Sozialer Arbeit läuft die Interaktion zwischen Fachkräften und Klient/inn/en dennoch auf einer fachlichen Ebene weiter. Allerdings fehlt den Fachkräften bei einem schlecht entwickelten System der Lernprozess genauso wie bei einem nicht entwickelten. Viele Formalisierungen und Dokumentationsverpflichtungen stammen darüber hinaus nicht aus dem QM, sondern aus anderen Auflagen durch Gesetze oder Kostenträger.

6.4 Implikationen des Qualitätsmanagements für das Führungsmodell und die Organisationsentwicklung

6.4.1 Führungsverständnis in der DIN EN ISO 9001

Ein wichtiges Element aller QM-Systeme mit organisationsentwicklerischer Wirkung auf der Ebene der strategischen Planung ist die (Weiter-)Entwicklung des Führungssystems. Führungssysteme können im Kontext von QM einerseits Instrumente zur reflexiven Bewertung der Organisation oder/und des QM-Systems enthalten, andererseits aber auch Instrumente des Führungs- und Leitungshandeln umfassen.

Das Kap. 5 „Verantwortung der Leitung" in der DIN EN ISO 9001:2008 ist analog zum Managementkreis konstruiert und enthält Forderungen an die Leitung im Hinblick auf das Setzen von Zielen (Kap. 5.2 und 5.3 – Kundenorientierung und Qualitätspolitik), auf die Planung (Kap. 5.4), auf die Klärung von Verantwortung, Befugnissen und Kommunikation (Kap. 5.5), auf die Umsetzung, die an den Beauftragten der obersten Leitung übertragen wird (Kap. 5.5.2), sowie auf die Kontrolle und Überprüfung des QM-Systems (Kap. 5.6 Managementbewertung).

Über die Entwicklung des Qualitätsmanagementsystems hinaus hat die Leitung auch die Verantwortung für die Verfügbarkeit der Ressourcen, wozu laut Norm auch die „personellen Ressourcen" gehören (Kap. 5 und 6.2). Über die Frage, wie ein Führungssystem zu gestalten ist, gibt es im Normtext keine Aussagen. Im Kapitel zur Qualitätspolitik finden sich folgende Aussagen: „Die oberste Leitung muss sicherstellen, dass die Qualitätspolitik a) für den Zweck der Organisation angemessen ist, b) eine Verpflichtung zur Erfüllung von Anforderungen und zur ständigen Verbesserung der Wirksamkeit des Qualitätsmanagementsystems enthält, c) einen Rahmen zum Festlegen und Bewerten von Qualitätszielen bietet, d) in der Organisation vermittelt und verstanden wird, und e) auf ihre fortdauernde Angemessenheit bewertet wird" (DIN EN ISO 9001:2008, Kap. 5.3). Hiermit wird einerseits deutlich Bezug auf die Führungsaufgaben bei der Kommunikation als auch auf die Führung mit Zielen genommen. Während in der Norm 9001 die Entwicklung der personellen Ressourcen noch überwiegend zweckrational im Sinne der Ziele der Organisation eingefordert wird, werden die personellen Ressourcen in der Norm 9004 deutlich weiter gehend in den Blick genommen. Auch wenn dabei klar im Zentrum steht, dass die personellen Ressourcen zum Nutzen der Organisation gefördert werden sollten, gehen die Forderungen aber auch eindeutig in die Richtung, beteiligungsorientierte Mitarbeitendenführung und ein Management by Objectives (Management mit Zielvereinbarung) zu realisieren (vgl. DIN EN ISO 9004:2009, Kap. 6.3).

6.4.2 Führungsverständnis im EFQM-Excellence-Modell

Im Hinblick auf die Entwicklung des Führungssystems nach EFQM muss das Kriterium Führung im Zusammenhang mit dem Grundkonzept „Durch Mitarbeiterinnen und Mitarbeiter erfolgreich sein" betrachtet werden. Das Kriterium Führung hebt im Wesentlichen auf die Entwicklung der Organisation anhand der Werte und der Moral ab. Führungskräfte sollen an diesen Wertorientierungen ausgerichtetes Handeln und Verhalten vorleben, so wie sie es in der Organisation realisiert sehen wollen. Das Kriterium lautet: „Exzellente Organisationen haben Führungskräfte, die die Zukunft konsequent gestalten und verwirklichen. Sie agieren als Vorbilder für Werte und Moral und schaffen kontinuierlich Vertrauen. Sie sind flexibel und ermöglichen der Organisation, vorausschauend zu agieren und rechtzeitig zu reagieren, um anhaltenden Erfolg der Organisation zu gewährleisten" (EFQM 2009, 17). In der Formulierung des Führungskriteriums wird deutlich, dass strategiekonformes und systematisches Handeln ebenso wichtig ist wie individuelles und persönliches Vorbildverhalten. Dabei gestalten die Führungskräfte einerseits das System der Führung, andererseits aber auch die Zusammenarbeit mit den Mitarbeitenden.

Dies wird im Teilkriterium 1d deutlich, in dem es heißt: „1d Führungskräfte stärken zusammen mit den Mitarbeiterinnen und Mitarbeitern der Organisation eine Kultur der Excellence“ (EFQM 2009, 17). Dabei wird insbesondere Wert darauf gelegt, dass eine Kultur der Einbeziehung, der Zuständigkeit, der Ermächtigung, der Verbesserung und der Verantwortlichkeit realisiert wird. Außerdem werden die Ziele der Mitarbeitenden ebenso wichtig genommen wie die der Organisation. Chancengleichheit und Vielfalt sind Aufgabenfelder der Führung.

Im neuen Modell 2010 der EFQM ist eine klare Führungsphilosophie verankert. Insbesondere der persönliche Einsatz der Führungskräfte für ein an Zielen und Interessengruppen ausgerichtetes Führungssystem, das auf der Basis von Daten und Fakten Managementaufgaben umsetzt, ist sehr viel deutlicher herausgearbeitet als noch im Modell aus dem Jahr 2003 und als in der DIN EN ISO 9001. Alle Formulierungen verweisen darauf, dass die Mitarbeitenden aktiv eingebunden und gewonnen werden sollen und dass das persönliche Engagement der Führungskräfte erforderlich ist.

Führung wird im EFQM-Modell nicht nur als „managen“ verstanden. Führen bedeutet, Veränderungen zu meistern, die Richtung vorzugeben, die Ausrichtung der Mitarbeitenden zu beeinflussen und diese zu motivieren und zu inspirieren. Dies geschieht durch Kommunikation, die die Mitarbeitenden wertschätzt, ihre Belange einbezieht und sie an der Entwicklung aktiv beteiligt. Führungskräfte schaffen dafür sowohl Strukturen als auch Räume, in denen dies möglich ist.

6.4.3 Führungsverständnis im KQS-Modell

Im KQS-Modell werden die Aspekte der Führung, des Managements und der Kommunikation im Qualitätsbereich Führung umrissen. Dort heißt es: „Führung umfasst alle Steuerungen von Prozessen und ist eine Funktion zur Koordination von Arbeitshandeln. Leitung bezeichnet in Organisationen darüber hinaus eine Vorgesetztenposition, die mit einer besonderen Führungsverantwortung verbunden ist. Sie verantwortet die Einführung und Weiterentwicklung eines Managementsystems einschließlich der Qualitätsentwicklung. Leitungs- und Führungshandeln drücken sich im Herbeiführen, Treffen und Kontrollieren von Entscheidungen aus. Entscheidungen geben dem Organisationshandeln Gestalt und Richtung und schaffen damit Sicherheit für das Arbeitshandeln. Leitung und Führung können auf verschiedenen organisationalen Ebenen angesiedelt sein und wahrgenommen werden“ (ArtSet 2005, 40). Die Anforderungen, die im Rahmen der Testierung zu erfüllen sind, lauten wie folgt: „Führungsgrundsätze sind vereinbart und verschriftlicht. Konferenzen und Besprechungen finden systematisch statt und werden dokumentiert. Zielvereinbarungsgespräche finden regelmäßig statt. Entscheidungsprozesse und -verfahren sind beschrieben und dokumentiert. Führungskräfte unternehmen Schritte in Bezug auf externe Organisationen und Kunden, um sie in den Verbesserungsprozess zu integrieren. Die Zuständigkeit für Qualitätsentwicklung ist geregelt. Ein Zusammenhang der Qualitätsentwicklungsmaßnahmen dieses Bereiches mit dem Leitbild und der Definition gelungener Dienstleistung ist ausgewiesen“ (ArtSet 2005, 40).

Hier wird deutlich, dass die Beteiligung der Mitarbeitenden nicht im Fokus dieses Qualitätsbereiches steht. Das Modell enthält diesbezüglich keine Vorgaben. Auch Formulierungen wie: „Führungsgrundsätze sind vereinbart und verschriftlicht" (ArtSet 2005, 40) machen keine Festlegungen darüber, in welcher Weise Vereinbarungen herbeigeführt werden. Es bleibt der Organisation überlassen, den ihr angemessenen Grad an Kommunikation, Abstimmung und Beteiligung zu gestalten und festzulegen.

6.4.4 Aufbau reflexiver Organisationsbewertungen als Teil des Führungssystems – Das Beispiel der Managementbewertung nach DIN EN ISO 9001

Aufgabe von Führung ist es, sowohl Akteur in der Steuerung als auch Beobachter des Systems zu sein. Um die reflexive Beobachtung zu unterstützen und Hilfe dabei zu geben, blinde Flecken in der Beobachtung zu reduzieren, haben die verschiedenen QM-Ansätze Methoden integriert, mit denen eine gelenkte Beobachtung und Reflexion realisiert werden kann und soll. Im Folgenden wird das Managementreview (Managementbewertung), wie die DIN EN ISO 9001 es fordert, näher erläutert. Das Managementreview ist darin als systematisches Führungsinstrument angelegt.

In Bezug auf die Modelle EFQM und KQS sind die Selbstbewertung und der Selbstreport die zentralen, auf Führung bezogenen Reflexionsinstrumente. Diese sind bereits in Kap. 5 beschrieben worden und werden deshalb hier nicht mehr behandelt.

Nach DIN EN ISO 9001 sind die Anforderungen an eine Bewertung des Managementsystems klar definiert. In der Norm heißt es dazu: „Eingaben für die Managementbewertung müssen Informationen zu Folgendem enthalten: a) Ergebnisse von Audits, b) Rückmeldungen von Kunden, c) Prozessleistung und Produktkonformität, d) Status von Vorbeugungs- und Korrekturmaßnahmen, e) Folgemaßnahmen vorangegangener Managementbewertungen, f) Änderungen, die sich auf das Qualitätsmanagementsystem auswirken könnten, und g) Empfehlungen für Verbesserungen" (DIN EN ISO 9001, Kap. 5.6.2).

Um diese Anforderung zu erfüllen, wird am folgenden Beispiel (aus dem Verbund für psychosoziale Dienste im Kreis Mettmann) gezeigt, wie dies in ein Handbuchdokument zzgl. einer Checkliste für die jährliche Abwicklung des Managementreviews übertragen werden kann (Abb. 36).

Das Beispiel eines Handbuchdokumentes zeigt, dass die Geschäftsleitung die Verantwortung für den Gesamtprozess übernimmt. Sie wird durch die Qualitätsbeauftragte bei der Aufbereitung der Eingaben und der zu bewertenden Daten und Fakten unterstützt. Wesentliche Aspekte, die reflexiv betrachtet werden, sind die Maßnahmen aus Managementreviews vorausgegangener Perioden, Ergebnisse von Audits, Auswertungen von Kennzahlen aus der Organisation sowie Berichte und Analysen aus Evaluationen, Kund/inn/enrückmeldungen, Lieferantenbewertungen, Fehler-, Vorbeuge- und Korrekturmaßnahmen, Mitarbeitendengesprächen und aus Schulungsprozessen. Anhand des Handbuchdokumentes wird deutlich, dass das

Geltungsbereich: VPD Gesamt Kennung QMH 2.7. Version A 06/08 Seite 1von 1	Qualitätsmanagementhandbuch Kapitel 2 Führungskapitel **2.7. Managementreview**	VPD

Ziel und Zweck

Das Managementreview ist sowohl zentraler Auftakt als auch Abschluss im *kontunierlichen Verbesserungsprozosses* innerhalb eines Jahresverlaufs

Begriffe und Abkürzungen:
MR: Managementreview
QMS: Qualitätsmanagementsystem
GF: Geschäftsführung
QMB: Qualitätsmanagementbeauftragte
VA: Verfahrensanweisung
QMH: Qualitätsmanagementhandbuch

Verantwortung

Der Gesamtprozess liegt in der Verantwortung der GF.
Die QMB ist verantwortlich, die zu bewertenden *Eingaben* sicherzustellen und vorzubereiten.

Eingaben

- Status der Maßnahmen vorausgegangener MR´s,
- Ergebnisse von *Audits* und Empfehlungen für Verbesserungen,
- Auswertung der Kennzahlen, insbesondere der *Jahresziele,*
- strukturierte Berichte, Kennwerte und Evaluationsergebnisse aus Prozessleistungen und *Statistiken*, *Prozessaudits*,
- *Kundenrückmeldungen/Beschwerdewesen*,
- *Beschaffung* und Sachstand *Lieferanten*
- Status *Fehlermeldung-, Vorbeuge- und Korrekturmaßnahmen*
- Rückmeldungen aus *Jahresmitarbeitergesprächen*
- Bewertung des *Schulungsprozess*

Vorgehen

Zu Jahresbeginn: Bewertet werden die Eingaben des Vorjahres. Das Review ist vor der Erarbeitung und Verabschiedung der Jahresziele des aktuellen Jahres abgeschlossen.
Die zu bewertenden Eingaben für das Review sind in der Checkliste „Managementreview" aufgeführt. Sie enthält auch Regelungen zur:

- → Planung
- → Vorbereitung in Hinblick auf die zu leistende Zuarbeit durch die Bereichsleitungen (Teilprozessverantwortung)
- → Durchführung

Das Managementreview wird in der *Steuerungsgruppe* durchgeführt.

Ergebnisse

Die Ergebnisse des MR werden protokolliert und dokumentiert.
Maßnahmen zur Veränderung und Verbesserung werden mittels Aktionsplan auf den Weg gebracht. Die Ergebnisse werden im Unternehmen kommuniziert.

Mitgeltende Unterlagen:
„Checkliste Managementreview"

Genehmigt durch: Geschäftsführung	Genehmigt am: Datum	Gültig ab: Datum

Abb. 36: Prozessbeschreibung des Managementreviews beim Verbund psychosozialer Dienstleistungen GmbH im Kreis Mettmann (Aus Gründen der Verständlichkeit wurden einige einrichtungsspezifische Angaben entfernt.)

Managementreview eine Gesamtanalyse der strategischen und operativen Situation der Organisation darstellt und Teil der Gesamtführung ist. Die Form und der Umfang der Beteiligung von Mitarbeitenden ist von der DIN EN ISO 9001 nicht vorgegeben. Es bietet sich aber an, diese Bewertung in einem erweiterten Führungskreis vorzunehmen, da dann verschiedene Perspektiven in die Analyse einfließen. Eine QM-Steuerungsgruppe ist ein geeignetes Forum, da so die Analyse direkt mit der weiteren QM-Planung verknüpft werden kann.

Die im Folgenden abgedruckte Checkliste zeigt ein Beispiel, wie ein Managementreview in einer präzisen und knappen Form durch eine Sammlung von kompakten Daten und Analysen strukturiert vorbereitet werden kann. In tabellarischer Form werden die wesentlichen bewertenden und analysierenden Verfahren und deren Ergebnisse aus dem vergangenen Geschäftsjahr zusammengetragen. Auf der Basis dieser Daten und Fakten ist eine weit reichende und zügige Analyse realisierbar. Alle an der Bewertung teilnehmenden Personen sind so in der Lage, sich einen schnellen Überblick zu verschaffen und an der Diskussion von zu realisierenden Maßnahmen teilzuhaben (Abb. 37 und Abb. 38).

6.4.5 Selbstbewertung nach EFQM als Instrument der Entwicklung eines Führungssystems

In Kap. 5 wurde die Selbstbewertung mit dem EFQM-Modell vorgestellt. Eine systematische Selbstbewertung gibt Feedback zu allen Aspekten des Managements einer Organisation. Dies umfasst sowohl die Steuerungsprozesse, die Leistungserbringung als auch die Ergebnisse. Selbstbewertung entfaltet dann eine treibende Kraft, wenn sie in die Strategie- und Organisationsentwicklung eingebunden ist und nicht als isolierte Aktivität eingesetzt wird.

Das Ziel ist die Initiierung von Verbesserungen in Verbindung mit Strategieentwicklung und Geschäftsplanung. Die Erstellung der Selbstbewertungen erfolgt i.d.R. in Arbeitsgruppen von Führungskräften verschiedener Ebenen und unter Einbezug operativ tätiger Mitarbeitender. Die Art und Weise, wie eine Selbstbewertung in einer Organisation verankert und umgesetzt wird, ist eine Frage des Führungssystems, das dahinter steht. Einerseits zeigt sich in der Beteiligung von Mitarbeitenden an der Bewertung der Organisation die Führungskultur der Organisation. Andererseits erhalten die Führungskräfte dadurch wichtige Hinweise über das unternehmerische Bewusstsein der Mitarbeitenden und binden deren Ideen in die Zukunftsgestaltung aktiv ein. Je hierarchischer und autokratischer eine Organisation geführt ist, umso weniger Mitarbeitende verschiedener Hierarchieebenen werden i.d.R. an der Selbstbewertung beteiligt. Reflexivität im Unternehmen entsteht durch starke Einbindung der unterschiedlichen Fachlichkeiten und hierarchischen Stufen bei der Selbstbewertung.

CL 07 Version C 01-09	**Eingaben für die Managementbewertung/** **Checkliste Managementreview**	VPD

Abkürzungen:
MR: Managementreview, MX: Matrix, MA: Mitarbeiter, DSB: Datenschutzbeauftragter, SIB: Sicherheitsbeauftragter, BR: Betriebsrat, PB= Prozessbeschreibung

Bewertungsjahr:

Status der Maßnahmen aus MR Jahr: **Anlage:**

Zielvereinbarungen im Bewertungsjahr

Beschreibung	**Anlage:**
Entwicklung	**Anlage:**
Sachstand	**Anlage:**
Darstellen des Erreichungsgrades vereinbarter Mess- und Kennzahlen	**Anlage:** **Analge:** **Anlage:**

Bewertung weiterer Mess- und Kennzahlen gem. Prozessbeschreibung und erhobener Statistiken (gem. Vorgabedokument zu Mess- und Kennzahlen)
Anlage:
Anlage:
Anlage:

Auswertung/ Analyse der Mess-und Kennzahlen aus *Geschäftsbericht*
Anlage:

Bewertung der Auditergebnisse

Internes Systemaudit	**Anlage:**
Prozess / Verfahrensaudits	**Anlage:**
Externes Audit	**Anlage:**
Zusammenfassung und Gesamtbewertung Audit gem. entsprechendem Formblatt	**Anlage:**

Bewertung stattgefundener Begehungen und Begutachtungen von externer Stelle (z.B. Heimaufsicht, Feuerwehr, Arbeitsmedizin etc.)
Anlage/n:

Auswertung der Berichte von VPD übergreifenden Prozessverantwortlichen

Datenschutz gem. Jahresbericht Datenschutzbeauftragter	**Anlage:**
Sicherheit gem. Jahresbericht Sicherheitsbeauftragter	**Anlage:**
Jahresbericht Betriebsrat (*optional Punkt MA*)	**Anlage:**
Ggf. weitere	**Anlage:**

Abb. 37: Checkliste Teil 1 zur Vorbereitung des Managementreviews (Quelle: Verbund für psychosoziale Dienstleistungen GmbH im Kreis Mettmann, Beispieldokument aus dem QM-System der Einrichtung. Einige einrichtungsspezifische Angaben wurden zugunsten der besseren Verständlichkeit verändert.)

CL 07 Version C 01-09	**Eingaben für die Managementbewertung/** **Checkliste Managementreview**	VPD

Fehlermeldung
Die vollständige Dokumentation aller eingegangenen Fehlermeldungen und deren Bearbeitung befindet sich im Ordner: ***Fehlermanagement***
Zusammenfassung und Bewertung **s. Anlage**:

Kundenrückmeldung

Beschwerdemanagement
Die vollständige Dokumentation aller eingegangener Kundenbeschwerden und deren Bearbeitung befindet sich im Ordner: ***Beschwerdemanagement***
Zusammenfassung und Bewertung **s. Anlage**

Mitarbeiter

Prozess Schulung und Qualifizierung
gem. Formblatt Schulung und Qualifizierung durch Koordinatorin

Prozess Mitarbeitergespräch
Zusammenfassung gemäß Formblatt Mitarbeitergespräche

Prozess Einarbeitung
s. Mess- und Kennzahl gemäß PB Punkt: **Anlage:**

Mitarbeiterbefragungen (wenn stattgefunden)
Auswertung/ Ergebnisse **Anlage**:

Lieferanten

Lieferantenbewertung gem. Eingabe in Matrix Lieferantenbewertung

Kontinuierlicher Verbesserungsprozess

Verbesserungsprojekte
Sachstand und Entwicklung dokumentiert in **Anlage:**

Abb. 38: Checkliste Teil 2 zur Vorbereitung des Managementreviews (Quelle: Verbund für psychosoziale Dienstleistungen GmbH im Kreis Mettmann, Beispieldokument aus dem QM-System der Einrichtung. Einige einrichtungsspezifische Angaben wurden zugunsten der besseren Verständlichkeit verändert.)

6.4.6 Die Bedeutung des Selbstreportes nach KQS für das Führungssystem

Der Selbstreport nach KQS nötigt die Organisation zu Begründungen und Festlegungen (vgl. ArtSet 2005, 12). Er kann zugleich als Organisationshandbuch genutzt werden. Da er entlang der Qualitätsbereiche strukturiert sein soll, enthält er auch ein Kapitel zum Qualitätsbereich Führung, indem die Anforderungen dieses QB als erfüllt darzustellen sind.

Die Anforderungen des QB Führung legen nicht fest, wie Führungsgrundsätze auszugestalten sind. Die weiteren Anforderungen legen jedoch eine Ausrichtung auf ein bestimmtes Führungsmodell nahe. Sowohl die Anforderung eines systematischen Besprechungswesens als auch die der Einbindung von Kund/inn/en und externen Organisationen in den Verbesserungsprozess zeigen eine deutlich partizipative Führungskultur als erforderlich an. Ebenso weist die Notwendigkeit von Zielvereinbarungsgesprächen auf eine solche Ausrichtung des Führungsmodells hin.

In diesem Sinne ist der Selbstreport auch ein Instrument der Schaffung von Transparenz und Beteiligung in Führungsfragen. Durch die Benennung der Nachweise für die getroffenen Regelungen legt er das gesamte Organisations- und Führungssystem dar.

6.4.7 Führungsaspekte in der Selbstbewertung nach DIN EN ISO 9004

Wie bereits in Kap. 5 aufgezeigt, operiert auch die Normenfamilie 9000 im Rahmen der DIN EN ISO 9004 mit dem Verfahren der Selbstbewertung. Sie dient im Kontext der Norm 9004 (Leitfaden zur Leistungsverbesserung) als Verfahren zur Bewertung des QM-Systems oder der Organisation als Ganzes oder in Teilen, für das die Führung die Verantwortung inne hat. Mit dem Selbstbewertungsverfahren wird beabsichtigt, den Reifegrad der Organisation festzustellen. „Die Organisation sollte die Selbstbewertung dazu verwenden, ihre Reifegrade in Bezug auf den nachhaltigen Erfolg, die Ermittlung von Verbesserungs- und Innovationsmöglichkeiten, die Prioritätensetzung für Verbesserungen und die Aufstellung und Einführung von Maßnahmeplänen zu ermitteln" (DIN EN ISO 9004, Anhang A, A.1). Die im Anhang A zur Norm 9004 vorliegenden Bewertungsschemen richten sich überwiegend auf die Wahrnehmung von Führungsaufgaben im Zusammenhang mit der Entwicklung des QM-Systems und der Reifung der Organisation. Dabei geht es, bezogen auf die Normforderungen der 9004, immer um die Weiterentwicklung über die Mindestanforderungen der DIN EN ISO 9001 hinaus.

Hinsichtlich des Führungs- und Organisationsentwicklungsansatzes hat die Selbstbewertung nach DIN EN ISO 9004 einen ähnlichen Effekt wie nach EFQM oder KQS. Ein solcher Ansatz sensibilisiert Mitarbeitende unterschiedlicher Ebenen für die Entwicklungen der Organisation und beteiligt sie an der Entwicklung von Verbesserungsideen. Wie weit reichend dies wirkt, hängt davon ab, wie beteiligungsorientiert das Führungssystem entwickelt wurde.

Die Norm 9004 formuliert in dieser Hinsicht klare Perspektiven. Im Kap. 6 (Management von Ressourcen) wird im Unterkapitel 6.3 (Mitarbeiter der Organisation) die Einbeziehung von Personen beschrieben, wie sie dieser Leitfaden zur Verbesserung vorsieht. Dort werden Aspekte der Ermächtigung der Mitarbeitenden als wichtige Führungsstrategien formuliert. Es heißt: „Die Organisation sollte Prozesse erstellen, die die Mitarbeiter ermächtigen, selbst – die strategischen und die prozessbezogenen Ziele der Organisation in eigene individuelle Arbeitsziele zu übersetzen und Pläne für deren Realisierung zu erstellen; – Hemmnisse zu ermitteln, die ihre Leistung einschränken; – Zuständigkeit und Verantwortung für die Lösung von Problemen auf sich zu nehmen; – die persönliche Leistung im Bezug auf die individuellen Arbeitsziele zu bewerten, – aktiv nach Chancen zur Erweiterung ihrer Kompetenzen und Erfahrungen zu suchen, Teamarbeit zu fördern und Synergien zwischen den Mitarbeitern zu begünstigen und Informationen, Wissen und Erfahrungen mit anderen innerhalb der Organisation gemeinsam zu teilen“ (DIN EN ISO 9004, 6.3.1). Durch diese Formulierungen wird deutlich, dass auch die Norm 9004 ein Führungsmodell präferiert, das partizipativ ausgerichtet ist und eine aktive Beteiligung und Mitwirkung von Mitarbeitenden erwarten lässt.

Anhand der Ausführungen zu den in den verschiedenen QM-Ansätzen zu findenden Anforderungen hinsichtlich Führung ist deutlich geworden, dass alle Modelle von einem stark partizipativen und mit Zielen operierenden Führungsverständnis des Management by Objectives (Führung mit Zielvereinbarung) ausgehen. Dieses Führungsverständnis hat Rückwirkungen auf die Organisationsentwicklung, die die notwendigen Strukturen aufbauen und implementieren muss.

Die im Folgenden beschriebenen Instrumente zur Entwicklung des Führungssystems können unabhängig vom gewählten QM-System umgesetzt werden. Eine nachhaltige Entwicklung und Umsetzung müsste sich in der Folge in den Ergebnissen der Selbst- oder der Fremdreflexionen widerspiegeln.

6.4.8 Führung und Personalentwicklung

In vielen sozialen Organisationen gab oder gibt es kein klares Verständnis dafür, wer als Führungskraft handelt. Während die EFQM formuliert, dass jeder, der im Organisationsbetrieb eingebunden ist, auch Führungsverantwortung hat (vgl. EFQM 2000, 3) geht es in der Entwicklung eines Führungssystems darum, Mitarbeitenden mit unterschiedlichem Umfang an Führungsverantwortung auf ihre Bedürfnisse und Bedarfe zugeschnittene Strukturen und Hilfsmittel für die Führung zu geben. Dies kann durch Vorgabe oder durch einen gemeinsamen Entwicklungsprozess geschehen.

Aus den vorherigen Ausführungen ist deutlich geworden, dass die Entwicklung des Führungssystems eine wichtige Rolle dabei spielt, die Partizipationsstrukturen und -prozesse zu gestalten und Lernprozesse über Hierarchieebenen hinweg zu ermöglichen.

Im Kap. 6.3.2 wurde anhand der Leitbildentwicklung aufgezeigt, wie Wertorientierung in einer Organisation verankert werden kann. Das Führungskonzept einer Organisation sollte sich konsequent aus dem Leitbild ableiten. Es muss darüber hinaus auf die Besonderheiten einer sozialen Dienstleistungsorganisation zugeschnitten sein.

Führungsaufgaben ergeben sich aus dem Managementkreis, der in sozialen und in wirtschaftlich tätigen Organisationen gleichermaßen gilt.

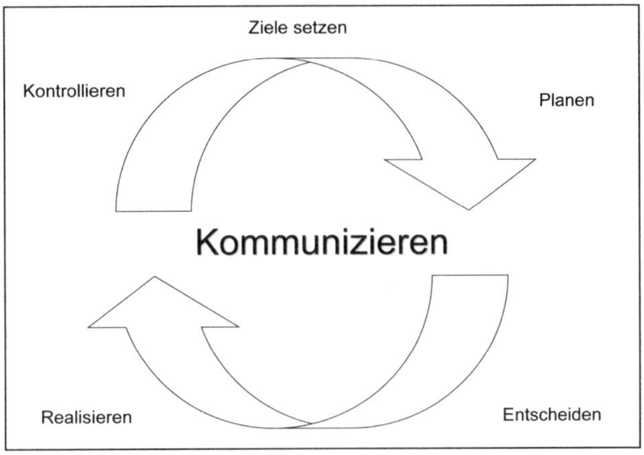

Abb. 39: Führungsaufgaben des Managements (Quelle: Velsen-Zerweck 2000, 48)

Im Zentrum dieses Modells, das einen immerwährenden fortlaufenden Prozess darstellt, steht die Kommunikation. Führungshandeln in sozialen Organisationen – unabhängig davon, ob es Non-Profit- oder Profit-Organisationen sind – lebt von der internen und externen Kommunikation. Kommunikation mit den verschiedenen Anspruchsgruppen ist die Kernfunktion von Führung, um die Organisation am Leben zu halten, und immer wieder neu auf die Anforderungen von Klient/inn/en, Kostenträgern und gesellschaftlichem Umfeld auszurichten und zugleich die Belange der Mitarbeitenden einzubeziehen.

Soziale Organisationen lassen sich in ihrem Binnensystem heute aber nicht mehr so klar beschreiben wie noch Anfang der 90er-Jahre des vergangenen Jahrhunderts. Neben die wohlfahrtsverbandlich ausgerichteten Strukturen sind kleine unabhängige und gemeinnützige Träger ebenso getreten wie privat-gewerbliche Träger (als Einzelunternehmen, als kleine Gesellschaften oder auch als große überregionale Gesellschaften), die am Markt als Profit- oder als Not-for-Profit-Unternehmen agieren, aber durchaus am Gewinn und an Überschüssen ausgerichtet handeln und nicht mehr nur auf Kostendeckung achten. Vor dem Hintergrund der Finanzierung vieler Bereiche der Sozialen Arbeit aus Leistungsentgelten und damit Erlösen aus Tätigkeiten am Markt weisen die beiden Bereiche von Unternehmen (Profit- und Non-Profit) auch hinsichtlich der Merkmale von Führung nicht mehr solch grundsätzliche Unterschiede auf, wie noch zu Beginn der 90er-Jahre des vergangenen Jahrhunderts. Die folgende Tabelle versucht typisierend die Unterschiede deutlich zu machen, um damit auf unterschiedliche Anforderungen an Führung – je nach Unternehmenstyp – hinzuweisen. Aufgrund der Tradition und der Position am Markt bzw. im Steuersystem gestalten sich innere Strukturen auch unterschiedlich, je nachdem, wie stark eine wirtschaftliche Orientierung vorhanden ist und wie verhaftet die Organisationen in tradierten Wertsystemen sind (vgl. Tab. 23).

Tab. 23: Typisierung von Führungsunterschieden zwischen Profit, Not-For-Profit und Non-Profit-Organisationen

Zentrale Führungsunterschiede zwischen Profit-, Not-for-Profit und Non-Profit-Unternehmen in der Sozialen Arbeit			
Merkmal	**Profit-Organisation**	**Not-For-Profit-Organisation (z.B. freigewerblich als Töchter von frei gemeinnützigen Organisationen)**	**Non-Profit-Organisation**
Mitarbeiter	Ausschließlich hauptamtlich	Fast ausschließlich hauptamtlich, wenige ehrenamtlich	Vielfach hauptamtlich, in hohem Maße ehrenamtlich
Management	Ausschließlich hauptamtlich	Meist hauptamtlich, begleitet durch ehrenamtliche Vertreter der Non-Profit-Shareholder	Ehrenamtliche Führungsspitze, hauptamtliche Geschäftsführung mit variablen Entscheidungsbefugnissen
Ausbildung der Führung	Betriebswirtschaftlich und ggf. fachlich professionell	Doppelqualifikation: Soziale Arbeit und BWL/ Sozialmanagement	Soziale Arbeit, ggf. Zusatzqualifikation BWL/ Sozialmanagement
Formalziel	Gewinn, Shareholder-Rendite	Überschüsse/Gewinn mit Rückführungsziel in die Mutter-Organisation/Sachziele	Kostendeckung/Sachziele
Organisationsstruktur	Klare Führungsstruktur mit Binnenhierarchien	Klare Führungsstruktur mit korporatistischen Einflüssen	Vielfach unklare Hierarchien durch Mischung von haupt- und ehrenamtlicher Führung mit korporatistischen Einflüssen
Leistungsüberprüfung	Mit klaren Systemen gesteuert, regelmäßig	Wird schrittweise aufgebaut, regelmäßig	Oft schwer durchzusetzen, da Traditionen widersprechend
Definition und Kompetenzfestlegungen von Führungskräften	Klar geregelt über mehrere Ebenen	Wird schrittweise auf mehreren Ebenen aufgebaut, oft vorhanden	Häufig unklar, Aufbau wird oft skeptisch beurteilt und verzögert
Personalentwicklung	Meist vorhanden	Häufig vorhanden oder in der Entwicklung	Eher unsystematisch und nicht vorhanden
Leistungsorientierte Vergütung	Oft am unteren Niveau des allgemeinen Gehaltsgefüges, an Leistungskomponenten von Tarifwerken orientiert, ggf. Haustarife	An Tarifen von Wohlfahrtsverbänden orientiert oder an Haustarifen mit leistungsorientierten Komponenten	Nach Tarifen von Wohlfahrtsverbänden, Leistungskomponenten erst im Anfangsstadium
Zielvereinbarungen	Meist vorhanden	häufig vorhanden bzw. im Aufbau	schrittweise in Entwicklung

Die Gestaltung des Führungssystems hängt eng mit der Frage zusammen, ob die Organisation als Profit-, Not-for-Profit oder als Non-Profit-Organisation geführt wird. Im Folgenden werde ich mich auf den Bereich der Non-Profit-Organisation beziehen, da diese einerseits den größten Entwicklungsbedarf in diesem Bereich zu haben scheinen, andererseits aber auch mit den größten internen Widersprüchen und Widerständen umzugehen haben.

Entsprechend dem Managementkreislauf, der oben dargestellt wurde, muss ein Führungssystem in den Schritten: Ziele setzen, Planen, Entscheiden, Umsetzen und Kontrollieren entwickelt werden. Um dies zu realisieren, ist in allen Schritten der Entwicklung oder Veränderung die Kommunikation von großer Bedeutung. Dies gilt sowohl für die Kommunikation unter Führungskräften – auch verschiedener Ebenen – als auch der Kommunikation mit den Mitarbeitenden. Zu diesen gehören sowohl die haupt- als auch die ehrenamtlichen Mitarbeitenden.

In der Regel liegt bereits ein Führungssystem vor, wenn eine Organisation beginnt, sich mit Qualitätsmanagement zu befassen. Dieses ist allerdings häufig nicht explizit dargelegt und dementsprechend auch nicht für alle Beteiligten transparent und nachvollziehbar. Abhängig vom QM-Modell, mit dem gearbeitet wird, stellen sich das Vorgehen und die Zielrichtung, wie das Führungsthema innerhalb des QM-Systems aufgearbeitet werden soll, unterschiedlich dar.

Ein Weg dahin, wie ihn kleine und große Organisationen anwenden können, soll im Folgenden beschrieben werden. Die Beschreibung erfolgt am Beispiel einer mittelgroßen Organisation der Behindertenhilfe. Ausgangspunkt der Entwicklung war die Analyse der Verbesserungsbedarfe im Führungssystem durch eine Selbstbewertung nach EFQM zu den Kriterien Führung und Mitarbeiter. Daraus folgten zur Entwicklung des Führungssystems folgende Schritte: 1. Entwicklung von Führungsgrundsätzen in einem Qualitätszirkel, der mit ehrenamtlichen Vorstandsmitgliedern des Vereins, der Geschäftsführung, Einrichtungsleitungen und einigen Mitarbeitenden verschiedener Einrichtungstypen der Organisation besetzt war (Wohnhäuser, ambulante Dienste, integrative Kindertagesstätte, Integrationsfachdienst), 2. Entwicklung einer Prozessstruktur im Bereich Führung, 3. Entwicklung von Prozessbeschreibungen zu den Teilprozessen von Führung (z.B. Anerkennung von Leistung, Beurteilungsgespräche, Mitarbeitendengespräche, Stellenausschreibung und Anwerbung neuer Mitarbeitender, Weiterentwicklung des QM). Im Folgenden werden Ergebnisse dieses Prozesses exemplarisch dargestellt, wie sie für das Qualitätsmanagementhandbuch erstellt wurden.

Die Entwicklung der Führungsgrundsätze erfolgte unter Moderation durch eine erfahrende externe Führungskraft aus der Sozialen Arbeit, die zugleich als Beraterin den QM-Prozess begleitet hat. Hier werden sie im Wortlaut wiedergegeben. Nur die Angaben zur Organisation wurden verändert.

„Führungsgrundsätze in der Musterorg e.V.

Strategische Führung der Gesamtorganisation
Die strategische Führung der Musterorg obliegt dem ehrenamtlichen Vorstand in enger Abstimmung mit der Geschäftsführung.

Die Weiterentwicklung des Leitbildes und der Strategie der Organisation sowie der kontinuierliche Verbesserungsprozess bilden die Basis für die Weiterentwicklung der strategischen Kooperation mit externen Partnern.

Bei der Weiterentwicklung des Leitbildes und der Unternehmensstrategie werden alle vier Jahre VertreterInnen aller Interessengruppen der Musterorg in Form von Workshops einbezogen. Basis für diese Arbeit sind die Ergebnisse der alle zwei Jahre durchzuführenden Selbstbewertungen mit dem EFQM-Modell sowie die Analyse der Umfeldanforderungen, die sich in der Behindertenhilfe entwickelt haben. Die abschließende Entscheidung und Formulierung nehmen Vorstand und Geschäftsführung im Einvernehmen vor.

Der Vorstand übernimmt die Verantwortung für den kontinuierlichen Verbesserungsprozess indem er in enger Abstimmung mit der Geschäftsführung aktiv an Selbstbewertungen und verbesserungsorientierten Aktivitäten mitwirkt und alle Führungskräfte dazu motiviert, dies ebenfalls zu tun. Hinsichtlich der Weiterentwicklung der Organisation überträgt er der Geschäftsführung alle notwendigen Kompetenzen und Befugnisse, um eine moderne und marktgerechte Zukunftsentwicklung zu realisieren.

Unsere strategischen Kooperationen entwickeln wir zu vertrauensvollen und transparenten Partnerschaften, die zum gegenseitigen Nutzen gestaltet werden. Wir geben Kunden, Partnern und Vertretern der Öffentlichkeit umfangreiche Möglichkeiten, sich einzubringen und uns aktiv in strategischen Fragen Impulse zu geben.

Mitarbeiterführung

Führung ist in der Musterorg e.V. hierarchisch gegliedert.

- Erste Ebene: Vorstand
- Zweite Ebene: Geschäftsführung
- Dritte Ebene: Einrichtungsleitungen
- Vierte Ebene: Gruppenleitungen und Hauswirtschaftsleitungen.

Die Führungsgrundsätze sind klar strukturiert und bestimmen die Qualität der Führungsprozesse.

Vorbildfunktion wahrnehmen

Auf der Grundlage der Organisationsziele haben alle Führungskräfte gegenüber den ihnen zugeordneten MitarbeiterInnen Vorbildfunktionen.

Die Übereinstimmung des eigenen Handelns und der Erwartungen an die MitarbeiterInnen ist geprägt durch hohe Fachlichkeit, Zuverlässigkeit, Fairness und Akzeptanz. Dazu gehört auch das Annehmen und Äußern von Kritik.

Motivieren

Führungskräfte motivieren MitarbeiterInnen durch Lob und Anerkennung sowie durch Erreichbarkeit und deutliche Kommunikationsbereitschaft während ihrer Dienstzeiten.

Sie regen MitarbeiterInnen dazu an, andere für die Musterorg nützlichen Fähigkeiten mit in die tägliche Arbeit einzubringen und fördern diese bei Bedarf gezielt.

Beteiligung von MitarbeiterInnen an Entscheidungen
Alle MitarbeiterInnen werden in unterschiedlichen Formen an Entscheidungen in der Musterorg beteiligt.

Führungskräfte treffen Entscheidungen möglichst nach vorheriger Anhörung der zuständigen MitarbeiterInnen.

Führungskräfte fördern aktives, eigenverantwortliches Engagement im Rahmen der vorhandenen Struktur, wie z.B. den Gremien des Qualifikationsmanagements, in der Teamarbeit oder im Verein.

Delegation von Führungsaufgaben
Führungskräfte delegieren bei Notwendigkeit klar umrissene Teilaufgaben ihres Bereiches und die damit verbundene Entscheidungskompetenz unter Berücksichtigung von Fähigkeiten und Interessen des/der Mitarbeiters/in möglichst mit seiner/ihrer Zustimmung.

Damit geht die Verantwortung für diese Teilaufgabe auf den Mitarbeiter/die Mitarbeiterin über.

Transparenz
Um Transparenz sicherzustellen, erhalten und geben Vorgesetzte alle für die Durchführung der Aufgaben hilfreiche Informationen, unter Berücksichtigung der hierarchischen Ebene, an die MitarbeiterInnen zügig und sachlich in Dienstbesprechungen weiter.

Dabei sind schnelle Abwicklungen von Entscheidungen durch Führungskräfte notwendig. Entscheidungen sollen begründet werden, sofern gesetzliche Vorschriften dem nicht entgegenstehen.

Aufgaben-, Leistungs- und Mitarbeiterorientierung
Führung wird aufgaben-, leistungs- und mitarbeiterorientiert umgesetzt.

Ziele werden unter Berücksichtigung von Fähigkeiten und Interessen der MitarbeiterInnen konkret vereinbart. Hierbei ist die gezielte Förderung von besonderen Talenten und Möglichkeiten der MitarbeiterInnen zu beachten.

Die Zielerreichung wird durch geeignete Methoden überprüft“ (Quelle: Ergebnis aus einem Beratungsprozess).

Die Entwicklung der Führungsgrundsätze alleine reicht aber nicht aus, um ein Führungssystem zu installieren, in dem jede Führungskraft sowohl ihre Aufgaben als auch ihren Kompetenzbereich verstanden hat und ausfüllen kann. Die Entwicklung von Führungsprozessen kann dabei eine wichtige Hilfestellung sein. Insbesondere für solche Führungskräfte, die entsprechend der Tabelle der Führungsmerkmale (Tab. 23) eher dem typisierten Bild der Non-Profit-Organisation angehören, sind Prozessbeschreibungen eine Hilfe bei der Strukturierung von Führungsaufgaben. Die folgende Prozessübersicht zu den Führungsprozessen in einer Organisation der Behindertenhilfe zeigt die verschiedenen Ebenen der Prozesse. Während die Prozesse der strategischen Führung dem Vorstand und der Geschäftsführung des Vereins überlassen sind, sind auf der Ebene der Mitarbeitendenführung viele Führungskräfte gefordert: Jede/r ist zuständig für die ihm/ihr direkt unterstellten Mitarbeitenden und muss dementsprechend die Führungsaufgaben wahrnehmen.

Die Prozessstruktur zur Führung, eingeordnet in die Managementprozesse im Qualitätsmanagementhandbuch der Organisation, sieht wie folgt aus.

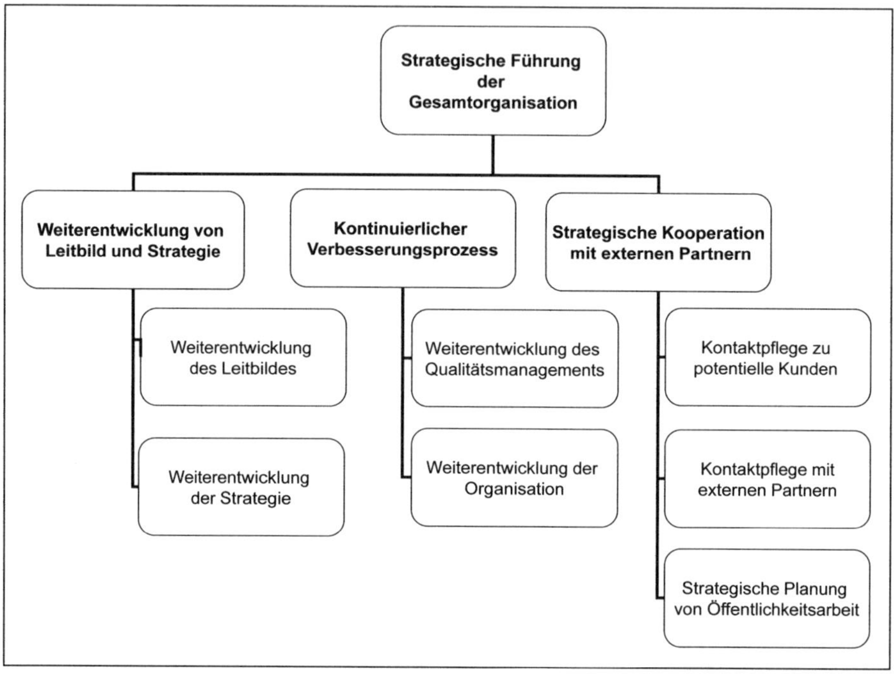

Abb. 40: Prozessübersicht Führung – strategische Führung (Quelle: Ergebnis eines Beratungsprozesses)

Führung wird in der hier vorliegenden Prozessarchitektur einerseits als strategische Führung, andererseits als Führung von Mitarbeitenden verstanden. Die Prozesse Weiterentwicklung von Leitbild und Strategie der Organisation, kontinuierlicher Verbesserungsprozess und strategische Kooperationen mit externen Partnern obliegen in diesem Fall der obersten Leitung, konkret dem Vorstand des Vereins und der Geschäftsleitung. Selbstverständlich kann die Leitung auch Mitarbeitende in die strategische Führung einbeziehen. Wichtig ist, dass geklärt ist, wer die Verantwortung für den jeweiligen Bereich hat (Abb. 41).

Anhand der Prozessübersicht wird deutlich, dass die Mitarbeitendenführung schon vor der Einstellung beginnt, indem eine angemessene Planung erstellt wird. Neben der Stellenplanung gehören die Personalgewinnung mit der Strategie zur Anwerbung von neuem Personal, Stellenausschreibungen sowie das Auswahlverfahren dazu. Die Personalpflege erfordert die Entwicklung und Anpassung von Stellenbeschreibungen, Maßnahmen der Personalentwicklung und die Belohnung und Anerkennung von Mitarbeitenden.

Im Folgenden soll das Beispiel anhand der Personalentwicklung, und hier insbesondere anhand des Mitarbeitendengespräches als einer Methode in der Personalentwicklung, vertieft werden. Diese Aufgaben liegen nicht mehr auf der Ebene des

Vorstandes, sondern werden im operativen Geschäft entsprechend der Zuordnung von Aufgaben und Verantwortungen Mitarbeitenden übertragen.

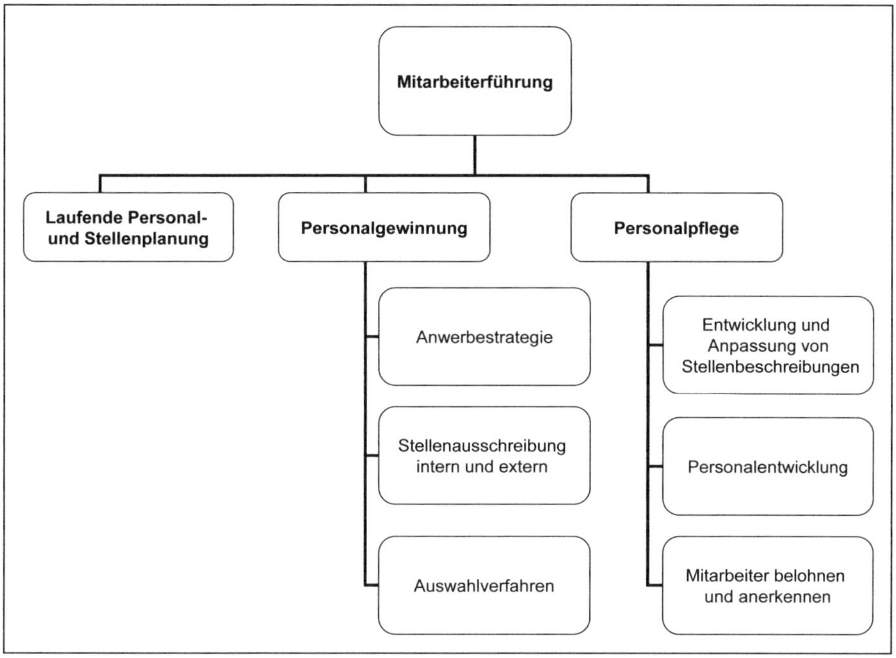

Abb. 41: Prozessübersicht Führung – Mitarbeiterführung (Quelle: Ergebnis eines Beratungsprozesses)

Das Mitarbeitendengespräch ist ein wichtiges Instrument zur Reflexion, zur Abstimmung von lang- und mittelfristigen Aufgaben sowie zur Entwicklung der Kompetenzen und Aufgabenbereichen von Mitarbeitenden. In der Sozialen Arbeit und in Non-Profit-Organisationen, die oft eher demokratisch und mit wenig Hierarchie strukturiert waren, fällt es vielen Führungskräften schwer, diese Gespräche zielorientiert zu führen. Aus diesem Grund ist es hilfreich, wenn die wesentlichen Schritte und Ziele in einer Prozessbeschreibung festgelegt sind. Diese Festlegung wird umso mehr akzeptiert, als die Mitarbeitenden und die Führungskräfte verschiedener Ebenen an der Entwicklung beteiligt waren. Die folgende Prozessbeschreibung zeigt ein Beispiel, wie dies ausgestaltet sein kann. Auch sie stammt – anonymisiert – aus einem Beratungsprozess.

„Prozessbeschreibung – Mitarbeitergespräch

1. Kurzbeschreibung

Zu den Führungsprozessen gehört das Mitarbeitergespräch (MAG) – als wesentliches Instrument der Personalentwicklung. In dieser Prozessbeschreibung werden das Verfahren und die Anwendung von Zielvereinbarungen im Mitarbeitergespräch sowie die Verantwortlichkeiten beschrieben.

Begriffsbestimmung: Mitarbeitergespräche unterscheiden sich deutlich von Beurteilungsgesprächen!

Mitarbeitergespräche sind in die Zukunft gerichtet und werden auf partnerschaftlicher Basis zwischen Vorgesetzten und einzelnen MitarbeiterInnen geführt (Meinungsaustausch und Zielvereinbarungen).

Beurteilungsgespräche beziehen sich auf die Vergangenheit und stellen eine Beurteilung der Leistungen und Befähigung durch den Vorgesetzten dar.

2. Zielbeschreibung

Es werden folgende Ziele angestrebt:

2.1 Mitarbeitergespräche werden als Instrument der Personalentwicklung für alle MitarbeiterInnen einheitlich angewendet

2.2 Die Anwendung des Verfahrens ermöglicht
- Mitgestaltung des eigenen Aufgabengebietes
- Erfassung, Nutzung und Weiterentwicklung von Mitarbeiterfähigkeiten und -qualifikation
- Förderung von Aufstiegsmöglichkeiten innerhalb der Organisation
- Erfassung von Verbesserungsideen in Bezug auf die Organisation oder einzelne Arbeitsbereiche

3. Mindestanforderungen

3.1 Mitarbeitergespräche finden für jede/n MitarbeiterIn mindestens jährlich statt.

3.2 An dem Gespräch nehmen die MitarbeiterIn, die Einrichtungsleitung und der/die direkte Vorgesetzte der MitarbeiterIn teil. Die Einrichtungsleitung kann diese Aufgabe an den direkten Vorgesetzten delegieren.

3.3 In jedem Mitarbeitergespräch werden einvernehmlich Zielvereinbarungen getroffen. Diese müssen schriftlich erfolgen. Der Vordruck „Zielvereinbarung" muss dafür verwendet werden (siehe Mitgeltende Unterlage: Zielvereinbarung).

3.4 Folgende Kriterien sind Grundlage für die Zielvereinbarungen:
- Perspektiven zur Zusammenarbeit
- Perspektiven über Aufgabe und Aufgabenerfüllung
- Perspektiven zur weiteren persönlichen Qualifizierung
- Ideen zu Veränderungen/Verbesserungen in der Organisation/dem eigenen Aufgabenbereich

4. Methoden/Maßnahmen

4.1 MAG werden auf partnerschaftlicher Basis geführt. Es findet ein offener Austausch statt, in dem alle Beteiligten gleichberechtigt ihre Ansichten äußern können. Unterschiedliche Standpunkte werden dokumentiert. Wenn zu wesentlichen Problemen oder Fragestellungen kein Konsens gefunden werden konnte, wird der nächst höher gestellte Vorgesetzte zur Klärung hinzugezogen.

4.2 Die schriftlich festgehaltenen Zielvereinbarungen verbleiben bei der Einrichtungsleitung. Zielvereinbarungen sind unter Verschluss zu halten.

4.3 Die Umsetzung der Zielvereinbarungen sowie negative Zielabweichungen können vom Vorgesetzten in der Beurteilung verwendet werden. Die MitarbeiterInnen werden zu Gesprächsbeginn darüber informiert. Einzelheiten des Mitarbeitergespräches werden von allen Gesprächspartnern und der Einrichtungsleitung vertraulich behandelt und nicht an Dritte weitergegeben.
4.4 Hinweise zur Vorbereitung und Durchführung der MAG sind in der Mitgeltenden Unterlage „Leitfaden Mitarbeitergespräche" (vgl. weiter unten) beschrieben und müssen berücksichtigt werden.
4.5 Die MitarbeiterInnen erhalten eine Kopie des Gesprächsprotokolls.

5. Gültigkeit
Diese Prozessbeschreibung gilt für alle betroffenen Führungskräfte.

6. Verantwortlichkeit
Die Verantwortung für den Gesamtprozess liegt bei den Einrichtungsleitungen.

Die Verantwortung für die Durchführung von Mitarbeitergesprächen für Einrichtungsleitungen, Stabsstellen der Geschäftsführung sowie MitarbeiterInnen der Geschäftsstelle hat die Geschäftsführung.

7. Controlling
Für Steuerung und Überprüfung dieser Prozessbeschreibung ist der Geschäftsführer zuständig.

8. Hilfsmittel
8.1 interne Hilfsmittel
- Mitgeltende Unterlage: Zielvereinbarung (Vordruck).
- Mitgeltende Unterlage: Mitarbeitergespräch

8.2 externe Hilfsmittel
- keine" (Quelle: Ergebnis aus einem Beratungsprozess).

Zusätzlich zu der allgemeinen Prozessbeschreibung sind weitere Hilfsmittel wie z.B. Checklisten oder Dokumentationsvorgaben hilfreich, um die Gespräche aus der oft entstehenden rein individuellen Gestaltungsvorstellung und Subjektivität herauszuholen. Mit Hilfe von Vorgaben – die ebenfalls in Mitbestimmungsprozessen entwickelt werden können – fühlen sich Führungskräfte sicherer, diese Gespräch gut zu führen und auch Ergebnisse zu erzielen, die per Dokumentation auf eine längere Sicht handlungsleitend eingesetzt werden können. Im optimalen Fall werden Führungskräfte auch in der Führung von Mitarbeitendengesprächen geschult, um so den Mitarbeitenden einen sicheren Rahmen zu bieten. Die Basis dafür bietet der bereits in der Prozessbeschreibung angesprochene Leitfaden für Mitarbeitendengespräche, wie er im Folgenden abgedruckt wird.

„Leitfaden Mitarbeitergespräche

Rahmenbedingungen/Vorbereitung:

- Terminvereinbarung möglichst 14 Tage vor Durchführung des MAG
- Festlegung des Gesprächspartners

- Genügend Gesprächszeit einplanen
- Störungsfreien Ablauf gewährleisten

Gesprächsführung
Bei Zielvereinbarungen findet ein Dialog statt, d.h. ein gegenseitiger offener Meinungsaustausch, auf der Grundlage gegenseitiger Fairness und Akzeptanz. Formulierungen und Vereinbarungen müssen von beiden Seiten getragen werden. Beidseitige Kritikfähigkeit sollte vorhanden sein.

Zielvereinbarung:
Ziele müssen **„smart"** sein, d.h. spezifisch, messbar, akzeptabel, realistisch und terminiert.

Gesprächsinhalte
Zusammenarbeit
Das Gespräch über die Zusammenarbeit bezieht sich auf die persönliche Beziehung zwischen den Gesprächspartnern.

Die Gesprächspartner haben die Möglichkeit zu schildern, wie sie die Zusammenarbeit erleben, und können sich über evtl. vorhandene Störungen und Missverständnisse in der Zusammenarbeit äußern. Im Gespräch werden Unstimmigkeiten geklärt und es sollten Lösungen hiefür gesucht werden.

Es sollte auch über positive Seiten der Zusammenarbeit gesprochen werden, denn nur so kann eine positive erfolgreiche Zusammenarbeit sichergestellt und die Zufriedenheit auf beiden Seiten erhöht werden.

Folgende Punkte können im Gespräch hilfreich sein:

- Positive Aspekte in der Zusammenarbeit erkennen
- Auftretende Probleme erkennen und begründen können
- Verbesserungsvorschläge erkennen und begründen
- Informationsaustausch erleben und Transparenz von Informationen schaffen
- Eigene Gedanken und Ideen zur selbständigen Erledigung des Arbeitsauftrages
- Eigene Gedanken zum Gestaltungsspielraum von Aufgaben und Arbeitsgestaltung

Aufgaben und Aufgabenerfüllung
Eine gemeinsame Bewertung der erbrachten Arbeitsleistung der zurückliegenden Jahre findet statt. Ziele und Schwerpunkte für die Arbeit im kommenden Jahr sollen entwickelt und vereinbart werden. Es können auch Möglichkeiten der Erhaltung und weiteren Verbesserung der Leistungsfähigkeit, Arbeitszufriedenheit und Motivation angesprochen werden.

Folgende Punkte können im Gespräch angesprochen werden:

- Gründe für gute Arbeitsergebnisse bzw. das Nichterreichen der Arbeitsziele
- Bewältigung quantitativer und qualitativer Anforderungen
- Gegenseitige Einschätzung (Gründe für Mängel)
- Reflexion und Bewertung von Verhalten im Sinne von Dienstleistungs- und Kundenorientierung

- Umgang mit Publikum und betreuten Menschen
- Zusammenarbeit mit Kollegen und Kolleginnen (Informationsfluss, Hilfestellung, Vertretung, Arbeitsverteilung, gegenseitiger Respekt) bei Leitungsfunktionen (Führungsverhalten, Motivation, Delegation, Information, Kontrolle)
- Stärken und Schwächen, Vorlieben und Abneigungen in der täglichen Arbeit

Persönliche Qualifizierung
Zu diesem Thema können folgende Fragen hilfreich sein:

- Welche Fähigkeiten, Talente und Potenziale sind vorhanden?
- Mögliche weitere Einsatzgebiete
- Bereitschaft zur Übernahme anderer gleichwertiger Aufgaben
- Entwicklungsansätze und Perspektiven
- Welche Qualifizierungen sind notwendig, um heutige und zukünftige Aufgaben zu bewältigen?
- Gegenseitige Erwartungen und Vorstellungen
- Wo muss Unterstützung und Förderung durch den Vorgesetzten erfolgen?
- Welche Fortbildung ist möglich?

Ideen zu Veränderungen in der Einrichtung
Folgende Punkte können hierbei angesprochen werden:

- Die Zusammenarbeit mit anderen Arbeitsbereichen
- Entwicklung neuer und Verbesserung vorhandener Prozesse (Schnittstellen, Doppelarbeit)
- Informationen über Veränderungsprozesse

Für alle Themenpunkte daran denken, Vereinbarungen zu treffen!!!" (Quelle: Ergebnis aus einem Beratungsprozess).

Die Mitarbeitendengespräche sollten sinnvollerweise dokumentiert werden, um sie als Mittel zur Personalentwicklung systematisch nutzen zu können. Eine große Hilfe sind dabei erfahrungsgemäß Dokumentvorlagen, in denen während des Gespräches bereits Ergebnisse und Vereinbarungen eingetragen werden können. Diese sollten entlang des Gesprächsleitfadens strukturiert sein und Felder für wichtige Daten enthalten. Am Ende sollte ein Bereich vorgesehen sein, um wichtige Vereinbarungen festzuhalten. Das Ergebnis des Gespräches sollte von Führungskraft und Mitarbeitenden unterschrieben werden, damit darin getroffene Vereinbarungen auch als verbindlich betrachtet werden. Je nach Vereinbarungsstand im Rahmen von betrieblichen Vereinbarungen kann das Protokoll in die Personalakte eingehen oder ausschließlich im Besitz der Mitarbeitenden bleiben. Inhaltlich sollte das Protokoll des Gespräches folgende Punkte umfassen:

- Name der Führungskraft, Name und Funktion der/des Mitarbeitenden, Zusammenarbeit seit …, Termin des letzten Mitarbeitendengespräches, Datum des aktuellen Mitarbeitendengespräches,
- Arbeitsaufgaben, -schwerpunkte, Qualität der Arbeitsergebnisse,
- Arbeitsumfeld, Zusammenarbeit, technische Ausstattung, Veränderungen,

- Zusammenarbeit mit Führung – Gegenseitige Rückmeldung, Qualität der Zusammenarbeit und Führung,
- Veränderungs- und Entwicklungsmöglichkeiten – Perspektiven für die berufliche Entwicklung, Fort- und Weiterbildungsmaßnahmen,
- Konkrete Zielvereinbarung – jedes Ziel mit Angabe, bis wann es erreicht sein soll und wie und wann es überprüft wird.

6.5 Aufbau einer Qualitätsmanagement-dokumentation (Vorgabe- und Nachweisdokumente)

Dem Aufbau der Qualitätsdokumentation kommt im Kontext der QM-Arbeit nach der DIN EN ISO 9001 zentrale Bedeutung zu, da sie in diesem System zwingend erforderlich ist, wenn eine Organisation die Zertifizierung erreichen will. Die Dokumentationsanforderungen sind im Kap. 4.2 der Norm niedergelegt (vgl. Kap. 5 dieses Bandes). Dabei sind die Vorgabe- und die Nachweisdokumente zu unterscheiden. Das Qualitätsmanagementhandbuch soll alle Regelungen enthalten, die umgesetzt sein müssen, damit das Gesamtsystem funktionieren kann. Es umfasst die Vorgabedokumente, die sich auf die Normforderungen beziehen, ebenso wie die konkreten Prozess- bzw. Verfahrensbeschreibungen oder Arbeitsanweisungen. Das Qualitätsmanagementhandbuch (QMH) ist in einigen Teilen auch dazu geeignet, die Organisation, ihre Struktur und ihre Leistungen nach außen darzustellen. Aus diesem Grunde wird oft zwischen internem und externem Handbuch unterschieden. Das externe Handbuch umfasst i.d.R. neben einer allgemeinen Einleitung die Regelungen zum Führungssystem und zum Qualitätsmanagementsystem. Das interne QMH beschreibt die Grundsätze zur Prozesslenkung, zum Prozessmanagement und zum kontinuierlichen Verbesserungsprozess. Darüber hinaus werden die Prozesse von Überwachung, Messung und Analyse erläutert und die Verfahren der Ermittlung von Kund/inn/enanforderungen, -zufriedenheit und -dokumentation dargelegt. Neben internem und externem Handbuch gehören zur Vorgabedokumentation natürlich auch die Prozess- und Verfahrensbeschreibungen sowie ggf. erforderliche Arbeitsanweisungen. Die Vorgabedokumente führen dazu und geben Anweisung dafür, wo über die Leistungsprozesse in welcher Form Aufzeichnungen geführt werden müssen. Die Aufzeichnungen über die sozialen Dienstleistungsprozesse und über die Arbeit mit Klient/inn/en werden in der Praxis immer wieder mit dem Begriff „Dokumentation" bezeichnet. In der QM-Terminologie sind dies aber die Aufzeichnungen, wie sie in der folgenden Grafik auf der untersten Ebene aufgeführt sind (Abb. 42).

Für das Qualitätsmanagementsystem und für die systematische Verwendung von Dokumenten des Systems ist eine eindeutige Kennzeichnung aller Dokumente wichtig. Im ISO-Jargon wird dies mit dem Begriff „Lenkung von Dokumenten" bezeichnet, wenn dafür gesorgt wird, dass jede/r Mitarbeitende zu jeder Zeit die richtigen und aktuellen Dokumente zur Verfügung stehen hat.

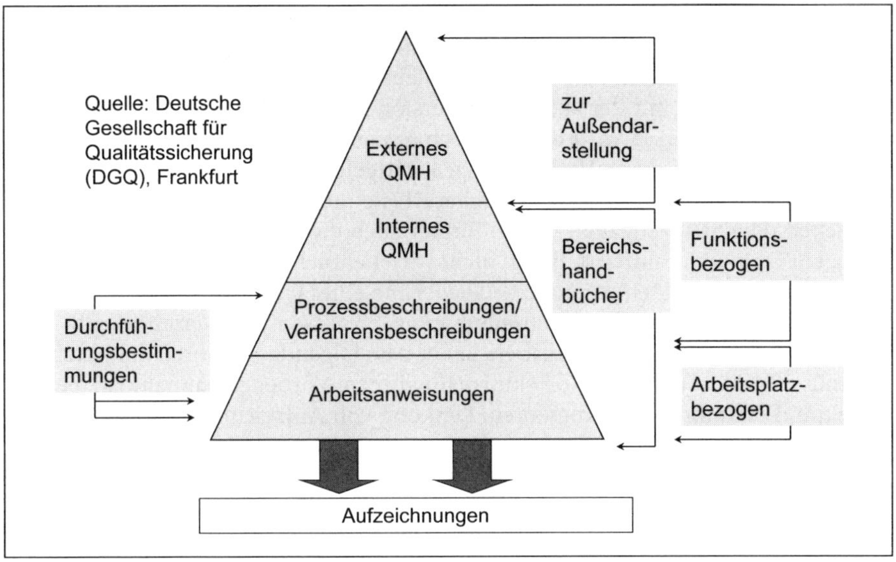

Abb. 42: Aufbau einer Qualitätsdokumentation

Um diese Lenkung sicherzustellen, hat sich bewährt, eine Handbuchseite nach einem immer gleichen Schema aufzubauen. Jede Organisation kann dieses selber gestalten. Sie muss dabei beachten, so viele Informationen in den Seitenaufbau aufzunehmen wie nötig und so wenig wie möglich, um das Ziel der Eindeutigkeit der Informationen und der Übersichtlichkeit sicherzustellen.

Geltungsbereich: Haus A	QMH	Organisation: Lebenshilfe XY
QMH-Kap.: I.1	Externes QMH 1. Einleitung	
Version: A 09/08	Leitbild	
Seite 1 von 5		

Genehmigt durch: Geschäftsführung	Genehmigt am: 10.9.2008	Gültig ab: 10.9.2008

Abb. 43: Lenkungsinformationen einer Handbuchseite

Die Lenkungsinformationen sollten Hinweise darauf enthalten, für welche Organisation (rechts oben) und für welchen Organisationsteil (links oben) das Dokument gilt. Darüber hinaus sind systematische Kennzeichnungen erforderlich wie Kapitelnummer (2. Zeile links), Gliederungsüberschrift (2./3. Zeile Mitte), Versionsnummer (3. Zeile links) und Angabe der Seitenzahlen. Bei der Versionsangabe ist darauf zu achten, dass die Versionen so gekennzeichnet werden, dass für Mitarbeitende erkennbar ist, ob sie mit der aktuellsten Version arbeiten. Bei Intranetlösungen für die QM-Dokumentation wird dies dadurch gesteuert, dass die Dokumente zentral ausgetauscht werden, wenn Veränderungen stattgefunden haben. In Papierhandbüchern muss dies über eine stets verfügbare Liste der aktuell gültigen Dokumente geschehen. Die Seitenangaben sollten immer auch die Angabe enthalten, wie viele Seiten ein Dokument umfasst, damit nicht versehentlich nur Teile genutzt werden.

In der Abb. 44 wird eine mögliche Gliederung eines QMH aufgezeigt.

Für Art und Umfang der Beschreibung von Prozessen und Verfahren gibt es in der DIN EN ISO 9001 keine Vorgaben, außer dass folgende Verfahren dokumentiert sein müssen: Internes Audit, Korrekturmaßnahmen, Vorbeugemaßnahmen, Fehlerkorrektur, Lenkung von Dokumenten, Lenkung von Aufzeichnungen und das Managementreview.

In vielen der genannten Dokumente wird in der Praxis auf so genannte mitgeltende Unterlagen verwiesen. Diese können neben Formularen und Checklisten auch Konzepte, gesetzliche Vorgaben oder Vorgabedokumente externer Stellen sein, die genutzt werden müssen. Die mitgeltenden Unterlagen werden i.d.R. in Vorlagensammlungen oder via Intranet zur Verfügung gestellt, damit alle Mitarbeitenden darauf stets zugreifen können.

Der Aufbau der QM-Dokumentation ist eine wichtige, den gesamten Aufbau- und Weiterentwicklungsprozess begleitende Tätigkeit. In der Praxis ist zu beobachten, dass oft viel mehr an Dokumenten entwickelt wird, als für eine Zertifizierung erforderlich ist und als für die Qualitätssteigerung in der Praxis sinnvoll ist. Beschrieben und damit definiert werden sollten die Prozesse, die direkt qualitätsrelevant gegenüber Kund/inn/en und Klient/inn/en sind. Dies gilt auch für QM-Dokumentationen, die nicht an der ISO ausgerichtet sind. Darüber hinaus sind solche Prozesse sinnvoll zu beschreiben, die besondere Risiken beinhalten, die Einhaltung besonderer fachlicher Standards erfordern oder durch große Handlungsunsicherheit geprägt sind. Bei der Entwicklung von Formularen sollte darauf geachtet werden, immer wenn es möglich ist, auf ein neues Formular zu verzichten, wenn ein vorhandenes z.B. durch kleine Änderungen für mehr Anwendungsfälle genutzt werden kann.

Gliederungsmöglichkeit für ein QMH

I. Externes QMH
   1. Einleitung
      a. Kurzbeschreibung der Einrichtung
      b. Leitbild, Organigramm
      c. Geltungsbereich, Inkraftsetzung, Aufbau, Ausgabe, Änderung des QMH
      d. Definition von Kunden, Auftraggebern, Lieferanten
      e. Übersichtslisten, z.B. Bezüge QMH-Kap. zu Norm-Kap.
   2. Führung
      a. Q-Politik, Q-Ziele, Q-Planung
      b. Verantwortungen, Befugnisse,
      c. interne Kommunikation, Besprechungswesen
      d. Mitarbeiterbezogene Führungsprinzipien
      e. Strategie, Vernetzung, Partnerschaften
      f. Vertragswesen
      g. Managementreview
   3. Qualitätsmanagementsystem
      a. Aufbau der Qualitätsdokumentation
      b. Dokumentenmanagement und -lenkung
      c. Aufbauorganisation des QMS: Gremien und Arbeitsgruppen, QMB

II. Internes QMH
   1. Grundsätze von Prozesslenkung, -management und KVP
      a. Prozesslandschaft/ -übersicht
      b. Prozesslenkung
      c. Projektmanagement
      d. KVP, Korrektur- und Vorbeugemaßnahmen
   2. Überwachung, Messung, Analyse
      a. Interne Audits
      b. Fehlermanagement
      c. Statistiken, Mess- und Kennzahlen
      d. Überwachung von Messmitteln
   3. Ermittlung von Kundenanforderungen, -zufriedenheit und -dokumentation
      a. Gesamtprozess Erhebung und Auswertung von Kundenrückmeldungen
      b. Ermittlung der Kundenanforderungen
      c. Ermittlung der Kundenzufriedenheit
      d. Beschwerdemanagement
      e. Grundsätze der Dokumentation erbrachter Dienstleistungen
      f. Umgang mit Kundeneigentum

III. Prozessbeschreibungen (Beschreibung von qualitätsrelevanten Prozessen nach einem einheitlichen Schema, gegliedert nach:
   1. Kernprozessen und deren Teilprozessen
   2. Managementprozessen und deren Teilprozessen
   3. Unterstützenden Prozessen und deren Teilprozessen

IV. Arbeitsanweisungen

Abb. 44: Mögliche Gliederung eines Qualitätsmanagementhandbuches, orientiert an den Forderungen der DIN EN ISO 9001

7 Bausteine im Qualitätsmanagement mit unmittelbar sozialarbeiterisch-fachlicher Wirkung

Wolfgang Cohnen

Im Kap. 6 wurden die Elemente näher erläutert, die in einer Organisation der Sozialen Arbeit im Kontext von Qualitätsmanagement dazu beitragen können, die Organisationsentwicklung voranzutreiben. Diese sind wichtig, um den Ermöglichungsraum für die Entfaltung sozialarbeiterischer Qualität zu schaffen. Dazu dienen u.a. auch das Prozessmanagement sowie die Arbeit mit Projekten. Organisationsentwicklung mit Einbezug von Prozessmanagement alleine gewährleistet aber noch nicht die umfassende Qualität Sozialer Arbeit.

Auf der Managementebene können die Strukturen geschaffen werden, damit die Fachkräfte ihre Arbeit möglichst optimal, an definierten Prozessen und an fachlichen Standards ausgerichtet, umsetzen können. Die fachlichen Vorgaben und Methoden müssen jedoch aus der Profession heraus kommen und sollten in das QM-System so integriert werden, dass die Arbeitsprozesse auf diese zurückgreifen, sie umsetzen und das QM-System durch sie angereichert wird.

Wichtige Unterstützung erhält das Qualitätsbestreben aus Methoden, die in der Sozialen Arbeit schon lange vor der Debatte um Qualitätsmanagement üblich waren. Dazu zählen sowohl die Supervision, die Konzeptentwicklung, die Teamarbeit als auch die Evaluation als Arbeitsansätze mit Qualität entwickelnder Wirkung. Deren Bezug zum und deren Einbindung ins Qualitätsmanagement wird im Folgenden kurz erläutert.

7.1 Einbindung fachlicher Standards

Laut Definition im Lexikon der Sozialwirtschaft ist ein Standard „eine einheitliche, anerkannte Art und Weise, eine Leistung oder ein Produkt herzustellen, oder eine einheitliche und anerkannte Verfahrensweise“ (Horcher 2008, 971). Der Begriff kann auch ein allgemein anerkanntes Ziel oder eine formale oder nicht formalisierte Regel meinen. In diesen Fällen spricht man eher von einer Norm. Ein Standard in einem bestimmten fachlichen Kontext ist ein Maßstab für eine Leistung, der sich durch wissenschaftliche Theorie oder wissenschaftlich begründete Praxis etabliert hat. Er dient als Maßstab für die Bewertung einer Leistung oder als Maßgabe für die Erbringung einer Leistung. Wenn ein solcher Standard durch formalisierte Gremien als Vereinbarung oder gar als Gesetz oder Verordnung festgeschrieben wird, spricht man von einer Norm. „Standards sind also immer auch Qualitätsanforderungen und Qualitätsbeschreibungen“ (Horcher 2008, 971).

Standards sind in vielen Bereichen der Produktion und Dienstleistungserstellung selbstverständlich. Dies gilt in vielen Bereichen auch für die Soziale Arbeit und angrenzende Tätigkeitsfelder. So existieren z.B. Standards im Bereich der Pflege (als so genannte Expertenstandards), deren Anwendung z.B. im SGB XI § 113a gesetzlich geregelt ist. Für die Entwicklung der Standards gibt es eine vom Bundesgesundheitsministerium genehmigte und veröffentlichte Verfahrensordnung. Entwickelte Standards müssen im Bundesanzeiger als verbindliche Regel veröffentlicht werden und sind ab dann für alle betroffenen Einrichtungen zwingend anzuwenden.

Ein vergleichbares Verfahren gibt es für die Soziale Arbeit zwar nicht, dennoch existieren an vielen Stellen fachliche Standards, die in der täglichen Arbeit berücksichtigt und ins Qualitätsmanagementsystem einbezogen werden sollten und z.T. auch von Kostenträgern hinsichtlich der Anwendung eingefordert werden.

Die Nutzung von Standards in der Sozialen Arbeit geschieht prioritär auf der Basis der Anforderungen und Erwartungen der Adressat/inn/en und dem damit verbundenen Grad der Erfüllung der Anforderungen dieser Personen. Dabei stehen die Fachkräfte in der Sozialen Arbeit in der Verpflichtung, den aktuell höchstmöglichen handlungsfeldspezifischen Qualifizierungsstand anzubieten und dadurch die Effektivität des eigenen beruflichen Handelns anzustreben sowie möglichst auch nachzuweisen. Durch die Anwendung von Standards ergeben sich weitere Chancen der Qualitätssteigerung und Professionalisierung der Sozialen Arbeit. Standards bieten Maßstäbe zur Bewertung der fachlichen Arbeit und helfen, arbeitsfeldspezifische Mängel zu beheben. Wenn sie allgemein anerkannt sind, verbessern sie die Legitimation Sozialer Arbeit und erleichtern den Dialog mit den Verantwortlichen für die betriebswirtschaftliche Steuerung in der jeweils eigenen Einrichtung. Standards bieten auch eine Basis für die fundierte kritische Auseinandersetzung mit aktueller Sozialpolitik und Sozialgesetzgebung und es kann versucht werden, sie dort einzubringen.

Standards entwickeln sich in der Sozialen Arbeit dort, wo erkannt wird, dass auf Problemlagen nicht adäquat und zuverlässig reagiert wird oder wo Regelungsbedarf durch am Leistungserstellungsprozess Beteiligte erkannt wird. Beispiele für solche Standards sind in unterschiedlichen Feldern der Sozialen Arbeit zu finden. So wurde ein Standard z.B. für Streetwork und mobile Jugendarbeit durch die entsprechende Landesarbeitsgemeinschaft in NRW erstellt. Für den Bereich des Kinderschutzes wurde von Deutschen Jugendinstitut im Auftrag des Bundesministeriums für Familie, Senioren, Frauen und Jugend das Handbuch Kindeswohlgefährdung herausgegeben, das als Standard für die Arbeit im ASD bewertet werden kann. Neben wichtigen Hintergrundinformationen zur Problematik enthält es Hinweise zum Handeln für Mitarbeitende des Allgemeinen Sozialen Dienstes. Im Bereich des Case Management wurde z.B. ein Standard für die Ausbildung entwickelt (vgl. DGCC 2009) sowie vom Deutschen Verein für öffentliche und private Fürsorge ein Praxisstandard für das Fallmanagement veröffentlicht (vgl. DV 2004). Für die Ausbildung in Sozialer Arbeit existiert ein Qualifikationsrahmen Soziale Arbeit, der vom Fachbereichstag Soziale Arbeit verabschiedet wurde und der als Standard für die Ausbildung im Rahmen von Bachelor- und Masterstudiengängen in Deutschland als Selbstverpflichtung der Mitglieder angewendet wird.

In jedem QM-System sollten vorhandene fachliche Standards bei der Entwicklung von Prozessen herangezogen werden, um sich zu vergewissern, dass die eigene Herangehensweise an die Leistungserstellung dem Stand der Wissenschaft entspricht. Als mitgeltende Unterlagen können die Standards in das QM-System aufgenommen werden, wenn sie für die Mitarbeitenden selbständig erschließbar sind. Ist dies nicht der Fall, erfordert die Integration ins QMS eine Schulung der Mitarbeitenden in den Standards, da sonst nicht von ihrer Berücksichtigung ausgegangen werden kann.

Ein typischerweise in der Sozialen Arbeit eingesetzter Standard ist der jeweils geltende zur Hilfeplanung, wie ihn z.B. Kostenträger vorgeben. So haben unterschiedliche Bundesländer unterschiedlich tief geregelte Vorgaben dazu entwickelt. Soweit eine Einrichtung sich nicht auf die Vorgaben des Kostenträgers allein stützen will, muss sie den vorgegebenen Standard heranziehen und diesen in die eigene Prozessgestaltung integrieren. Ein Beispiel dafür befindet sich im Anhang des Buches. Es bezieht sich auf den Hilfeplanungsprozess im Verbund für psychosoziale Dienste GmbH in Mettmann und integriert den Hilfeplanungsstandard des Landschaftsverbandes Rheinland (vgl. http://www.lvr.de/soziales/wohnen_freizeit_behinderung/hilfeplanung, Abruf vom 27.7.2009).

Da, wo keine extern vorgegebenen oder empfohlenen Standards existieren, sollten im Rahmen der Qualitätsentwicklung bei Bedarf eigene ausgehandelt werden. Entscheidet man sich für eine Professionalisierung durch vermehrte Aushandlung und Selbstermächtigung bedeutet Qualitätsentwicklung die Kompetenz, mit Kolleg/inn/en der eigenen Einrichtung ein fachliches und anschlussfähiges Qualitätsverständnis und -vorgehen im Sinne einer Standardentwicklung zu diskutieren und entwickeln. Dies heißt auch, mit Vertreterinnen und Vertretern der verschiedenen Anspruchsgruppen Aufgaben, Ziele und effektiv erscheinende Vorgehensweisen der Arbeit auszuhandeln und möglicherweise die verschiedenen Akteure in Kommunikation miteinander zu bringen. Es erfordert, im Prozess der Leistungserbringung flexibel und situativ, gemeinsam mit den Nutzer/inne/n der Arbeit die optimale Vorgehensweise immer wieder neu auszuhandeln und zu vereinbaren. Standards, ob fremd- oder selbstentwickelt, bieten dafür einen Rahmen. Letztlich muss im Dialog mit dem Klient/inn/en die konkrete Handlungsentscheidung getroffen werden. Die ausschlaggebenden Kompetenzen von Mitarbeitenden sind in diesen Fällen z.B. die Fähigkeiten zur Aushandlung und Konfliktvermittlung, zur Kritikfähigkeit und Flexibilität bei gleichzeitiger Wahrung der fachlichen Positionen, Ergebnisorientierung sowie die Einhaltung institutioneller und vertraglich ausgehandelter Mindeststandards. Die Arbeit mit und nach fachlichen Standards lebt von Beteiligung, Transparenz und Öffentlichkeit und macht weitere Kompetenzen erforderlich. Dazu gehören der Umgang mit dem Beschwerdemanagement, die Methoden zur Befragung der Nutzer/innen und anderer Anspruchsgruppen ferner die Dokumentation der eigenen Arbeit. Diese Instrumente dienen dazu, die einmal vereinbarten oder angenommenen Standards kontinuierlich auf ihre Wirkung und ihren Nutzen zu überprüfen und sie bei Bedarf zu verändern.

7.2 Supervision

Die Geschichte der Supervision zeigt, dass sie ein originäres Instrument der Sozialen Arbeit ist, das dem jeweiligen Arbeitsfeld angepasst wurde. Darüber hinaus wurde Supervision explizit zum Zweck der Überprüfung der Arbeitswirkungen und der Leistungsfähigkeit der Sozialen Arbeit eingeführt. Neben Dokumentation, Selbstreflexion, Fallbesprechung, kollegialer Beratung und Selbstevaluation ist auch Supervision anschlussfähig an die Fachlichkeit Sozialer Arbeit. Supervision lässt sich damit als ein Instrument zur Qualitätsentwicklung der Sozialen Arbeit bezeichnen. Sie war in ihrer ursprünglichen Form ebenso für eine Verbesserung und Kontrolle des beruflichen Handelns und der institutionellen und der sozioökonomischen Bedingungen wie auch für die Verbesserung und Kontrolle der Wirkungen Sozialer Arbeit auf gesellschaftliche Faktoren konzipiert. Seit neuerem kristallisiert sich der Begriff der Organisationssupervision in Abgrenzung zum bisher weit gehend dafür verwendeten Wort der Teamsupervision heraus. Die Organisationssupervision zeichnet sich dadurch aus, dass an ihr „ein oder mehrere Subsysteme einer Organisation“ teilnehmen, ohne dass sie unbedingt einem Team angehören oder „durch eine konstante äußere Form gekennzeichnet“ sind (Berker 1998, 312 ff.). In ihr liegt der Fokus zwar auf den Teilnehmer/inne/n; es erfolgt jedoch eine Auseinandersetzung mit der Gesamtorganisation. Nach Berker sind mögliche Ziele einer Organisationssupervision eine Personal- oder Rollenentwicklung (als Qualifizierung), eine Projekt- und Konzeptentwicklung (z.B. für Kooperationen und Dienstleistungen), eine Organisationsentwicklung mittels der Arbeit an der Organisationskultur, die Teamsupervision im Sinne einer Selbstreflexion unter Beachtung der institutionellen Rahmenbedingungen oder die Reflexion der Qualität von Arbeitsabläufen (z.B. Fall- und Prozessbearbeitung). Exemplarisch für viele Ansätze von Supervision wird hier die systemische Supervision angeführt, weil durch die systemtheoretische Orientierung der Kontext zum Organisations- und Umweltbezug implementiert ist. Es ist sicher den systemischen Ansätzen zu verdanken, dass verstärkt in Theorie und Praxis der Blick auf die Kommunikation und Systembildung gerichtet wird. Die Bereitstellung von Supervision ist nötig, weil in der Komplexität und Wechselseitigkeit „von Strukturen und Beziehungen im psychosozialen Bereich jedes Handeln mehr nicht intendierte Wirkungen hat als intendierte“ (Müller u.a. 1995, 68 ff.). Dies macht häufig ein Überprüfen der Arbeit, des Vorgehens und seiner Wirkungen nötig, was durch Supervision geschehen soll. Als weitere Zielsetzungen einer Supervision werden benannt:

- das Herstellen einer adäquaten Beziehung zwischen der Gesamtaufgabe der Organisation und ihrer Organisationsstruktur;
- die Erhaltung und Optimierung … der Arbeitsfähigkeit des Teams und
- die Qualifizierung der Kooperationskompetenzen seiner Mitarbeiter sowie
- die „systematische Anleitung zum institutionellen erfolgreichen Umgang mit Unsicherheiten“, d.h. einer „Entwicklung von Fehlerfreundlichkeit“ (Müller 1995, 68 ff.).

In den letzten Jahren ist das Bewusstsein dafür gewachsen, dass es einen Zusammenhang zwischen Inhalt der Arbeit und Organisationsgestaltung gibt. Ergebnis und Qualität hängen nicht allein von der Fachkompetenz der Personen ab, sondern sind in hohem Ausmaß von den organisatorischen Rahmenbedingungen abhängig. Systemische Supervision nutzt 1. zirkuläre Fragetechniken, weil sie Beziehungen erschließen und öffnend wirken, damit unterschiedliche Sichtweisen und Wirklichkeitskonstruktionen anregen, 2. hypothetische Fragen, weil sie Funktionen von Problemen sowie Kosten-Nutzen-Relationen sichtbar machen, 3. Unterscheidungsfragen, weil sie die Aufmerksamkeit von diffusen Eindrücken und Gefühlen auf konkrete Handlungszusammenhänge lenken, 4. Merkmalsfragen, weil sie auf die Handlungsebene lenken und auch konkrete Erfolgskriterien formulieren lassen (vgl. Scala u.a. 2002). Die verwendeten Frageformen dienen nicht einer ausschließlichen Datenerhebung, sondern vor allem als Instrument, um den Supervisanden/die Supervisandin dazu anzuregen, neue Perspektiven zu entwickeln. Im Sinn der Erweiterung der Problemsicht dient das Fragen zur Diagnose und als Intervention. Um Supervision als Instrument der Qualitätsentwicklung einzurichten, ist es notwendig, in die Information über das Instrument und Aufklärung über Sinn und Zweck im Rahmen des Qualitätsmanagements zu investieren. Prozess- und Verfahrensbeschreibungen zum Einsatz der Supervision und die Verknüpfung der Supervision mit einzelnen Leistungsprozessen im Unternehmen gehören im QM-System hinein, ebenso wie Regeln zur Auswahl, Beauftragung und Durchführung der Supervision sowie zur Evaluation der Supervision. Supervisor/inn/en sind qualitätsrelevante Lieferanten für eine Organisation Sozialer Arbeit und sollten in diesem Zusammenhang z.B. in die Lieferantenbewertung einbezogen werden. In Sinne der Qualitätsentwicklung sollten Fragen wie die folgenden geklärt werden:

- Wie kann ein informierter, bewusst gehandhabter Einsatz von Supervision in der Organisation sichergestellt werden?
- Was sind ihre Möglichkeiten, wo ihre Grenzen?
- Welche Formen und welche Settings sind sinnvoll anwendbar?

Außerdem müssen sorgfältig die Grenzen zwischen Supervision, Qualifizierung und Weiterbildung, Therapie und Organisationsberatung benannt werden. Ein besonderes Augenmerk liegt auf der Vertragsgestaltung mit dem Ziel, supervisionsgeeignete Problemstellungen zu identifizieren und eine adäquate Konstruktion des Supervisionssettings herbeizuführen. Dabei muss die Grenze zwischen Vertraulichkeit im Supervisionssetting und dem erwarteten Nutzen für die Organisation definiert und kommuniziert werden. Einerseits muss Supervision in einem Rahmen des Vertrauensschutzes stattfinden, andererseits müssen wichtige Erkenntnisse daraus für den Qualitätsentwicklungsprozess nutzbar gemacht werden. Mögliche Instrumente dafür könnten das Vorschlags- oder Beschwerdewesen sein, das Mitarbeitenden die Möglichkeit gibt, Erkenntnisse, die in der Supervision entstanden sind und zur Verbesserung beitragen können, über diesen Weg zu kommunizieren.

7.3 Konzeptentwicklung

Konzepte sind wesentlicher Bestandteil einer fachlich orientierten Pädagogischen und Sozialen Arbeit. Sie lassen sich als Steuerungsinstrument eines Arbeitsbereiches oder einer Organisation bezeichnen. Konzepte basieren auf einer möglichst umfassenden Analyse des Arbeitsfeldes sowie der sozialen Lage, der Bedürfnisse und des Lebensumfeldes ihrer Adressat/inn/en. Daraus können wiederum klare Ziele und konkrete Handlungsstrategien abgeleitet werden. Grundsätzlich können nach Graf (vgl. Graf 2008, 47 ff.) vier Bausteine auf dem Weg zum Konzept benannt werden:

1. Grundlagen: Konzepte basieren auf einem gemeinsam entworfenen Leitbild. In diesem ersten Arbeitsschritt soll erarbeitet werden, an welchen Grundwerten und Grundüberzeugungen sich die Soziale und die Pädagogische Arbeit in den jeweiligen Einrichtungen ausrichten sollen und welche Ideen von einer wünschenswerten Zukunft die gemeinsame Arbeit leiten können. (Auf die Rolle des Leitbildes im Qualitätsmanagement wurde im Kap. 6.3 bereits ausführlich eingegangen.)
2. Bestandsaufnahme: Konzepte berücksichtigen den gegenwärtigen Gesamtzustand der Arbeit und des Arbeitsumfeldes. Deshalb sollen in dieser Phase möglichst viele unterschiedliche Sichtweisen zusammengetragen werden. Ziel dieser Einheit ist es, theoretische und wissenschaftliche Erkenntnisse mit den praktischen Erfahrungen der einzelnen Teilnehmer/innen der Konzeptentwicklung in ihrem Arbeitsfeld zu verbinden. Diese Bestandsaufnahme ist auch am Anfang eines Qualitätsmanagementprozesses notwendig. Einerseits muss dabei erfasst werden, welche Regelungen in der Organisation bereits getroffen sind. Andererseits muss festgestellt werden, wo es Verbesserungsbedarfe gibt. Die Bestandsaufnahme sowohl für das QM als auch für die Konzeptarbeit haben große Überschneidungen. Aus diesem Grunde sollte eine Konzeption immer verzahnt mit dem QM erstellt werden, auch wenn sie für einen Teil eines Unternehmens erstellt wird.
3. Ziele und konkrete Umsetzung: Konzepte legen nicht nur die Ziele fest, sondern machen auch Aussagen darüber, mit welchen Schritten, Angeboten und Methoden diese erreicht werden sollen. In diesem Abschnitt werden ausgehend von den Leitbildern und der Bestandsanalyse Gesamtziele und Teilziele für den jeweiligen Arbeitsbereich entwickelt. Ziel ist es, festzulegen, welche Ergebnisse mit welchem Vorgehen zukünftig erreicht werden sollen. Die Verbindung zum QM ist auch hier sehr stark gegeben. Bei der Entwicklung des QM werden die Qualitätsziele festgelegt sowie Ziele für alle festzuschreibenden Prozesse definiert. Diese Ziele aus dem QM müssen selbstverständlich mit konzeptionellen Zielen kompatibel sein, da die Energie der Organisation sonst nicht sinnvoll gelenkt werden kann. Verändern sich konzeptionelle Ziele, müssen auch Qualitätsziele nachgesteuert werden, und umgekehrt.
4. Evaluation: Konzepte berücksichtigen auch, ob sich die definierten Ziele und Methoden in der Praxis bewähren. Somit sind sie situationsbezogen und handlungsorientiert. Evaluation ermöglicht eine professionelle, fachlich fundierte Arbeit

und eine Reflexion der Praxis. Im Kap. 7.5 wird näher auf das Thema Evaluation im Kontext von QM eingegangen. Allgemeine Regeln der Evaluation müssen auch hinsichtlich der Konzepte beachtet werden, um zu prüfen, ob sich konzeptionelle Vorstellungen und daraus abgeleitete Maßnahmen bewährt haben. Konzeptionelle Überlegungen sind in der Sozialen Arbeit von elementarer Bedeutung. Unter Konzeptionen versteht man Grundsatzdokumente einer Organisation, welche Richtlinien oder Leitideen für konkrete Planungen und Entscheidungen aufstellen, ohne diese bereits festzulegen oder vorwegzunehmen. Für Entwürfe neuer Maßnahmen oder Projekte, sei es im Rahmen einer bestehenden Organisation, die dadurch ihre Tätigkeit ausweiten will, oder als Vorhaben einer Initiativgruppe, die sich für einen Zweck gebildet hat, wird der Begriff Konzept vorgeschlagen. In der Praxis werden die Begriffe Konzeption und Konzept häufig synonym gebraucht. Bei einer Konzeption für eine einzelne Einrichtung besteht der Hauptinhalt in der Beantwortung der Frage: Für wen soll was wie angeboten werden? Da diese Inhalte zielgruppen- und arbeitsfeldspezifisch sind, lässt sich eine allgemein gültige Gliederung kaum erstellen.

Eine sehr praxisnahe Veröffentlichung liegt von Pedro Graf und Maria Spengler vor (vgl. Graf 2008, 100 ff.). Folgende Aspekte sind grundlegend bei der Konzeptentwicklung zu bedenken:

1. Die vorgegebenen Rahmenbedingungen: Umfeld, Sozialstruktur, Einzugsgebiet der Einrichtungen? Welche Räumlichkeiten stehen zur Verfügung? Welcher Personalschlüssel ist möglich? Frei verfügbare Finanzen?
2. Die Zielgruppe der Einrichtung: Bedürfnisse, Erwartungen, Problemlagen der Adressat/inn/en? Ist die zu erstellende Konzeption Teil einer Gesamtkonzeption eines bestimmten Trägers? Was sind die gesetzlichen Grundlagen der geplanten Arbeit?
3. Die inhaltliche Konzeption: Handlungsziele und die damit verbundenen pädagogischen, psychologischen, ethischen und methodischen Prinzipien? Welche Angebote oder Programme resultieren daraus? Kooperation und Vernetzung mit anderen Einrichtungen und dem Umfeld der Einrichtung? Beteiligung an Gremien, Arbeitskreisen?
4. Organisatorische Voraussetzungen: Öffnungszeiten? Raum- und Funktionsprogramm? Mitarbeiterteam: Aufgabenverteilung, Kooperation und Kommunikation? Entscheidungsstrukturen und -prozesse in der Einrichtung; Beteiligung der Adressat/inn/en? Hausordnung, Regeln, Vorschriften, interne Vereinbarungen?
5. Instrumente der Qualitätssicherung und -entwicklung: Neben dem strukturellen Aufbau einer Konzeption spielt natürlich die inhaltliche Dimension eines Konzepts eine große Rolle. Dazu schlägt Pedro Graf eine Checkliste unter der Überschrift „die 9 Ws“ vor, die in Abb. 45 dargestellt sind.

Viele der hier angeschnittenen Punkte sind auch Gegenstand eines Unternehmensleitbildes. Im Rahmen des QM-Aufbaus sollte folglich darauf geachtet werden, dass Leitbild und Konzept an den Stellen, wo es sinnvoll ist, übereinstimmen oder zumindest kompatibel sind, um Widersprüche zu vermeiden und den Mitarbeitenden eine klare, stringente Handlungsorientierung zu bieten. Überall da, wo unter dem

1. **Wer sind wir?**
   Wie setzen wir uns zusammen?
   Welche Rechtsform und Organisationsstruktur haben wir bzw. wollen wir uns als Projektträger geben?
2. **Warum wollen wir etwas tun?**
   Welche Notlagen, Probleme, Missstände, Defizite fordern uns heraus?
   Welchen Bedarf wollen wir abdecken?
3. **Für wen bzw. mit wem wollen wir etwas tun?**
   Welches sind die Adressaten, Zielgruppen unseres Vorhabens?
4. **Wozu wollen wir etwas tun?**
   Was ist unser Ziel?
   Was wollen wir erreichen?
5. **Was wollen wir tun?**
   Welche Leistungen wollen wir erbringen, welche Einrichtungen schaffen, welche Veranstaltungen durchführen bzw. welche Programme anbieten?
6. **Wie wollen wir arbeiten?**
   Mit welchen Arbeitsformen, Methoden, Vorgehensweisen?
7. **Wo soll unsere Arbeit stattfinden?**
   An welchem Standort und für welches Umfeld?
   In welchen Räumen?
8. **Durch wen soll die Arbeit geschehen?**
   Welches Personal brauchen wir dafür?
   Was soll die Aufgabe der einzelnen Mitarbeiter sein?
9. **Womit wollen wir arbeiten?**
   Welche sachlichen und finanziellen Mittel brauchen wir dafür?

Abb. 45: Die 9 Ws für ein Konzept (Quelle: Graf 2008, 113 f.)

Dach eines Unternehmens mehrere Einrichtungen geführt werden, sind auch mehrere Konzepte erforderlich, die das Leitbild auf die einzelne Einrichtung hin konzeptionell transferieren. Aus Leitbild und Konzept leiten sich Angebots- und Handlungsmöglichkeiten ab. Gleichzeitig sind Organisationen und Fachkräfte der Sozialen Arbeit mit der Komplexität unterschiedlicher Anforderungen konfrontiert. Rahmenbedingungen und Abhängigkeiten des Feldes der Sozialen Arbeit, in dem ein Unternehmen tätig ist, setzen den Rahmen für konzeptionelle Möglichkeiten. Zu diesen das Konzept beeinflussenden Rahmenbedingungen gehören z.B. die gesellschaftlich anerkannte Notwendigkeit einer sozialen Dienstleistung, die sozial- und förderrechtlichen Grundlagen zur öffentlichen Mitfinanzierung, die politischen Mehrheitsentscheidungen zum Aufbau einer entsprechenden Infrastruktur, steuerrechtliche Entscheidungen zu Körperschafts-, Gewerbe- und Umsatzsteuer sowie klar definierte Kriterien zur Wettbewerbsbeschränkung sowie Organisations- und Missionsziele, die von einer Mitgliedschaft, den Spender/innen, den Förderinnen und Förderern, den Finanzgebern, der Leitung und den Mitarbeiter/inne/n getragen werden. Das Konzept ist auch abhängig vom Image, das eine Organisation sich gibt und das darüber hinaus von Politik, Sozialraum und Nutzer/inne/n positiv anerkannt wird, sowie vom Management einer Einrichtung. Die Ausgestaltung eines Konzeptes variiert in Abhängigkeit davon, wie Transparenz in der Wirtschaftlichkeit, Qualitätsentwicklung in der Fachlichkeit und Authentizität in den Organisationszielen gewährleistet sind. Ein Konzept kann nicht unabhängig von Zielen politischer und gesellschaftlicher Einflussnahme auf soziale Entwicklungen und von einer Betriebs- bzw. Organisationskultur sein, die den unterschiedlichen Anspruchsgruppen („stakeholder") die Möglichkeit bietet, Identifikation und Bindung zu entwickeln. Konzepte sind, wie an den Ausführungen deutlich geworden ist, integraler Bestandteil der Qualitätsentwicklung und des Qualitätsmanagements.

7.4 Teamarbeit

Eine umfassend verstandene Qualitätsentwicklung fördert Kommunikation und Zusammenarbeit der unterschiedlichen Akteure innerhalb der Organisation und in Netzwerken. Dies bedeutet, dass Personen sich auch in bisher unbekannten Arbeitszusammenhängen bewegen sollen. Dies ist für viele soziale Organisationen und Institutionen, aber auch für viele Fachkräfte in der Sozialen Arbeit eine neue Erfahrung. Qualitätsmanagement umfasst somit auch die Aufgabe, die Entwicklung von Teamarbeit zu initiieren und zu fördern. Teams, so wird angenommen, arbeiten besser und schneller und lösen vor allem die Begrenztheit des Wissens Einzelner. Hinter der Teamarbeit steckt die Erkenntnis, dass eine Gruppe, die es gelernt hat, als Team zusammenzuarbeiten, bei der Durchführung komplexer Aufgaben wesentlich größere Erfolge erzielt, als wenn Einzelne ein Problem angehen. Das Werden eines Teams – wozu das Teamlernen sowie die Fähigkeit zur Selbstorganisation gehören – sind prozessual zu begreifen. Die qualitative Leistung eines Teams entsteht aus einem optimalen Zusammenspiel der Personen, Standpunkte, Fähigkeiten und Kenntnisse. Das Produkt daraus ist eine eigenständige Qualität, denn es ist mehr als nur die Summe der Einzelleistungen. Es sind Ergebnisse, die sich aus der Dynamik eines positiven Zusammenwirkens ergeben. Dass dies allerdings zur Qualität wird, ist nicht selbstverständlich. Willkürlich zusammengewürfelte Teams produzieren eher Konflikte als Qualität. Qualitativ gute Teamarbeit ist bestimmt durch Umsetzung inhaltlich herausfordernder Ziele, die sich aus gemeinsamen Leitideen ergeben. Solche Ziele müssen einen hohen Adressat/inn/enbezug haben. Ohne solche Ziele sind Teams lediglich gruppenbezogene Arbeitsformen, die Gefahr laufen, sich allzu sehr mit sich selber zu beschäftigen, sich zu verzetteln und konfliktanfällig zu sein. Soll sich der Einsatz eines Teams und die Teamarbeit lohnen, wird für den Prozess des Aufbaus und der Einübung eine gewisse Zeit benötigt (Abb. 46).

Ein Team wird im Laufe seines Bestehens mehrere Phasen durchlaufen (vgl. Schneider 1995, 62 ff.): Kennzeichnend für die Initial- und Orientierungsphase (Forming) ist, dass noch kein Wir-Gefühl, sondern eher gegenseitiges Misstrauen vorherrscht. Der Einzelne sucht nach seiner eigenen Position in der Gruppe. Geprägt ist diese Phase von Unsicherheit, Angst, Abhängigkeit, geringer Übereinstimmung von Zielen und Arbeitsmethoden, dem Austesten von Verhaltensweisen und Versuchen, die Aufgaben, Ziele, Spielregeln usw. zu definieren. Die Konfrontations- und Konfliktphase (Storming) ist die kritischste Phase der Teamentwicklung. Hier erfolgt die Abgrenzung der einzelnen Aufgabenbereiche. Zu diesem Zeitpunkt finden die ersten Versuche des Aufeinander-Zugehens statt. Geprägt ist die Phase von

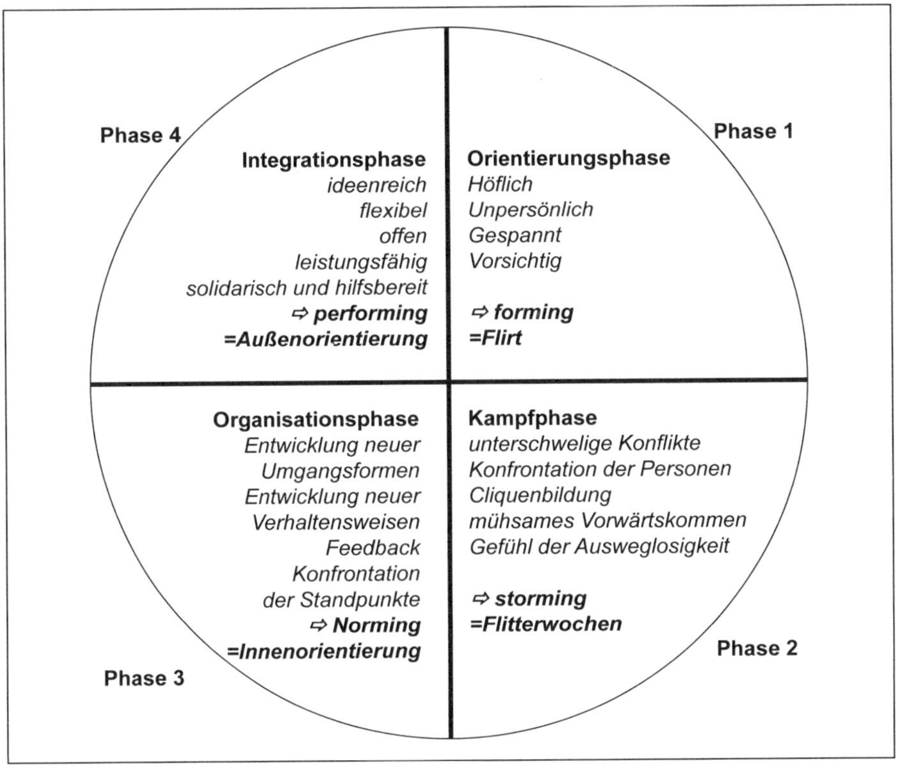

Abb. 46: Phasenmodell für Teams (Quelle: Haug 1998, 66)

Konflikten, Aufständen und Polarisierungen der Meinungen, wenig wechselseitigem Vertrauen, Machtkämpfen, gegeneinander gerichteten Aktionen, Verteidigung des eigenen Images sowie emotionalem Widerstand gegenüber der Aufgabe und der Vorgehensweise. Die Organisations- und Dialogphase (Norming) ist nun das Stadium des Strukturierens und Durchorganisierens. Es werden eigene Verfahrensweisen entwickelt, die Ziele werden klar festgelegt und eine eindeutige Aufteilung der Funktionen auf die einzelnen Teamteilnehmer hat stattgefunden. Geprägt ist diese Phase von der Entwicklung eines Wir-Gefühls, gemeinsamer Normen, Spielregeln und Rollendifferenzierungen. Kooperation, Unterstützung, offener Meinungsaustausch prägen diese Arbeitsphase ebenso wie eine sich entwickelnde identische Orientierung, ohne dass eine völlige Übereinstimmung in Sachfragen besteht. Insgesamt herrscht eine positive Grundhaltung zur Aufgabe und zum Team. Idealtypisch erreicht das Team dann die Integrations- und Konzeptionsphase (Performing), in der eine vollständige Identifikation des Einzelnen mit dem Team und seiner Zielsetzung stattfindet und ein ausgereiftes Zusammengehörigkeitsgefühl zu erkennen ist. Weiterhin ist ein ergebnisorientiertes Verhalten erkennbar. Das Hauptinteresse liegt somit im Lösen der Teamaufgabe, die den individuellen Erfolg einschließt. Der hohe Vertrauensgrad zwischen den Teammitgliedern führt zu einer gegenseitigen Stimulierung und Anregung sowie zu einer Vermittlung neuer Einsichten. Geprägt ist die Phase von der Aufgabenerfüllung durch aufgabenorientiertes Verhalten, das Teilen von Informationen und das Unterstützen von guten Ideen. Die Entwicklung von Kreativität, gegenseitiger Hilfe und Feedback fördern die volle Identifizierung mit dem Team und seiner Zielsetzung. Die Arbeit des Teams ist in dieser Phase auf dem Höhepunkt seiner Fähigkeiten angekommen. Sowohl in der fachlichen Sozialen Arbeit als auch in der Entwicklungs- und Pflegearbeit des QM ist Teamarbeit ein zentraler Bestandteil des Arbeitsalltags von sozialarbeiterischen Fachkräften. Prozesse, die quer zur Organisationsstruktur gestaltet sind, brauchen Teamarbeit in unterschiedlichsten Konstellationen. Qualitätszirkel und Steuerungsgruppen stellen Teams dar, die zielorientiert Aufgaben abwickeln sollen. Teamarbeit ist somit ein zentraler Bestandteil einer umfassenden Qualitätsarbeit. Insofern sollten in einem QM-System Regeln für die Teamarbeit sowie die wichtigsten Kommunikationswege festgelegt und beschrieben werden. Im QM sind Formen befristeter Teamarbeit insbesondere in Form von Qualitätszirkeln üblich. Teams, die befristet zusammengefunden haben, durchlaufen eine weitere Phase. Dies Auflösungsphase (Adjourning) wird geprägt von der Verabschiedung voneinander oder einer grundsätzlichen Neuorientierung, von der Überprüfung der Zielerreichung, des Gelernten, des Zeitablaufs, von typischen Aktivitäten wie Schlusspräsentationen, Abschlussberichten, Räumung von Büros und von einem möglichst positiven Ausklang. In der Auflösungsphase ist besonders die Vergewisserung über die Ergebnisse und das gegenseitige Feedback von Bedeutung, um später positiv in ein neues befristetes Team starten zu können. Das Phasenmodell des Teams versteht sich nicht als linearer Ablauf, sondern Phasen gehen ineinander über, überlappen sich, entwickeln sich zur vorherigen zurück (z.B. wenn ein neues Mitglied hinzukommt) und verlaufen auch in Schleifen.

Voraussetzung dafür, dass Teamarbeit stattfindet und sich Teams entwickeln können, ist, dass ein definierter, eigener Verantwortungsbereich mit eigenen Befugnissen und Ressourcen gegeben ist, innerhalb dessen sich Selbstorganisation und Selbststeuerung sowie ein kooperativer Stil der Teamleitung und Koordination entfalten können. Werden solche Rahmenbedingungen und Regeln der Gestaltungsfreiheit nicht entschieden, ist kein Teamcharakter gegeben. Die unter dem Aspekt „Führungsmodell im QM“ beschriebenen Aspekte helfen dabei, der Teamarbeit einen angemessenen Rahmen zu verschaffen. Zu förderlichen Rahmenbedingungen für Teamarbeit gehören:

- Bewusste Auswahl der Teammitglieder nach definierten Kriterien, wobei freiwilliges Mitarbeiten anzustreben ist,
- die Entscheidung über Kompetenzen, Budget und Handlungs- bzw. Entscheidungsspielräume von Teamleitung und Teammitgliedern,
- das Treffen von Maßnahmen zur Teamentwicklung und möglicherweise die Qualifizierung des Teams (z.B. zur Teamfähigkeit, Konflikt- und Kommunikationsfähigkeit),
- Förderung einer Organisationskultur gegenseitiger Wertschätzung und gegenseitigen Vertrauens,
- Verbindlichkeit in der Vertretung gemeinsam getroffener Entscheidungen nach außen,

- Verbindliche Einhaltung von Vereinbarungen,
- die Interpretation von Interessenunterschieden und Meinungsverschiedenheiten als Chance,
- Konstruktive Kritik und Feedback als Chance der (Selbst-)Reflexion,
- Information, Transparenz und Kommunikation,
- Dokumentation der Teamarbeit, insbesondere in Bezug auf Entscheidungen und Ergebnisse,
- die Vereinbarung von Konfliktlösungsstrategien,
- Organisation von Aufgaben und Festlegung von Verantwortlichkeiten. Die Teamgröße hängt von der Komplexität der Aufgabe ab und sollte zwischen drei und zehn Mitgliedern liegen, um die Selbststeuerungsfähigkeit als Gruppe aufrecht zu erhalten.

7.5 Evaluation

Das Substantiv Evaluation bedeutet „ungefähre Berechnung", „Abschätzung" oder „Einschätzung". Die Deutsche Gesellschaft für Evaluation gibt in ihren Standards für Evaluation folgende Definition: „Evaluation ist die systematische Untersuchung des Nutzens oder Wertes eines Gegenstandes. Solche Evaluationsgegenstände können z.B. Programme, Projekte, Produkte, Maßnahmen, Leistungen, Organisationen, Politik, Technologien oder Forschung sein. Die erzielten Ergebnisse, Schlussfolgerungen oder Empfehlungen müssen nachvollziehbar auf empirisch gewonnenen qualitativen und/oder quantitativen Daten beruhen." Dem Wort und dieser Definition nach ist Evaluation eine wertgebundene Handlung, d.h. sie dient der Beurteilung des Werts oder der Qualität einer Sache. Evaluation ist folglich keine wissenschaftliche Technik oder neutrale Fragestellung, die unabhängig von bestimmten Norm- und Wertvorstellungen existiert. Sie benötigt zumindest einen Vergleichsmaßstab, um eigene Bewertungen vornehmen zu können. Woher dieser Maßstab kommt und auf welchen Werten er gründet, ist eine Problematik eines jeden Evaluationsvorhabens. In der Sozialen Arbeit steht einer Maßnahme-Wirkungs-Beziehung keine entsprechende Ursache-Wirkungs-Beziehung gegenüber (vgl. Merchel 2001, 96 ff.). Unbestritten sind auch in der Sozialen Arbeit die Bemühungen, vorhandene Ressourcen wirtschaftlich zu nutzen und das Verhältnis von Aufwand und Wirkung kritisch zu reflektieren. In der Qualitätsdebatte gilt die Messbarkeit als Idealzustand. Wenn Messbarkeit sich auf quantitative Daten und Fakten bezieht, dann stellt sich die Frage, welche Wirklichkeit durch die Messungen abgebildet wird. Es muss gefragt werden, ob Messungen – auch durch Evaluation – den komplexen Kommunikationsprozessen im Allgemeinen und in sozialarbeiterischen Prozessen im Besonderen gerecht werden. Es ist also entscheidend, welche Qualität die Evaluation selber hat und wie spezifisch sie auf die soziale Organisation und die Arbeitsfelder der Sozialen Arbeit zugeschnitten ist. Evaluation hat nach Wottawa eine Erkenntnisfunktion (da wissenschaftliche und praktische Erkenntnisse bei Planung und Entscheidung hilfreich sind), eine Legitimationsfunktion (da Wirkungen nachgewiesen werden und die weitere Umsetzung der Arbeit gerechtfertigt werden soll) und eine Optimierungsfunktion (da neue Erkenntnisse der Verbesserung und weiteren Steuerung der Umsetzung dienen) (vgl. Wottawa 1998, 22). Evaluation kann aufgrund dieser Funktion dazu beitragen, eine bessere Entscheidungsgrundlage zu bieten, als es sie ohne sie gäbe. Eine absolute und wirklichkeitsadäquate Aussage hingegen kann von Evaluation nicht erwartet werden. Um die Leistungen der Organisation und auch eines einzelnen Arbeitsfeldes hinsichtlich der Struktur-, Prozess- und Ergebnisqualität bewerten zu können, werden Indikatoren benötigt. Dabei handelt es sich um Anhaltspunkte, die beobachtbare und/oder messbare Größen darstellen und sich aus wichtigen Aspekten der Qualitätsziele ableiten. Indikatoren werden für angestrebte Ziele und Teilziele formuliert. Da die Festlegung von Indikatoren für Messungen von den Zielen oder Teilzielen der jeweiligen Arbeits- und Organisationsbereiche abhängen, ist eine Beteiligung der Akteure bei der Entwicklung sowohl der Ziele als auch der Indikatoren von großer Bedeutung. Motivation und das Engagement der Mitarbeiter/innen, an der Evaluation konstruktiv mitzuwirken, erhöhen sich, wenn die relevanten Merkmale für eine Bewertung aufgestellt und methodisch sauber erfasst werden können. Meinhold und Matul schreiben dazu, dass durch Indikatoren die Wirklichkeit in Einheiten unterteilt wird und dabei zugleich in ihrer Komplexität erheblich reduziert wird. Folglich lassen sich „bedeutsame Merkmale und Ereignisse von sozialen Angeboten […] nicht ohne Verlust durch messbare, quantitative Indikatoren erfassen. Dies betrifft vor allem Ereignisse, in denen sich die Prozessqualität eines Angebots widerspiegeln könnte“ (Meinhold 2003, 21). Um systematisch Handlungsziele zu formulieren, die auch evaluiert werden können, wird das Akronym „s.m.a.r.t.(h)“ verwendet. Die einzelnen Buchstaben bedeuten folgendes:

Tab. 24: Kriterien für die Formulierung von Handlungszielen zur internen Evaluation – s.m.a.r.t.(h). (Quelle: Merchel 2001, 101)

s – spezifisch	Ziele müssen konkret formuliert sein und für konkret benannte Personen(-gruppen), Räume, Bedingungen etc. gelten.
m – messbar	Der Grad der Zielerreichung lässt sich beobachten oder indirekt durch Angabe von Indikatoren messen.
a – akzeptabel	Ein Minimalkonsens ist vorhanden, dass dieses Ziel (neben anderen) in der Organisation verfolgt werden soll. Das Handlungsziel steht in einem Zusammenhang zu übergeordneten Leitzielen und Werthaltungen in der Organisation.
r – realistisch	Das Ziel ist unter den gegebenen Rahmenbedingungen (finanziell, politisch, personell …) erreichbar.
t – terminiert	Ein Zeitpunkt für die voraussichtliche bzw. angestrebte Zielerreichung ist angegeben und auf diese Weise wird die Verbindlichkeit erhöht.
(h – herausfordernd)	(Das Ziel weist über das bisher Erreichte hinaus und beschreibt nicht nur Zustände, die sich auch ohne Bemühungen der Akteure voraussichtlich von selbst einstellen werden.)

Evaluationsverfahren können sowohl als externe Evaluation (durch externe Personen und/oder Institutionen) wie auch als interne Evaluation durchgeführt werden. Für die interne Evaluation wird auch zwischen Selbst- und Fremdevaluation unterschieden, je nachdem, wer sie innerhalb der Organisation durchführt. Die Selbstevaluation wird vorwiegend im Bereich der Sozialen Arbeit angewandt und wurde in Deutschland von Maja Heiner in Anlehnung an die angewandte Handlungsforschung entwickelt (vgl. von Spiegel 1994, 22). Fremdevaluation hingegen bezeichnet die Evaluation eines fremden Arbeitsfeld bzw. Organisationsbereiches. Gerade die interne Evaluation bietet Möglichkeiten zur kontinuierlichen Qualitätsentwicklung in den Arbeitsfeldern der Sozialen Arbeit. Für Fachkräfte in der Sozialen Arbeit ist sie aus verschiedenen Gründen attraktiv. Interne Evaluation spiegelt den Konstruktcharakter des Qualitätsbegriffs wider, da sowohl Untersuchungsbereiche und -themen als auch Bewertungsinstrumente und die Bewertung im Diskurs konstruiert sind. Da Qualitätsentwicklung nur unter der Beteiligung der Mitarbeiter/innen erfolgreich ist, löst die reflexive Qualitätsbewertung eigenmotivierte Qualitätsverbesserung aus. Dabei fördert die interne Evaluation die professionelle Haltung der Fachkräfte und stützt die methodischen Kompetenzen der Sozialen Arbeit. Eine so entwickelte und durchgeführte interne Evaluation ermöglicht ein Qualitätsmanagement ohne übergestülpte und standardisierte Kriterien und Verfahren. Der Zuschnitt auf spezifische Ziele und Fragestellungen der Einrichtung erhöht die Akzeptanz durch die Mitarbeiter/innen (vgl. Merchel 2001). Interne Evaluation erfährt ihre Begrenzung in der fehlenden Beobachtung der gesamten Organisation und ihrer Umwelt. Der ausschnittsweise Blick auf einzelne Arbeitsbereiche bzw. soziale Dienstleistungen und eine damit einhergehende selbstreferenzielle Sinnkonstruktion schaffen blinde Flecken. Interne Evaluation ist ein Bestandteil der reflexiven Selbstbetrachtung und ergänzt das Qualitätsmanagement.

An dieser Stelle möchte ich auf eine weitere Unterscheidung bezüglich der Evaluationsverfahren hinweisen, die in der Prozess- und der Ergebnisevaluation besteht. Eine Prozessevaluation dient überwiegend der umfassenden Analyse einer Projekt- bzw. Maßnahmenumsetzung. Sie ist Ausdruck einer formativen, d.h. einer gestaltenden Evaluation und ist entwicklungsorientiert und prozessbegleitend angelegt. Sie ist geprägt von der starken Einbeziehung der Akteure des Projekts bzw. der Maßnahme. Quantitativ-empirische Erhebungen haben hierbei weniger Bedeutung als qualitativ-inhaltliche Auswertungen. Zentrale Fragestellungen können u.a. folgende sein:

- Eignen sich Projektumsetzung und -prozesse zur Zielerreichung?
- Sind die Akteure, Beteiligten und Zielgruppen mit der Umsetzung zufrieden?
- Wie beeinflussen sich die verschiedenen Projektelemente?
- Werden die Projektaktivitäten durchgeführt und zweckmäßig verankert?
- Werden alle Zielgruppen in beabsichtigter Weise beeinflusst? (vgl. Ritz 2003, 90 f.)

Die Ergebnisevaluation findet erst nach der Beendigung von Maßnahmen, Programmen oder Projekten statt. Sie ist auf quantitative Daten und Fakten angelegt und stellt die beabsichtigten Wirkungen und Ziele zusammen. Sie vergleicht und bewertet diese anhand der festgelegten Indikatoren nach dem s.m.a.r.t.-Prinzip der

Zieldefinitionen. Eine Ergebnisevaluation ist deshalb anspruchsvoll, weil Veränderungen der jeweiligen Zielgruppen, z.B. in Bezug auf Einstellungen, Handeln oder sozialen Status, zahlen- und datenmäßig festgestellt werden müssen. Auswirkungen der geleisteten Arbeit auf die Organisation selber und auf die Entwicklungen im sozialen Raum sollten ebenfalls zum Gegenstand einer Ergebnisevaluation gehören. Es ist eine große Herausforderung, hierfür nachvollziehbare Messinstrumente zu entwickeln. Eine umfassend verstandene Qualitätsentwicklung sollte die einzelnen Prozesse, Maßnahmen und Instrumente sowohl im Kontext von QM entwickeln als auch durch interne und externe Evaluation hinsichtlich der Wirkung analysieren. Evaluation kann eher das Outcome der sozialen Dienstleistung untersuchen, als es das QM mit seinen innerorganisatorischen Steuerungsmethoden kann. Im Sinne der Ergebnisorientierung sollten Evaluationsergebnisse in die Steuerung einer Organisation und ihrer Leistungen einfließen. Selbstbewertungssysteme, wie sie in diesem Band beschrieben wurden, sind spezielle, an QM-Modellen und Normen orientierte Verfahren der Selbstevaluation, die durch die Hinzunahme externer Begutachtung in eine externe Evaluation weitergeführt werden. Allerdings sind hier nicht nur die Kriterien der fachlichen Qualität als Indikatoren im Spiel, sondern auch Kriterien der effektiven und effizienten Organisationssteuerung. Während dem Qualitätsmanagement unterstellt wird, dass es vor allem auf die Zufriedenheit von Mitarbeitenden und Kund/inn/en ausgerichtet ist (vgl. Meinhold 2003, 134), ist es das Anliegen der Evaluation, die fachliche Arbeit unter fachlichen und professionellen Indikatoren zu begutachten und zu bewerten. Fragen der Organisationsrationalität stehen dabei im Hintergrund. Evaluation ist folglich mehr als nur die Durchführung von Befragungen, wenngleich diese sowohl im QM als auch in der Evaluation eine wichtige Rolle spielen. Zusammenfassend lässt sich für die Soziale Arbeit zur Akzeptanz der Evaluation sagen, dass die Einsicht in die Notwendigkeit von Evaluationen zunimmt, jedoch durch Ressourcenmangel (Geld und damit auch Personal) noch wenig verankert ist. Der Aufwand in finanzieller und personeller Hinsicht steht oft nicht im vertretbaren oder durchsetzbaren Verhältnis zum Nutzen, der gesehen wird. Dies ist häufig durch die methodisch aufwendigen Anforderungen an die fachlich fundierte Evaluation oder durch das Fehlen von Mitteln bedingt. Das innovative Potenzial guter Evaluationen wird oft unterschätzt oder kann gar nicht gesehen werden, da die summative Evaluationsform noch zu häufig Verwendung findet und dann eingesetzt wird, wenn es um Kürzungen oder Streichungen von Mitteln geht (vgl. Schweitzer 2004, 17). Formative Evaluationen sind aufgrund des hohen Aufwandes in der Praxis selten zu finden.

8 Bausteine mit Wirkung auf die Entfaltung von Methodenkompetenz

8.1 Funktionen und Gremien im QM

Methodisches Werkzeug ist für die alltägliche Arbeit im QM genauso wichtig, wie es für die Soziale Arbeit mit Klient/inn/en erfolgsentscheidend ist. Zu den methodischen Werkzeugen gehören sowohl Arbeitsformen, mit denen Gruppen effektiv arbeiten und zu den gewünschten Ergebnissen finden können, als auch Instrumente, die speziell zur Analyse von Unternehmensleistungen und -prozessen dienen oder die Entscheidungsfindung erleichtern. Solche Instrumente des QM werden in diesem Kapitel skizzenhaft vorgestellt. Vorher werden jedoch brauchbare Arbeitsstrukturen präsentiert, in denen diese Werkzeuge zum Einsatz kommen können.

8.2 Qualitätsmanagement beginnt von oben

Bereits im Kap. 4 dieses Bandes wurde dargestellt, dass alle behandelten QM-Modelle die Verantwortung der Leitung besonders hervorheben. Abgeleitet aus führungstheoretischen Ansätzen wurde dort die besondere Rolle und Funktion der Führung erörtert.

Anhand der Tabelle von Wunderer zu den Komponenten, Prinzipien und Aktivitäten der Führung (vgl. Wunderer 2006, 18), die in Kap. 4 wiedergegeben wurde, wird deutlich, dass Führungskräfte die Auftraggeber und Entscheider im QM-Einführungsprozess sein müssen.

Merchel weist darauf hin, dass Leitung „nicht nur als eine formal-hierarchisch verankerte Steuerungsfunktion innerhalb von Organisationen zu verstehen" ist, sondern Leitung „gleichermaßen eine bedeutsame Steuerungs- und Anregungsfunktion für die inhaltlichen Aspekte der Organisationsgestaltung und für die Gestaltung der Bezüge der Organisation zu ihrer Umwelt" hat (Merchel 2004, 156).

Die daraus resultierenden Aufgaben der Leitung sind – neben der Schaffung einer entsprechenden veränderungs- und entwicklungsorientierten Unternehmenskultur – die Bereitstellung von Ressourcen, um die Mitarbeitenden fachlich und methodisch für die QM-Aufbauarbeit zu befähigen. Dabei sollten die Führungskräfte selber über solide Kompetenzen im QM verfügen, um ihre Mitarbeitenden adäquat beraten und unterstützen zu können.

Darüber hinaus braucht die Führung eine systematische Herangehensweise an den QM-Aufbauprozess, der mit Methoden des Projektmanagements bewältigt werden kann. Als Entscheidungspersonen müssen die Führungskräfte in der Lage sein, den Prozess vorausschauend zu planen, zu strukturieren, in Einzelaufgabenpakete zu gliedern und schließlich die Einzelaufgaben zu einem funktionierenden und sinnstiftenden Gesamtwerk wieder zusammenzufügen.

Dazu kann die Führung sich natürlich kompetenten Personals bedienen. Von der Verpflichtung, den Prozess steuernd mit zu gestalten, ist sie aber auch dann nicht frei. Als Projektauftraggeber nimmt die Leitung die beauftragten Projektschritte und deren Ergebnisse ab, wenn sie fertig gestellt sind.

Im Sinne der kooperativen Führung mit Zielvereinbarung und der hohen Bedeutung einer aktiven Mitwirkung der Mitarbeitenden bieten sich für den QM-Aufbau keine hierarchischen Prozesse im Top-down-Verfahren an. Vielmehr sind Gestaltungen im Gegenstromverfahren sinnvoller.

Häufig sind in Einrichtungen der Sozialen Arbeit zwei Führungsgruppen zu berücksichtigen, wenn die Rollen und Aufgaben im QM-Prozess zu klären sind. Neben z.T. ehrenamtlich tätigen Vorständen (z.B. in Vereinen) oder Aufsichtsgremien (Aufsichtsräte in AGs oder Gesellschaftervertretungen in GmbHs) sind häufig hauptamtliche Geschäftsführungen für das operative Geschäft zuständig.

Die erstgenannte Gruppe hat die Aufgabe, den QM-Prozess zu beauftragen und nach innen hin zu transportieren, welche Ziele und welche Bedeutung sie diesem beimisst. Strategische Entwicklungsprozesse sollten den QM-Einführungsprozess begleiten und unterstützen.

Die Geschäftsführung hat dagegen die Verantwortung, den Prozess nach innen zu vertreten und zu kommunizieren. Dabei kommt ihr die wichtige Aufgabe zu, im Laufe der Entwicklung des QM immer wieder den Blick auf das Ganze der Organisation zu lenken und Partikularinteressen im Sinne des Gesamtinteresses entgegenzusteuern. Sie ist meist die einzige Instanz, die das gesamte Unternehmen kennt und den Überblick über Gesamtbedarfe und -belange hat.

Eine von Beginn an enge Abstimmung mit dem Betriebsrat bzw. der Mitarbeitendenvertretung ist sehr zu empfehlen, da dadurch viele Konflikte und Verzögerungen im weiteren Ablauf vermieden werden können. Wenn in allen personalrelevanten Entwicklungsschritten die Vertretung der Mitarbeitenden involviert ist, kommt es erfahrungsgemäß zu deutlich weniger Situationen, in denen Neuregelungen abgeblockt oder verworfen werden müssen. Die aktive Einbindung führt häufig auch dazu, dass die Mitarbeitenden dem Prozess mit weniger Misstrauen gegenüberstehen.

8.3 Lenkungs- und Steuerungsgruppenarbeit

Die Termini zu den Gremien in einem QM-Prozess gehen in der Fachliteratur z.T. etwas durcheinander. Das was im Folgenden für die Steuerungsgruppe beschrieben wird, wird in manchen Veröffentlichungen auch als Qualitätszirkel bezeichnet. Meist wird diese Bezeichnung gewählt, wenn es keine weiteren QM-Arbeitsgruppen in einer Organisation gibt, sondern alles durch eine Gruppe gesteuert wird. In kleinen Organisationen übernimmt manches Mal eine Gruppe sowohl die Aufgaben der im folgenden beschriebenen Steuerungsgruppe als auch der Qualitätszirkel.

Die Kernaufgabe einer Steuerungsgruppe ist die Gesamtsteuerung des QM-Prozesses, von der Planung über die Entwicklung des QM-Systems, die Umsetzung bis zur Überprüfung und Verbesserung. Sie trifft in diesem Prozess – unter Mitwirkung der Führungsebene – die zentralen Entscheidungen im QM-Bereich. Dazu gehört es, Prioritäten in Bezug darauf zu setzen, was wann wie von wem entwickelt und umgesetzt werden soll. Die Steuerungsgruppe dient dabei dem Austausch, der Diskussion und der Suche nach der besten oder bestmöglichen Lösung für Qualitätsfragen. Insofern ist sie ein wichtiges Unterstützungs- und Beratungsforum für den/die Qualitätsmanagementbeauftragte/n (QMB).

Die Steuerungsgruppe formuliert aber auch weiter gehende Aufträge im Rahmen des QM an Mitarbeitende, Führungskräfte und/oder Qualitätszirkel. Um dies tun zu können, sollte sie eine Zusammensetzung haben, die den Blick auf die gesamte Organisation und ihre Belange ermöglicht.

Bevor die Arbeit der Steuerungsgruppe beginnen kann, sollten einige Dinge geklärt sein, damit die Anforderungen auch erfüllt werden können und Kompetenzstreitigkeiten vorgebeugt wird.

Die Zusammensetzung der Steuerungsgruppe obliegt natürlich der Leitung und den Führungskräften. Je nach Möglichkeiten und Ressourcen einer Organisation empfiehlt es sich, Mitarbeitende unterschiedlicher Hierarchieebenen und Arbeitsbereiche oder Berufsgruppen in die Steuerungsgruppe aufzunehmen. Bei der Zusammensetzung sollte darauf geachtet werden, dass die Mitarbeitenden freiwillig mitwirken, geeignet sind, über den Tellerrand ihres eigenen Arbeitsbereiches hinaus zu sehen, und in der Lage sind, auch den Blick für die Anliegen der gesamten Organisation zu öffnen. Neben Einrichtungsleitungen sollten auf jeden Fall operativ Mitarbeitende sowie die Geschäftsleitung und Mitarbeitervertreter/innen integriert sein. Wenn darüber hinaus Vertreter/innen von Vorstand und/oder Eigentümer/innen mitwirken, fördert das den Prozess eine Gesamtunternehmensentwicklung.

Für die Arbeit einer Steuerungsgruppe empfiehlt es sich, wie für andere Verantwortungsbereiche in einem Unternehmen Regeln zu haben. Eine Arbeitsordnung kann dies bewerkstelligen. Dinge, die darin geregelt werden sollten, sind die folgenden: – Wer ist Mitglied der Steuerungsgruppe? – Wer benennt neue Mitglieder oder beruft Mitglieder ab? – Welche Ziele hat die Steuerungsgruppe? – Mit welchem Selbstverständnis arbeitet sie? – Wer übernimmt Organisation, Leitung und Moderation der Steuerungsgruppe? – Wer ist für die Ergebnissicherung (Protokoll) zuständig? – Wer verfolgt Aufträge, die daraus entstehen, weiter? – Wie werden Entscheidungen in der Steuerungsgruppe getroffen und welche Verbindlichkeit haben sie (sowohl für Mitarbeitende als auch für Führungskräfte)? – Wer hat das Recht auf die letztlich gültige Entscheidung? (Müssen die Geschäftsführung oder der Vorstand/die Eigentümer zustimmen?)

Wenn diese Fragen im Vorfeld geklärt sind, kann die Gruppe zielorientiert arbeiten und ihre Kompetenzen nutzen, um den QM-Prozess zu gestalten. Hilfreich ist es, immer wiederkehrende, zu besprechende Tagesordnungspunkte in eine Standardtagesordnung zu fassen, die der/die QMB dann von Termin zu Termin mit Inhalten füllen kann, die zur Entscheidung oder Beratung anstehen.

8.4 Qualitätszirkel

Der Begriff Qualitätszirkel ist nicht eindeutig definiert. Während aus der industriellen Produktion kommend der Begriff eher für dauerhafte Arbeitsgruppen verwendet wird, die sich mit der Lösung von Qualitätsproblemen im eigenen Arbeitsbereich beschäftigen (vgl. Zollondz 2001, 1025), wird er im Dienstleistungsbereich eher für befristete Gruppen zur Lösung einer konkreten Qualitätsaufgabe verwendet.

Dabei gelten die Grundgedanken, dass 1. Mitarbeitende am besten die in ihren Bereichen anfallenden Qualitätsprobleme oder -fragestellungen lösen können, dass dies 2. am besten ohne Über- und Unterstellungsverhältnisse innerhalb der Gruppen funktioniert, und dass 3. kreative Potenziale am besten zur Wirkung kommen, wenn Zeit und Raum gegeben werden, Ideen zu entfalten und Qualitätsfragestellungen selbständig zu bearbeiten (vgl. Knorr 2000, 99 f.).

Entsprechend den Unterschieden der Begriffsverwendung finden sich in der Praxis unterschiedliche Ausgestaltungen von Qualitätszirkeln. Charakteristische Merkmale, die häufig auch in der praktischen QZ-Arbeit zu finden sind, sind folgende: Freiwilligkeit der Teilnahme, begrenzte Gruppenstärke, arbeitsbezogene Problembearbeitung, Zusammensetzung aus Mitarbeitenden eines Arbeitsbereiches und anderen am Prozess beteiligten Personen, Moderation der Qualitätszirkel durch ausgebildete Moderatoren, Regelmäßigkeit der Gruppentreffen, Qualitätszirkelarbeit als Arbeitszeit (vgl. Zink 1995b, 15).

Diese Qualitätszirkel arbeiten regelmäßig – z.B. einmal pro Woche – für eine begrenzte Zeit – z.B. zwei Stunden über vier Treffen hinweg – an Qualitätsfragestellungen in der Organisation, um Verbesserungsmöglichkeiten zu finden. Dabei werden Fehler analysiert und Wege zu ihrer Vermeidung gesucht oder grundsätzliche Aufgaben wie z.B. die Neugestaltung eines Prozesses erarbeitet (vgl. Rosenstiel von 1999, 57). Die Qualitätszirkel können auch über die Mitarbeitenden hinaus und über die Grenzen der eigenen Organisation hinweg erweitert werden. Je nach Themenstellung kann die Mitwirkung von Lieferanten oder Kund/inn/en sinnvoll sein oder die Einbindung z.B. von Vorstandsmitgliedern bereichernd wirken.

Eine an den Ressourcen einer Organisation ausgerichtete Definition für Qualitätszirkel und damit ein Programm für die Umsetzung könnte lauten: Qualitätszirkel sind Kleingruppen von vier bis acht Personen, die hierarchie- und bei Bedarf arbeitsbereichsübergreifend in einer Organisation an vergleichbaren Problemen arbeiten. Sie treffen sich für eine definierte Dauer, in regelmäßigen Abständen, über einen festgelegten Zeitraum hinweg, freiwillig und unter Anleitung durch eine Moderation, um zu vorgegebenen Themenfeldern mit Problemlöse- und Kreativitätstechniken (QM-Werkzeugen und Gruppenarbeitsmethoden) nach Verbesserungsmöglichkeiten zu suchen oder neue Dinge zu entwickeln. Ihre Ergebnisse fließen in die Steuerungs- oder Lenkungsgruppe als Beschlussvorschläge ein (vgl. BMFSFJ 2000, 87, und von der Heyden-Rynsch 2001, 48).

Für die praktische Arbeit in Qualitätszirkeln hat sich bewährt, Mitarbeitende als Freiwillige zu gewinnen. Wichtige Instrumente dafür sind klare Regeln bezüglich der Anrechnung auf die Arbeitszeit, der Dienstplanung und der Schulung in Qualitätsfragestellungen.

Die Ausschreibung eines Qualitätszirkels mit klaren Vorgaben ermöglicht es den Mitarbeitenden, genau zu prüfen, ob sie an einem Qualitätszirkel teilnehmen wollen und können. Dazu ist es sinnvoll, in die Ausschreibung Folgendes aufzunehmen: Thema des QZ, Ziel des QZ, Angabe der Arbeitsbereiche und Hierarchieebenen der Teilnehmenden, Moderationsperson, Termine des QZ, Ort des QZ sowie Bewerbungsfrist und -adresse.

Qualitätszirkelaufruf

Thema: ______________________

Ziel: ______________________

Teilnehmende aus den Arbeitsbereichen:
____

Teilnehmende aus den Hierarchiestufen:
____

Moderation durch: ______________________

Erstes Treffen:
Datum: __________ Uhrzeit: von ___ bis ___

Weitere Termine:
Datum: __________ Uhrzeit: von ___ bis ___
Datum: __________ Uhrzeit: von ___ bis ___
Datum: __________ Uhrzeit: von ___ bis ___

Ort: ______________________

Ende der Bewerbungsfrist: ______________________

Bewerbung an: ______________________

Abb. 47: Qualitätszirkelaufruf

Die Qualitätszirkel können umso zielgenauer arbeiten, je klarer ihr Auftrag ist. In der Regel werden Qualitätszirkel für Fragestellungen eingesetzt, die eine Einzelperson nicht mit hoher Qualität lösen kann. Der Auftrag wird in der Steuerungsgruppe entwickelt und dem QZ übermittelt. Ein Beispiel für einen solchen Auftrag findet sich in der Abb. 48.

Durch die intensive Einbindung der Mitarbeitenden beim Aufbau des QM-Systems durch Qualitätszirkel und Schulungen in Qualitätsfragen entwickelt sich ein Verständnis für die Anliegen des QM und die Mitarbeitenden gestalten Abläufe und Vorgaben für ihre eigene Arbeit auf der Grundlage ihrer Fachlichkeit mit. Prozess-

Arbeitsauftrag Qualitätszirkel

Thema: ____________________

Ziel: ____________________

Arbeitsschritte: ____________________
____
____
____

Moderation durch: ____________________

Teilnehmende: 1. ____________________
2. ____________________
3. ____________________
4. ____________________

Erstes Treffen:
Datum: __________ Uhrzeit: von ___ bis ___

Weitere Termine:
Datum: __________ Uhrzeit: von ___ bis ___
Datum: __________ Uhrzeit: von ___ bis ___
Datum: __________ Uhrzeit: von ___ bis ___

Ergebnisprotokoll an: ____________________
bis zum: ____________________
Form: ____________________

Abb. 48: Arbeitsauftrag Qualitätszirkel

gestaltungen gewinnen z.B. an Qualität, wenn sie federführend von den Fachleuten der Alltagspraxis beschrieben werden. Knorr und Halfar beschreiben, dass durch Qualitätszirkel Folgendes erreicht werden kann: „– Verbesserung des Betriebsklimas, – Verbesserung der sozialen Dienstleistungen, – Erhöhtes Qualitäts- und Problembewusstsein, – Veränderte Einstellung zum Unternehmen und Identifikation mit ihm, – Höhere Motivation der Mitarbeitenden, – Effizientere Zusammenarbeit der Abteilungen“ (Knorr 2000, 101).

Qualitätszirkel arbeiten nach den allgemeinen Regeln des Projektmanagements. Sie erhalten also ihren Auftrag, bearbeiten ihn im vorgegebenen Zeitrahmen in definierten Schritten und liefern ihr Ergebnis an die Steuerungsgruppe ab, die dann über die Annahme und den weiteren Umgang mit dem Ergebnis entscheidet.

8.5 Funktion, Rolle und Aufgaben der/des Qualitätsmanagementbeauftragten

Die Rolle „Qualitätsmanagementbeauftragte/r" (QMB) ist eine für den QM-Aufbauprozess sehr wichtige. Als Beauftragte/r der obersten Leitung liegt die Kernaufgabe in der Planung, Steuerung und Koordination aller Qualitätsmanagementaktivitäten in der Organisation. Je nach Größe der Organisation gibt es eine oder mehrere Qualitätsmanagementbeauftragte, die in vollem oder anteiligem Umfang der Arbeitszeit von Tätigkeiten im operativen Geschäft für diese Aufgabe freigestellt werden.

In der DIN EN ISO 9001:2008 heißt es dazu: „Die oberste Leitung muss ein Mitglied der Leitung der Organisation benennen, das, unabhängig von anderen Verantwortungen, die Verantwortung und Befugnis hat, die Folgendes einschließen: a) sicherzustellen, dass die für das Qualitätsmanagementsystem erforderlichen Prozesse eingeführt, verwirklicht und aufrechterhalten werden; b) der obersten Leitung über die Leistung des Qualitätsmanagementsystems und jegliche Notwendigkeit für Verbesserungen zu berichten; und c) die Förderung des Bewusstseins über die Kundenanforderungen in der gesamten Organisation sicherzustellen" (DIN EN ISO 9001:2008, Kap. 5.5.2)

Die Verantwortung für das Prozessmanagement, den kontinuierlichen Verbesserungsprozess und die Kund/inn/enorientierung bedingen, dass diese Funktionsstelle mit Kompetenzen des Leitungsbereiches ausgestattet sein muss. In der DIN EN ISO 9001 ist deshalb festgelegt, dass der/die QMB der Leitung angehören muss. In den anderen in diesem Buch behandelten Modellen gibt es eine solche Festlegung nicht.

Mindestens sollte die Stelle des/der QMB eine Stabsfunktion zur Leitung sein, die in ihrem Feld auch eigenständige Entscheidungsbefugnisse hat. Diese in einer Funktions- oder Stellenbeschreibung klar zu definieren, empfiehlt sich (Abb. 49).

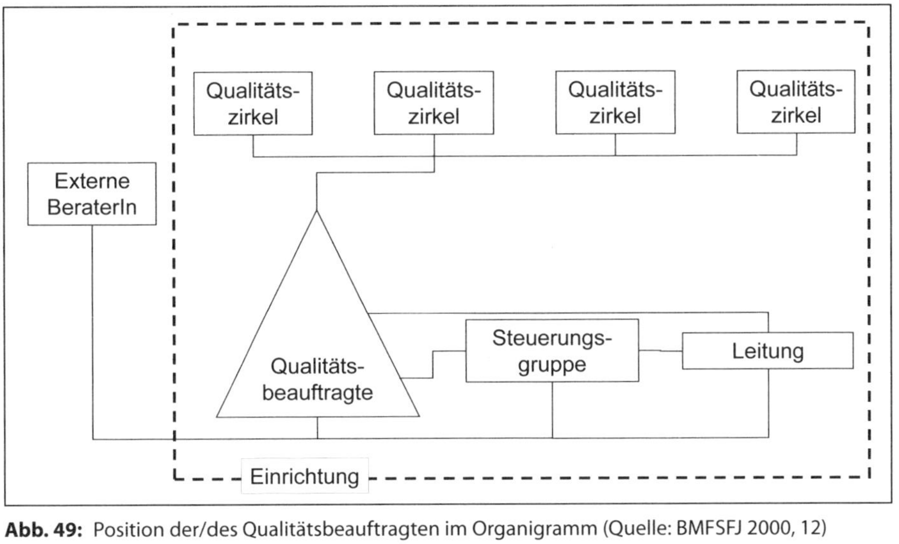

Abb. 49: Position der/des Qualitätsbeauftragten im Organigramm (Quelle: BMFSFJ 2000, 12)

Folgende Aspekte sollten darin geregelt werden: – Vorgesetze/r, – Stellvertretung, – Ziel der Stelle/Funktion, – fachliche und persönliche Anforderungen: Ausbildungsabschluss, QM-Ausbildungsabschluss, Berufserfahrung, Schlüsselkompetenzen (z.B. Kommunikationsfähigkeit, Methodenkompetenzen, Zielorientierung, Fähigkeiten, komplexe Zusammenhänge zu erkennen und zu strukturieren, analytische Fähigkeiten u.v.m.), – Umfang der Tätigkeit als QMB, – Aufgaben der Stelle (z.B.: Unterstützung, Begleitung, Beratung und Schulung von Mitarbeitenden in QM-Fragen, Leitung von QM-Gremien, Erstellung von Vorlagen für Gremien der Organisation und des QM-Prozesses, Ergebnissicherung, Aufbau und Pflege eines internen Berichtswesens, Mitwirkung bei der Entwicklung des Controllingsystems, Planung, Steuerung und Durchführung von Evaluation und Datenerhebungen, Planung, Steuerung und Durchführung von internen Analysen wie Audits und Selbstbewertungen) – Besondere Befugnisse. (Hier sollte geregelt werden, über welche Entscheidungsspielräume diese Stelle verfügt, ohne mit der obersten Leitung rückzukoppeln. Beispiel dafür sind Fragen des QM-Budgets, der Freigabe neuer Regelungen, der Beauftragung von QM-relevanten Aufgaben).

Ein Beispiel für eine solche Funktionsbeschreibung ist in Abb. 50 dargestellt, die aus einer Einrichtung der Gemeindepsychiatrie stammt.

Wie bereits dargestellt, gehört die Steuerung und Koordination von QM-bezogenen Gremien zu den Aufgaben einer QMB. Zu den Aufgaben in der QM-bezogenen Gremienarbeit gehören sowohl die Geschäftsführung der Steuerungsgruppe als auch die Leitung von Qualitätszirkeln. Darüber hinaus hat der/die QMB auch die Aufgabe, Mitarbeitende in einem gewissen Umfang in QM-Fragen weiterzubilden. Folgende Aufgaben des/der QMB lassen sich tabellarisch zusammengefasst für die Gremienarbeit darstellen (Tab. 25).

Die Auswahl eines/r QMB kann anhand der Kriterien erfolgen, die oben in der Funktionsbeschreibung schon angesprochen sind. Dabei ist zu entscheiden, ob es für die Organisation günstiger sein wird, jemanden in diese Funktion zu nehmen, der das Unternehmen schon gut von innen kennt, oder ob eher der Blick von außen gewünscht ist und jemand neu dafür eingestellt werden soll.

Gründe, jemanden von innen in die Aufgabe des/der QMB zu nehmen, können folgende sein: Die Person: – kennt die handelnden Personen, – kennt viele Arbeitsabläufe schon, – hat bereits ein Vertrauensverhältnis zur Führung, – ist kollegial ggf. schon akzeptiert und vertraut, – identifiziert sich mit Zielen und Kultur des Unternehmens, – kennt die Schwachstellen der Organisation schon, – kann sofort mit der operativen QM-Arbeit beginnen, da wenig Einarbeitung in Organisationsspezifika notwendig ist.

Gründe, die eher für eine externe Besetzung sprechen, sind folgende: Die Person: – ist nicht betriebsblind, – bringt ggf. QM-Erfahrung von einer anderen Organisation mit, – ist weder mit Führung noch mit Mitarbeitenden durch „alte Geschichten“ verwickelt, – analysiert zunächst aus der Außenperspektive und kann besser blinde Flecken aufdecken, – bringt ggf. mehr QM-Erfahrungen und Spezialausbildung mit, – wird von Mitarbeitenden ggf. nicht so stark mit vorgefertigten Positionen in Verbindung gebracht.

<table>
<tr><td colspan="3">Grundsätzliche Qualifikationsanforderung:
Ausbildung zur QMB mit Prüfung</td></tr>
<tr><td colspan="3">Aufgaben:
• Vorbereitung,
• Implementierung,
• Verwaltung,
• und kontinuierliche Pflege des QMS im Betrieb.
Sicherstellen der Ausrichtung des QMS an den Anforderungen
• der DIN EN ISO 9001: 2000,
• der Qualitätspolitik und
• den Qualitätszielen des Unternehmens,
• der Betriebsvereinbarung zum QMS vom ……..
• validiert und verfolgt die Realisierung der eingeleiteter Aktionspläne.</td></tr>
<tr><td colspan="3">Verantwortungsbereiche:
Organisation des Bereichs Qualität
• Festlegung der Qualitätsaufgaben gemäß Funktion.
• trägt dafür Sorge, das Aufgaben und Funktionen festgelegt sind.
• Vertretung der GF in allen Fragen, die die Qualität betreffen.
• Teilnahme an allen Qualitätsbesprechungen.
• Leitung des Qualitätsteams: Durchführung, Moderation, Vor- und Nachbereitung der regelmäßigen Treffen.
• Leitung der Steuerungsgruppe: Durchführung, Moderation, Vor- und Nachbereitung der regelmäßigen Treffen.
• erster Ansprechpartner für Qualitätszirkel.
Auditorganisation
• Ernennung der internen Auditoren des Betriebs
• Auditjahresplanung.
• Koordination der internen Audits und eigene Teilnahme.
Managementreview
• Vorbereiten und Protokollieren des Managementreview.
Qualitätsdokumentation
• Lenkung,
• Organisation und
• Verwaltung (Kennzeichnung) aller qualitätsrelevanten Dokumente und Aufzeichnungen im Besonderen der QM Dokumentation.
KVP
• Verfolgung der Durchführung korrigierender/bzw. vorbeugender Maßnahmen bis zum Abschluss.
• Einleitung und Begleitung von Verbesserungsmaßnahmen.
Anwendung des QMS
• Anwendung und durchgängige Sicherstellung der Anwendung des QMS.
• aktive Teilnahme an den kontinuierlichen Verbesserungsmaßnahmen.
• Verfolgung festgelegter Qualitätsindikatoren.
• kommentiert den Mitarbeitern deren Entwicklung im QM.</td></tr>
<tr><td>Stellung im Betrieb:
• Stabsstelle</td><td colspan="2">Zeichnungs-und Unterschriftenregelung:
Unterschreibt für das QMS entwickelte Formulare und Aufzeichnungen (z. B. Auditberichte)</td></tr>
<tr><td>Erhält Weisungen von:
• ist von GF beauftragt</td><td>weisungsberechtigt:</td><td>Budget:
entfällt</td></tr>
</table>

Abb. 50: Funktionsbeschreibung QMB des VPD Mettmann

Tab. 25: Aufgaben des/der QMB in der QM-bezogenen Gremienarbeit

Gremienbezogene Aufgaben der QMB				
Leitungsrunde	**Steuerungsgruppe (Stgr)**	**Qualitätszirkel (QZ)**	**Organisation des QM-Systems**	**Fortbildung von Mitarbeitenden**
Information der Führungskräfte zum Stand des QMS	Organisation, Moderation und Durchführung der Stgr	Auswahl und Koordination der QZ	Erstellung der QM-Dokumentation (Handbuch)	Schulung von Mitarbeitenden im gewählten QM-Modell
Organisation, Vorbereitung und Moderation von Managementbewertung, Selbstbewertung oder Selbstreport	Führung des Projektmanagements für die Einführung von QM bzw. weiter gehende Entwicklungszyklen	Ggf. Moderation der QZ	Lenkung von Dokumenten des QM-Systems	Ggf. Begleitung und Beratung weiterer QM-Verantwortlicher in der Organisation
Beratung der Führungskräfte bei QM-Entscheidungen	Moderation der Entwicklung von Prozesslandschaft und allg. QM-Regelungen	Entwicklung von Vorgaben zur Ergebnissicherung der QZ	Schulung neuer Prozesse in der operativen Arbeit	Schulung von Mitarbeitenden für verschiedene QM-Aufgaben wie z.B. interne Audits, Vorbereitung von Selbstbewertungen, Aufgaben als Prozessverantwortliche, Projektmanagement, Erstellung von Selbstreporten, Moderation von QZ
Mitwirkung und/oder Beratung bei der Strategieentwicklung, Formulierung von Qualitätspolitik und -zielen, Jahreszielentwicklung	Entgegennahme von Ergebnissen der QZ und Entscheidungsvorbereitung	Unterstützung der Aktivitäten der QZ	Entwicklung und Steuerung eines Informationssystems über die QM-Entwicklung für alle Organisationsmitglieder	
			Absprache und Koordination extern vergebener Aufträge für das QM (z.B. externe Audits, Assessments oder Begutachtungen)	

8.6 Zeitmodell zum QM-Aufbau

Der Aufbau eines QM-Systems braucht Zeit. Wie viel Zeit dafür erforderlich ist, hängt von den Voraussetzungen ab, die eine Organisation beim Start mitbringt. Neben den Aspekten der Größe der Organisation und der Verfügbarkeit von Ressourcen für den Aufbau spielen bei der Entwicklung des QM-Systems insbesondere die vorhandene Strukturierung und die Unternehmenskultur eine wichtige Rolle. Erfahrungsgemäß erfordert der QM-Aufbau in wenig formal strukturierten Organisationen einen größeren Aufwand als in Organisationen, in denen schon viel festgelegt ist und ggf. sogar schriftlich gefasst ist.

Der Aufwand bestimmt sich natürlich – neben der Größe des Unternehmens – auch aus dem Ziel, das erreicht werden soll. Soll ein Zertifikat nach der DIN EN ISO 9001 erreicht werden? Soll ein Level of Excellence erreicht werden? Wenn ja, welches wird angestrebt? Soll ein Testat nach KQS am Ende eines Einführungsprozesses stehen? Oder soll ein System aufgebaut werden, das keinem externen Prüf- und Bewertungsverfahren unterzogen wird? Die Antworten auf diese Fragen bestimmen, wie formalisiert oder zeitaufwändig an die Einführung von QM herangegangen werden muss.

Der Zeit- und Ressourcenbedarf hängt natürlich davon ab, wie viel Vorkenntnisse – auch für die methodische Arbeit – schon vorhanden sind.

Im Folgenden werden modellhafte Einführungsdesigns für ein QM-System dargestellt. Dabei werden die Einführungsprozesse anhand der drei in diesem Band vorgestellten QM-Ansätze als Projekte dargestellt, die nach einer projekthaften Aufbau- und Einführungsphase in den Regelbetrieb übergehen müssen. Selbstverständlich kann dabei – ja nach Stand einer Einrichtung oder eines Unternehmens – auch ein abweichendes Vorgehen sinnvoll sein.

8.6.1 Einführungsprojekt von QM nach DIN EN ISO 9001:2008

Ein Einführungs- und Aufbauprozess eines QM-Systems nach DIN EN ISO verläuft i.d.R. nach folgenden Schritten (Abb. 51).

Nachdem aus dem Leitbild die Qualitätspolitik und die Qualitätsziele entwickelt und schriftlich fixiert wurden, ist es beim Aufbau eines Systems nach der DIN EN ISO 9001 zwingend erforderlich, eine Person als Qualitätsbeauftragte zu benennen (DIN EN ISO 9001, Kap. 5.5.2). Sinnvollerweise wird in der Folge mit dieser Beauftragten gemeinsam erhoben, welche Forderungen der Norm im Unternehmen bereits erfüllt sind und für welche Forderungen noch Dinge entwickelt werden müssen. Anhand dieser Analysen und der Festlegungen des gewünschten zukünftigen Organisationszustandes wird eine Projektplanung entwickelt. Diese Planung ist i.d.R. für die Aufbau- und Einführungsphase komplexer als die Planung der langfristigen QM-Organisation. Häufig werden hierfür Gremien eingerichtet, die arbeitsteilig Aufgaben in der Entwicklung des QM-Systems übernehmen. Diese Gremien sind – wie oben schon beschrieben – neben einer Steuerungsgruppe auch befristete Qualitätszirkel, die einzelne Problemstellungen oder fachliche Aufgaben

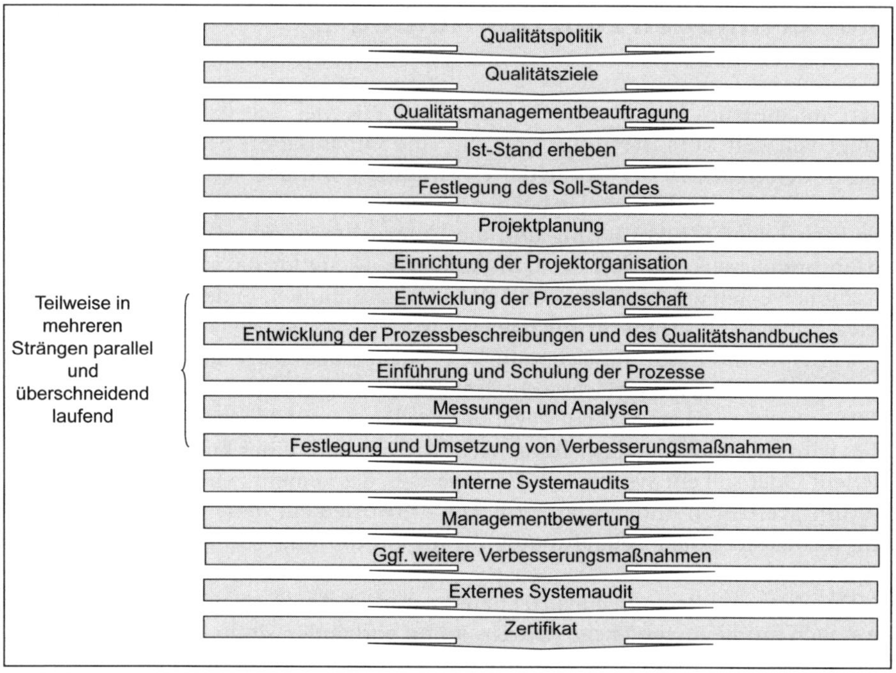

Abb. 51: Einführungs- und Aufbauprozess eines QM-Systems nach DIN EN ISO 9001:2005

bearbeiten und lösen sollen. Der Einrichtung dieser Projektorganisation folgt meist die Identifizierung der für die Organisation wesentlichen, d.h. wertschöpfenden Prozesse sowie der Management- und unterstützenden Prozesse (Näheres inkl. Beispiel dazu in Kap. 6.5). Mit diesem Schritt wird der Forderung des Kap. 4.1 der DIN EN ISO 9001:2008 als allgemeiner Forderung und der Forderung 4.2.2 als Forderung nach der Darstellung der Prozesse und ihrer Wechselwirkungen Rechnung getragen. Das Qualitätshandbuch entsteht so sukzessive mit der Erstellung der bisher genannten Dokumente sowie der für die Prozessbeschreibungen notwendigen Dokumente. Nachdem schließlich die Prozesse in Schulungen vermittelt und eingeführt wurden, müssen im Sinne der Normforderungen des Kap. 8.2 der DIN EN ISO 9001 Messungen der Kundenzufriedenheit, der Prozesse und der Produkte erfolgen, und diese Messungen müssen analysiert werden, um daraus ggf. notwendige Verbesserungsmaßnahmen abzuleiten. Dies wird abgerundet durch interne Systemaudits, die feststellen sollen, ob alle Normforderungen im QM-System der Organisation realisiert wurden. Neben den Messungen und den internen Audits fließen schließlich alle Maßnahmeplanungen und betrieblichen Daten, die zur Qualitätsbeurteilung notwendig und sinnvoll sind, in die Managementbewertung ein, die Voraussetzung für das externe Audit durch eine Zertifizierungsgesellschaft ist. Nachdem diese die Erfüllung der Normforderungen durch eine Prüfung der QM-Dokumentation und durch ein externes Audit festgestellt hat, erteilt die Zertifizierungsgesellschaft das Zertifikat.

Im Zeitablauf könnte ein solcher Einführungsprozess wie folgt aussehen:

•ca. 6 Monate	•ca. 4 Monate	•ca. 15 Monate	•ca. 3 Monate
•Vorbereitung:	•Phase der Projektinstallation:	•Phase der Durchführung:	•Phase des Abschlusses:
•Entscheidung für ISO-Zertifizierung •Schulung in der Norm für Leitungskräfte •Entwicklung der Qualitätspolitik und -ziele	•Implementierung einer/s QMB •Ist- und Soll-Standserhebung •Einrichtung der Projektorganisation •Identifizierung der Prozesse, Entwicklung der Prozesslandschaft •Schulung in Prozeßmanagement und Zielmanagement	•Erarbeitung von Prozeßbeschreibungen, Verfahrensanweisungen und Arbeitsanweisungen •Schulung und Inkraftsetzung von Prozessen •Veröffentlichung als QMH	•Zusammenstellung von Statistiken, Berichten •internes Audit •Managementbewertung •Nachbereitung des internen Audit und Überarbeitung der Dokumentation •externes Audit = Zertifizierungsaudit

Abb. 52: Zeitablauf einer QM-Einführung nach DIN EN ISO 9001:2008

8.6.2 Einführungsprojekt von QM nach dem EFQM-Modell für Excellence

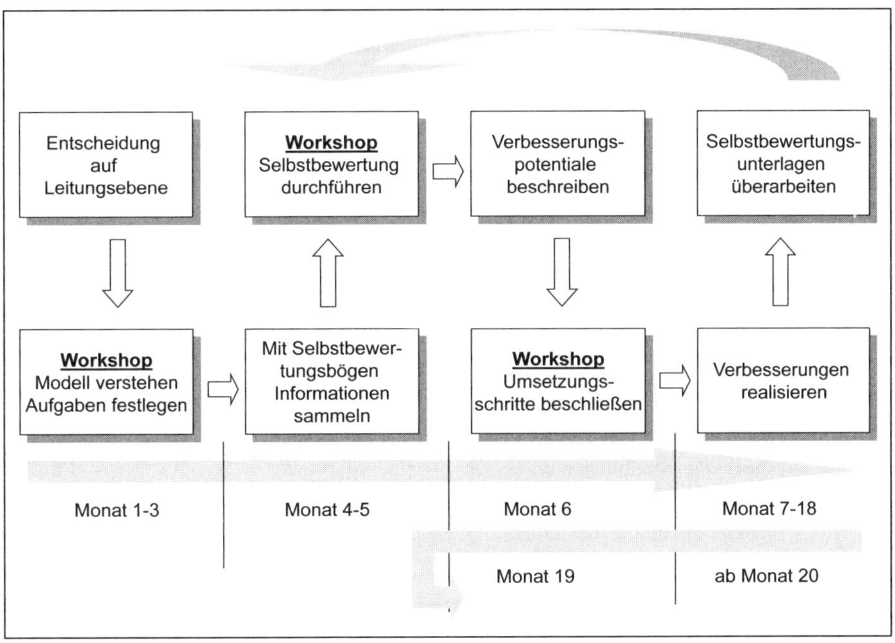

Abb. 53: Ablaufprozess für die Einführung von Qualitätsmanagement mit dem EFQM-Modell (Quelle: Vomberg 2003, 10)

Eine Einführung gemäß Abb. 53 mit dem EFQM-Modell startet nach der Entscheidung für diesen Arbeitsansatz auf der Leitungsebene (Schritt 1) mit einem Workshop (Schritt 2), in dem es darum geht, die Grundlagen des Modells und die Qualitätskriterien in der Organisation zu vermitteln und zu verstehen. „Dies können, je nach Möglichkeiten der Organisation, die Mitarbeiter einer späteren Projekt- oder Steuerungsgruppe sein. Es können aber auch alle Mitarbeiter sein. Die umfassende Variante empfiehlt sich, wenn Sie im weiteren Verlauf wechselnde Mitarbeiter in Qualitätszirkeln einbinden und so allen eine aktive Rolle im Qualitätsmanagementprozess zukommen lassen wollen" (Vomberg 2003, 10). Im nächsten Schritt muss eine Selbstbewertung vorbereitet werden (Schritt 3). Es empfiehlt sich, Arbeitsgruppen zu bilden, die in der Organisation Informationen zu jedem Kriterienbündel des Modells zusammentragen, um diese dann in kompakter Form in einem Bewertungsworkshop (Schritt 4) vorstellen zu können. Für die Selbstbewertung können Instrumente genutzt werden, wie sie bereits in Kap. 5 dargestellt wurden und in der Broschüre der EFQM zum Bewertungsverfahren (vgl. EFQM 1999–2003a) vorgestellt werden. Für Einrichtungen, die mit der Arbeit beginnen, empfiehlt sich die in Kap. 5 beschriebene komplexe Fragebogenmethode. Dieser Fragebogen ist bei der EFQM im Rahmen der Anmeldung zu einem der Levels of Excellence zu beziehen. Die dabei ermittelten Stärken und Verbesserungspotenziale werden in der Folge zu Verbesserungsprojekten zusammengeführt (Schritt 5), priorisiert und als umzusetzende Verbesserungsprojekte beschlossen (Schritt 6). Die Bewertung der gesammelten Verbesserungspotenziale nach Nutzen und Aufwand führt schließlich zu einer Priorisierung, aus der konkrete Verbesserungsprojekte entwickelt werden. Nach einer Phase der Umsetzung der Projekte (Schritt 7) können schließlich erneut Unterlagen für eine Selbstbewertung zusammengetragen werden, um in einen nächsten Entwicklungszyklus einzusteigen (Schritt 8).

Tab. 26: Priorisierungsmatrix für Verbesserungsprojekte nach der Selbstbewertung mit EFQM

Projektnummer	Projekttitel	Nutzen	Aufwand	Produkt	Priorität
		1 = niedrig, 5 = hoch	1 = hoch, 5 = niedrig		
1	Wöchentliche Besprechung verbessern	2	5	10	**D**
2	Internen Informationsfluss verbessern	4	4	16	**A**
3	Strategieentwicklung und Evaluation der Umsetzung verbessern	4	2	8	
4	Prozessbeschreibungen und Arbeitsabläufe optimieren	5	3	15	**B**
5	Referentenkreis verbessern/ mehr renommierte Referenten anwerben	5	2	10	**D**
6	Mitarbeitendenqualifikation verbessern und auf strategische Ziele ausrichten	4	3	12	**C**

Die Abb. 53 zeigt auch, dass ein solcher Prozess in einer kleinen bis mittleren Einrichtung ca. 18 Monate benötigt. Von der abgeschlossenen Selbstbewertung bis zur externen Überprüfung für die Stufe „Committed to Excellence“ darf es ca. 9 Monate dauern. Dies bedeutet, dass drei der ausgewählten Verbesserungsprojekte zügig und mit einem klaren Projektmanagement umgesetzt werden müssen.

Die Tabelle 26 zeigt, wie bei einer Priorisierung vorgegangen werden kann.

8.6.3 Einführungsprojekt von QM nach KQS

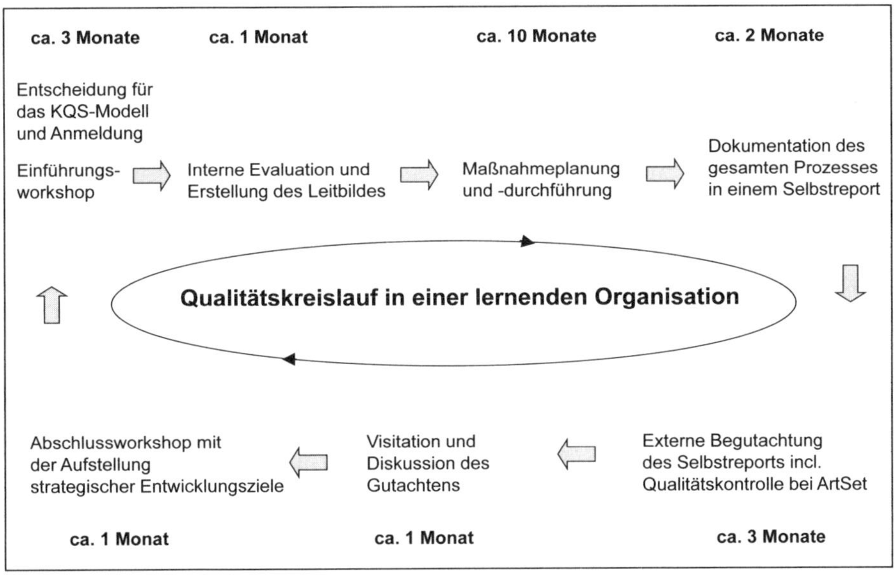

Abb. 54: Qualitätskreislauf einer lernenden Organisation nach KQS (Quelle: ArtSet 2005, Schulungsunterlagen)

Der Aufbau eines Qualitätsmanagementsystems nach KQS startet – nach der Entscheidungsphase für das Modell (ca. 3 Monate) – mit einer internen Evaluation, z.B. in Form einer Stärken-Schwächen-Analyse. Dazu kann als Auftakt das Angebot der ArtSet genutzt werden, einen Eröffnungsworkshop mit im Modell erfahrenen Beratern oder Gutachtern durchzuführen. Der konkrete Realisierungsprozess beginnt mit der Erstellung eines Leitbildes und der Formulierung einer Definition gelungener Dienstleistung (ca. 2 Monate). Auf der Grundlage der internen Evaluation und der Stärken-Schwächen-Analyse werden Maßnahmen geplant, mit denen die Entwicklung des Qualitätsmanagementsystems entlang der Modellforderungen der Qualitätsbereiche erreicht werden soll (ca. 10 Monate). Der Prozess der Qualitätsentwicklung wird dokumentiert und mündet in einen Selbstreport (ca. 2 Monate) (vgl. ArtSet 2005, 11). Der Selbstreport, der entlang der im System angelegten Qualitätsbereiche zu strukturieren ist, ist die Grundlage für die externe Begutachtung (ca. 3 Monate). Im schriftlichen Gutachten formulierte Auflagen werden bei einer Visitation daraufhin überprüft, ob sie bis dahin erfüllt sind. Der Visitation folgt schließlich noch der Abschlussworkshop mit der Formulierung der strategischen Entwicklungsziele (ca. 1 Monat). Insgesamt kann so der Aufbauprozess in ca. 21 Monaten abgeschlossen sein.

Insgesamt stellt das KQS-Modell, das aus dem Modell LQW (Lernerorientierte Qualitätstestierung in der Weiterbildung) entwickelt wurde, auch im Hinblick auf organisationsentwicklerische Aspekte eine Mischung aus dem EFQM-Modell und den Ansätzen der DIN EN ISO 9001 dar. Es schafft einen einrichtungsindividuellen Referenzrahmen, durch den die organisationsbezogenen und auf die soziale Dienstleistung bezogenen Besonderheiten integriert werden können (vgl. Hartz 2004, 74).

Der Weg von der Anmeldung bei ArtSet für das Testierungsverfahren bis zur Abgabe des Selbstreportes darf 13 Monat in Anspruch nehmen. Wenn der Selbstreport abgegeben ist, werden von der Testierungsstelle zwei Gutachtende benannt und der Einrichtung bekannt gegeben, die dann innerhalb von fünf Wochen gemeinsam ein Gutachten erarbeiten. Nach einer ca. zehnwöchigen Frist zur Qualitätskontrolle des Gutachtens in der Testierungsstelle geht das Gutachten an die zu testierende Einrichtung. Spätestens sechs Wochen nach Zusendung des Gutachtens an die Einrichtung findet die Visitation statt, bei der gezielt Auflagen, die im Gutachten gemacht wurden, nachgeprüft werden. Die Einrichtung muss dabei in der Lage sein, alle im Selbstreport getroffenen Aussagen zu belegen. Eine Begehung der Einrichtung ist ein ebenso wichtiger Bestandteil der Visitation wie die Besprechung der weiteren Qualitätsarbeit in der Organisation. An der Visitation nehmen immer die Leitung sowie die Qualitätsbeauftragten und die Steuerungsgruppenmitglieder des QM-Prozesses teil. Nach der Visitation wird von den Gutachtenden ein Protokoll verfasst, das Aussagen darüber enthält, ob das Testat erteilt werden soll oder ob der Selbstreport zur erneuten Begutachtung vorgelegt werden muss, falls nicht alle Anforderungen erfüllt wurden. Die letzte Entscheidung darüber trifft die Testierungsstelle. Ca. drei Wochen nach Erhalt des Bestätigungsschreibens, dass die Begutachtung erfolgreich verlaufen ist, kann der Abschlussworkshop stattfinden, in dem der bisherige QM-Prozess reflektiert wird, Schlussfolgerungen für die weitere Qualitätsarbeit gezogen und strategische Entwicklungsziele für die folgende Zeit formuliert werden. Als Basis dafür dient ein von der Organisation entwickelter Katalog von strategischen Entwicklungszielen, der zusammen mit der gutachtenden Person – diesmal allerdings in der Beratungsrolle – hinsichtlich der Angemessenheit und klarer, auf Prüfbarkeit hin formulierter Ziele bearbeitet und ausformuliert wird.

8.7 Methoden für die Arbeit mit QM-Gruppen

8.7.1 Moderation

Moderation ist eine Methode, die geeignet ist, Gruppenkommunikation ergebnisorientiert zu organisieren. Sie wurde in den 1970er-Jahren von den Gebrüdern Schnelle (1982) entwickelt und unter dem Namen Metaplantechnik bekannt. Sie wird vielfach in Bereichen der Organisationsentwicklung eingesetzt, um innerhalb von Gruppen Themen oder Probleme und deren Bearbeitung und Lösung ergebnisorientiert und mit möglichst weit reichendem Konsens zu bearbeiten. Dabei sollen möglichst die Ressourcen aller genutzt werden.

Die moderierende Person hat die Aufgabe, die Themenbearbeitung zu steuern, die Gesprächsleitung zu übernehmen, eine gute Atmosphäre zu schaffen und durch angemessene Fragetechniken das Wissen der Gruppe, das zur Lösung einer Fragestellung erforderlich ist, hervorzulocken. Durch die methodischen Elemente der Moderation werden alle zu aktivem Zuhören angeregt und besteht die Möglichkeit, Konflikte schon frühzeitig zu erkennen und einer Lösung zuzuführen.

Die Moderationsmethode dient der Aktivierung und Beteiligung aller Gruppenmitglieder ebenso wie der Ergebnisorientierung und -sicherung. Sie läuft nach vereinbarten Spielregeln ab und hält jeden Arbeitsschritt – für alle sichtbar – fest.

Die Methode besteht in ihrem Kern aus vier Arbeitsformen, die durch die moderierende Person gesteuert werden. Dies sind: 1. die Kartenabfrage, 2. die Zuruf-Frage, 3. die Ein-Punkt-Abfrage und 4. die Mehr-Punkt-Abfrage.

Die Kartenabfrage dient dazu, zu einem Thema vorhandenes Wissen, Ideen, Fragen, Standpunkte oder Lösungsansätze zu sammeln und diese zu ordnen und zu strukturieren. Dabei werden die Karten zunächst geschrieben, alle sichtbar an eine Pinnwand geheftet und dann gemeinsam sortiert. Dabei können Dopplungen herausgefiltert werden. Durch die Sortierung bilden sich Themengruppen, die mit Oberbegriffen versehen werden können.

Die Regeln der Kartenabfrage sind in der folgenden Grafik zusammengefasst.

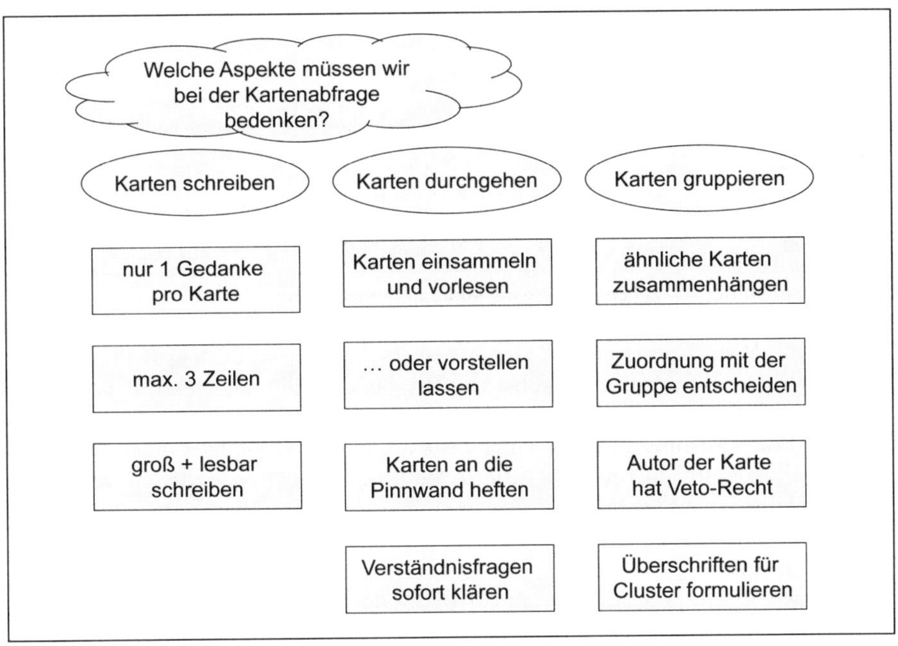

Abb. 55: Karten-Abfrage (Quelle: Poehlsen-Wagner 2008, 689)

Je nach Gruppengröße kann die unbegrenzte Kartenabfrage, bei der jedes Gruppenmitglied so viele Karten schreiben kann, wie es möchte, oder die begrenzte Kartenabfrage gewählt werden. In der QM-Arbeit kann die Kartenabfrage beispielsweise im Qualitätszirkel genutzt werden, um zum beauftragten Thema zu sammeln, welche Probleme den Mitgliedern schon bekannt sind.

Beispielsweise könnte ein Qualitätszirkel, der eine Kund/inn/enbefragung entwickeln soll, damit beginnen zu sammeln, welche Indikatoren etwas über die erfolgreiche Arbeit z.B. in der sozialpädagogischen Familienhilfe sagen. Eine geclusterte und mit Oberbegriffen versehene Pinnwand könnte nach einer Kartenabfrage etwa wie folgt aussehen.

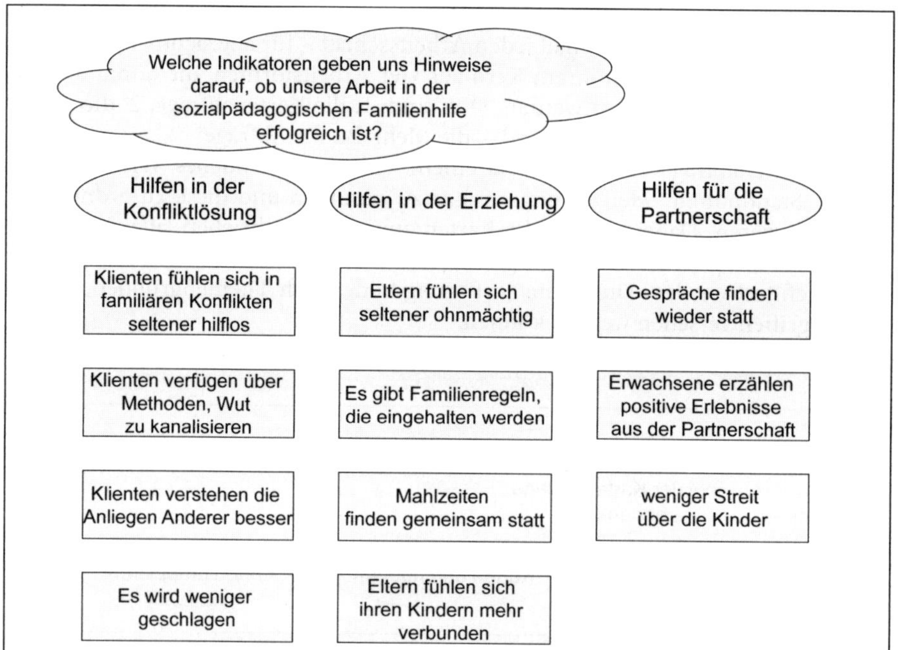

Abb. 56: Karten-Abfrage zur Erstellung einer Kund/inn/enbefragung

Ein anderer Weg, Themen in der Gruppe zu erschließen, ist die Zuruf-Frage. Diese kann als Kartenabfrage durchgeführt werden, bei der die moderierende Person die Karten so schreibt, wie die Teilnehmenden etwas in die Gruppe rufen. Sie kann aber auch als Brainstorming in Form einer Liste auf einem Flip-Chart oder einer Tafel erfolgen. Diese zunächst unstrukturierte Sammlung muss entweder im Anschluss weiter bearbeitet werden oder kann dazu dienen, zu einem Thema einen Einsteig zu bekommen und für die Gruppe deutlich zu machen, welche Ideen oder Gedanken vorhanden sind.

Eine spezifische Variante der Zuruf-Methode ist die Szenariotechnik, bei der es darum geht, ein Problemfeld zu beschreiben und Lösungsansätze für dieses zu entwickeln. In einem Qualitätszirkel könnte beispielsweise das Problem behandelt werden, dass in einer sozialen Einrichtung Probleme mit der Klient/inn/endokumentation bestehen. Immer wieder sind die Unterlagen von Klient/inn/en nicht vollständig ausgefüllt und es fehlen wichtige Informationen für die – den Dienst übernehmende – nächste Schicht. Ein moderiertes Szenario könnte wie folgt aussehen:

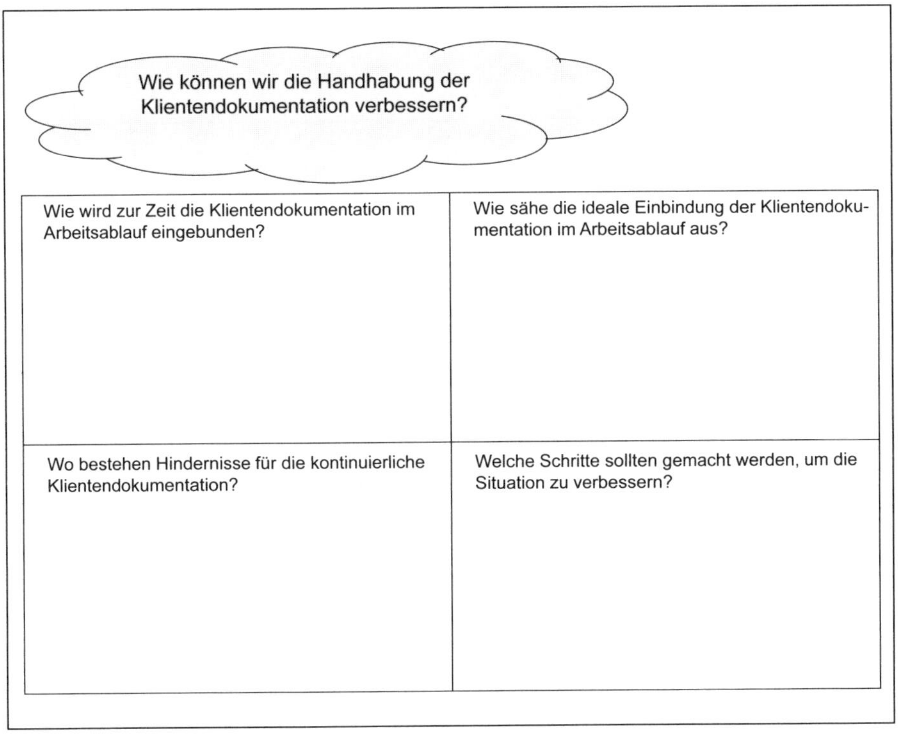

Abb. 57: Moderiertes Szenario zur Klient/inn/endokumentation

Die Methode der Punktabfrage kann genutzt werden, um in der Gruppe Entscheidungen oder Stimmungsbilder zu ermitteln. So kann z.B. auf einer groben oder einer differenzierten Skala eine Frage in der Gruppe bewertet werden (vgl. Abb. 58). Bei der Mehr-Punkt-Abfrage besteht in der Gruppe die Möglichkeit, mehrere Punkte so zu verteilen, dass man einzelnen Aspekten durch die Zuordnung von Punkten mehr Gewicht verleiht als anderen (Abb. 58).

Die Moderationsmethode ist sowohl in der Arbeit einer Steuerungsgruppe hilfreich, um den QM-Prozess insgesamt zu strukturieren, als auch in der Arbeit von Qualitätszirkeln, bei denen Einzelthemen bearbeitet werden. Beispielsweise eignet sich die Methode gut dazu, um Prozesse zu entwerfen und damit in einem QZ Flussdiagramme zu gestalten, Elemente von Befragungen zu entwickeln oder Führungsinstrumente vorzustrukturieren.

Wichtige Phasen in einer moderierten Sitzung sind in der Tabelle 27 dargestellt.

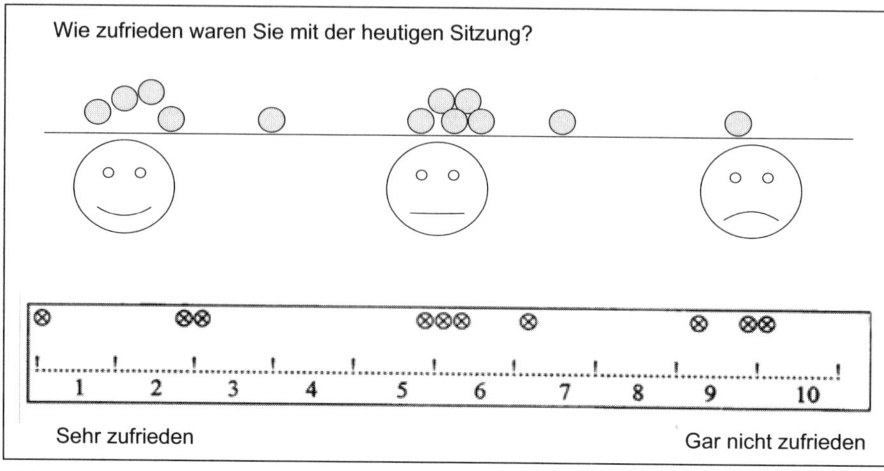

Abb. 58: Die 1-Punkt-Abfrage

Tab. 27: Ablauf einer moderierten Sitzung

Phase	Methode/Technik Beispiele	Arbeitsmittel	Verantwortlich
Einstieg	Eröffnung der Sitzung, Thema und Ziel vorstellen, Erwartungen klären, Gruppenregeln vereinbaren, Arbeitsfähigkeit herstellen (Blitzlicht …), Präsentation der Tagesordnungspunkte/des Ablaufs	Vorbereitetes Plakat	Moderator/in
Themenorientierung	Präsentation eines Sachverhaltes, um den es gehen soll, ggf. kurzes Einführungsreferat, Situationsbeschreibung	Vorbereitetes Plakat, Klebepunkte, Folien, andere Unterlagen, z.B. Handout der Präsentation	Gruppenmitglied nach Vorabsprache
Themenbearbeitung	Kartenabfrage, Clustern, ggf. weitere Schritte wie Brainstorming, Mind-Map, Szenario o.Ä., Auswahl zu vertiefender Aspekte z.B. mittels Punktabfrage	Plakate, Karten, Flip-Chart, Stifte, Klebepunkte	Moderator/in
Themenvertiefung	Ggf. Kleingruppenarbeit und Präsentation der Ergebnisse	Plakate, Karten, Stifte, Flip-Chart, Folien …	Gruppenmitglieder
Umsetzungsplanung	Aktionsplan entwickeln: Was, warum, wie, bis wann, wer und angestrebtes Ergebnis	Vorbereiteter Maßnahmeplan als Tabelle auf Flip-Chart	Moderator/in
Ausklang	Blitzlicht, Stimmungsbarometer o.Ä.	Abhängig von Methode	Moderator/in

Die Moderation hat in der Qualitätsarbeit eine wichtige Rolle, um eine zügige und zielorientierte Erarbeitung von Lösungen im Qualitätsmanagement zu bewirken. Aus diesem Grunde sollten Moderator/inn/en eine Schulung durchlaufen, um Gruppen effektiv steuern zu können. Sie sind allerdings nicht diejenigen, die die Ergebnisse erzeugen sollen, sondern sie sind lediglich die „Hebammen", die den Lösungen in die Welt helfen (vgl. Poehlsen-Wagner 2008, 692).

8.7.2 Zukunftswerkstätten

Die Zukunftswerkstatt wurde in den 1960er- und 1970er-Jahren von Robert Jungk und Norbert R. Müllert entwickelt. Sie ist als handlungsorientierte Problemlösungsmethode angelegt. In der Regel verläuft sie in drei Phasen: der Kritikphase, der Phantasiephase und der Realisierungsphase. Ihr Ablauf ist nach einem klaren Regelwerk strukturiert. Die Zukunftswerkstatt – als Methode innerhalb der Organisationsentwicklung – verfolgt das Ziel, zukünftige Entwicklungen in einem Prozess der aktiven Einbindung von Mitarbeitenden zu gestalten und dabei Motivation und Kreativität der Beteiligten einzubinden und für den gemeinsamen Lernprozess zu nutzen. Die Methode wurde in der Vergangenheit häufig im Kontext von Bürgerinitiativen eingesetzt. Heute wird sie als ein- oder mehrtägige Arbeitsform auch zur Organisations- oder Projektentwicklung genutzt. Eine Zukunftswerkstatt eignet sich – im Kontext des Qualitätsmanagementprozesses – insbesondere im Rahmen des Auftaktes zum Prozess und zur Motivierung der Mitglieder einer Organisation, sich auf den Prozess einzulassen. Mit ein bis zwei Moderator/inn/en kann eine Gruppe von 15 bis 20 Teilnehmenden gut geleitet werden. Die drei Hauptphasen werden durch eine vorbereitende Phase eingeleitet und durch eine nachbereitende Phase abgeschlossen. In der Vorbereitung wird die Gruppe zusammengestellt, die zu bearbeitende Fragestellung formuliert und werden organisatorische Fragen geklärt. Die drei Hauptphasen haben die folgenden Ziele: „1. Hauptphase: In der Kritikphase werden eine Bestandsaufnahme der Gegenwart und eine Problemschau vorgenommen. Ausgehend von der Interessenlage der Teilnehmenden wird das Problem neu- bzw. umdefiniert, präzisiert oder erweitert. Einer Sammlung von Kritikpunkten, Problemen und Konflikten und deren Diskussion folgt deren Rubrizierung und Priorisierung für die nachfolgende Phase. 2. Hauptphase: Die Phantasiephase ist eine Phase des kreativen Fokussierens. Grundvoraussetzung für den Erfolg der Utopiephase ist die Schaffung einer kreativen und phantasievollen Atmosphäre (Kreativitätsmethoden, Medieneinsatz, Verfremdungseffekte usw.). Die Problemkomplexe der Kritikphase werden zu positiven Zielaussagen umformuliert. Mit Hilfe eines abwechslungsreichen Methodeneinsatzes (Kreativität, Phantasie anregende und rational-systematische Methoden, Wechsel von Kleingruppen- und Plenumsphasen) wird im Verlauf der Phantasiephase eine Fokussierung auf die Präsentation besonders reizvoller Utopien und Ideen vorgenommen. 3. Hauptphase: Die Realisierungsphase leitet die in der Utopiephase gewonnenen Ideen und Konzepte von der Utopieebene in die Realität über. Die Ideen und Konzepte werden hinsichtlich ihrer Machbarkeit und Realisierungschance untersucht sowie einer relevanzorientierten Priorisierung unterworfen. Die favorisierten Ideen und Konzepte werden abschließend als Projekte, Ablaufpläne, Kooperationsvereinbarungen usw. konkretisiert. Feedbackrunden schließen die Zukunftswerkstatt ab" (Staman 2008, 1106f.) (vgl. auch Jungk 1983 und 1997).

8.7.3 Projektmanagement

QM wird i.d.R. als Projekt im Sinne eines Einführungsprojektes angelegt, das nach der Einführungsphase dann in den Regelbetrieb überführt wird.

Im Kap. 8.8.2 wird unter den Qualitätswerkzeugen der Netzplan behandelt, der eine der gebräuchlichsten Methoden des Projektmanagements ist. Das Thema Projektmanagement wäre ein komplett eigenständiges Thema und wird hier deshalb nicht behandelt. Zu diesem Komplex liegt umfangreiche Fachliteratur vor, die ggf. herangezogen werden sollte (vgl. Antes 2004; Lerche u.a. 2004).

8.8 Werkzeuge in der QM-Arbeit

In der Literatur über QM-Werkzeuge werden meist die so genannten sieben klassischen Werkzeuge und die so genannten sieben neuen Werkzeuge unterschieden. Im Folgenden sollen diese beispielhaft für ihre Anwendung in der Sozialen Arbeit und im QM sozialer Einrichtungen erläutert werden.

8.8.1 Die sieben klassischen Werkzeuge

Fehlersammelkarte und Checklisten

In allen QM-Systemen spielt der Umgang mit Fehlern eine zentrale Rolle (vgl. Kap. 9.5). Während in der Produktion Fehler technischer Geräte recht schnell erkannt werden können, wenn z.B. gewünschte Funktionalitäten eines Gerätes nicht vorhanden sind, sind Fehler in der sozialen Dienstleistung nicht immer leicht erkennbar. Ein Beratungsfehler in einer Erziehungsberatung fällt möglicherweise nicht auf, weil es keine prüfende Instanz gibt, die den ratsuchenden Eltern aufzeigen könnte, dass der Berater etwas falsch gemacht hat. Die Einschätzung, ob etwas in der Sozialen Arbeit falsch oder fehlerhaft ist, kann zudem sehr subjektiv sein und hängt stark von den Kenntnissen und Erfahrungen ab, mit denen jemand die soziale Leistung beurteilt. Darüber hinaus ist die Fehlerfrage auch im Zusammenhang der Mitwirkung der Klient/inn/en zu betrachten. Läuft etwas in der sozialen Dienstleitung nur deshalb schlecht, weil die Professionellen es falsch machen – oder haben die Klient/inn/en einen wesentlichen Anteil daran?

Dennoch gibt es Bereiche, in denen in sozialen Einrichtungen Fehler entstehen und eindeutig identifizierbar sind. Solche Fehler verursachen Schäden sowohl zum Nachteil der Kund/inn/en der sozialen Dienstleistung als auch ggf. wirtschaftliche

Schäden für die Einrichtung. Eine Methode der Fehlererhebung ist die Fehlersammelkarte. Sie dient dazu, auf der Basis von vermuteten oder bereits bekannten, aber noch nicht systematisch erfassten Fehlern, eine Sammlung der auftretenden Fehler oder Probleme zu erstellen.

Dabei wird folgendermaßen vorgegangen:

1. Festlegen, welches Problemfeld betrachtet werden soll;
2. Ermitteln der möglichen Fehlerquellen oder Ursachen (Beispiel s. Tab. 28);
3. Fehler durch Personen erheben lassen, die darauf besonders vorbereitet sind;
4. Fehlererfassungsbogen nutzen, um jeden einzelnen Fehler genau zu beschreiben.

Das Beispiel einer Fehlersammelkarte aus einer Pflegeeinrichtung zeigt, wie Qualitätsprobleme dadurch erfasst werden können. Zu jedem Fehler, der sichtbar wird, sollte in der Fehlererfassung Folgendes dokumentiert werden: Bezeichnung des Fehlers, Tragweite des Fehlers, Entstehungsort des Fehlers (z.B. Station, Einrichtung oder auch Personalstelle), Maßnahmen zur Beseitigung des Fehlers, Informationsmaßnahmen über den Fehler an relevante Funktionsträger, Schlussfolgerungen zur Vorbeugung von weiteren Fehlern dieser Art, Information aller Beteiligten über Maßnahmen der Fehlerbehebung sowie Festlegen eines Zeitraums zur erneuten Überprüfung, bezogen sowohl auf die Fehlerbeseitigung als auch auf die Fehlervorbeugung.

Tab. 28: Fehlersammelkarte zu Fehlern in einer Pflegeeinrichtung

Nr. Fehlerart	**Datum 23.8.**	**Datum 24.8.**	**Summe**
Patientendokumentation unvollständig	IIII IIII III		13
Essen zu kalt	IIII	II	7
Beginnender Dekubitus	II		2
Keine Zeit für Toilettengang	III	I	4
Telefonnummer der Angehörigen nicht greifbar	IIII IIII	IIII IIII IIII	23
Zu wenig Fachkräfte im Dienst	IIII IIII	IIII III	18
Sonstiges	II	IIII	

Im Zusammenhang mit Fehlermanagement ist es von besonderer Bedeutung, die Ursachen der Fehler zu analysieren. So hilft es nicht, wenn Mitarbeitenden Vorwürfe gemacht werden, ohne danach zu forschen, wo strukturelle Schwächen oder Defizite in Prozessabläufen oder Qualifikationen vorliegen. Häufig brauchen die Mitarbeitenden bei wiederkehrenden Fehlern tiefer gehende Schulungen, Wissen über Arbeitsabläufe oder zusätzliche Hilfsmittel, um die Fehler zu vermeiden. Qualitätsmanagement setzt auf Fehlerfreundlichkeit in einer Organisation. Das heißt, dass Mitarbeitende motiviert werden müssen, unterlaufene Fehler auch selber zu benennen, damit Verbesserungsmaßnahmen eingeleitet werden können.

Checklisten für Standardaufgaben sind Hilfsmittel, die bei der Fehlervermeidung helfen. Auch in der Sozialen Arbeit gibt es viele Abläufe, die immer gleichartige

Tätigkeiten erfordern. Statt hier jedem Mitarbeitenden selber zu überlassen, ob er alle relevanten Aspekte berücksichtigt, können Checklisten dabei helfen, Aufgaben Schritt für Schritt und vollständig zu erledigen. Ein typisches Beispiel dafür ist die angefügte Checkliste für den Einzug von Klient/inn/en in eine stationäre Einrichtung. Hierin sind Punkt für Punkt die Dinge aufgelistet, die vereinbart sind, um Klient/inn/en einen möglichst guten Start in der Einrichtung zu ermöglichen.

Tab. 29: Checkliste: Einzug in stationäre Einrichtung

	Beispiel für den Inhalt einer Checkliste: Einzug eines neuen Bewohners in eine stationäre Einrichtung:
	• Die Bezugsperson (BzP) koordiniert den Vorgang des Einzuges. Sie organisiert die räumlichen, personellen und organisatorischen Voraussetzungen für den unmittelbaren Einzug, ggf. hält sie hierzu Rücksprache mit der Betriebsleitung.
	Am Tag des Einzuges *(wenn nicht schon im Vorfeld geschehen)*:
☐	• Transport der persönlichen Gegenstände des Klienten,
☐	• Ggf. Aufbau persönlicher Möbel des Klienten,
☐	• Unterbringung anderer persönlicher Gegenstände in einem Zimmer oder deren Einlagerung gemäß der Regelungen zum „Eigentum des Kunden" im QMH und zur „Lagerung von persönlichen Gegenständen" mit „Protokoll eingelagerter Gegenstände",
☐	• Abholung des Klienten und Begrüßung in der Einrichtung,
☐	• Vorstellung aller anwesender MA und Klienten,
☐	• Hilfe bei erster Orientierung in der Einrichtung,
☐	• Ordnung der mitgebrachten Gegenstände,
☐	• Sicherstellung ärztlicher Anordnungen (Medikamentengabe) unter Verwendung entsprechender Formblätter der Klientendokumentation.
	In den folgenden Tagen:
☐	• Vorstellung aller Mitarbeiter und Bewohner,
☐	• Einführung in das Alltagsleben im Haus,
☐	• Den Klienten mit der Hausordnung vertraut machen,
☐	• Den Klienten mit den Brandschutzvorkehrungen gemäß Verfahrensanweisung „Brandschutz" vertraut machen,
☐	• Unterstützung bei der Orientierung im Gemeindeumfeld/örtl. Infrastruktur,
☐	• Differenzierte Erarbeitung einer Tages- und Wochenstruktur mit dem Klienten unter Maßgabe des vorliegenden Hilfeplanes.

Grafiken und Kurven (Kuchen- und Verlaufsdiagramm, Histogramm, Paretodiagramm)

Grafiken und Kurven

Neben dem systematischen Umgang mit Fehlern spielt im Qualitätsmanagement die Ergebnisorientierung – wie bereits mehrfach beschreiben – eine wichtige Rolle. Die Methoden der Erhebung von Ergebnissen sind die eine Seite der Medaille bei diesem Themenfeld. Darauf wird in Kap. 9 im Zusammenhang des Controllings näher eingegangen. Die Art und Weise der Auswertung und Darstellung von Ergebnissen aus Erhebungen und Messungen ist die andere Seite der Medaille. In den klassischen Werkzeugen des QM werden dazu Grafiken und Kurven genutzt. Dazu gehören insbesondere die Kuchen- oder Kreisdiagramme, die Verlaufsdiagramme und die Histogramme. Aus diesen – auch für Mitarbeitende leicht verständlichen – Darstellungen können Problemanalysen und Maßnahmen zur Verbesserung relativ leicht abgleitet werden.

Das Kuchen- oder Kreisdiagramm zeigt die Verteilung von Häufigkeiten eines bestimmten Vorkommnisses als Anteil der Gesamtzahl der gezählten Ereignisse. Die Werte können entweder als Prozentanteil oder mit ihren absoluten Zahlen dargestellt werden. Das Beispiel zeigt die Auswertung der erfassten Beschwerden in einer stationären Gesundheitseinrichtung im Zeitraum von drei Jahren (Abb. 59).

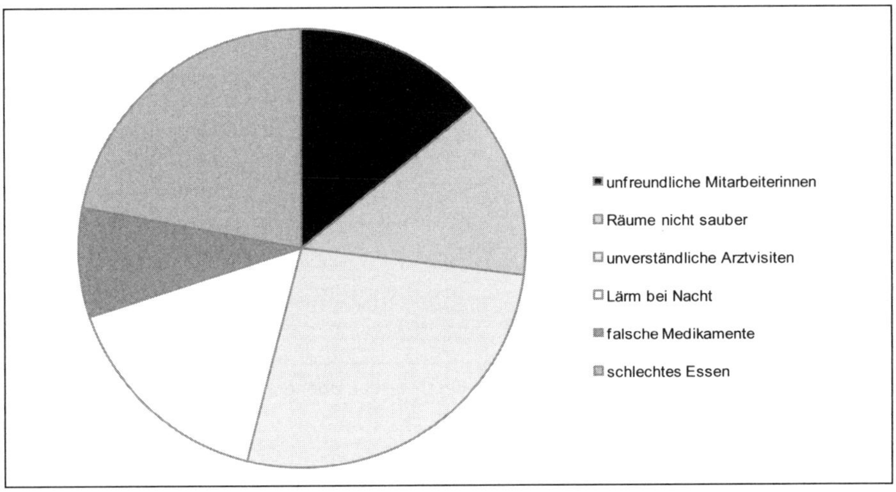

Abb. 59: Kuchendiagramm zur Verteilung der Beschwerden in einer stationären Gesundheitseinrichtung

Anhand des Verlaufs der Beschwerdeanalyse wird deutlich, dass die Einrichtung an der Kommunikation zwischen Ärzten und Klient/inn/en etwas verbessern sollte, wenn der Anteil der Beschwerden zu diesem Sektor mehr als ein Viertel aller Beschwerden ausmacht. Fast ebenso kritisch wird das Essen bewertet (Abb. 59).

Der Nutzen für die Qualitätsentwicklung kann hierbei sein, zu reflektieren, welche Maßnahmen ab 2006 (vgl. Abb. 60) zur Verbesserung der Situation der Kund/inn/en unternommen wurden und wie sich dies in den Ergebnissen niederschlägt. So sind beispielsweise die Beschwerden über das Essen sowie nächtlichen Lärm deutlich rückläufig. Sofern hier Maßnahmen ergriffen wurden, um die Probleme abzustellen, scheinen diese gewirkt zu haben, während die Zahl der Beschwerden über unverständliche Arztvisiten sogar zugenommen hat. Hier liegt offensichtlich ein Problem vor, das mit einfachen Maßnahmen nicht zu beheben war. Auch die Zunahme der Beschwerden über unfreundliche Mitarbeitende sollte ein Warnsignal sein, das zu Maßnahmen der Verbesserung Anlass geben sollte. Über mehrere Jahre geführte Auswertungen der Beschwerden machen im Verlaufsdiagramm sehr gut Problemfelder sichtbar und helfen, systematische Problemfelder oder Fehlerquellen zu erkennen.

Anzahl eingegangener Beschwerden					
	2006	2007	2008	gesamt	%-Anteil insges.
unfreundliche Mitarbeiterinn	10	25	35	70	14
Räume nicht sauber	20	2	43	65	13
unverständliche Arztvisiten	42	48	45	135	27
Lärm bei Nacht	45	25	10	80	16
falsche Medikamente	10	16	14	40	8
schlechtes Essen	54	36	20	110	22

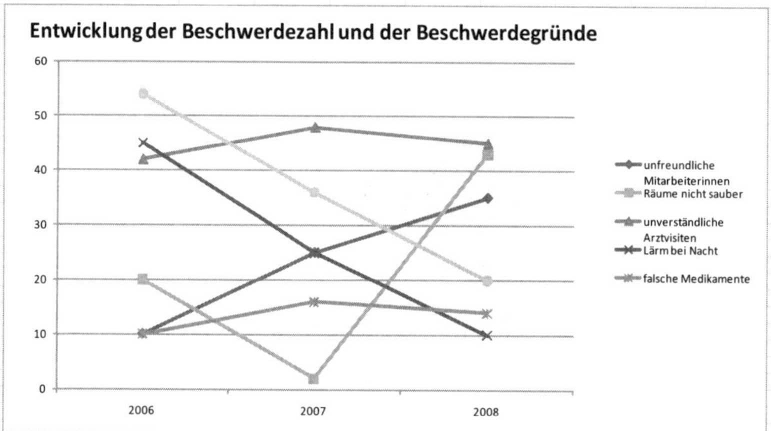

Abb. 60: Verlaufsdiagramm zur Verteilung von Beschwerden über drei Jahre in einer stationären Gesundheitseinrichtung

Ein Histogramm (von griechisch „histos“ = Gewebe, Netz, Webstuhl und „gramm“ = Darstellung, Aufzeichnung) ist die graphische Darstellung der Häufigkeitsverteilung von Messwerten. Man geht dabei von den nach Größe geordneten Daten aus und teilt den gesamten Bereich der Stichprobe in Klassen (= k) auf. Diese müssen nicht notwendigerweise gleich breit sein. Allerdings vereinfachen zumindest im Mittelbereich gleichgroße Klassen die Interpretation. Als Faustregel für die Festlegung der Klassen gilt, die Wurzel aus der Anzahl der Werte zu wählen. In dem hier verwendeten Beispiel liegen 32 Werte vor, die Wurzel aus 32 ist 5,65. Hier hätten wir uns für fünf oder sechs Klassen entscheiden können. Über jeder Klasse wird ein Rechteck errichtet, dessen Fläche proportional zur klassenspezifischen Häufigkeit ist. Ist die Fläche des Rechtecks gleich der absoluten Häufigkeit, wird das Histogramm absolut genannt; wenn die relativen Häufigkeiten verwendet werden, wird es dementsprechend als relativ oder normiert bezeichnet. Im Gegensatz zum Balken- bzw. Säulendiagramm werden die Werte beim Histogramm nicht durch die Höhe der Balken, sondern durch die Fläche der Balken repräsentiert. Die so entstehende Übersicht lässt sich schnell hinsichtlich der Streuung von Ereignissen beurteilen.

Klasse	Zahl der Rückfälle pro 120 Aufenthaltsmonate (10 Patienten – 1 Jahr)	Zahl der Einrichtungen absolute Häufigkeit	Klassen-breite	Säulen-höhe
1	0 bis 2	7	2	3,5
2	>2 bis 3	5	1	6
3	>3 bis 4	6	1	6
4	>4 bis 5	9	1	9
5	>5 bis 7	5	2	3
Σ		32		

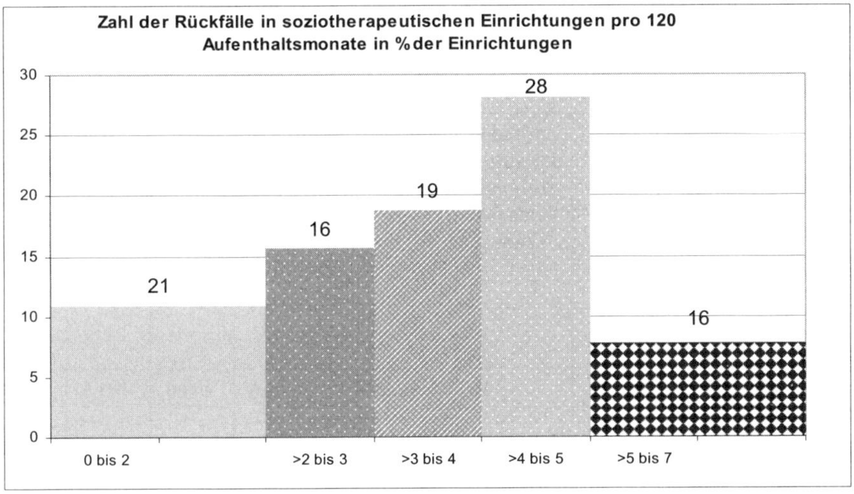

Abb. 61: Histogramm zur Rückfallrate in soziotherapeutischen Einrichtungen für Langzeit-Sucht-Erkrankte

So wird in dem Beispielhistogramm deutlich, dass in 28 % der untersuchten Einrichtungen innerhalb eines Jahres (12 Aufenthaltsmonate) und einer Gruppe von 10 Klient/inn/en (= insges. 120 Aufenthaltsmonate) 5 rückfällig werden. Im Kontext des Qualitätsmanagements ist ein Histogramm hilfreich, wenn zuvor festgelegt wurde, welche Toleranzgrenzen gelten sollen. So könnte beispielsweise als Zielwert 2–3 Rückfälle pro 120 Aufenthaltsmonate gesetzt werden und als oberer Toleranzwert 3–4. In der Beispielgrafik wäre der Schwerpunkt der Rückfallhäufigkeit somit deutlich außerhalb des Toleranzbereiches. Um ein Histogramm zeichnen zu können, muss eine genügend große Anzahl an Messwerten einen sinnvollen Verlauf ergeben. Drei Kennzeichen eines Histogramms können zu dessen Beurteilung herangezogen werden: der allgemeine Kurvenverlauf, die Streuung und die Zentrierung. Das Beispiel zeigt, dass hier kein zentriertes Histogramm vorliegt und die Toleranzgrenzen nicht eingehalten werden können. Eine Erforschung der Ursachen der nicht akzeptablen Werte müsste die Folge sein, um Maßnahmen der Verbesserung daraus ableiten zu können. (vgl. Theden 2005, 14 ff.)

Pareto-/ABC-Analyse

Das Pareto-Prinzip wird häufig mit der „80/20 Regel" umschrieben. Diese Regel besagt, dass in den meisten Situationen ungefähr 80 % eines Problems durch 20 % der Ursachen begründet werden. Die Darstellung von Problemursachen erfolgt in Form eines Säulen-/Balkendiagramms, bei dem die Problemursachen nach ihrer Häufigkeit geordnet werden. Einzelne Datenklassen werden nach Häufigkeit (oder auch Kosten) sortiert und anschließend kumuliert dargestellt (als Linie oder als Balken). Die Ursachen eines Problems können dann gefiltert werden und in Klassen unterteilt werden, die mit Hilfe der ABC-Analyse in drei Prioritätenklassen erfolgen kann. In die Klasse A werden die Ursachen mit der größten Bedeutung, in die Klasse C diejenigen mit der geringsten Bedeutung aufgenommen. Damit ist zugleich eine Reihenfolge festgelegt, mit der die Ursachen eines Problems bekämpft werden können.

Tab. 30: Übersicht über Fehler und Fehlerkosten in einer Maßnahme der Arbeitsangelegenheiten

	kalkulierte Kosten je Fehler für die Einrichtung, z.B. durch Nacharbeiten oder wegfallende Einnahmen in €	**Anzahl der aufgetretenen Fehler im Jahr**	**Häufigkeit in %**	**Häufigkeit aufsumiert in %**	**Kosten in 100 €**	**Kosten in %**	**Kosten in % aufsummiert**
Arbeitsnachweise	20,00	120	65,60	65,6	24,00	43,8	43,8
fehlende Bewerberdaten	15,00	30	16,40	82,0	4,50	8,2	52,1
MAE* Abrechnung fehlerhaft	30,00	13	7,10	89,1	3,90	7,1	59,2
Profiling unzureichend	150,00	10	5,50	94,5	15,00	27,4	86,6
Absprachen Honorardozenten	45,00	3	1,60	96,2	1,35	2,5	89,0
Abrechnung der Maßnahmekosten	300,00	1	0,50	96,7	3,00	5,5	94,5
Sonstiges	50,00	6	3,30	100,00	3,00	5,5	100,0
Summen		183,00	100		54,75	100,0	

* Mehraufwandsentschädigung

Wenn beispielsweise die Kosten als Problem in den Blick genommen werden sollen und analysiert werden soll, wo Fehler Kostentreiber in einer Einrichtung sind, so kann man einzelne Datenklassen nach Häufigkeit bilden und diese in Relation zu den dadurch entstehenden Kosten setzen. Zur Erstellung eines Paretodiagramms geht man wie folgt vor: 1. man legt fest, welches Problem bearbeitet werden soll, 2. anschließend werden die Kategorien für mögliche Fehlerquellen oder Ursachen ermittelt, 3. es werden Messgrößen wie z.B. Häufigkeit der Fehler und Kosten festgelegt, 4. Daten werden durch Beobachtung, Auswertung von Unterlagen usw. ermittelt (z.B. durch eine Fehlersammelliste), 5. der prozentuale Anteil aus der absoluten Häufigkeit jeder Kategorie wird ermittelt, 6. es wird ein Säulendiagramm nach Häufigkeit und/oder Kosten mit der größten Säule links erstellt (Die Säule mit Sonstiges steht immer rechts.), 7. der kumulative Prozentsatz der entscheidenden Kategorie wird dargestellt (im Beispiel die Kosten), indem Sie eine parallele vertikale Achse auf der rechten Seite zeichnen (0–100 %), 8. der kumulative Prozentsatz wird in Form einer Summenlinie eingetragen. Eine steile Linie bedeutet, dass sehr wenige wichtige Ursachen für Probleme bzw. Fehler vorliegen, eine flache Linie bedeutet, dass viele gleichwertige Ursachen vorhanden sind.

Als Beispiel soll hier eine Fehler- und Fehlerkostenanalyse einer Einrichtung der Beschäftigungsförderung herangezogen werden. Die Organisation hat aufgrund einer negativen Kostenentwicklung eine Analyse von Fehlern, die Kosten verursachen, durchgeführt und wertet diese aus, um daraus Maßnahmen zur Verbesserung und Kostensenkung abzuleiten (Tab. 30, Abb. 62).

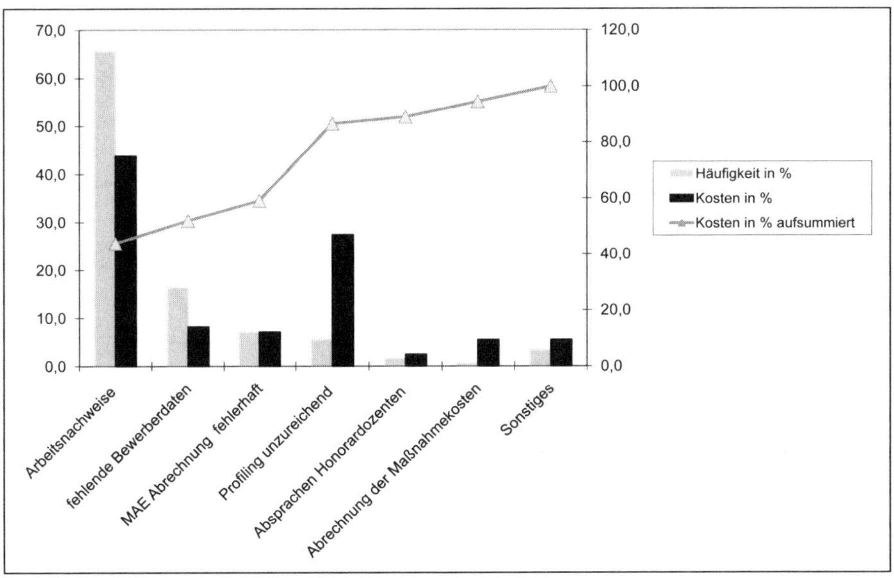

Abb. 62: Paretodiagramm zu Fehlern und Fehlerkosten

Das Beispiel dieser Fehleranalyse in einer Einrichtung, die Qualifizierungsmaßnahmen für Langzeitarbeitslose durchführt, zeigt, dass der am häufigsten auftretende Fehler auf der Kostenseite insgesamt nicht das gravierendste Problem darstellt, wenn Fehler, Fehlerhäufigkeit und Kosten des Fehlers im Zusammenhang betrachtet werden. Die Grafik zeigt, dass das unzureichende Profiling von Teilnehmern an arbeitsmarktpolitischen Maßnahmen, das nur 5,5 % der Häufigkeit der Fehler ausmacht, 27,4 % der Kosten von Fehlern ausmacht.

Aus dieser Übersicht im Paretodiagramm wird deutlich, dass die Fehler in Prioritätenklassen sortiert werden können, die mit Hilfe der ABC-Analyse eingeteilt werden können. Es ist schnell erkennbar, dass durch Vermeidung der Fehler bei den Arbeitsnachweisen und beim Profiling bereits 71,2 % der Kosten für Fehler vermeidbar wären (Fehlerkategorie A). Zu den Fehlern der Kategorie B gehören dann die fehlenden Bewerberdaten und die fehlerhaften Abrechnungen der Mehraufwandsentschädigungen. In die Kategorie C fallen schließlich die verbleibenden Fehler, die kaum noch eine Kostenrelevanz haben. Diese Darstellungsmethode stellt eine schnelle Ermittlungs- und Entscheidungshilfe dar, wenn herausgefiltert werden soll, an welchen Problem- und Fehlerursachen mit hoher Priorität gearbeitet werden soll.

Ursache-Wirkungs-Diagramm

Das Ursache-Wirkungs-Diagramm ist eine sehr oft zur Problemanalyse verwendete Methode. Sie ist unter dem Namen Ishikawa-Diagramm bekannt, da sie auf den japanischen Qualitätsexperten Kaoro Ishikawa zurückgeht. Zollondz beschreibt sie wie folgt: Das Ishikawa-Diagramm ist „wohl die bekannteste Qualitätstechnik überhaupt. Sie wird auch Ursache-Wirkungs- oder Fischgräten-Diagramm (eng. fishbone) genannt und hilft einer Gruppe bei der Untersuchung eines Problems und seiner möglichen Ursachen, wobei mögliche und bekannte Ursachen bzw. Einflüsse eruiert und in ihrer Auswirkung auf das Problem zeichnerisch dargestellt werden" (Zollondz 2002, 106). Hier folgt ein Beispiel (Abb. 63).

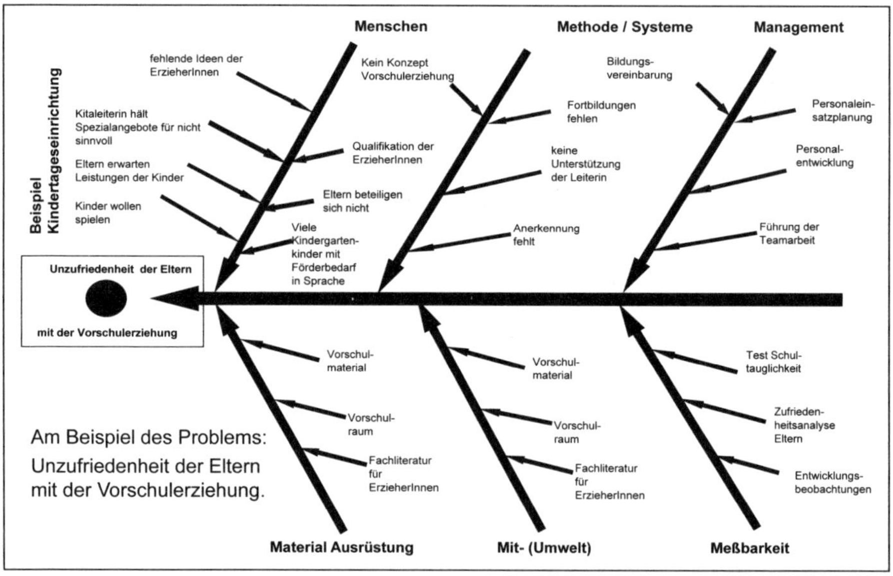

Abb. 63: Ishikawa-Diagramm

Das Verfahren funktioniert wie folgt: Ein Problem, das von einer Gruppe gelöst werden soll, hat i.d.R. nicht nur eine Ursache, sondern basiert auf einem Bündel von Ursachen. Im Diagramm werden durch die Gruppe mögliche Ursachen zusammengetragen. Ishikawa hat dafür Gruppen von Hauptursachen benannt, die in den „sieben Ms“ zusammengestellt sind. Sie lauten: Management, Mensch, Methode, Material, Maschine, Messbarkeit und Mit- bzw. Umwelt. Diese Oberbegriffe sind variabel, je nach Organisation oder Problem, das damit analysiert werden soll. Nach der Zusammenstellung werden alle die Ursachen markiert, die sofort behebbar sind. Alle anderen Ursachen werden gewichtet und in eine Prioritätenliste gebracht, um festzulegen, in welcher Folge sie dann bearbeitet und behoben werden sollen. Das Beispiel in Abb. 63 zeigt, wie dieses Werkzeug z.B. in einer Tageseinrichtung für Kinder bei der Analyse von Unzufriedenheit der Eltern mit der Vorschulerziehung angewendet werden kann. Im Beispiel wird die Dimension „Maschine“ nach Ishikawa weggelassen, da diese Dimension im Beispiel Kindertageseinrichtung nicht sinnvoll ist. In der Grafik (Abb. 63) wird nur eine Ebene der Ursachen aufgezeichnet, da die Grafik sonst zu unübersichtlich wird. In der Praxis sollte jede Gräte des Fisches noch mit weiteren Unterursachen angereichert werden, um eine detaillierte Analyse zu erstellen.

Am Beispiel der Gräte „Menschen“ wird die weitere Differenzierung veranschaulicht (Abb. 64). Bevor die Ursachen gewichtet werden, sollte gut und gründlich analysiert werden. Dazu können Methoden wie Interviews, Gespräche, Beobachtungen, Aktenanalysen etc. herangezogen werden. Viele Ursachen sind aber auch intuitiv zu benennen und zu gewichten.

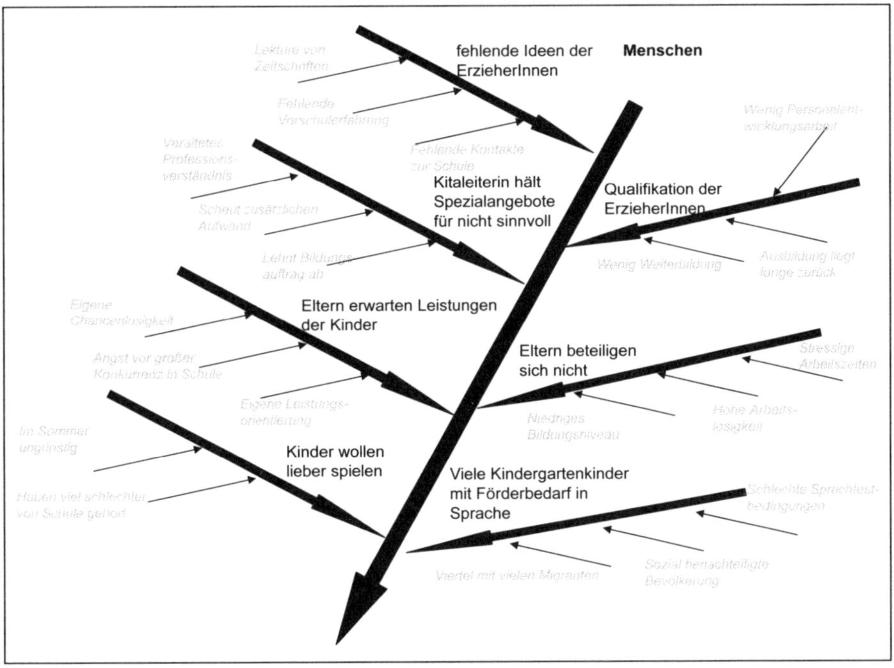

Abb. 64: Gräte „Menschen“ in der weiteren Differenzierung

Regelkarte

Die Qualitätsregelkarte ist ein in der Sozialen Arbeit relativ ungebräuchliches Instrument. In der Regelkarte werden Werte eines Prozesses festgehalten, die dazu dienen, ihn zu überwachen und bei Bedarf gegensteuernd einzugreifen. Um sinnvoll mit der Regelkarte arbeiten zu können, sind große Mengen statistischer Daten erforderlich. Das Instrument wird überwiegend bei der Produktion großer Stückzahlen in der Industrie eingesetzt. Aufgrund von Mittelwert- und Streuungsberechnungen kann auf Unregelmäßigkeiten im Produktionsprozess zurückgeschlossen werden. Da in der Sozialen Arbeit keine Massenproduktion stattfindet, kann dieses Instrument kaum zum Einsatz kommen. Auch die Parameter einer Dienstleistungserbringung sind nicht so stabil, wie dies in technischen Produktionsprozessen der Fall ist.

In einer sehr vereinfachten Form wird die Regelkarte allerdings im Bereich der Hygieneüberwachung und der Prüfung von Messmitteln, wie z.B. Thermometerkontrolle in Medikamentenkühlschränken, Überwachung von Blutdruckmessgeräten u.Ä. geführt. Die Aufzeichnungen der regelmäßig kontrollierten Messwerte werden – wie in der Regelkarte – mit oberen und unteren Eingriffswerten versehen. Über- oder unterschreitet z.B. ein Messwert im Kühlschrank diese Grenzen, muss eine Kontrollmessung mit einem weiteren Thermometer durchgeführt werden und ggf. das fehlerhafte Gerät ausgetauscht werden.

Korrelationsdiagramm

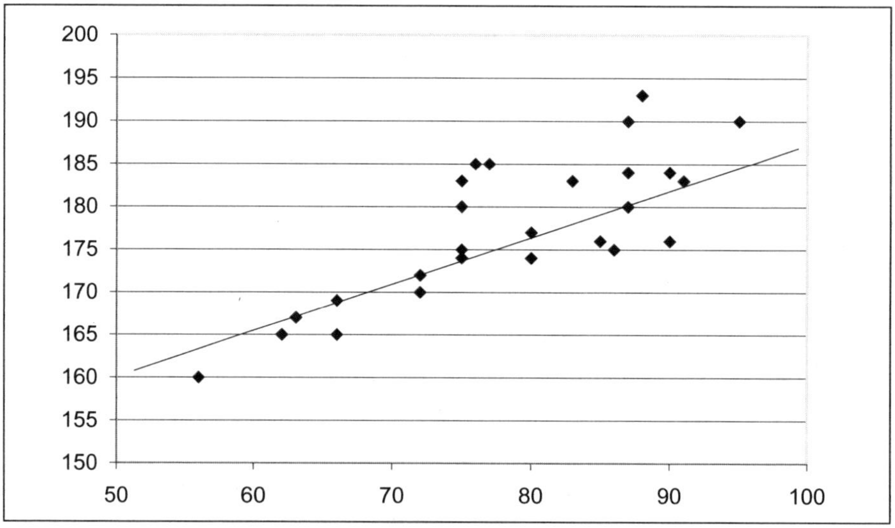

Abb. 65: Korrelation von Körpergröße und Körpergewicht

Das Korrelationsdiagramm stellt die Beziehung zwischen zwei Merkmalen grafisch dar, die paarweise an einem Objekt aufgenommen werden. Die Wertpaare werden im Diagramm als Punkte dargestellt, aus deren Muster man Rückschlüsse auf einen statistischen Zusammenhang zwischen den beiden Merkmalen ziehen kann. Beispielsweise kann die Relation von Körpergröße und Köpergewicht für eine Gruppe von Personen dargestellt werden (Abb. 65).

Bei unterschiedlichen Beobachtungsgegenständen kann sich herausstellen, dass Merkmalspaare mal stärker, mal schwächer mit einander korrelieren. Abhängig davon, wie stark der Zusammenhang zweier Merkmale ausgeprägt ist, sollten Entscheidungen zu bestimmten Handlungen gefällt werden. Um eine Korrelation feststellen zu können, muss eine größere Zahl an Messwerten vorliegen. Man unterscheidet fünf Grundformen von Korrelationen, die in den folgenden Bildern dargestellt werden.

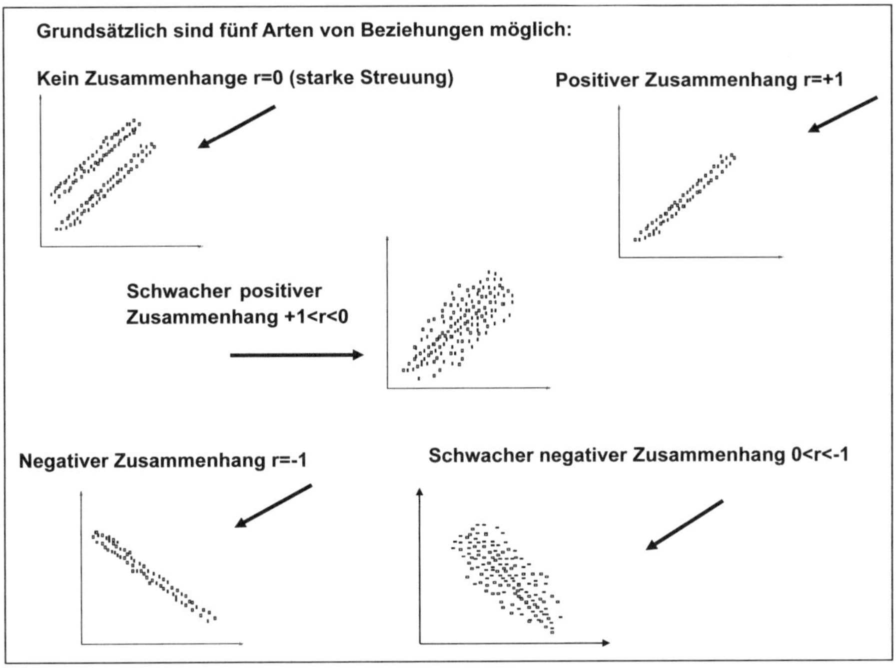

Abb. 66: Korrelationsdiagramme unterschiedlicher Art

8.8.2 Die sieben neuen Werkzeuge

Die so genannten neuen Qualitätswerkzeuge sind Methoden, die dabei helfen, Probleme zu lösen, indem Informationen übersichtlich strukturiert werden. Sie werden insbesondere dann eingesetzt, wenn noch nicht viel oder kein Datenmaterial vorliegt, mit dessen Hilfe eine Entscheidung vorbereitet werden kann. Schwerpunktmäßig werden Affinitätsdiagramm und Relationendiagramm eingesetzt. Matrixdiagramm, Baumdiagramm und Portfolio dienen eher dazu, Lösungen zu entwickeln, und der Netzplan und der Problementscheidungsplan dienen eher zu Lösungsumsetzungen.

Affinitätsdiagramm

Das Affinitätsdiagramm hilft, eine Fülle von Informationen zu einem Problem oder einer Entscheidungsfrage zu sortieren und Struktur in das Problem hineinzubringen. Letztlich ist es nichts anderes, als gesammelte Informationen (wie in einer Moderation mit Kartenabfrage) zu sortieren und zu strukturieren (vgl. weiter oben in diesem Kap. 8.7.1 zur Moderation). Beispielsweise wird dieses Instrument gerne genutzt, wenn eine Organisation beginnt, ihre Kernprozesse zu identifizieren. Zunächst können während einer Moderation die alltäglichen anfallenden Arbeiten auf Karten gesammelt werden, um diese dann in eine Struktur zu bringen und damit die übergeordneten Prozesse zu erkennen (Abb. 67).

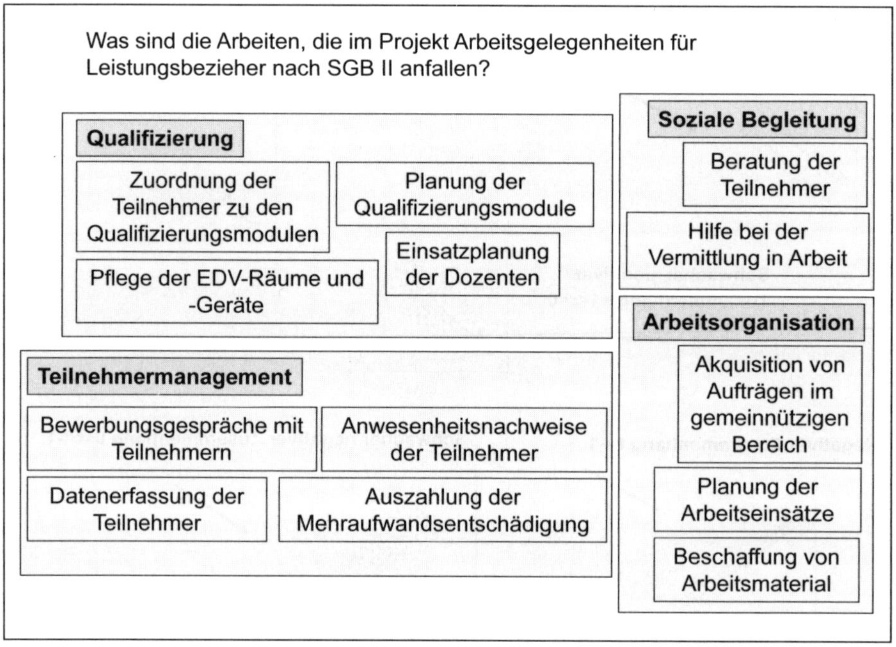

Abb. 67: Affinitätsdiagramm für die Suche nach den Kernprozessen eines Beschäftigungsträgers

Relationendiagramm

Das Relationendiagramm kann herangezogen werden, wenn zwischen verschiedenen Aspekten eines Problems Ursache-Wirkungs-Beziehungen oder Wechselwirkungen vermutet werden. Mit Hilfe von Verbindungslinien können Ursache-Wirkungs-Zusammenhänge analysiert und so besser verstanden werden. Eine gemeinsame Erarbeitung führt dazu, dass in einem Team ein gemeinsames Verständnis für eine Fragestellung entwickelt werden kann.

Die Basis eines Relationendiagramms besteht darin, zunächst die Aspekte auf Karten zu sammeln, die für das Problem relevant sind, und sie dann in Relationen zueinander zu setzen. Von einer Karte ausgehend (der Hauptursache des Problems)

wird geprüft, inwiefern der Aspekt zu anderen in Relation steht, und es werden Verbindungslinien gezeichnet. Dabei können alle Karten sowohl Linien enthalten, die zu ihnen hinführen, als auch solche, die von ihnen weg führen. Letztlich sollten alle Karten verbunden sein und auf eine Karte hinführen, die als die Hauptwirkung formuliert ist, die erreicht werden soll, wenn das Problem gelöst ist.

Bezogen auf das Beispiel der Beschäftigungsförderung könnte dies wie folgt aussehen (Abb. 68).

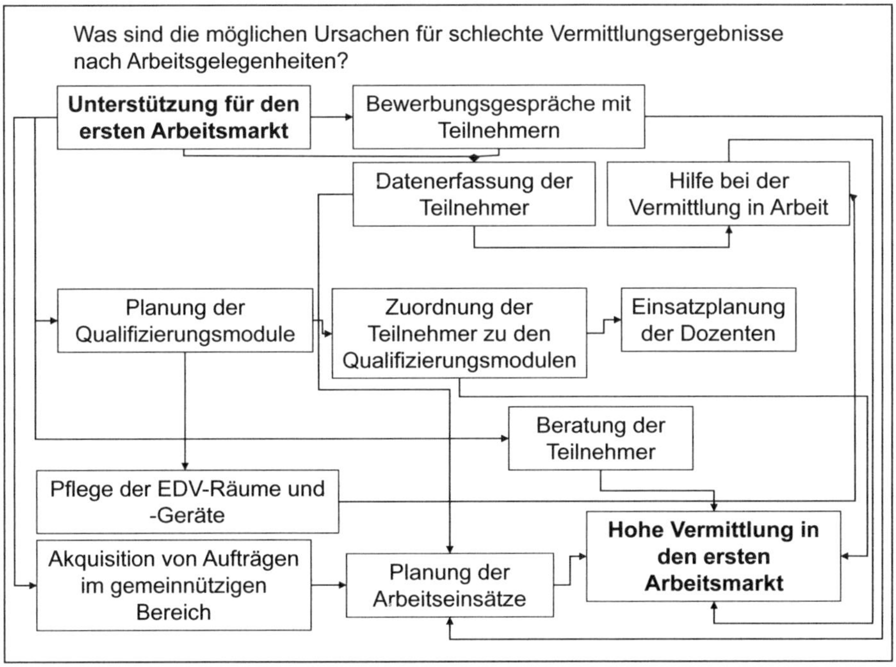

Abb. 68: Relationendiagramm für die Ursachenanalyse schlechter Vermittlungsergebnisse in der Beschäftigungsförderung in Arbeitsgelegenheiten

Baumdiagramm

Ein Baumdiagramm stellt in einer strukturierten Form Aspekte eines Themas zusammen, die bei der Problemlösung oder Entscheidungsfindung zu berücksichtigen sind. Organigramme von Unternehmen sind häufig in dieser Art strukturiert. Ebenso kann das Baumdiagramm genutzt werden, um Auswahlkriterien für etwas zusammenzustellen, ein Projekt in Arbeitspakete zu gliedern oder für einen Arbeitsprozess festzulegen, welche Dinge bei der Beschreibung berücksichtigt werden sollen.

Das folgende Beispiel zeigt auf, welche Dinge bei der Aufnahme eines/r neuen Klient/en/in berücksichtigt werden sollen, die später in einer Prozessbeschreibung wieder zu finden sein sollen (Abb. 69).

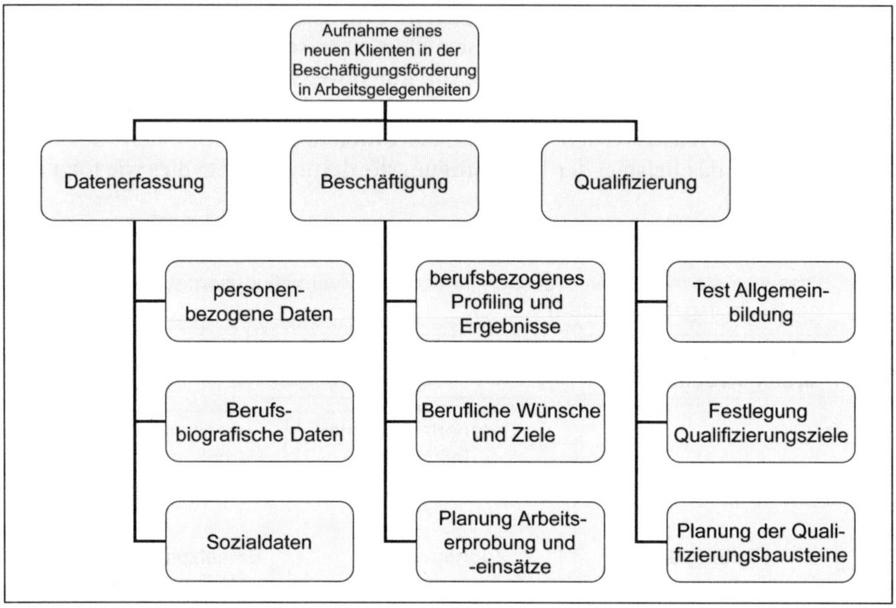

Abb. 69: Baumdiagramm zur Vorbereitung einer Prozessbeschreibung

Matrixdiagramm

Probleme / Korrekturmaßnahmen	Nicht passgenaue Einsatzgebiete für TN	Überlastung und Zeitdruck bei Arbeitseinsätzen	Langweilige Qualifizierungseinheiten	Heterogene Gruppenzusammensetzung	Wenig Vorbereitung auf Bewerbungssituationen	Schlecht layoutete Bewerbungsunterlagen der TN	Keine Stellenangebote verfügbar
Anleitende und ausbildende Mitarbeiter schulen und motivieren	O	O	+	O	+	+	O
TN-Profiling methodisch verbessern	+	+	O	+	+	O	O
Prozesse zielorientierter ausrichten	+	+	+	O	+	+	+
Verantwortlichkeiten für Teilnehmer eindeutig festlegen	O	O	O	O	+	+	+
Neue Einsatzgebiete erschließen	+	-	O	O	O	O	O
Zwischenbilanz nach 3 Wochen ziehen und Wechselmöglichkeit einräumen	+	O	-	O	O	-	O
Standards für Unterricht festlegen (Lehrpläne) incl. Formulierung von Vorraussetzungen pro Kurs	O	O	+	+	O	+	O

Abb. 70: Zweidiemensionales Matrixdiagramm

Matrixdiagramme haben die Aufgabe, Einzelaspekte eines Problems miteinander zu vergleichen oder in Relation zu einander zu bringen. Ein typischer Anwendungsfall im Qualitätsmanagement ist z.B. die Gegenüberstellung der beiden Dimensionen „Kapitel des QM-Handbuches“ mit „Kapitel der DIN EN ISO 9001“. Matrixdiagramme können auch drei oder vier Dimensionen haben, die dann allerdings schwieriger übersichtlich darzustellen sind. Andere typische Anwendungen sind z.B. die Gegenüberstellung von Aufgaben zu Verantwortungen, von Fehlerursachen zu Fehlerwirkungen oder Gegenmaßnahmen oder von Teilprozess zu verfügbaren Mitteln (vgl. Theden 2005, 55). Dabei werden je nach Anzahl der Dimensionen Matrixen in L-Form, T-Form, Y-Form oder X-Form angelegt. In die Felder werden dann, je nach Gegenstand, z.B. Symbole zur Bewertung eingetragen. Solche Symbole können + (plus), – (minus) oder o (neutral) sein. Es können aber auch Symbole sein, die ausdrücken, dass etwas stark, mittel oder schwach ist, oder Symbole für Verantwortung, Beteiligung, Durchführung oder Information. Die Art und Weise der Ausführung hängt immer vom konkreten Anwendungsfall ab. Eine zweidimensionale Matrix kann z.B. wie in Abb. 70 aussehen.

Portfolio-Diagramm

Die Methode der Portfolio-Analyse und des Portfolio-Diagramms wurde bereits in Kap. 6.3.3 im Zusammenhang der Stakeholder-Analyse dargestellt. Die dort aufgeführte Methode in Form der Kraftfeldanalyse kann auch in anderen Arbeitskontexten des QM angewendet werden. Wichtig ist bei der Portfolioanalyse, dass zunächst die beiden Achsen, die die Beurteilungsdimensionen darstellen, definiert und festgelegt werden. Danach werden die zu bewertenden Aspekte im Detail festgelegt, die Bewertungen vorgenommen, die Werte berechnet und dann in das Portfoliodiagramm eingetragen. Folgendes Fallbeispiel soll dies verdeutlichen (Abb. 71).

Für die Weiterentwicklung einer Einrichtung der Tagesbetreuung für Kinder in Richtung eines Familienzentrums sollen aus einer Palette von zehn schon besprochenen Maßnahmen diejenigen fünf ausgewählt werden, die als nächstes realisiert werden sollen. Die Maßnahmen, die bereits angedacht sind, lauten: – Einstellung einer sozialarbeiterischen Fachkraft mit Erfahrung in der Sozialraumarbeit, – Erweiterung der Räumlichkeiten um ein Beratungsbüro mit Zugang von außen und ohne Störung durch Kinder aus der Einrichtung, – Vernetzung der Einrichtung mit einer Beratungsstelle für Ehe- und Familienfragen, – Fortbildung von Erzieherinnen in diagnostischen Verfahren für Störungen in der frühkindlichen Entwicklung, – Fortbildung von Personal in frühkindlicher integrationsorientierter Sprachförderung, – Sprachkurs in Türkisch wegen des hohen Anteils an türkischen Migranten im Stadtteil, – Einführung eines Hilfeplanungssystems in der Einrichtung, – Definition und Beschreibung der wichtigsten Leistungsprozesse der Einrichtung, – Neukonzipierung der Elternarbeit der Einrichtung, da sehr wenige Eltern sich einbringen, – Aufbau eines Fundraising für die Einrichtung.

Die Bewertung erfolgt nach den Dimensionen Dringlichkeit und Kosten, um die Maßnahmen auszuwählen, die zuerst umgesetzt werden sollen. Im Beispiel ist der Quadrant I derjenige, der sehr zügig umgesetzt werden sollte, weil die Dringlichkeit hoch ist und die Kosten niedrig sind. Danach ist dann zu entscheiden, ob Maßnahmen realisiert werden sollen, die zwar nicht so dringlich sind, aber wenig kosten (Quadrant III), oder solche, die dringlich sind und viel kosten. Diese Entscheidung hängt in der Praxis natürlich davon ab, welche Mittel aktiviert werden können. Die Abbildung im Folgenden zeigt die Schritte der Portfolio-Analyse auf. Maßnahmen, die im Quadranten IV landen würden, sollten nicht realisiert werden, da bei geringer Dringlichkeit und hohen Kosten kein Sinn darin zu erkennen wäre (Abb. 71).

Maßnahmen	Dringlichkeit	Kosten	Quadrant
1. Einstellung einer sozialarbeiterischen Fachkraft mit Erfahrung in der Sozialraumarbeit	9	9	II
2. Erweiterung der Räumlichkeiten um ein Beratungsbüro mit Zugang von außen und ohne Störung durch Kinder aus der Einrichtung	5	7	II
3. Vernetzung der Einrichtung mit einer Beratungsstelle für Ehe- und Familienfragen	8	2	I
4. Fortbildung von Erzieherinnen in diagnostischen Verfahren für Störungen in der frühkindlichen Entwicklung	2	4	III
5. Fortbildung von Personal in frühkindlicher integrationsorientierter Sprachförderung	6	3	I
6. Sprachkurs in türkisch, wegen des hohen Anteils an türkischen Migranten im Stadtteil	1	1	III
7. Einführung eines Hilfeplanungssystems in der Einrichtung	1	4	III
8. Definition und Beschreibung der wichtigsten Leistungsprozesse der Einrichtung	10	3	I
9. Neukonzipierung der Elternarbeit der Einrichtung, da sehr wenige Eltern sich einbringen	9	2	I
10. Aufbau eines Fundraising für die Einrichtung	4	3	III

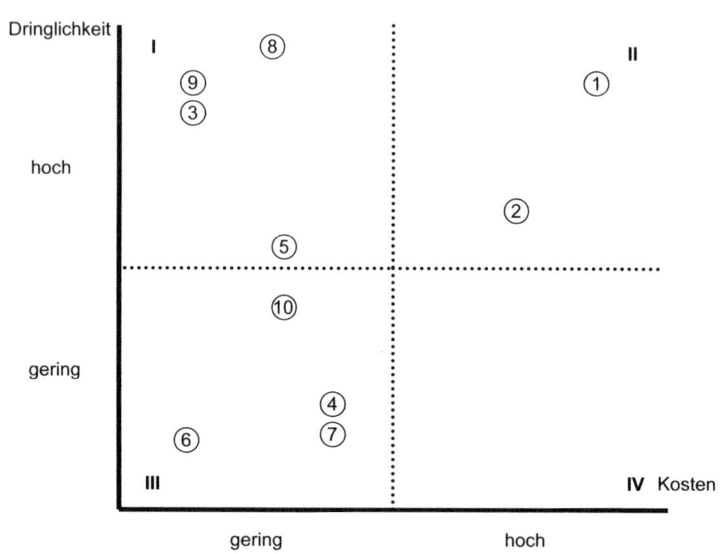

Abb. 71: Portfolio-Analyse

Netzplan

Die Netzplantechnik ist eine sehr verbreitete Planungsmethode für Projekte. Die Anwendung der Netzplantechnik erweist sich immer dann als vorteilhaft, wenn Vorgangsfolgen in ihrer Abhängigkeit zueinander exakt darstellbar sind. Die DIN 69900 definiert Netzplantechnik folgendermaßen: „Die Netzplantechnik umfasst Verfahren zur Projektplanung und Projektsteuerung. Der Netzplan ist die grafische Darstellung von Ablaufstrukturen, die die logische und zeitliche Aufeinanderfolge von Vorgängen (Ablaufabschnitten) veranschaulicht" (DIN 69900). Der Netzplan stellt Aktivitäten und Tätigkeiten durch Pfeile dar und den Eintritt von Ereignissen durch Kreise oder Rechtecke. Für die Darstellung eines Projektes im Netzplan ist erforderlich, Aktivitäten und ihre Reihenfolge anzugeben, Zeiten der Aktivitäten zu schätzen, den kritischen Weg zu bestimmen und Pufferzeiten zu ermitteln. Die wesentlichen Vorteile der Netzplantechnik liegen z.B. in der genauen Ablaufanalyse eines Prozesses sowie der umfassenden Ermittlung seines Zeitverhaltens. Dies schafft die Voraussetzung für eine optimale Prozessablaufplanung. Die übersichtliche, für jedes Netzplantechnik-Verfahren festgelegte Darstellungsweise ermöglicht eine zweifelsfreie Verständigung zwischen allen Beteiligten. Der Netzplan liefert in der Planungs- und Steuerungsphase des Projektes einen raschen, allgemein verständlichen Überblick und lässt Engpässe und mögliche Störungsquellen frühzeitig erkennen. Ein weiterer Nutzen der Netzplantechnik wird schließlich darin gesehen, dass in der Planungsphase eines Projektes der Zwang besteht, Aufgaben klar zu gliedern und ihre gegenseitige Abhängigkeit eindeutig darstellen zu müssen. Zu beachten ist allerdings, dass ein Projekt im Netzplan nur so genau, so aktuell, so übersichtlich dargestellt werden kann, wie die Planenden es erarbeitet haben. Ein Netzplan, der falsch aufgebaut ist, falsch interpretiert oder durch fehlenden bzw. mangelhaften Änderungsdienst nicht auf dem aktuellen Stand gehalten wird, verliert seinen Wert als Hilfsmittel der Steuerung.

Ein Netzplan besteht aus folgenden Elementen:

Tab. 31: Elemente eines Netzplanes

1. Funktionale Elemente:	Vorgänge	zeitbeanspruchender Ablaufabschnitt (Teilarbeiten, Tätigkeiten) mit definiertem Anfang und Ende
	Ereignisse	definierter Zustand im Projektablauf; jeder Vorgang beginnt mit einem Anfangsereignis und endet mit einem Endereignis
	Anordnungsbeziehungen (AOB)	sind personelle, fachliche und terminliche Abhängigkeiten zwischen zwei Vorgängen bzw. Ereignissen
2. Formale Elemente:	Knoten (Ereignis)	als Rechtecke oder Kreise dargestellt mit folgenden Elementen: • Nummer des Ereignisses • frühester Beginn • spätester Beginn • Pufferzeit
	Verbindungselemente (Vorgang)	als Pfeile dargestellt, hier wird die Dauer und die Art des Vorgangs angegeben

Die Vorgehensweise bei der Erstellung eines Netzplanes erfordert mehrere Schritte. Dies sind die folgenden:

1. Vorbereitung: Bei der Vorbereitung erfolgt die Sammlung der Daten. Dazu gehören die Vorgänge, die Abhängigkeiten (Anordnungsbeziehungen) der Vorgänge zueinander und die Dauer der Vorgänge. Bei größeren Projekten muss der gesamte Projektstrukturplan vorliegen, woraus dann einzelne Pakete in Netzplänen aufgearbeitet werden und mit anderen Paketen anschließend zusammengeführt werden müssen.
2. Vorgangsliste erstellen: Alle Vorgänge müssen gesammelt werden. Die Liste enthält pro Vorgang folgende Informationen: – Vorgangsnummer, – Vorgangsbezeichnung, – Vorgangsdauer, – Vorgänge, die unmittelbar vorher beendet sein müssen, – Vorgänge, die unmittelbar nach Abschluss des Vorgangs begonnen werden können, – Vorgänge, die unabhängig vom und parallel zum betrachteten Vorgang laufen können.
3. Vorgangsdauer ermitteln: In die Vorgangsliste wird zusätzlich die Dauer der einzelnen Vorgänge eingetragen.
4. Netzplan zeichnen: Der gezeichnete Netzplan besteht aus einer Reihe von Knoten und Pfeilen in der in der Vorgangsliste festgelegten Reihenfolge. Dabei können parallel verlaufende Vorgänge als Verzweigungen gezeichnet werden.
5. Zeitpunkte, Pufferzeiten und kritischen Weg ermitteln.

Der einzelne Knoten besteht aus vier Segmenten:

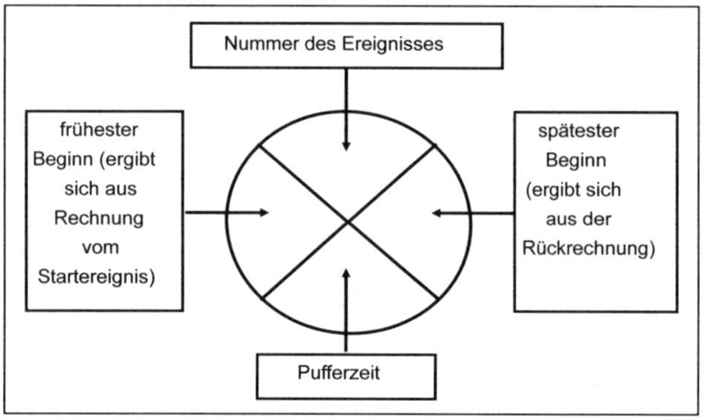

Abb. 72: Der Netzknoten

Im Netzplan wird dann deutlich, wo Verzögerungen auch zu Verzögerungen des Gesamtprojektes werden (kritischer Weg) und wo sich derartige Verzögerungen nicht auswirken.

Problementscheidungsplan

Der Problementscheidungsplan dient dazu, möglicherweise auftretende Probleme schon im Vorhinein zu bedenken und mögliche Gegenmaßnahmen festzulegen. Er ist ein gutes Instrument, um z.B. der Forderung der DIN EN ISO 9001 nach Vorbeugemaßnahmen gerecht zu werden. Durch eine prospektive Fehler- und Problemmöglichkeitsanalyse kann dafür gesorgt werden, dass bei auftretenden Problemen schnell gehandelt werden kann. Somit ist ein Problementscheidungsplan ein Teil eines Risikomanagements.

Am Beispiel des oben dargestellten Baumdiagramms zur Aufnahme neuer Klient/inn/en in der Beschäftigungsförderung mit Arbeitsgelegenheiten (Abb. 69) soll dargestellt werden, wie der Problementscheidungsplan im Falle des Astes „Beschäftigung" aussehen könnte (Abb. 73).

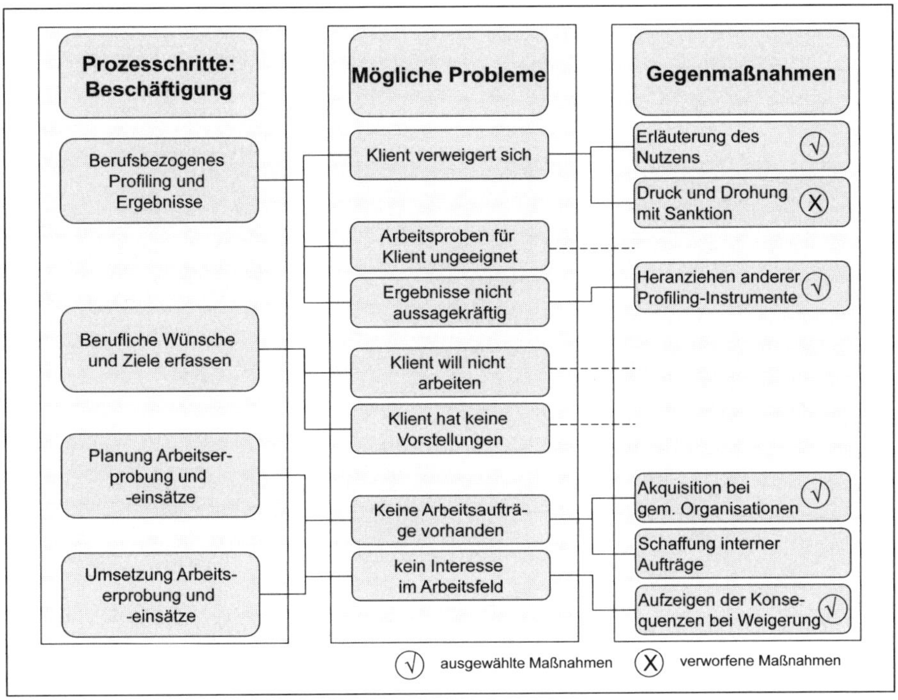

Abb. 73: Problementscheidungsplan

Am Beispiel wird deutlich, dass bei der Neuaufnahme von Klient/inn/en verschiedene Schwierigkeiten auftreten können. Sollten sich die Klient/inn/en beispielsweise weigern, ein berufsbezogenes Profiling mitzumachen, so muss ihnen erläutert werden, welcher Nutzen sich für sie daraus ergibt. Diese Maßnahme wird von der Beispielorganisation ausgewählt, während sie sich dagegen entscheidet, den Klient/inn/en mit Sanktionen zu drohen. In dieser oder ähnlicher Weise kann so im Vorfeld auftretender Probleme schon überlegt und entschieden werden, wie man ihnen gegenübertreten will.

Weitere Qualitätstechniken

In der Literatur zu Qualitätswerkzeugen werden i.d.R. auch noch die beiden Instrumente: Quality Function Deployment (QFD oder auch „house of quality" genannt) und die Fehlermöglichkeitseinflussanalyse (FMEA) genannt. Ihre Anwendung im Bereich der Sozialen Arbeit ist aber eher marginal, da einige Implikationen der Instrumente auf die Charakteristika Sozialer Arbeit nicht einfach übertragbar sind. Aus diesem Grunde werden sie an dieser Stelle nicht weiter ausgeführt. Eine gut verständliche und knappe Erläuterung findet man im Buch von Theden und Colsmann mit dem Titel „Qualitätstechniken" (Theden 2005, 68 ff.).

9 Bausteine mit Wirkung auf die Entfaltung von Controllingkompetenz und Ergebnisorientierung

9.1 Controlling in der Sozialen Arbeit

9.1.1 Der Begriff Controlling

Der Begriff Controlling ist für Personal der Sozialen Arbeit einerseits immer noch befremdlich, andererseits nutzen Fachkräfte der Sozialen Arbeit seit eh und je Ansätze des Controllings, ohne es so zu nennen. Dazu gehören z.B. die schon beschriebenen Instrumente der Supervision, der Evaluation und der Fallreflexion.

Diese Behauptung fußt auf der Definition von Controlling. „Controlling heißt, die Differenz zwischen dem nachhaltig Gewünschten, Gewollten, aktiv Angestrebten und dem erreichten Stand zu ermitteln, zu analysieren, zu bewerten und zu beurteilen, um steuernd eingreifen zu können. Controlling ist notwendig, unabhängig davon, ob es entsprechende Servicestellen für Controlling gibt oder nicht" (Kappler 2006, 35). Der Begriff stammt aus der englischen Sprache und bedeutet „steuern", „regeln" und nicht kontrollieren, wie oft angenommen wird. Horcher beschreibt Controlling im Lexikon der Sozialwirtschaft wie folgt: „Controlling ist ein umfassendes, funktionsübergreifendes Steuerungs- und Koordinierungskonzept mit der Aufgabe ergebnisorientierter Informationsversorgung des Managements eines Unternehmens" (Horcher 2008, 193). Controlling ist eine Managementaufgabe, die nicht davon abhängt, ob dafür spezialisiertes Personal verfügbar ist. Auch wenn dieses nicht vorhanden ist, muss die oberste Leitung Daten sammeln, analysieren und daraus steuernde Impulse gewinnen.

9.1.2 Strategisches und operatives Controlling

Es wird zwischen dem strategischen und dem operativen Controlling unterschieden. Dabei umfasst das strategische Controlling im Wesentlichen die strategische Zielplanung und deren Umsetzung in Maßnahmen. „Im Sinne von Steuerung und Frühwarnsystem ist die wesentliche Aufgabe des strategischen Controlling die Unterstützung des Managements bei der Strategieentwicklung und Strategieumsetzung" (Horcher 2008, 194 f.). Dabei hat das strategische Controlling die Aufgabe, die langfristigen Chancen und Risiken auszuloten und dem Management entsprechende Informationen für Zukunftsentscheidungen bereitzustellen. Zu den Instrumenten des strategischen Controlling gehören z.B. die Balanced Scorecard, auf die später eingegangen wird, sowie Potenzial- und SWOT-Analysen (Stärken-Schwächen-Analysen). Das operative Controlling dagegen hat die Aufgabe, die aus dem strategischen Controlling stammenden Ziele in operative Pläne für die nächste Periode (z.B. das Jahr) zu übersetzen und in Bezug darauf operative Ziele (z.B. Budgets) zu setzen und diesbezüglich Daten zu sammeln, auszuwerten und Steuerungsimpulse durch Interpretation der Daten zu geben.

Das strategische Controlling zielt auf die Überwachung und Steuerung der Effektivität („Die richtigen Dinge tun"), also der richtigen Ziele. Dagegen hat das operative Controlling die Aufgabe, die Effizienz („Die Dinge richtig tun") zu steuern und festzustellen. Sind strategisch die Geschäftsprozesse richtig ausgerichtet, geht es im operativen Controlling um die effiziente Steuerung der operativen Prozesse, um die strategischen Ziele zu erreichen.

Bostelmann (2006, 32 und 58) zeigt den Unterschied zwischen strategischem und operativem Controlling in zwei Schaubildern auf. Dabei folgt die Strategieentwicklung dem Leitbild, der Vision und der Qualitätspolitik der Organisation. Durch die Evaluation, oft als Selbstevaluation durchgeführt, werden Schwachstellen aufgedeckt, neue Organisationsziele formuliert und schließlich in Zielindikatoren übersetzt, aus denen dann Kennzahlen entwickelt werden können. Strategische Ziele und Qualitätsziele fließen somit im strategischen Controlling zusammen (Abb. 74).

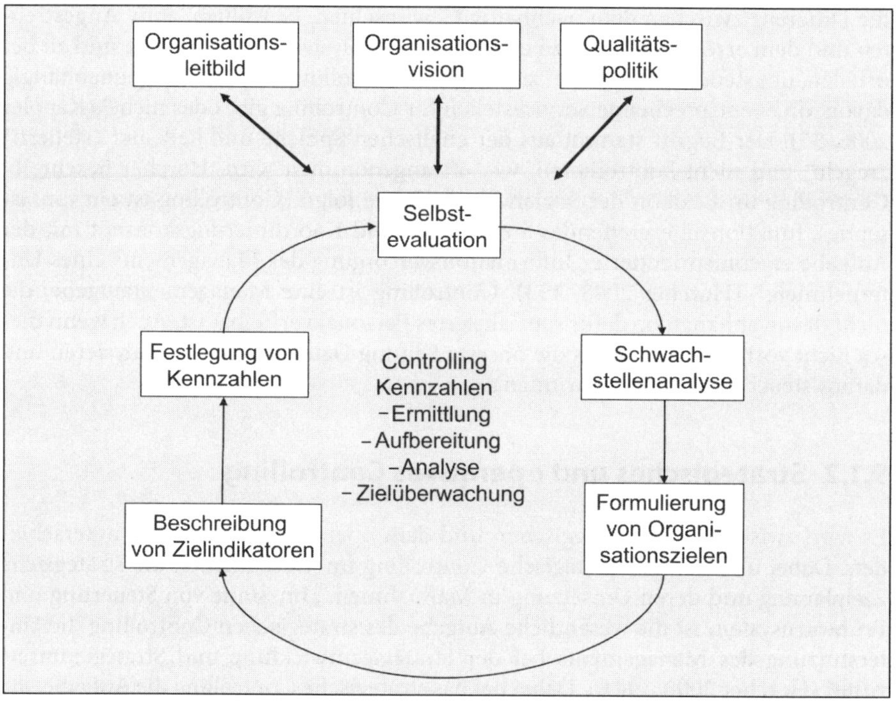

Abb. 74: Strategisches Controlling (Quelle: Bostelmann 2006, 32)

Für das operative Controlling müssen die strategischen Ziele des Gesamtunternehmens auf Bereichsziele heruntergebrochen werden, die dann wiederum anhand von Indikatoren gemessen oder beobachtet werden können, um daraus Kennzahlen zu gewinnen, die die operative Zielerreichung pro Bereich widerspiegeln können (Abb. 75).

So werden aus strategischen Zielen operative Ziele, die durch Steuerungsmaßnahmen in der Realität umgesetzt werden müssen. Diese Ziele sind aber nicht nur – wie es oft in der Praxis zu beobachten ist – finanzielle Ziele, die über das Rechnungswesen „controlled" werden können, sondern auch fachlich-inhaltliche Ziele, für deren Controlling es anderer Instrumente bedarf.

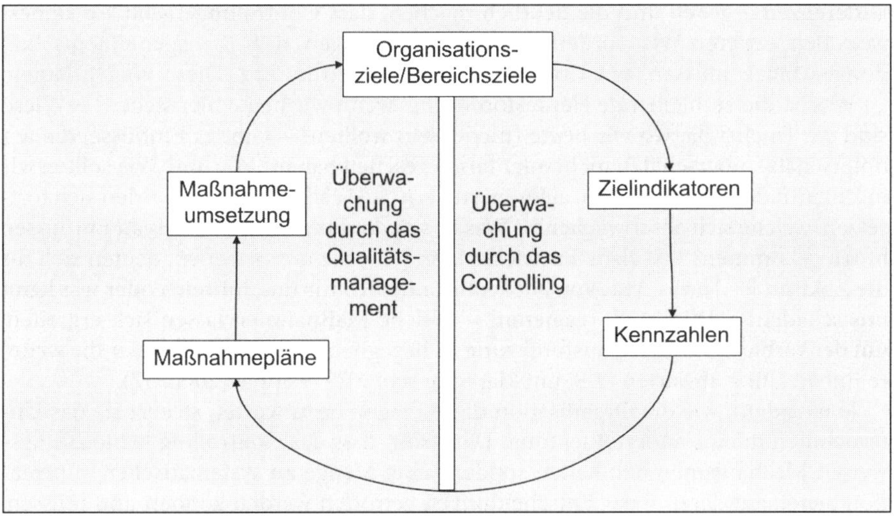

Abb. 75: Operatives Controlling (Quelle: Bostelmann 2006, 58)

9.1.3 Aufgaben des Controlling

Um steuernde Impulse zu gewinnen, muss eine Organisation in der Lage sein, zwischen dem Soll und dem Ist zu vergleichen. Dies impliziert, dass Ziele vorliegen, die so durchdekliniert sind, dass an den unterschiedlichsten Positionen im Unternehmen die Möglichkeit besteht zu vergleichen, was gewollt war und was erreicht wurde. Dies gestaltet sich in der Sozialen Arbeit umso schwerer, je schwerer Ziele und deren Erreichung messbar und quantifizierbar sind.

Controlling spürt die Differenzen auf, um sie zu reduzieren. Diese Differenzen können sowohl in den Struktur- und Prozess- als auch Ergebnisqualitätsbereichen liegen. Sind die Strukturbedingungen nicht zielgerecht gegeben, so kann die Leistung nicht zielgerecht erbracht werden. Sind die Prozesse nicht so, wie sie sein sollen, muss geklärt werden, ob der Prozess nicht zielgerecht geplant ist und deshalb anders umgesetzt wird, oder ob die Ausführenden ggf. weitere Unterstützung, Schulung o.Ä. benötigen, um ihn adäquat durchführen zu können. Bei den Ergebnissen ist die Problematik vielschichtiger. Auf die Problematik der Ergebnis- oder Erfolgsorientierung wird im nächsten Absatz eingegangen.

Controlling produziert Differenzen, die Fragen danach aufwerfen, wie weit die Entfernungen zu den geplanten Zielen noch sind. Diese Differenzen sind kein objektives Maß, sondern sie hängen davon ab, aus welchem Blickwinkel das Erreichte gemessen oder beobachtet wird, wie differenziert die Instrumente dazu sind und wie die Ergebnisse der Messungen bewertet werden.

Controlling ist keine objektive Angelegenheit, die eindeutig definiert, wie die Reise weiter gehen muss. Die Differenzen, die das Controlling identifiziert, sind „Anstoß und Provokation, selbst Produktionsprozess für viele Fragen" (Kappler 2006, 37). Kappler wirft eine Reihe von Fragen auf, die sich aus der Feststellung der Differenzen ergeben und die deutlich machen, dass Controllingergebnisse keineswegs den weiteren Weg vordefinieren, sondern zeigen, dass Managemententscheidungen fallen müssen, um Controlling steuernd zu nutzen. Diese Fragen lauten: „– Was ist die verbleibende Herausforderung, wenn wir heute hier stehen? – Wieso sind wir (nicht) da, wo wir heute (nicht) sein wollten? – Gibt es Einflüsse, die wir unterschätzt, überschätzt, nicht oder falsch gesehen haben? Warum? Wie sollten wir in Zukunft denken, hinsehen, agieren, steuern? – Welche Einflüsse werden sich fortsetzen, welche sich abschwächen? – Was ist seit der Fixierung des Ziels an Einflüssen hinzu gekommen? – Welche Entwicklungen [...], die uns betreffen, deuten sich für die Zukunft [...] an? – Was von alledem ist nützlich für uns, hilfreich oder was kann uns schaden? – Wie ist zu reagieren? – Welche Maßnahmen lassen sich ergreifen, um der verbleibenden Herausforderung zu begegnen? – Oder: Wollen wir die weitere Entwicklung abwarten (z.B. um klarer zu sehen)?" (Kappler 2006, 37).

Je nachdem, wie die Organisation diese Fragen beantwortet, steuert sie das Unternehmen in eine andere Richtung. Das heißt, dass das Controlling keine zwangsweisen Mechanismen beinhaltet, sondern eine Menge an systematischer Information bietet, auf deren Basis Entscheidungen getroffen werden können und müssen. Wie diese aussehen, entscheidet das jeweilige Unternehmen. Durch die Fixierung von Zielen und Plänen wird zumindest in Teilen sichergestellt, dass die Organisation nicht beliebig umsteuert, wenn Hindernisse bei der Zielerreichung auftreten. Kappler benennt die Abweichung zwischen erwünschtem Ziel und der aktuellen Situation die „Herausforderung" und grenzt sie gegen den oft als Soll-Ist-Differenz bezeichneten Vergleich ab. Die Herausforderung im genannten Sinn liegt zeitlich vor der Differenz von Soll und Ist (dann sind alle Maßnahmen durchgeführt). Sie gibt neue Impulse, die Situation zu betrachten, neue Einflussgrößen in den Blick zu nehmen und ggf. neue Entwicklungen mit zu bedenken und darauf eingehend zu steuern (vgl. Kappler 2006, 38).

Die in Kap. 5 beschriebenen QM-Systeme basieren darauf, dass die Einrichtungen der Sozialen Arbeit sich Qualitätsziele setzen. Diese sind von den Kunden (Kostenträgern und Klienten) mit beeinflusst, da diese mit der Beauftragung Anforderungen verbinden, die erfüllt werden sollen. Das Controlling hat den Auftrag, nicht nur die von der Organisation sich selbst gesetzten Ziele zu verfolgen, sondern auch die der Kunden mit einzubinden. Hieraus ergeben sich Anforderungen an das Controlling, die die Überprüfbarkeit der Zielerreichung einerseits beinhalten und das Lernen aus dem Verfehlen der Ziele andererseits umfassen. Dazu sollten Ziele und Umsetzungspläne schriftlich fixiert sein. Beispiele für solche Zielfestlegungen können auf der Klientenebene z.B. Hilfepläne sein. Diese werden in den seltensten Fällen zu 100 % umgesetzt werden können. Dennoch dienen sie als Controllinginstrument, um nach einer Weile zu reflektieren, was gelungen ist, was offen ist, wie weitere Interventionen und Hilfen aussehen sollen.

Um ein Controllingsystem aufbauen zu können, braucht eine Einrichtung präzise Zielformulierungen für die qualitätsrelevanten Bereiche ebenso wie für die finanziellen Bereiche, die nach dem s.m.a.r.t.(h)-Prinzip (vgl. Kap. 7.5) formuliert sind. Wie ein solches System gestaltet werden kann, wird weiter unten am Beispiel der Balanced Scorecard erläutert.

Ein wesentliches Merkmal für das Funktionieren von Controlling ist jedoch, dass die Systeme zusammen mit den betroffenen Mitarbeitern entwickelt werden und sie intensiv kommuniziert werden. Dazu gehört auch die Kommunikation über die Ziele. Von oben verordnete Qualitätsziele und Ziele für das Controlling zeigen immer wieder, dass die Mitarbeitenden blockieren und sich nicht in die Karten gucken lassen, da sie nicht ihre Ziele verfolgen, sondern die einer hierarchischen Macht. Aus diesem Grunde sollten bei der Entwicklung der Ziele möglichst viele Blickwinkel einbezogen, das Für und Wider verschiedener Lösungen abgewogen und schließlich entschieden werden, welcher Weg als erfolgreichster erscheint. Diese Entscheidung muss das Management treffen. Je mehr es den Weg dahin unter Beteiligung von Mitarbeitern und transparent gestaltet, umso mehr gilt, was Kappler im Folgenden schreibt. „Es genügt die Auswahl der Alternative, die als beste erkannt wurde, die im strengen Sinne ‚die einzige Alternative' ist. [...] Organisationen sind keine trivialen Maschinen, bei denen man weiß, was herauskommt, wenn man weiß, was man hineinstecken muss. Organisationen sind komplexe Systeme. In komplexen Systemen ‚gehorcht' der Output nicht mehr dem Input, so dass man weiß, was man hineinstecken muss. Dieses Risiko der Entscheidung trägt das Management, nicht die Mitarbeiter" (Kappler 2006, 59).

Dennoch ist es wichtig, die Angst der Mitarbeitenden vor Veränderungen ernst zu nehmen, „denn sie ist ein natürliches Gefühl, das den Menschen vor übereilten, waghalsigen Schritten schützt" (Bostelmann 2006, 26). Je mehr Informationen die Mitarbeitenden haben, umso weniger Ängste und Missverständnisse entstehen bei der Einführung von Controlling. Eine begonnene Einführung sollte dann nachhaltig verfolgt werden, damit Verlässlichkeit entsteht. Die Kultur des Umgangs mit Mitarbeitenden prägt die Bereitschaft, sich auf Veränderungen einzulassen, und damit die Bereitschaft, sich auf Controlling einzulassen.

So, wie die beschriebenen QM-Systeme des Kap. 5 das Führungsmodell des „Management by Objectives" implizieren, impliziert ein systematisches Controlling dies auch. Nur wenn die Mehrheit auf die gemeinsame Verfolgung von Ziele eingeschworen ist und das „Controlling als akzeptierte und von den Führungskräften genutzte Servicefunktion" etabliert ist, „kann sein Potential voll ausgeschöpft werden" (Bostelmann 2005, 17).

Controlling im hier beschriebenen Sinne muss eng mit dem QM verzahnt sein, da beide Systeme ineinander greifend an der Realisierung von Zielen des Unternehmens und an der Erfüllung von Anforderungen der Interessengruppen, insbesondere der Kunden arbeiten. Controlling hat die Aufgabe, den PDCA-Zyklus in Bewegung zu halten, genauso wie das QM. In der DIN EN ISO 9001, der 9004 und dem EFQM-Modell sind Messungen, Analyse von Messergebnissen und Verbesserung integrale Bestandteile der Systeme. Im KQS-Modell existiert explizit der Qualitätsbereich Controlling. Ein QM-System mit Controllinginstrumenten schließt den PDCA-Zyklus und kann Verbesserungen aus systematischer Analyse gewinnen.

9.2 Ergebnisorientierung in der Sozialen Arbeit zwischen Output und Outcome

Ergebnisorientierung in der Sozialen Arbeit ist unter zwei Gesichtpunkten relevant: Erstens braucht die Soziale Arbeit eine Legitimation, die sie nur durch angemessene Ergebnisse erzielen kann, da sie als solidarische Leistung der Gesellschaft finanziert wird. Zweitens kann zielorientiert nur gesteuert werden, was auch gemessen werden kann. Die zielorientierte Leistungssteuerung ist aufgrund der Knappheit der Ressourcen ein wichtiges Anliegen sowohl des Qualitätsmanagements als auch des Controllings.

9.2.1 Was ist Erfolg und Ergebnis in der Sozialen Arbeit? – Eine Systematisierung

Hieran anknüpfend möchte ich aufgreifen, was Bono (2006, 142) zu den Aspekten geschrieben hat, die es sozialen Einrichtungen schwer machen, Erfolg zu messen. Angelehnt an Greiling (2001) benennt sie vier Aspekte, unter denen es in der Sozialen Arbeit besondere Schwierigkeiten macht, Erfolg und Ergebnisse zu messen:

1. Operationalisierungsproblematik: Abstrakte Ziele werden oft nur unklar in für die Praxis taugliche konkrete Zielformulierungen übersetzt. Dementsprechend schwer ist die Zielerreichung dann auch messbar.
2. Anreizdefizit: Das Personal hat oft wenige Anreize, die Organisationsziele statt individueller Ziele zu verfolgen. Greiling macht dies 2001 noch am Fehlen von leistungsorientierten Entgeltsystemen fest. Auch wenn diese zwischenzeitlich möglich sind, sind sie oft – auch vor dem Hintergrund des ersten Dilemmas – nicht ausgereift und motivierend vorhanden. Zusätzlich ist die Grundvergütung in neuen Tarifsystemen oft so niedrig, dass sie schon wenig Motivationsanreize setzt.
3. Lückenhafte Zielimplementierung: „Die Gründe dafür sind vielfältig: Von der fehlenden Klarheit in der Zuordnung von Aufgaben und Kompetenzen bis hin zu unzureichenden Mitteln für die Umsetzung“ (Bono 2006, 142). Darüber hinaus sind immer noch in vielen Bereichen Finanzierungssysteme (in erster Linie Zuwendungsfinanzierung) im Spiel, die keine Anreize zu stringenter Zielverfolgung und -ermittlung bieten.
4. Problematik der Evaluation, wie es oben bereits angesprochen wurde. Bono bezieht sich dabei auf Ausführungen von Oettle (1993, 33 ff.), die vier Fallen darstellen, die der Messung von Ergebnissen im Weg stehen. Sie nennt diesbezüglich folgende Einschränkungen:
   a) Die Erfassbarkeitsfalle: Hiermit ist die Frage gemeint, ob sich der Erfolg überhaupt erfassen lässt. Bei der Therapie von alkoholkranken Menschen lässt sich erfassen, ob sie ihren Konsum in den Griff bekommen haben. Lässt sich bei einer langjährigen Jugendhilfeleistung nach Abschluss feststellen, ob die gelingende Lebensgestaltung eintritt? Dies geht sicherlich nur bis zu einem eng

umgrenzten Zeitpunkt nach Abschluss der Betreuung und wenn der Klient diese Erfassung freiwillig mitmacht.

b) Die Resultatenfalle: „Das angestrebte Ergebnis tritt ein; es ist aber auf eine Reihe von Einflüssen zurückzuführen, so dass keine endgültige Wirkungskette festgelegt werden kann“ (Bono 2006, 143). Lässt sich bei einer langjährigen Jugendhilfeleistung – z.B. des betreuten Wohnens – erfassen, ob diese Leistung den jungen Menschen befähigt hat, alleine klar zu kommen? Oder spielen andere Einflüsse eine Rolle?

c) Die Imparitätsfalle: Die Erfolge von sozialen Leistungen, die präventiv durchgeführt werden, sind kaum erfassbar. Beispielsweise ist in der sozialpädagogischen Familienhilfe nicht feststellbar, ob schwerwiegendere Schäden oder Folgen eingetreten wären, wäre keine Hilfe erfolgt. Dies bleibt der Mutmaßung überlassen.

d) Die Komplementaritätsfalle: Erfolge können auch eintreten, ohne dass dies ursächlich mit der erfolgten Hilfeleistung im Zusammenhang steht. So hat man z.B. festgestellt, dass der Einsatz einzelner arbeitsmarktpolitischer Instrumente für die Klientengruppe, die sie erhielt, nicht zu besseren Erfolgen geführt hat, als diese bei einer Kontrollgruppe ohne diese Hilfen vorzufinden waren (vgl. Koch 2009).

Diese Aspekte müssen berücksichtigt werden, wenn Erfolge und Ergebnisse in der Sozialen Arbeit ermittelt und für das Controlling genutzt werden sollen.

Soziale Dienstleistungsorganisationen bedienen mit dem Aufbau von Controlling einerseits sowohl den Legitimationsdruck, unter dem sie öffentlich stehen, als auch den zunehmenden Wettbewerbsdruck, ihre Angebote an den Kunden (Kostenträger oder Klienten) bringen zu müssen, um am Markt zu bestehen. Andererseits soll die Erfolgs- und Ergebnismessung aber auch aufzeigen, ob die eingesetzten Ressourcen optimal verwendet werden. Nicht selten dient die Ergebnismessung dazu, die Ressourcen zu reduzieren, statt nach den Möglichkeiten der Verbesserung der Wirkung zu schauen (vgl. Bono 2006, 144).

9.2.2 Output und Outcome als Ergebnisbereiche der Sozialen Arbeit

Bereits in der Einführung zu diesem Buch wurde dargestellt, dass es in der Fachliteratur unterschiedliche Auffassungen dazu gibt, ob die erbrachten Leistungen in der Sozialen Arbeit (Output) der Qualitätsdimension der Prozessqualität oder der Dimension der Ergebnisqualität zuzuordnen sind. Dabei wurde auch die Problematik thematisiert, dass das Ergebnis nicht alleine vom sozialen Dienstleistungsanbieter abhängig ist und erstellt wird, sondern immer zusammen mit den Nutzer/inne/n bzw. Klient/inn/en oder Kund/inn/en im Uno-actu-Prinzip (Koproduktion und Prosumtion) erzeugt wird. Im Modell der Dienstleistungsqualität nach Meyer und Mattmüller wurde auch dargelegt, dass die Ergebnisse einer sozialen Dienstleistung neben dem Output (der Tatsache, dass die Leistung erbracht wurde) sowohl Ergebnisse des Prozesses produzieren, die unmittelbar betrachtet werden können (prozessuales Endergebnis), als auch Ergebnisse produzieren, die erst in der Folgezeit betrachtet werden können (Folgequalität bzw. Outcome-Wirkung. Bono (2006, 149) weist in diesem Zusammenhang darauf hin, dass der Begriff des Outcome in unmittelbarer Nähe zu den Begriffen „Effect" (unmittelbare Wirkung von Handlungen, sofern diese objektiv, ersichtlich und nachweisbar sind) und „Impact" (subjektiv erlebte Wirkung unter Einbezug der Meinung der Leistungsempfänger/innen) liegt. Sie definiert Outcome als „die Auswirkungen der Tätigkeit der NPO auf die Gesellschaft und auf die Umwelt" (Bono 2006, 149). Diese drei Begriffe zusammen beschreiben die Wirkung näher. Die Abgrenzung dieser Termini untereinander ist unscharf und der Begriff Outcome reicht am weitesten. Die Wirkung sozialer Dienstleistungen zielt nicht nur auf den Nutzen für die Klient/inn/en ab, sondern Wirkung ist auch die Rückwirkung auf das gesellschaftliche Leben, die Integration und die soziale Umwelt. Aus diesem Grund wird hier der Begriff Outcome als der umfassende verwendet.

9.2.3 Ergebnisorientierung in der Sozialen Arbeit zwischen Output und Outcome

In der Praxis der Sozialen Arbeit werden die auf das Output bezogenen Aspekte der Ergebnisorientierung i.d.R. weitaus intensiver in den Blick genommen, weil diese leichter messbar sind. Die Zahl der erbrachten Leistungen, die Belegung, die Wartezeiten, die Dauer von Betreuungen oder Begleitungen etc. lassen sich relativ leicht messen. Sie dienen den Trägern Sozialer Arbeit als Maßstab für ihre Belastungen und benötigten Ressourcen, werden bei der Bemessung von Geldern herangezogen und dienen der Legitimation von Ressourcen, die politisch eingefordert werden oder mit dem Kostenträger verhandelt werden.

Die auf das Outcome bezogenen Faktoren dagegen sind nicht so leicht messbar. Um Wirkungen der Interventionen darzustellen, die die Soziale Arbeit erbracht hat, müssen häufig methodisch aufwendige Verfahren eingesetzt werden, um zu analysieren, wo der Teil der Leistungserbringung eine Wirkung erzeugt hat oder wo ggf. auch ohne die Leistungserzeugung eine ähnliche Wirkung hätte eintreten können. Darüber hinaus lässt sich nur schwer zwischen den Wirkungsanteilen der Sozialen Arbeit und der der Klientenmitwirkung differenzieren. Eine am Outcome orientierte Ergebnisorientierung erfordert sehr viel mehr Aufwand in der Erforschung der Wirkungen. Um dies zu ermöglichen, müssten Konzepte der formativen Evaluation parallel zu Interventionen durchgeführt werden.

In einigen Bereichen der integrationsorientierten Beschäftigungsförderung für besonders benachteiligte Personengruppen am Arbeitsmarkt ist dies beispielsweise nach der Hartz-Reform und der Zusammenlegung von Arbeitslosenhilfe und Sozialhilfe im Hinblick auf neu eingeführte Instrumente als Forschungsansatz versucht worden. Die damit verbundenen methodischen Schwierigkeiten sind umfangreich und können i.d.R. von einem einzelnen Träger der Sozialen Arbeit nicht bewältigt werden. Dazu braucht es umfangreichere Studien, die von Personal umgesetzt werden, das mit den Methoden der empirischen (qualitativen und quantitativen) Sozialforschung sehr gut vertraut ist (vgl. Koch u.a. 2009).

Ansätze zur stärkeren Betrachtung von Outcome werden in der Praxis z.T. durch nachgehende Kundenbefragungen versucht, die Aspekte in die Befragungen aufnehmen, bei denen die Klienten Zusammenhänge zwischen Leistungserbringung und Wirkung der Leistung im eigenen Alltag herstellen können.

Die Wirkungsmessung ist und bleibt, wie ich bisher gezeigt habe, eine große Herausforderung, der sich die Evaluation, wie sie in Kap. 7.5 schon skizziert wurde, stellt. Bono unterscheidet diesbezüglich noch weiter in forschungsorientierte, kontrollorientierte und entwicklungsorientierte Evaluation. Während die forschungsorientierte Evaluation den allgemeinen Wissensstand zu Wirkungszusammenhängen von Interventionsprogrammen erweitern will, soll die entwicklungsorientierte Evaluation Programme in der Entwicklungsphase forschend begleiten, um sie während des Entwicklungsprozesses kontinuierlich zu prüfen und zu optimieren. Für das Controlling sozialer Organisationen ist die kontrollorientierte Evaluation relevant, da diese dem Zweck der Erfolgskontrolle im Zyklus von Planung, Umsetzung und Überprüfung dient (vgl. Bono 2006, 144).

9.3 Methoden zur Messung in der Sozialen Arbeit

9.3.1 Indikatorenentwicklung

Die Ausführungen zu Erfolg und Ergebnis in der Sozialen Arbeit, zu Output, Effect, Impact und Outcome haben deutlich gemacht, dass es keineswegs trivial ist, für die sozialarbeiterischen Leistungen Ziele zu entwickeln, die sowohl „smart" sind als auch so operationalisiert sind, dass sie sich Messmethoden nicht entziehen.

Viele Bereiche der Leistungen im pädagogischen und sozialarbeiterischen Bereich lassen sich nur erfassen, indem wir Indikatoren nutzen, an denen wir anhand von Ursache-Wirkungs-Ketten glauben festmachen zu können, dass eine bestimmte Entwicklung auf eine bestimmte Intervention oder Leistung zurückzuführen ist. Dies gilt für alle Messungen, die nicht rein quantitativ möglich sind. Diese Indikatoren bilden die Basis, um daraus Kennzahlen für das Controlling zu generieren. Die Formulierung von Indikatoren macht oft deutlich, dass die Ziele der Organisation nicht so klar sind, wie dies geglaubt wurde. Dies soll am Beispiel „Kundenzufriedenheit in einer Seniorenresidenz" veranschaulicht werden.

Als Ziel einer Seniorenresidenz wird formuliert: „Kundenzufriedenheit verbessern". Kunden undifferenziert nach ihrer Zufriedenheit zu fragen, würde kaum Anhaltspunkte liefern, um steuernd eingreifen zu können. Jede Person, die gefragt würde, würde vermutlich andere Aspekte mit in die Bewertung einbeziehen. Aus diesem Grunde ist es sinnvoll, zusammen mit Mitarbeitenden und Bewohner/inne/n Indikatoren zu suchen, die in die Bewertung der Zufriedenheit hineinspielen. Für das Leben in einer Seniorenresidenz könnten z.B. die folgenden Indikatorengruppen für die Zufriedenheit eine Rolle spielen:

- Vermietung und Vertragswesen,
- Ankommen und Einzug,

- Serviceleistungen wie Rezeption und Verwaltung,
- Hauswirtschaftliche Leistungen,
- Haustechnik und Reparaturservice,
- kulturelles Programm und Freizeitgestaltung,
- MitarbeiterInnen und Leitung der Einrichtung,
- Essensversorgung bzw. Restaurantbetrieb,
- Wohnen und Wohlfühlen.

Jede dieser Indikatorengruppen kann in verschiedene Teilaspekte operationalisiert werden, um daraus schließlich durch einen Fragebogen ein differenziertes Bild der Zufriedenheit der Kunden zu erhalten. Nur durch die Formulierung vieler verschiedener Indikatoren kann die Einrichtung ein Gesamtbild der Zufriedenheit erhalten, das ihr die Möglichkeit bietet, daraus konkrete Hinweise für Verbesserungsbedarf zu gewinnen.

Indikatoren sind nicht gleichzusetzen mit Kennzahlen. Indikatoren sind die Anhaltspunkte, anhand derer etwas beobachtet, gemessen und gezählt werden kann. Wie Indikatoren dann in Kennzahlen umgesetzt werden, hängt von der Methode ab, mit der anhand der Indikatoren Daten erhoben werden. Die Befragung ist eine solche Methode, die Beobachtung eine andere.

9.3.2 Befragungen am Beispiel der Kundenbefragung

Eine übliche Methode, Controlling anhand von Indikatoren durchzuführen, ist die Befragung von Kunden oder Mitarbeitern, manchmal auch von Angehörigen oder Kostenträgern. Eine Befragung zu konzipieren, ist einerseits keine besondere Kunst, andererseits erfordert es aber Sorgfalt, die verwendeten Indikatoren aus den Zielen der Organisation (strategische und operative) abzuleiten. Dazu müssen die Ziele so operationalisiert sein, dass ihnen Indikatoren zugeordnet werden können. Was heißt es z.B., wenn eine Einrichtung der Behindertenhilfe das Ziel der „Normalisierung" verfolgt? Woran kann durch Einsatz einer Kundenbefragung festgestellt werden, ob dieses gesetzte Ziel erreicht wird? Bei der Erstellung einer Befragung sollten einige wesentliche Schritte berücksichtigt werden, um sicherzustellen, dass die Befragung auch das misst, was sie zu messen vorgibt. Dazu ist – wie oben bereits erläutert – die Notwendigkeit gegeben, das zu messende Konstrukt zu operationalisieren und in Indikatoren herunterzubrechen.

Eine Befragung misst grundsätzlich subjektive Kriterien, die durch objektive Messungen nicht erfassbar sind. Sie bezieht Meinungen, Einschätzung und Einstellungen von Kunden mit ein, die über andere Wege nur schwer zugänglich sind. Die Befragung kann sich auf alle Aspekte einer Leistungserbringung beziehen oder auch nur Teilaspekte herausgreifen; sie kann alle Produkte eines Anbieters umfassen oder einzelne ausgewählte. Kundenbefragungen werden i.d.R. eingesetzt, um die Zufriedenheit zu analysieren, Kundenwünsche zu erfragen oder um die Kunden an der Qualitätsentwicklung zu beteiligen.

Für die Erstellung einer Kundenbefragung sind einige wichtige Regeln zu beachten, die im Folgenden dargestellt werden. Diese Darstellung stützt sich auf die

Empfehlung der KGST zur Erstellung und Durchführung von Kundenbefragungen (vgl. KGST 1997).

Fragen in Kundenbefragungen (Beispiele in Tab. 32) sollten so formuliert sein, dass jede Frage nur einen Aspekt abfragt, andernfalls kann nicht eindeutig darauf geantwortet werden. (a) Fragen müssen an die Erfahrungen der Kunden anknüpfen, d.h. Dinge abfragen, die die Kunden auch beurteilen können. (b) Fragen, die eine negative Antwort zulassen, müssen gefolgt werden von Fragen, die die Gründe dafür abfragen. (c) Häufig vorkommende Antworten sollten als Auswahlalternativen vorgegeben werden, ergänzt durch eine Rubrik „Sonstiges, und zwar …" für Antworten, die die Erstellenden des Fragebogens als nicht so häufig einschätzen. Fragen, die möglicherweise negative Bewertungen abfragen, sollten von Fragen gefolgt werden, die die Bewertungsgründe abfragen. (d) Ohne solche Folgefragen bleibt im Unklaren, warum eine negative Einschätzung vorliegt.

Tab. 32: Allgemeine Hinweise zur Erstellung von Fragen in Kunden- und Mitarbeiterbefragungen

	Beispiel falsch:	**Beispiel richtig:**
a) Jede Frage darf nur einen Aspekt abfragen!	War die Beraterin freundlich und kompetent?	War die Beraterin kompetent?
b) Die Fragen müssen an die Erfahrungen der Kunden anknüpfen!	War die Beraterin kompetent?	Wurden alle Ihre Fragen ausreichend beantwortet?
c) Fragen, die eine negative Antwort zulassen, müssen gefolgt werden von solchen Fragen, die die Gründe dafür abfragen!	Hatten Sie am Ende der Beratung den Eindruck, dass alle Ihre Fragen beantwortet waren?	Hatten Sie am Ende der Beratung den Eindruck, dass alle Ihre Fragen beantwortet waren? Wenn nein, warum nicht?
d) Fragen, die sich auf für die Kund/inn/en möglicherweise negativ bewertete Ereignisse beziehen, müssen durch weiter gehende Fragen die Bewertungsgründe mit erforschen!	Beispiel: Sie haben von ihrer persönlichen Ansprechpartnerin eine Sanktion in Bezug auf Ihre Leistungen des ALG I erhalten. Wie beurteilen Sie die persönliche Ansprechpartnerin?	Ergänzend zu dieser Frage sollten nun Bewertungsaspekte aufgelistet werden, die die Bewertung differenzieren. Aspekte könnten z.B. sein: • Gesprächsführung • Zuhören • Empathie mit der Situation des Klienten • Eingehen auf die Wünsche des Klienten • Etc.

Die Konstruktion einer Befragung erfordert ein strukturiertes Vorgehen, damit die Befragung auch die Erkenntnisse erbringt, die gebraucht werden. Dazu gehört, dass folgende Dinge geklärt sind, bevor es an die Erarbeitung geht: Die Ziele der Befragung sollten geklärt sein, die Befragungsgegenstände müssen genau definiert sein, die Zielgruppe muss festgelegt sein und die Befragungssituation und Art der Durchführung sollten festliegen, da von diesen Faktoren die Ausgestaltung beeinflusst wird. Beispielsweise macht es im Altenhilfebereich einen Unterschied, ob Senioren lediglich einen schriftlichen Fragebogen erhalten, ob ihnen jemand während des

Ausfüllens helfend zur Seite steht, oder ob sie sogar mündlich befragt werden und eine Interviewperson die Aussagen notiert.

Der Ablauf der Konstruktion und Durchführung einer Befragung bei Kunden ist in der Abb. 76 idealtypisch dargestellt. Auf die einzelnen Schritte kann im Rahmen dieses Buches nur kurz eingegangen werden. Die ausführlichen Erläuterungen und Begründungen sind im genannten Werk der KGST (1997) nachlesbar.

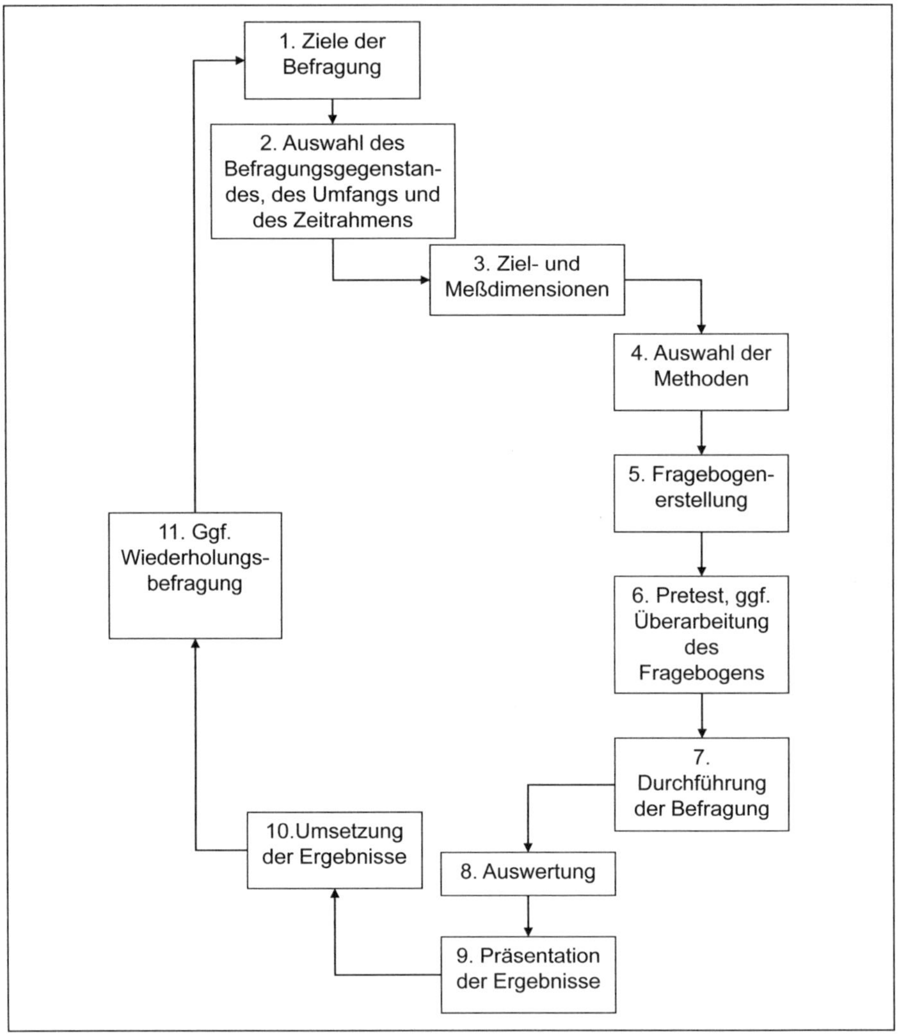

Abb. 76: Ablauf der Konstruktion und Durchführung einer Kundenbefragung

Zu den Punkten 1 bis 3 gab es oben bereits Ausführungen. Die Auswahl der Methode der Befragung (4) sollte sich klar an der Zielgruppe ausrichten. So können beispielsweise viele ältere Menschen nicht mehr gut schriftliche Befragungen ausfüllen, da sie nicht gut sehen können, ungeübt sind im Umgang mit schriftlichen Unterlagen oder Angst haben, etwas falsch zu machen. Menschen mit geistiger Behinderung können ggf. nicht lesen und brauchen andere Ausdruckformen, als etwas ankreuzen zu müssen. Menschen mit Migrationshintergrund und nicht ausreichenden deutschen Sprachkenntnissen brauchen vielleicht Übersetzungen. Die Methode (Fragebogen, Interview, standardisierte oder nicht standardisierte Formen) muss zielgruppengerecht ausgewählt werden. Natürlich spielt der Aufwand, der mit der Befragung einher geht, auch eine Rolle bei der Wahl der Methode. Passen allerdings Methode und Ziel nicht zusammen, sollte in Erwägung gezogen werden, die Befragung nicht durchzuführen. Eine schlecht durchgeführte Befragung erbringt keine brauchbaren Ergebnisse und stellt deshalb unnötigen Ressourcenverbrauch dar.

Bei der Befragungserstellung (5) können verschiedene Fragetypen verwendet werden. Der wichtigste Unterschied besteht zwischen offenen und geschlossenen Fragen. Die Vor- und Nachteile stellt die folgende Tabelle dar.

Tab. 33: Vor- und Nachteile verschiedener Frageformen in Befragungen

Frageformen: **offene Fragen**	**geschlossene Fragen** **⇒ mit Antwortvorgaben** **⇒ mit Werteskalen**

Kriterium	Offene Fragen	Geschlossene Fragen
Erfassungsaufwand	hoch	niedrig
Antworten	Vielzahl von Antworten möglich	Antworten nach vorgegebenen Kategorien
Zahlenmäßige Aussagen	erst nach anschließender Kategorienbildung möglich	sofort möglich
Anteil im Fragebogen	gering	überwiegend

Bei den Fragearten sollte weiterhin zwischen Faktfragen (Fragen nach objektiven Aspekten), Einstellungs- und Meinungsfragen (Fragen nach subjektiven Beurteilungen), Motivfragen (Fragen nach Gründen für bestimmte Einstellungen, Meinungen und Verhaltensweisen) und Verhaltensfragen (Fragen nach vergangenen, gegenwärtigen und zukünftigen Handlungen) unterschieden werden.

Die Vorgaben zur Beantwortung von Fragen können bei geschlossenen Fragen einfache Auswahllisten, wie z.B. Ja/nein-Antworten, oder umfangreiche Auswahllisten sein. Werden nicht alle denkbaren Auswahlmöglichkeiten gelistet, sollte immer eine Rubrik „Sonstiges, und zwar …" enthalten sein, damit auch diejenigen Personen, die in der Auswahlliste ihre Antwort nicht vorfinden, die Möglichkeit haben, sich zu äußern. Eine andere Form der Beantwortungsmöglichkeiten bietet die skalierte Bewertung. Diese kann sowohl eine einfache Skala z.B. mit Smilies (von lachend über neutral bis traurig) sein als auch eine sehr stark differenzierende. Bewährt haben sich 4er- und 6er-Skalen. Diese können auf der Schulnotenskala („sehr gut" bis „ungenügend") oder einer Wertung in anderen Stufen („trifft voll zu" bis „trifft gar nicht zu") basieren. Wichtig ist, dass innerhalb eines Fragebogens möglichst immer die gleiche Skalierung beibehalten wird, um die Befragten nicht zu verwirren. Hilfreich ist es auch, wenn die Skala ein Feld enthält, das angekreuzt werden kann, wenn die befragte Person zu einer Frage keine Aussage machen will oder kann. („kann ich nicht sagen“ oder „weiß ich nicht“ oder „keine Antwort“).

Für die Formulierung der Fragen sollte auf folgende Formulierungsregeln geachtet werden:

- Jede Frage betrifft immer nur ein Qualitätsmerkmal.
- Verwenden Sie kurze Sätze.
- Gliedern Sie die Sätze klar.
- Verwenden Sie keine suggestiven Formulierungen.
- Setzen Sie Fachbegriffe nur ein, wenn nötig.
- Vermeiden Sie Fremdwörter und Abkürzungen. Wenn sie erforderlich sind, erläutern Sie sie.
- Verwenden Sie der Zielgruppe geläufige Begriffe.
- Sprechen Sie die Zielgruppe persönlich an.
- Achten Sie auf die Gleichstellung von Frau und Mann in den Formulierungen.

Wichtig ist, dass im Fragebogen die Reihenfolge der Fragen sinnvoll angeordnet ist, so dass sich die befragten Personen gut geführt fühlen. Einleitende Fragen, die Fakten abfragen, sollten am Anfang stehen. Am Ende sollte eine offene Frage stehen, die die befragten Personen ermuntert, noch etwas Individuelles mitzuteilen. Auch der Dank für die Beantwortung sollte am Ende nicht fehlen.

Die Länge eines Fragebogens hängt sehr vom zu befragenden Gegenstand ab. Noch wichtiger als der Gegenstand ist die geplante Befragungssituation, um über die Länge des Fragebogens zu entscheiden. So darf ein Bogen, der für eine Straßenbefragung genutzt werden soll, nur kurz sein, während ein Bogen, der in einem Gespräch mit Bewohnern einer Senioreneinrichtung ausgefüllt wird, sicher differenzierter sein kann, wenn die Bewohner vorher wissen, dass die Befragung ansteht und sie sich zeitlich darauf eingestellt haben.

Ist der Befragungsbogen erstellt, sollte immer ein Pretest (6) folgen. Trotz noch so gründlicher Vorüberlegung und Gestaltung passiert es, dass Klienten und Kunden Fragen völlig anders verstehen, als die Ersteller es intendiert haben. Deshalb sollten mehrere Testpersonen den Bogen mit kritischem Blick ausprobieren und Rückmeldung geben, wo es gehakt hat und wo Dinge als missverständlich, unlogisch oder unpassend erlebt wurden. Die Rückmeldungen sollten ausgewertet und zu einer Überarbeitung genutzt werden.

Erst nach dem Pretest sollte die Befragung in der geplanten Breite durchgeführt werden. Dazu sollten die zu befragenden Personen vorinformiert werden, warum, wann und in welchem Rahmen die Befragung stattfinden wird. Die Motivation, sich zu beteiligen, steigt, wenn auch hier schon klar wird, wie die Organisation mit den Ergebnissen umgehen will. Wird sie diese den Kunden präsentieren? Wie sollen die Ergebnisse danach in Maßnahmen umgesetzt werden? Ist die Anonymität der Beantwortung gesichert? Dieser Aspekt ist für Klient/inn/en bzw. Kund/inn/en umso wichtiger, je abhängiger sie von der Organisation sind, die die Befragung durchführt. Die Angst vor Repressionen bei negativen Aussagen darf nicht unterschätzt werden. Deshalb bietet sich z.B. in stationären Einrichtungen die Durchführung der Befragung durch externe, unabhängige Personen an.

Für die Auswertung (8) gibt es viele Spielarten. Natürlich wird alles, was quantitativ auswertbar ist, sowohl in absoluten als auch in relativen Werten ausgezählt. Diese Ergebnisse können gut in Tabellen und Grafiken dargestellt werden (vgl. auch Kap. 8.8). Die weitere Verarbeitung der quantitativen Daten in Form der Bildung von Mittelwerten, Medianen, Korrelationen oder Kreuztabellen hängt davon ab, wie tief gehend eine Analyse sinnvoll und möglich ist. Antworten auf offene Fragen können – wie bei der Moderationsmethode in der Kartenabfrage (vgl. Kap. 8.8.2) – gesammelt, geclustert und in Themengruppen zusammengefasst werden. Ergibt die Auswertung der Daten neue Fragestellungen, so kann es auch notwendig sein, einem Aspekt durch eine nachgelagerte spezialisierte Befragung noch einmal nachzugehen. Beispielsweise stellte sich bei einer Befragung von Studierenden der Sozialen Arbeit im zweiten Semester heraus, dass ein hoher Anteil bereits mindestens einmal ernsthaft über den Abbruch des Studiums nachgedacht hatte. Für die Hochschule war dies eine ernst zu nehmende Signalmeldung. Da aber die Gründe dafür in der Befragung nicht abgefragt wurden, wurde eine genauere Befragung zu den Gründen nachgeschoben. Es stellte sich dabei heraus, dass zu 98 % die Gründe im privaten und finanziellen Bereich lagen. Die Möglichkeiten der Hochschule, auf diese Gründe Einfluss zu nehmen, sind sehr begrenzt. Maßnahmen wurden deshalb nur insofern eingeleitet, als nun verstärkt auf die Möglichkeiten der psychosozialen Beratung für Studierende hingewiesen wird.

Wie bereits erwähnt, spielt die Präsentation der Ergebnisse einer Befragung eine wichtige Rolle. Sowohl für das Management als auch für Mitarbeitende und Kund/inn/en ist es wichtig zu erfahren, wie die Ergebnisse aussehen. Das Management soll daraus Steuerungsimpulse ziehen, die Mitarbeiter wollen wissen, wie die Kund/inn/en ihre Leistungserbringung wahrnehmen, und die Kunden wollen wissen, ob ihre Wahrnehmung der Leistung nur ihre individuelle ist, oder ob ein großer Teil der Mitkund/inn/en die Leistung ebenso bewertet, wie sie selbst.

Zur Präsentation von Befragungsergebnissen gehört immer auch ein Ausblick auf mögliche Maßnahmen, die der Befragung folgen sollen. Auch wenn diese noch nicht direkt nach der Auswertung der Befragung feststehen, sollte deutlich werden, dass die Befragung nicht folgenlos bleibt. Hier besteht die große Kunst darin, allen Betroffenen deutlich zu machen, in welche Richtung Veränderungen angestoßen werden sollen und wie über die konkreten Maßnahmen in der Folge berichtet werden wird. Nur wenn die Kommunikation über die Maßnahmenpläne und deren Umsetzung fortlaufend und transparent erfolgt, sind die Betroffenen bereit, auch bei einer Wiederholungsbefragung mitzuwirken. Stellen sie fest, dass die Befragung ohne Konsequenzen bleibt, werden sie beim nächsten Mal kaum motiviert sein, ihre Zeit zu investieren. Ganz besonders gilt dieser Effekt bei Befragungen von Mitarbeiter/inne/n.

9.3.3 Beobachtungsverfahren

Manche Bereiche der Sozialen Arbeit lassen sich weder durch objektiv erhebbare Daten auswerten noch durch Daten aus Befragungen der Betroffenen. Dies kann sowohl in der Problematik begründet sein, die die Kund/inn/en mitgebracht haben, als auch darin, dass sich Veränderungsprozesse bei den Kund/inn/en der bewussten Wahrnehmung und der Reflexion der Kund/inn/en entziehen.

In der empirischen Sozialforschung werden in Fällen, in denen andere Instrumente nicht tauglich sind, Beobachtungen als ein wichtiges Mittel der Datenerhebung genutzt. Ähnlich wie bei Befragungen, wird bei Beobachtungen zwischen standardisierten und nicht standardisierten Verfahren unterschieden. Bei standardisierten Verfahren wird eine zuvor definierte Situation, Handlung oder eine Entwicklung anhand von definierten Kriterien (Indikatoren) durch eine geschulte Kraft beobachtet und mit Hilfe des Kriterien- bzw. Indikatorenkataloges dokumentiert. Bei den nicht standardisierten Beobachtungsverfahren sind wenige Vorgaben im Spiel. Lediglich der zu beobachtende Gegenstand bzw. die Situationen werden definiert. Was die Beobachtenden wahrnehmen und für wichtig halten, wird lediglich durch einen Leitfaden, ähnlich wie bei Leitfaden gestützten Interviews, vorgegeben. Diese Beobachtungen sind insgesamt sehr viel offener angelegt als die standardisierten, laufen aber Gefahr, alles Mögliche zu beobachten und nicht auf eine spezielle Fragestellung zu fokussieren.

Weiterhin unterscheidet man bei den Beobachtungen zwischen teilnehmenden und nicht teilnehmenden Beobachtungen. Die teilnehmende Beobachtung beinhaltet, dass die beobachtende Person Teil des Geschehens ist. Dadurch ist zwar einerseits die Situation für die Kund/inn/en nicht durch die Anwesenheit einer fremden Person verzerrt, andererseits kann die beobachtende Person aber auch nicht so sehr in die Beobachtungsdistanz gehen wie eine neutrale Person. Wird die Beobachtung als nicht teilnehmende angelegt, verzerrt sich die Situation oft aufgrund der Anwesenheit fremder Personen. In jedem Fall ist die Situation, in der Klient/inn/en wissen, dass beobachtet wird, gegenüber einer unbeobachteten Situation verändert.

Für die Gewinnung von Daten über Ergebnisse und Wirkungen in der Sozialen Arbeit eignet sich die teilnehmende Beobachtung am besten, die in die Kontexte der alltäglichen Sozialen Arbeit eingebettet ist. Dabei kann sie entweder durch die sozialarbeiterischen Fachkräfte selbst durchgeführt werden oder durch Kolleg/inn/en, die ebenfalls in Kontexten mit den Kund/inn/en bekannt sind und nicht als Fremdkörper wahrgenommen werden.

Beispiele für Beobachtungsverfahren in der Gewinnung von ergebnisbezogenen Daten findet man z.B. in der Arbeit mit demenziell veränderten älteren Menschen, in der Arbeit mit Menschen mit geistiger Behinderung, in der Beschäftigungsförderung u.v.m. Sie sind oft unter Bezeichnungen bekannt wie z.B. Pflegeassessment, Profiling, Entwicklungsbeobachtung o.Ä. Dabei wird meist mit standardisierten Instrumenten, die auf dem Markt verfügbar sind, gearbeitet oder es werden eigene Beobachtungsinstrumente entwickelt, um eine/n Kund/en/in damit zu beobachten und Fortschritte oder Entwicklungen zu dokumentieren. Beobachtungsinstrumente, die strukturiert vorgehen, müssen ähnlich wie Befragungen anhand der Operationalisierung der Fragestellungen entwickelt und differenziert werden. Jede Einrichtung muss für ihre Fragestellung festlegen, was die Indikatoren sind, an denen sie glaubt, erkennen zu können, dass eine bestimmte Entwicklung oder Veränderung eingetreten ist. Genau wie bei der Befragung muss ein Beobachtungsinstrument getestet werden, bevor es als Messinstrument zum Einsatz kommt.

Ein solches Instrument ist z.B. das Instrument Melba (Kleffmann 1997), mit dem in der Arbeit mit Menschen mit Behinderung deren Arbeitsfähigkeiten erfasst werden. Hierbei werden in verschiedenen Arbeitssituationen Handlungsweisen von Menschen beobachtet, um anhand einer differenzierten Beschreibung der Beobachtungen festzustellen, welche Arbeitsfähigkeiten jemand zeigt. Wenn im Anschluss daran dann eine Förderungsphase realisiert wird, kann nach einer längeren Arbeitserprobung mit dem gleichen standardisierten Instrument erneut beobachtet und festgestellt werden, welche Veränderungen stattgefunden haben.

Im Instrument Melba ist beispielsweise das Anforderungsmerkmal Ausdauer für eine Arbeitstätigkeit wie folgt definiert: „Ausdauer ist die Fähigkeit, sich innerhalb eines Arbeitsabschnittes einer Arbeitsaufgabe stetig zuwenden zu können, auch wenn diese kaum variiert. Kriterien zur Beurteilung: Die bei der Arbeitsprobe anfallenden Arbeiten werden nacheinander und ohne unangemessene Unterbrechungen durchgeführt." (Kleffmann 1997, Melba Anforderung 5). Für die Fähigkeit einer zu beobachtenden Person wird Ausdauer wie folgt definiert: „Ausdauer ist die Fähigkeit, sich innerhalb eines Arbeitsabschnittes einer Arbeitsaufgabe stetig zuwenden zu können, auch wenn diese kaum variiert. Kriterien zur Beurteilung: Die bei der Arbeitsprobe anfallenden Arbeiten werden nacheinander und ohne unangemessene Unterbrechungen durchgeführt." Neben der Möglichkeit, Merkmale durch Gespräche, standardisierte Aufgaben u.a. zu erfassen, ist die Verhaltensbeobachtung eine Methode der Erhebung. Beurteilt wird anhand einer Skala von 1 bis 5, wie ausgeprägt das beobachtete Merkmal bei einer Person vorliegt. Die Skalenwerte sind bei Melba in einem Manual definiert und beschrieben, damit alle Beobachter vergleichbar bewerten und diese Bewertung auch für eine spätere Vergleichsbeobachtung noch tauglich ist.

Beobachter müssen bei der Anwendung solcher standardisierter Instrumente wie Melba gut geschult sein, damit sie auch tatsächlich das beobachten, was sie beobachten sollen. So wie in der empirischen Forschung generell gültig, müssen die Instrumente und ihre Anwender dafür Sorge tragen, dass die Beobachtungen valide, reliabel und objektiv sind.

Bei nicht standardisierten Beobachtungen ist der Aspekt der Objektivität noch viel kritischer zu beurteilen als bei standardisierten. In die Beobachtung fließt immer die selektive Wahrnehmung der Beobachtenden ein. Wie das Wort „wahrnehmen" schon aussagt, nehmen wir beim Beobachten das für „wahr", was wir auswählen bzw. „nehmen". Aus der Komplexität einer zu beobachtenden Situation wählen wir das aus, was in unsere Erwartungshaltung zur Situation passt. Dies ist ein nicht bewusster Prozess, der aber von keiner beobachtenden Person ausgeschaltet werden kann. Je nach Kontext ist dies durch die eigene Sozialisation und durch erlernte Deutungsmuster ebenso geprägt wie durch eigene Gefühle oder Empfindungen oder durch die Situation und den Kontext, in dem sich eine beobachtete Situation abspielt.

Für die Beobachtung als Instrument der Datengewinnung über Ergebnisse der Sozialen Arbeit und ihrer Wirkung ist es folglich bedeutsam, die eigenen Filter in der Wahrnehmung zu kennen. Nur durch die Brille der eigenen Filter wird die wahrgenommene Wirklichkeit konstruiert. Wenn man akzeptiert, dass jeder seine Wirklichkeit hat, dann gibt es keinen Weg am Gespräch mit anderen vorbei, in dem die unterschiedlichen Sichtweisen ausgetauscht und kommuniziert werden. Nur so kann man sich gemeinsam der vermeintlichen Wahrheit nähern. Für die Beobachtung als Instrument der Evaluation und Datenerhebung bedeutet dies, dass Daten intersubjektiv erhoben werden sollten, weil sie sonst dem Anspruch der Objektivität nicht gerecht werden. Zwei oder mehr Perspektiven fließen auch bei der Planung von Hilfen zusammen, z.B. im Hilfeplanungsprozess. Bei der Auswertung von Hilfen und ihren Erfolgen sollte dies also auch der Fall sein.

Beobachtungen sollten so durchgeführt werden, dass Selektionsfaktoren, die in der Wahrnehmung immer vorkommen, möglichst weitgehend neutralisiert werden. Diese Selektionsfaktoren sind: 1. die Stichprobenselektion (Es werden nur bestimmte Beobachtungsobjekte wahrgenommen.), 2. die Wahrnehmungsselektion (Es werden nur bestimmte Aspekte wahrgenommen.) und 3. die Erinnerungsselektion (Es werden nur bestimmte Teile erinnert.) (vgl. Diekmann 1995, 41). Diesen Selektionen kann man vorbeugen bzw. man kann sie abmildern, indem mehrere Personen beobachten und die Beobachtung anhand von Übereinkünften gelenkt wird. Strukturierte oder standardisierte Beobachtungen sind also für die Ergebnisermittlung in der Sozialen Arbeit zuverlässiger als ungelenkte, nicht standardisierte.

9.3.4 Kennzahlenentwicklung

Wenn über Controlling gesprochen oder geschrieben wird, sind meist Kennzahlen im Spiel, die sich auf die finanzielle Steuerung von Organisationen der Sozialen Arbeit beziehen. Ein Controlling, das die Erfolge bzw. Wirkungen der Sozialen Arbeit für die Qualitätssteuerung nutzen will, muss deutlich mehr umfassen. Auf den vorangegangenen Seiten wurde dargestellt, wie Erfolgs- oder Wirkungsmessung realisierbar sind. Aus all den beschriebenen Instrumenten, seien es Befragungen, Beobachtungen oder die Auswertung vorliegender objektiver Daten aus unternehmensinternen Datenerfassungen und Auswertungen, lassen sich Kennzahlen bilden.

Die Antworten einer Befragung lassen sich z.B. in Mittel- oder Medianwerten ausdrücken und es lässt sich ein Zufriedenheitsindex errechnen. Beobachtungen lassen sich z.B. in Fortschritten zwischen Einstiegsmessung und Messung nach einer Zeit der Hilfegewährung als Kennzahlen pro Einzelfall oder über die Gesamtheit von Fällen hinweg ausdrücken. Objektiv vorliegende Daten lassen sich in Kennzahlen z.B. zur Belegung, zur Auslastung, zu Wartezeiten oder anderen Aspekten zusammenfassen. Bono schreibt dazu: „Ob zur Analyse der Wirkung sozialer Angebote oder zur Erfassung anderer komplexer Sachverhalte, Kennzahlen sind unentbehrliche Instrumente des Controllings. Die Vielzahl an Informationen, die das Controlling aus dem Rechnungswesen und anderen Quellen entnimmt, müssen komprimiert und interpretiert werden, bevor sie den Entscheidungsträgern von Nutzen sein können. Der Berechnung von Kennzahlen kommt dabei eine wesentliche Rolle zu, indem sie in verdichteter und quantifizierbarer Form Auskunft über betriebsrelevante Sachverhalte wiedergeben“ (Bono 2006, 150).

Seit Mitte der 80er-Jahre hat sich mehr und mehr das Bewusstsein dafür entwickelt, dass für die qualitätsorientierte Steuerung der Sozialen Arbeit mehr als die auf das Rechnungswesen gestützten Kennzahlen erforderlich sind. Die Mehrdimensionalität von Kennzahlen trägt der Tatsache Rechnung, dass Organisationen der Sozialen Arbeit neben der Ausrichtung an den finanziellen Zielen auch an den Sachzielen ausgerichtet gesteuert werden müssen. Gerade in der Sozialen Arbeit sind die an Sachzielen orientierten Kennzahlen wichtige Mittel, um über die Zuteilung von Ressourcen zu verhandeln und sie zu legitimieren. Damit stehen Finanz-Kennzahlen und andere inhaltlich-fachliche Kennzahlen in einem engen Zusammenhang.

Kennzahlen in der Sozialen Arbeit sind nichts anderes als – zugegebenermaßen ein nicht leicht zu erzeugender – Ausdruck der Ziele der Organisation und ihrer Erreichung. An den Zielen ändert sich durch die Nutzung von Kennzahlen nichts, außer dass sie dazu zwingen, die Ziele klar zu formulieren. Bono nennt folgende Aufgaben von Kennzahlen:

„Informationsvermittlung: Kennzahlen machen auf Aspekte aufmerksam, die in der Fülle von Daten nicht wahrgenommen werden würden. Sie liefern fundierte Anhaltspunkte, anstatt auf intuitive, nicht überprüfbare Wahrnehmungen zu vertrauen.

Erleichtern der Kommunikation – intern wie extern: Durch die vereinfachte Darstellung komplexer Sachverhalte ermöglichen Kennzahlen, die Kommunikation zu verbessern. Sie liefern die Basis für die interne Diskussion von Ergebnissen sowie für die Weiterentwicklung von Maßnahmen. Nach außen fördern Kennzahlen die Benennung von Erfolgen, wodurch die Sympathie der Öffentlichkeit gewonnen werden kann.

Motivationsfunktion: Kennzahlen schaffen Transparenz; Erfolge wie auch Zielverfehlungen werden sichtbar. Wenn die Ergebnisse der eigenen Tätigkeit erfassbar werden, lohnt es sich, gute Arbeit zu leisten.

Überprüfungsfunktion: Durch die Überprüfung der Zielerreichung sind Abweichungen erkennbar. Dies ist die Voraussetzung für die Entwicklung von Maßnahmen zur Gegensteuerung“ (Bono 2006, 152).

Kennzahlen werden in verschiedene Typen unterschieden. Von den absoluten Kennzahlen (Anzahl der Besucher eines Jugendzentrums, Anzahl der durchgeführten Beratungen etc.) werden die relativen Kennzahlen (Anzahl der Besucher des Jugendzentrums im Verhältnis zur Anzahl der 15- bis 25-Jährigen im Stadtteil, Anzahl der durchgeführten Beratungen im Verhältnis zur Anzahl der Personalstunden in einem Zeitraum etc.) unterschieden. Dabei sind die relativen Kennzahlen sehr viel aussagekräftiger als die absoluten. Des Weiteren wird zwischen den deskriptiven und den normativen Kennzahlen unterschieden. Die deskriptiven Kennzahlen beschreiben einen Sachverhalt, während die normativen Kennzahlen eine Zielsetzung beinhalten, die erreicht werden soll. Der dritte Unterschied besteht zwischen den objektiven und den subjektiven Kennzahlen, auf die im Zusammenhang mit Befragung und Beobachtung bereits eingegangen wurde. Darüber hinaus können Kennzahlen sich auf einen bestimmten Zeitpunkt oder eine Zeitspanne beziehen.

Kennzahlen sollten immer direkt aus den Zielsetzungen der Organisation abgeleitet sein. Sie müssen für die Steuerung relevant, beeinflussbar und gültig sein. Sie sollten sich eindeutig von anderen Kennzahlen unterscheiden und verständlich sein. Nur wenn sie das zu steuernde Feld differenziert analysieren, lassen sich daraus auch Handlungsmöglichkeiten entwickeln. Außerdem sollten sie nicht manipulierbar sein. Kennzahlen helfen in der Alltagspraxis nur, wenn sie auch wiederholt nutzbar, mit vertretbarem Aufwand zu ermitteln und aktuell verfügbar sind, wenn sie benötigt werden.

Die Basis für die Kennzahlengewinnung bilden Werte, die die Struktur einer Organisation widerspiegeln. Diese als Grunddaten bezeichneten Werte bieten den Ausgangspunkt, um relative Kennzahlen produzieren zu können. Will man beispielsweise eine Belegungsquote als Kennzahl berechnen, braucht man als Grunddatum die Anzahl der möglichen Plätze oder Betten. Will man die Auslastung einer Beratungsstelle berechnen, muss man zunächst wissen, wie viele Beratungsstunden von Seiten des Personals zur Verfügung stehen. Soll die Zufriedenheit mit einer Leistung ermittelt werden, muss die geäußerte Zufriedenheit in Relation zur Gesamtzahl der erbrachten Leistungen oder zur befragten Gesamtgruppe gesetzt werden.

Für die Beschreibung und Definition von Kennzahlen empfiehlt sich ein Raster, das allen Mitarbeitenden schnell deutlich macht, was die Kennzahl zum Ausdruck bringen soll. Bono (2006) schlägt dazu folgende Angaben vor.

Tab. 34: Raster zur Beschreibung von Kennzahlen (Quelle: Bono 2006, 155)

Produktbereich, Produktgruppe, Produkt	Auf welches Produkt, auf welche Produktgruppe bzw. auf welchen Produktbereich bezieht sich die Kennzahl?
Ziel	Welches Ziel soll erfasst werden?
Bezeichnung der Kennzahl	Wie heißt die Kennzahl?
Aussagekraft	Wie nimmt die Kennzahl Bezug auf das eben erwähnte Ziel? Was bedeutet es, wenn die Kenzahl zu- oder abnimmt?
Berechnung	Wie wird die Kennzahl berechnet?
Datenquelle	Aus welchen Quellen stammen die Daten?
Erfassung	In welchen Zeitabständen wird die Kennzahl berechnet?
Verantwortung	Wer hat die Verantwortung der Interpretation und Steuerung aufgrund dieser Kennzahl?
Anmerkung	Erfahrungen, Kommentare, Richtwerte

Das Raster wurde hier um die Kategorie Verantwortung erweitert, da dies in der Praxis sehr wichtig ist. Nur wenn geklärt ist, wer die Interpretations- und Steuerungsverantwortung trägt, wird im Alltag zügig auf Erkenntnisse durch Kennzahlen reagiert. Je nach innerbetrieblicher Regelung kann dies auch bedeuten, Veränderungsbedarf an die nächst höhere Ebene im Unternehmen zu melden.

Mit der Festlegung der Verantwortung wird auch dem Phänomen entgegen gesteuert, dass in sozialen Einrichtungen Kennzahlen gerne in eine hintere Priorität verschoben werden. Dies hängt eng mit der Unternehmenskultur zusammen. In Kulturen, die bisher wenig mit formalisierten Steuerungsinstrumenten vertraut sind, werden die Termine für Kennzahlen gerne verschoben, Daten dafür unsystematisch erhoben und mögliche Konflikte, die sich aus eine klaren Analyse von Kennzahlen ableiten, umgangen.

9.4 Beschwerde- und Rückmeldungsmanagement im Kontext des Controllings

9.4.1 Definition des Begriffs Beschwerde

Das Beschwerdemanagement ist ein zentrales Element des Qualitätsmanagementsystems, weil hierüber die Kundenrückmeldungen systematisch gesammelt und analysiert werden. Gleichzeitig liefert es wichtige Daten für das Controlling. Unzufriedene Kunden sind wichtige Wegweiser für die nicht ausgeschöpften Chancen einer Organisation – auch in der Sozialen Arbeit. Auch wenn Kunden in diesem Bereich nicht immer autonom ihre Nutzungsentscheidung treffen können und den Anbieter einer Leistung meist nicht einfach und schnell wechseln, so sind Beschwerden und Unzufriedenheiten doch immer ein Hinweis auf Defizite in der Leistungserstellung (selbst wenn es möglicherweise „nur" an der Kommunikation zwischen Kunde und Anbieter liegt) und auf ineffiziente Abläufe und Kommunikation mit dem Kunden.

Der Begriff der Beschwerde ist in unserem Sprachraum eher negativ belastet. Im Duden wird er mit „Betrübnis" und „Klage" umschrieben (vgl. Duden 2006, 248). Bruhn definiert Beschwerde wie folgt: „Beschwerden sind Artikulationen der Unzufriedenheit von Konsumenten, die gegenüber einem Unternehmen vorgebracht werden, wenn der Kunde die wahrgenommenen Probleme subjektiv als gravierend betrachtet" (Bruhn 2007, 174). Stauss und Seidel definieren den Begriff ähnlich und zugleich etwas weiter reichend wie folgt: „... Artikulation von Unzufriedenheit, die gegenüber dem Unternehmen oder auch Drittinstitutionen mit dem Zweck geäußert werden, auf ein subjektiv als schädigendes empfundenes Verhalten eines Anbieters aufmerksam zu machen, Wiedergutmachung für erlittene Beeinträchtigung zu erreichen und/oder eine Änderung des kritisierten Verhaltens zu bewirken" (Stauss; Seidel 2002, 47). Während Bruhn die subjektive Wahrnehmung und die Äußerung darüber, die durchaus auch durch Mimik, Gestik oder andere Äußerungsformen zum Ausdruck kommen kann, in den Mittelpunkt stellt, stellen Stauss und Seidl die Beeinträchtigung und den Wunsch nach „Regulierung des entstandenen Schadens" in den Vordergrund. Beiden Definitionen ist gemeinsam, dass sie auf die subjektive Wahrnehmung durch den Kunden abzielen und nicht objektive Kriterien für Fehler oder Defizite in den Blick nehmen.

In der Praxis der Sozialen Arbeit hat es sich inzwischen bewährt, nicht nur von Beschwerden zu sprechen, sondern insgesamt die Rückmeldungen der Kunden und auch der Mitarbeiter zu betrachten. Während – wie die Definitionen zeigen – der Begriff der Beschwerde immer mit etwas Negativem, als defizitär Empfundenen zu tun hat, kann eine Rückmeldung auch die positiven Wahrnehmungen enthalten oder ein Lob zum Ausdruck bringen. Aus diesem Grund werde ich im Weiteren häufig den Terminus des Beschwerde- und Rückmeldungsmanagements verwenden.

9.4.2 Beschwerde- und Rückmeldungsmanagement

Hierunter versteht man den Umgang eines Unternehmens mit eingegangenen Beschwerden oder Rückmeldungen. Stauss definiert Beschwerdemanagement wie folgt: „Beschwerdemanagement umfasst einen komplexen unternehmerischen Handlungsbereich, in dem Unzufriedenheitsartikulationen von Kunden angeregt, entgegengenommen, bearbeitet, beantwortet und im Hinblick auf Verbesserungspotential ausgewertet werden" (Stauss 2006, 317). Für das Rückmeldewesen insgesamt bedeutet dies, dass das Unternehmen auch auf positive Rückmeldungen mit systematischer Weiterbearbeitung reagieren sollte. Bei Anregungen oder Lob sollte das Unternehmen in der Folge ebenso mit dem Kunden die Kommunikation suchen wie bei einer Beschwerde. Zumindest sollte es sich für den Impuls bedanken, den der Kunde gegeben hat.

9.4.3 Zufriedenheit mit der Unternehmensreaktion

Für Kunden, insbesondere für solche, die eine Beschwerde vorbringen, ist es wichtig, dass das Unternehmen auf die Beschwerde eingeht und zumindest in der Erledigung des Anliegens Zufriedenheit beim Kunden entsteht. Dies muss nicht zwingend be-

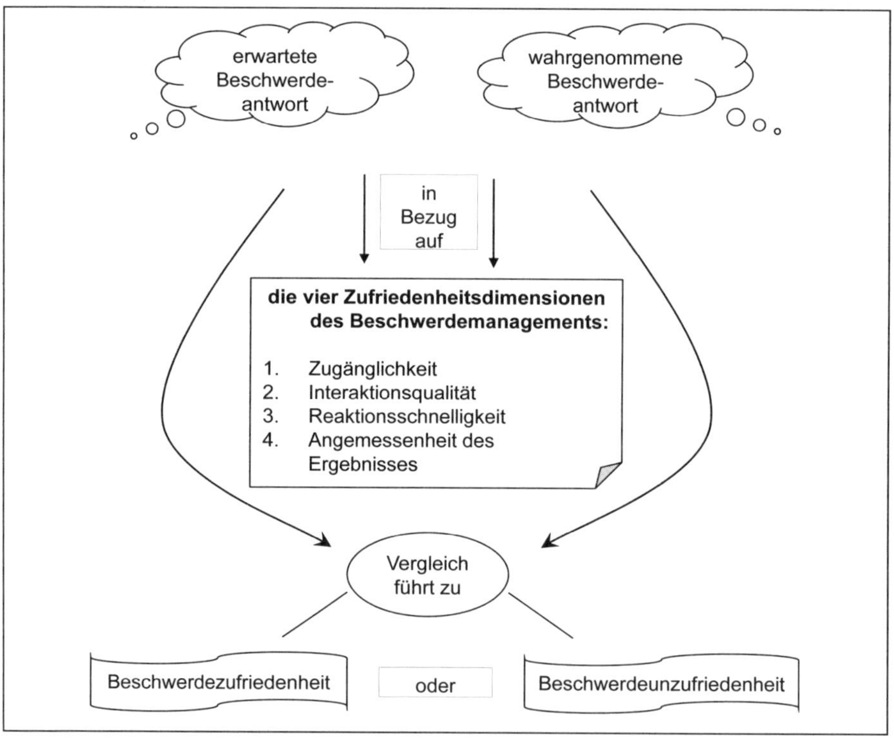

Abb. 77: Zufriedenheitsdimensionen des Beschwerdemanagements (Quelle: Eibach-Meier 2009, 26)

deuten, dass alle Wünsche des Kunden erfüllt werden. Allerdings sollte der Prozess des Umgangs mit der Beschwerde so sein, dass der Kunde sich in seinem Anliegen ernst und wichtig genommen fühlt und die Erfahrung macht, dass dem Anliegen nachgegangen wird. Dabei kann durchaus eine Differenz zwischen der erwarteten Reaktion und der vom Kunden wahrgenommenen Reaktion liegen, solange nachvollziehbar ist, warum das Unternehmen wie mit der Beschwerde umgeht. Die vorhergehende Abbildung zeigt, welche Aspekte eine Rolle spielen (Abb. 77).

Für das Empfinden von Zufriedenheit ist es erforderlich, dass Kunden Zugang zu Wegen der Beschwerdeübermittlung haben, die Interaktion in der Folge der Beschwerde zufrieden stellend verläuft, die Reaktion in angemessener Zeit erfolgt und das Ergebnis für den Kunden angemessen ist. Je nach Vergleich zwischen Erwartungen und Umgang mit der Beschwerde wird ein/e Kunde/in zufrieden oder unzufrieden sein.

9.4.4 Der Prozess des Beschwerde- oder Rückmeldungsmanagements

Beschwerde- und Rückmeldungsmanagement wird in diesem Buch im Zusammenhang mit Controlling behandelt. Möglicherweise stellt sich der/die Leser/in die Frage, was dies hier zu suchen hat. Beschwerden und Rückmeldungen von Kunden sind wichtige Impulsgeber für Steuerungsentscheidungen der Führung eines Unternehmens. Es geht also nicht nur darum, unmittelbar auf Kundenäußerungen zu reagieren, sondern auch darum, durch eine systematische Verarbeitung von Beschwerden und Rückmeldungen Impulse grundsätzlicher Art zu gewinnen und Stärken und Schwächen im Unternehmen zu erkennen. Aus diesem Grund braucht es ein systematisches Management von Rückmeldungen und Beschwerden.

In der Literatur wird das Beschwerdemanagement in das direkte und das indirekte Beschwerdemanagement unterschieden. Dabei gehören zum direkten die Prozessschritte: Stimulierung, Annahme, Bearbeitung und Reaktion. In das indirekte gehören die Schritte: Auswertung, Controlling des Beschwerdemanagements, Reporting und Beschwerdeinformationsnutzung. Da es hier im Wesentlichen um Aspekte des Controllings gehen soll, werden die einzelnen Schritte nur tabellarisch mit Stichworten umrissen. Detaillierte Informationen zum Aufbau eines Beschwerdemanagements können in der entsprechenden Fachliteratur nachgelesen werden (vgl. Bruhn 2007, Stauss; Seidel 2002, Stauss 2006). Die folgenden Tabellen stellen sowohl das direkte als auch das indirekte Beschwerde- und Rückmeldemanagement kurz dar (Tab. 35 und Tab. 36).

Ein gut entwickeltes und systematisch gepflegtes Beschwerde- und Rückmeldungsmanagement trägt also dazu bei, dass dem Management wichtige Controllinginformationen in Bezug auf die Zufriedenheit der Kunden vorliegen. Auch wenn in der Sozialen Arbeit Interventionen häufig an Stellen ansetzen, wo sie nicht unbedingt auf große Zufriedenheit beim Klienten stoßen (z.B. in der Drogenarbeit, in der Schuldnerberatung etc.), so kann gerade an den Beschwerden und Rückmeldungen erkannt werden, ob die Nutzerinnen sich mit ihrer individuellen Situation angemessen angenommen und behandelt fühlen. Auch in Zwangskontexten kann die soziale Dienstleistung so erbracht werden, dass die Menschen sich und ihre Anliegen ernst genommen fühlen. Selbstverständlich muss in solchen Situationen eine inhaltliche Analyse von Beschwerden und Rückmeldungen erfolgen. So kann eine Beschwerde wegen subjektiv als zu gering bewerteter Leistungen bei der Gewährung von Leistungen der Grundsicherung nach SGB II natürlich nicht genauso bewertet werden wie eine Beschwerde wegen ungerechtfertigter Kürzung von Leistungen oder unfreundlicher Behandlung.

Tab. 35: Direktes Beschwerdemanagement

Direktes Beschwerdemanagement	
Beschwerdestimulierung	• Wenige Beschwerden sagen nichts darüber, ob die Kunden keine Mängel vorzubringen haben. Mehr als 50 % derer, die Anlass für Beschwerden hätten, bringen sie nicht vor. • Nur wenn klare Wege bekannt sind, wie Beschwerden oder Rückmeldungen eingebracht werden können, werden sie auch formuliert. • Beschwerdekanäle können sein: – Persönliche oder mündliche Beschwerde – Schriftliche Beschwerde – Elektronische Beschwerde (z.B. telefonische Hotline oder E-Mail (vgl. Stauss; Seidel 2002, 95 f.). • Welcher Weg in einem Unternehmen der gewünschte ist sollte deutlich an die Kunden kommuniziert werden, oder es sollten verschiedene Wege angeboten werden (vgl. Homburg 2003, 15).
Beschwerdeannahme	• Wenn ein Kunde eine Rückmeldung oder Beschwerde abgeben will, ist es wichtig, dass dies einfach und niedrigschwellig möglich ist. • Günstig ist es, wenn jeder Mitarbeiter eine Beschwerde annehmen kann und/oder der Kunde auf sehr einfachem Weg eine Beschwerde schriftlich abgeben kann (z.B. durch Karten, die ausliegen und in einen Kasten eingeworfen werden können). Die Mitarbeitenden, die den ersten Kontakt mit der Beschwerde haben, sollten Eigentümer der Beschwerde sein und sie fortan verfolgen oder verantwortlich weitergeben. • Alle wichtigen Informationen zur Beschwerde sollten erfasst werden, damit sie schnell und zügig bearbeitet werden kann und der Beschwerdeführer zügig eine Reaktion erhält.
Beschwerdebearbeitung	• Für den Kunden am Wichtigsten ist die Beschwerdebearbeitung und -reaktion. • Zur Bearbeitung gehören: – Weiterleitung der Beschwerde an eine verantwortliche Stelle, – Erarbeitung einer Lösung.
Beschwerdereaktion	• Rückmeldung über die Lösung oder das weitere Vorgehen an den Kunden. • Dem Kunden soll deutlich werden, dass seine Rückmeldung oder Beschwerde ernst genommen und zeitnah bearbeitet wird und dass nach einer Lösung gesucht wird.

Tab. 36: Indirektes Beschwerdemanagement

Indirektes Beschwerdemanagement	
Beschwerdeauswertung	• Eingegangene Beschwerden und Rückmeldungen von Kunden sollten systematisch erfasst und ausgewertet werden. Dabei kommt es darauf an, die Kundenäußerungen unternehmensweit und bereichsbezogen zu erfassen. Nur so kann erkannt werden, ob bestimmte Probleme wiederkehrend sind, ob sie mit den Unternehmensprozessen oder mit Spezifika einzelner Bereiche oder Abteilungen in Verbindung stehen. • Eine statistische Auswertung nach Kategorien (z.B. Essen, pflegerische Vorsorgung, Haustechnik o.Ä. in einer stationären Einrichtung) von Beschwerden ist sinnvoll. • Aspekte der Auswertung können sein: Problemart, Ort des Problemauftritts, Datum und Uhrzeit des Problemauftritts, welche Vorstellungen zur Lösung hatte der Kunde, Anzahl der Beschwerdeführer pro Organisationseinheit in einem Zeitraum, Art der Dienstleistung, die besonders anfällig für Beschwerden ist (vgl. Ament-Rambow 1999, 252). • Es sollte eine quantitative und eine qualitative Beschwerdeauswertung stattfinden.
Beschwerdemanagementcontrolling	• Das Beschwerdemanagementcontrolling sollte sich darauf richten, aus der Beschwerdeauswertung Kennzahlen zu gewinnen und der Führung Hinweise zu geben, wo steuernd – z.B. durch Verbesserungsmaßnahmen bei wiederkehrenden Beschwerden – einzugreifen ist. • Dabei spielt auch die Menge der Beschwerden und Rückmeldungen eine Rolle. Ist sie stark rückläufig, müssen die Gründe dafür erforscht werden. (Wenige Beschwerden zu haben, bedeutet nicht, dass alles gut läuft.) • Zugleich sollte aber auch ausgewertet werden, inwiefern die Reaktionszeiten, die Zufriedenheit der Kunden mit der erfolgten Lösung, die Kosten der Behebung von Beschwerden etc. den Zielen der Organisation entsprechen oder Maßnahmen eingeleitet werden sollten. • Die Zufriedenheit mit dem Beschwerdemanagement kann z.B. in regelmäßige Befragungen von Kunden oder Mitarbeitenden integriert werden.
Beschwerdereporting	• Das Reporting oder Berichtswesen über Beschwerden und Rückmeldungen dient der Informationsweitergabe an unternehmensinterne Zielgruppen wie z.B. Geschäftsleitung, Abteilungsleitung oder andere wichtige Stakeholder. Im Rahmen des Qualitätsmanagements dient es z.B. als Information im Managementreview nach der DIN EN ISO 9001, als Eingabe zu den kundenbezogenen Ergebnissen bei der Arbeit mit dem EFQM-Modell oder zur Erfüllung der Anforderung des Beschwerdemanagements im KQS-Modell im Qualitätsbereich Kundenkommunikation.

9.5 Fehlermanagement und Vorbeugemaßnahmen

In Kap. 8.8.1 wurde bei den Werkzeugen für das QM die Fehlersammelkarte bereits thematisiert. Im Kontext von QM und Controlling ist die Analyse aufgetretener Fehler eine wichtige Information für das Management. Aus diesem Grunde sind die Fehler eine Eingabe in die Managementbewertung, die von der DIN EN ISO 9001 verlangt wird.

Fehlerhafte Prozessabläufe oder Dienstleistungen können trotz Qualitätsmanagement mit Korrektur-, Vorbeuge- und Verbesserungsmaßnahmen nicht ganz ausgeschlossen werden. Deshalb sollten Fehler gesammelt und sowohl quantitativ als auch qualitativ ausgewertet werden. Nur wenn dies erfolgt, kann bei wiederkehrenden gleichartigen Fehlern ein Prozess der Verbesserung eingeleitet werden.

Wann in der Sozialen Arbeit etwas ein Fehler ist, ist nicht leicht zu definieren. Nur wenn Prozesse und Strukturen klar definiert sind, kann anhand der Festlegungen klar entschieden werden, wann etwas ein Fehler ist. Ein Fehler ist in der Sozialen Arbeit etwas, das vom Stand des fachlichen Wissens in der Abwicklung der Dienstleistung oder von den betriebsintern im QM-System vereinbarten Abläufen abweicht. Während Ersteres nur von Personen zu beurteilen ist, die den Stand des Wissens, nach dem gehandelt werden sollte, kennen, ist Zweiteres durch das QM-System festgelegt. Für das Fehlermanagement ist es wichtig, dass Fehler dokumentiert werden. Nur so können die Schwachstellen in den Kompetenzen von Mitarbeitern aufgedeckt und Schwachstellen des QM-Systems erkannt werden.

So wie auch Rückmeldungen und Beschwerden durch eine Karte oder ein Formular erfasst werden können, kann dies auch mit Fehlern geschehen. In manchen Organisationen werden dafür die gleichen Vordrucke wie im Beschwerdewesen verwendet. Sobald ein Fehler erkannt wurde, sollte er – soweit möglich – beseitigt werden. In der Sozialen Arbeit ist dies aufgrund des Uno-actu-Prinzips mit der Gleichzeitigkeit von Produktion und Konsum nicht immer möglich. Eine einmal erbrachte Leistung kann nicht zurückgeholt werden. Allerdings kann ggf. nachgebessert werden. Z.B. kann eine fehlerhafte Beratung korrigiert werden, indem dem Klienten die richtige Information zeitnah noch übermittelt wird. Je nach Reichweite des Fehlers muss die nächste Hierarchiestufe darüber informiert werden, um eine korrigierende Intervention zu veranlassen. Wie beim Beschwerdemanagement muss auch beim Fehlermanagement klar geregelt sein, wer die Verantwortung für die Verfolgung des Fehlers und seine Korrektur trägt. Tauchen bestimmte Fehler wiederholt auf, ist es Aufgabe des/der QMB und des Managements, Vorbeugemaßnahmen zu veranlassen, damit die Fehler zukünftig nicht mehr vorkommen.

Für das Controlling werden die Fehlerdokumentationen nach Art und Ort der Fehler ausgewertet, um steuernd eingreifen zu können. Veranlasste Fehlerbeseitigungs- und Vorbeugemaßnahmen sollten nach einer Zeit der Umsetzung auf ihre Wirksamkeit hin überprüft werden.

9.6 Die Balanced Scorecard als integrierter Controlling- und Managementansatz

9.6.1 Die BSC im Profit- und im Non-Profit-Bereich

Zum Controlling in der Sozialen Arbeit und in Non-Profit-Organisationen gehört auch der Ansatz des integrierten Controllings mit der Balanced Scorecard (BSC). Diese Methode wurde 1996 von Robert S. Kaplan und David P. Norton in den USA im Kontext des Profit-Bereiches entwickelt (Norton; Kaplan 2001). Mit diesem Instrument werden qualitative und quantitative Ziele in ein Kennzahlensystem überführt und zur Steuerung genutzt. Die Kennzahlen werden aus der strategischen Planung heraus entwickelt, um damit ein konsistentes Steuerungsinstrument von der Strategie bis auf die unterste operative Ebene zu erreichen. Das Instrument war von den beiden Entwicklern ursprünglich nicht zur Strategieentwicklung gedacht gewesen, sondern zur Steuerung des Unternehmens auf der Basis einer vorhandenen Strategie. Ziel der BSC ist es, die vernetzten Zusammenhänge zwischen Strategie, Zielen und Kennzahlen aufzuzeigen und Ursache-Wirkungs-Zusammenhänge so gut wie möglich damit in den Blick zu nehmen. Auch wenn aus systemischer Sichtweise diese Zusammenhänge Konstruktionen sind, um die Wirklichkeit handhabbarer zu machen, bilden sie nicht die Wirklichkeit ab, sondern spiegeln nur unsere Sicht der Wirklichkeit.

Bei der Anwendung der BSC wird davon ausgegangen, dass Organisationen Ziele verfolgen, die durch die Strategie und ihre Umsetzung ins Operative geklärt sind. In der Sozialen Arbeit spielen über die Unternehmensziele hinaus das System des sozialen Lebens in der Gesellschaft und die Ziele von Stakeholdern unterschiedlicher Richtungen ein zentrale Rolle (vgl. Greiling 2001, 49 f.). Aus diesem Grund braucht gerade die Soziale Arbeit Controllingsysteme, die die Mehrdimensionalität der Zielsetzungen mit in den Blick nehmen und abbilden können (vgl. Bono 2006, 83). Damit verbunden müssen Organisationen der Sozialen Arbeit ihre Fähigkeit erhalten, sich ständig den sich wandelnden Rahmenbedingungen ihrer Umwelt anzupassen. Ein rein auf die Kostenrechnung gestütztes Controlling reicht dafür nicht aus, da dies viel zu sehr retrospektiv und zu wenig in die Zukunft hinein strategisch operiert. Die Arbeitsweise mit einer BSC soll in diesem Kapitel nur als Einführung und grober Überblick dargestellt werden. Um handlungsleitende Informationen zu vermitteln, wäre mehr Raum erforderlich. Dazu finden sich in weiter führender Fachliteratur viele Hinweise, die bei einer Realisierung herangezogen werden sollten (Bono 2006, 81 ff.; Friedag 2002; Scherer 2002; Kaplan; Norton 1997; Gebhardt 2007).

Die BSC, wie sie von Norton und Kaplan entwickelt wurde, arbeitet mit vier gleichwertigen Perspektiven, die sich aus der Strategie ableiten, und generieren Kennzahlen daraus. Diese gleichwertigen (balanced) Perspektiven und ihre Ziele und Kennzahlen werden dazu genutzt, um ein konsistentes Zielsystem und Maßnahmen zur Erreichung der Ziele zu gestalten. Die zu jeder Perspektive entwickelten, erhobenen und ausgewerteten Kennzahlen dienen dazu, dem Management einen schnellen Überblick über die Gesamtlage des Unternehmens zu geben.

Norton und Kaplan haben in ihrem Entwurf, der für den Profit-Bereich aufgestellt wurde, die Perspektiven Finanzen, Kund/inn/en, interne Prozesse und Lernen und Entwicklung aufgenommen. Die Perspektive Finanzen soll einen Überblick über die wirtschaftliche Lage geben. Dazu gehören klassische Kennzahlen wir Cash-flow, Rentabilität etc. Die Perspektive Kund/inn/en ermittelt Aspekte wie Zufriedenheit, Treue, Marktanteile etc. Diese dienen dem Unternehmen dazu zu beobachten, wie die Marktposition ist und wie dadurch finanzieller Erfolg gesichert werden kann. Die Prozessperspektive beschäftigt sich damit, wie durch optimale Prozessgestaltung Erfolg beim Kunden generiert werden und dadurch wiederum wirtschaftlicher Erfolg entstehen kann. Die letzte Perspektive, Lernen und Entwicklung, beschäftigt sich mit dem kontinuierlichen Verbesserungsprozess im Unternehmen. Hierbei werden sowohl Menschen und Prozesse als auch das gesamte System in den Blick genommen, um die Entwicklungsfähigkeit des Unternehmens zu beobachten und ihm Impulse zu geben.

Die vier genannten Perspektiven des „Urmodells" der BSC sind klar auf den Profit-Bereich ausgerichtet. Im Non-Profit- bzw. im sozialen Bereich passen diese als Steuerungsperspektiven meist nicht genau. Allein schon die Leistungserbringung im sozialrechtlichen Dreieck führt dazu, dass die Kund/inn/en „Klienten" und die Kund/inn/en „Kostenträger" möglicherweise mit sehr unterschiedlichen Zielen und Anforderungen auf die Organisation zukommen und die Organisation somit auch unterschiedliche Strategien für diese entwickeln muss. Kaplan und Norton haben das Konzept offen angelegt, so dass die Perspektiven „nicht als Zwangsjacke gedacht" sind (Bono 2006, 91). In der Literatur gibt es unterschiedliche Vorschläge, wie die Perspektiven für NPOs angepasst werden sollten. Letztlich muss jede Organisation sie so gestalten, wie es für ihre spezifischen Arbeitsfeld- und Umfeldbedingungen sinnvoll ist. Die Kernfrage einer BSC im sozialen Bereich bezieht sich immer auf den Mix von finanziellen Zielen und Sachzielen sowie auf die Einbeziehung unterschiedlicher Stakeholderperspektiven. Die finanzielle Perspektive stellt für viele soziale Einrichtungen eher eine Einschränkung durch Vorgaben und Restriktionen der öffentlichen Kostenträger und Gesetze dar, als dass sie eine stark steuerbare Größe darstellt. Die Steuerbarkeit durch ein Unternehmen bewegt sich hier oft im Bereich der Gestaltung von Kosten und weniger in der Gestaltung der Erlöse. In Bezug auf die Kundenperspektive ist zu bedenken, dass viele Leistungen im sozialen Bereich Pflichtleistungen sind. Für die Anbieter dieser sozialen Dienste kommt es darauf an, in den Strategien und Zielen zwischen denen des Auftraggebers und der Klienten zu differenzieren. Ob eine Trennung in diese beiden Perspektiven notwendig ist, hängt davon ab, wie verschieden sich Auftraggeber und Nutzer auf das Handeln des Unternehmens auswirken und wie verschieden die Ziele sind.

Bono (2006) schlägt für soziale Dienste folgende Dimensionen vor, mit denen häufig eine sinnvolle Entwicklung einer BSC möglich ist: „1. Wirtschaftlichkeit: Welche finanziellen Rahmenbedingungen müssen wir einhalten, um unseren Auftrag zu erfüllen? 2. LeistungsempfängerInnen: Wie sollen wir Leistungsempfängerinnen gegenüber auftreten, um unseren Auftrag zu erfüllen? 3. Auftrag: Welches Sachziel müssen wir erreichen? 4. Interne Prozesse: Welche Prozesse erfordern von uns hervorragende Leistungen, um unseren Auftrag zu erfüllen? 5. MitarbeiterInnen: Welche Voraussetzungen müssen wir erfüllen, um kontinuierliche Verbesserungen in Hinblick auf die Auftragserfüllung sicherzustellen?“ (Bono 2006, 97).

9.6.2 Die Entwicklung einer BSC – ein kurzer Überblick

Die Entwicklung einer BSC sollte immer von der Vision und Mission einer Organisation ausgehen, daraus strategische Ziele zu den vom Unternehmen festgelegten Perspektiven formulieren und schließlich für jede Perspektive Kennzahlen definieren. In der folgenden Abbildung wird dargestellt, wie beispielhaft die Formulierung von strategischen Zielen für eine Einrichtung für Menschen mit geistiger Behinderung aussehen könnte. Als Perspektiven wurden hier Finanzen, Externe Partner, Kunden, Interne Prozesse und Personal und Innovation gewählt.

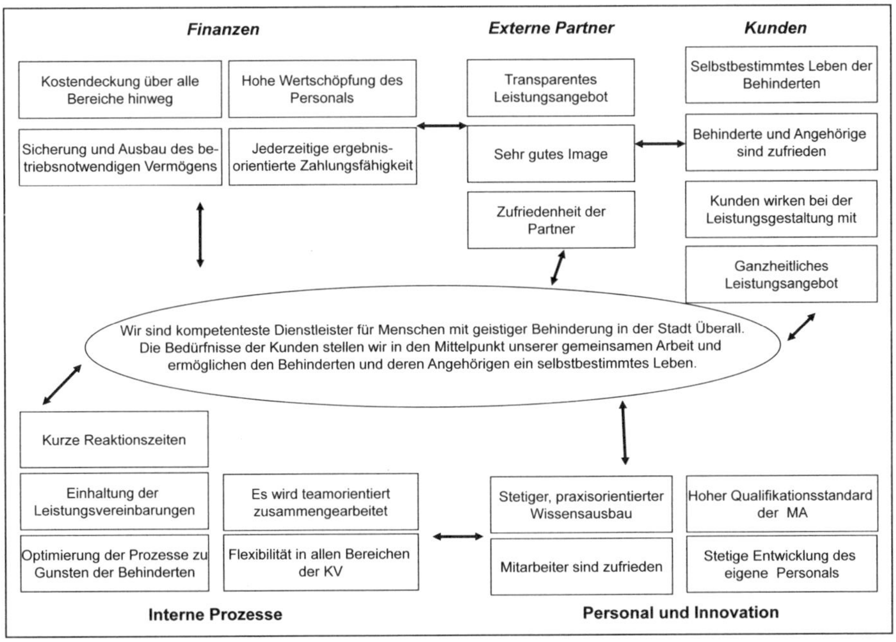

Abb. 78: Perspektiven und strategische Ziele in einer BSC einer Einrichtung für Menschen mit geistiger Behinderung

Wenn Perspektiven und strategische Ziele formuliert sind, geht es darum, Kennzahlen zu definieren, mit denen die Zielerreichung gemessen werden soll. So können z.B. für die Perspektive Finanzen im Beispiel Kennzahlen wie Budgeteinhaltung, Personalkostenquote pro Betreuungsfall, Eigenkapitalquote, Liquidität, Deckungsbeiträge herangezogen werden. Für die Perspektive Externe Partner können Kennzahlen wie z.B. Bekanntheitsgrad der Leistungsangebote bei den Kostenträgern, Positive Berichterstattungen in regionalen Medien, Zufriedenheitsindex bei Auftraggebern und Kostenträgern aufgrund von Befragung eine Bedeutung erlangen. Um Kennzahlen für die strategischen Ziele auf der Seite der Kund/inn/en bzw. Nutzer/inne/n zu entwickeln, braucht es etwas aufwändigere Instrumente. Wie bereits weiter oben beschrieben, kann z.B. ein Ziel wie „Selbstbestimmtes Leben der Behinderten" nicht mit einfachen Instrumenten gemessen werden. Hierfür könnten z.B. Beobachtungs- oder Befragungsinstrumente entwickelt werden, um einen Selbstbestimmungsindex zu ermitteln. Die Zufriedenheit kann über eine Kennzahl als Index aus Befragungen ermittelt werden. Die Mitwirkung der Klient/inn/en kann bei guter Anlage aus den Hilfeplänen und der Klientendokumentation als Einschätzung der Fachkräfte gewonnen werden. Eine Kennzahl zum ganzheitlichen Angebot könnte z.B. sein: das Verhältnis der Klient/inn/en, die eine veränderte Leistung brauchen und diese beim gleichen Träger bekommen können, im Verhältnis zu Klient/inn/en, die dafür den Träger wechseln oder einen zusätzlichen Anbieter einschalten müssen. Es sollen an dieser Stelle nicht alle Perspektiven im Hinblick auf Kennzahlen durchdekliniert werden. Die Beispiele machen deutlich, dass die Suche nach Kennzahlen Kreativität für eine gute Übersetzung der strategischen Ziele in operative Erscheinungsweisen ihrer Realisierung braucht.

Die Kennzahlen, die in einer BSC verwendet werden, sollen immer Ursache-Wirkungs-Beziehungen zu anderen Kennzahlen haben. Nur wenn dies gegeben ist, kann das System als komplexes Steuerungssystem wirken. Nach der Festlegung der Kennzahlen sollte also überprüft werden, ob einzelne davon möglicherweise isolierte Kennzahlen sind.

Für jede vereinbarte Kennzahl braucht die Organisation eine genaue Beschreibung. Diese kann als Erweiterung des Rasters in der Tab. 32 gestaltet werden. Sie sollte Angaben, wie in der folgenden Tabelle dargestellt, enthalten.

Tab. 37: Struktur für eine Kennzahlenbeschreibung im Rahmen der BSC

Kennzahl	Deckungsgrad Maßnahmepauschale
Beschreibung	Übereinstimmung zwischen den pflegerelevanten Kosten und den entsprechenden Entgeltbestandteilen
Steuerungsdimension	Finanzen
Aussage	Finanzierungsstruktur im Hinblick auf zurechenbare Kosten und Erlöse/Betrachtung unter Erlös- und/oder Kostengesichtspunkten
Korrespondierende Kennzahl	Personalkosten, Auslastung, Überstunden, direkte Betreuungszeit Minuten/Betreutem
Ermittlung	Entsprechende Kostenzurechnungsverordnung
Lieferung der Daten von	Rechnungswesen/Buchhaltung/Kostenrechnung
Ermittlungsquantität	Monatlich
Bewertungsquantität	Monatlich

Insgesamt ergibt sich ein Tableau, das pro Perspektive ca. vier Kennzahlen umfassen und jeweils das strategische Ziel, die Kennzahl, den Zielwert, den aktuellen Ist-Wert, ggf. eine erforderliche Aktion mit Termin und Verantwortung enthalten sollte. Als Übersicht sieht dies in etwa wie folgt aus:

Was müssen wir für unsere Kunden leisten, damit wir erfolgreich sind?

Kund/inn/en -- Nutzer/innen -- Klient/inn/en

St.-Ziel	Kennzahl	Zielwert	Istwert	Aktion	Termin	Verantw.

Welche finanziellen Ziele müssen wir erreichen, wenn wir unsere Strategie erfolgreich umsetzen?

Finanzen

St.-Ziel	Kennzahl	Zielwert	Istwert	Aktion	Termin	Verantw.

Bei welchen Prozessen müssen wir Hervorragendes leisten, um unsere Strategie erfolgreich umsetzen?

Interne Prozesse

St.-Ziel	Kennzahl	Zielwert	Istwert	Aktion	Termin	Verantw.

Wie erreichen wir die Fähigkeit zum Wandel u. zur Verbesserung, um unsere Strategie zu realisieren?

Mitarbeiter/innen -- Wissen -- Innovation

St.-Ziel	Kennzahl	Zielwert	Istwert	Aktion	Termin	Verantw.

Was müssen wir bei unseren externen Partnern erreichen, um erfolgreich zu sein?

Externe Prozesse

St.-Ziel	Kennzahl	Zielwert	Istwert	Aktion	Termin	Verantw.

Abb. 79: Die BSC in der Gesamtansicht

Die BSC einer gesamten Organisation speist sich aus Kennzahlen der einzelnen Arbeitsbereiche. Dazu ist es bei größeren und diversifizierten Organisationen notwendig, die strategischen Ziele und die Kennzahlen auf die Ebene der Abteilungen oder Arbeitsbereiche herunterzubrechen. Veranschaulichen möchte ich dies am Beispiel von Liquidität als Ziel einer Organisation. Auf der Ebene der Gesamtorganisation könnte das Ziel beispielsweise lauten: „jederzeitige Zahlungsbereitschaft". Auf der Ebene einer einzelnen Einrichtung eines Trägers macht dieses Ziel wenig Sinn, da die Einrichtung nicht selber den Zahlungsverkehr vornimmt. Auf die Einrichtungsebene heruntergebrochen könnte das Ziel heißen: „Vorlage abrechnungsfähiger Unterlagen zum Zeitpunkt X" oder „Vollständigkeit der Leistungsnachweise". Nur wenn diese Dinge zügig auf Einrichtungsebene erledigt werden, kann auf der Trägerebene abgerechnet und die Liquidität gesichert werden. Gelingt es, die strategischen Ziele der Gesamtorganisation auf Bereichsziele und entsprechende Kennzahlen zu übertragen, kann mit der BSC der Einrichtungen und Bereiche die BSC der Gesamtorganisation gespeist werden. So wird schnell erkennbar, wo Probleme liegen, die sich auf der Gesamtebene ausdrücken. Die Ursache-Wirkungs-Kette ist also über alle Unternehmensebenen hinweg zu knüpfen, damit die BSC als Frühindikator für Probleme nutzbar wird.

Insgesamt ergibt sich aus den hier dargestellten Ausführungen ein dreischrittiger Einführungsprozess für eine BSC. Im ersten Schritt müssen in der Organisation die Voraussetzungen für die Einführung geschaffen werden. Dies bedeutet insbesondere ein gute Informationspolitik und die Einbindung der Mitarbeitenden, um Widerstände zu minimieren. Dann muss die Unternehmensstrategie daraufhin geprüft werden, ob sie geeignet ist, die Basis für eine BSC darzustellen. Ggf. muss ein Strategieentwicklungsprozess eingeleitet und umgesetzt werden. Ist dies erfolgt, muss noch geklärt werden, welche Unternehmensebenen die BSC enthalten soll. Gibt es eine Ebene? Wird die BSC auf Abteilungen oder Einrichtungen heruntergebrochen oder möglicherweise auf noch mehr Ebenen bezogen? Schließlich sollte in der ersten Phase auch eine Projektorganisation aufgebaut werden, die den Entwicklungs- und Einführungsprozess steuert und begleitet. Dabei muss das Management und das Controlling eine Schlüsselrolle einnehmen. In der zweiten Phase werden die BSC konkret entworfen, die strategischen Schwerpunkte definiert, Ziele formuliert, priorisiert und untereinander verbunden. Für jedes strategische Ziel müssen Ziel- und Messgrößen festgelegt werden. Die Festlegung von Zielgrößen ist immer dort schwierig, wo vor der Einführung der BSC keine Messungen vorgenommen wurden und man die eigenen Ist-Werte noch nicht einschätzen kann. Häufig ist es deshalb sinnvoll, zunächst mit einer ersten Messung zu beginnen und danach erst die Zielwerte festzulegen. Gibt es nach ersten Messungen Differenzen zwischen Ziel- und Ist-Werten, müssen Maßnahmen geplant werden, um die Zielerreichung zu verfolgen. Ggf. stellen sich auch zu diesem Zeitpunkt Bedarfe heraus, die BSC noch einmal zu variieren oder zu detaillieren. Wenn diese Erprobungs- und Entwicklungsphase erfolgreich gemeistert ist und alle Verantwortlichen mit dem neuen Instrument angemessen umgehen können, kann die BSC in der dritten Phase in das Führungssystem integriert werden. Aufgabe der Führung (auf den unterschiedlichen Unternehmensebenen) ist es fortan, die Zielverfolgung zu überwachen und ggf. Anreizsysteme und Hilfestellungen zu installieren, um durch den fortlaufenden Soll-Ist-Vergleich und die sich daraus ergebenden Herausforderungen Impulse für Interventionen zu gewinnen, die das Unternehmen in die Lage versetzen, die strategischen Ziele zu verflogen.

Auch wenn es so klingt, als könne man ein Unternehmen über ein komplexes Kennzahlensystem zielgenau steuern, bleibt dies in Teilen eine Illusion. Warum dies so ist, wird in Kap. 8 aus der systemischen Perspektive deutlich. Dennoch hilft die BSC dabei, sich unternehmensweit über gemeinsame Ziele zu verständigen und so die Energien für eine gemeinsame Sinnkonstruktion einzusetzen. Die BSC ist ein Instrument, die Komplexität der täglich erzeugten Ergebnisse einer Organisation so zu reduzieren, dass die Dinge in den Blick genommen werden, die dem Unternehmen als wesentlich erscheinen. Ob es wirklich die wichtigen Dinge sind, zeigt nur das Leben des Unternehmens in seinen Umweltbezügen.

9.7 Verbesserungsprozesse planen und Maßnahmen entwerfen, verfolgen und umsetzen

Qualitätsmanagement und Controlling arbeiten, wie bisher gezeigt wurde, nach dem Prinzip des Management by Objectives, des Führens mit Zielen. In beiden Arbeitsansätzen werden Ziele vereinbart oder festgelegt, die Umsetzung beobachtet oder – da wo möglich – gemessen, um dann bei Eintreten von Abweichungen zwischen Zielen und Realität Maßnahmen der Verbesserung zu realisieren. Während das Controlling, wie beschrieben, mit qualitativen und quantitativen Messungen versucht, die Unternehmensrealität zu beobachten, arbeitet das QM – je nach System – mit Audits, Selbstbewertungen, Fremdbewertungen oder Selbstreporten und externen Gutachten. Während das Controlling mit Zielwerten für Kennzahlen arbeitet, arbeitet das Qualitätsmanagement mit Qualitätszielen, die sich oft in Prozesszielen ausdrücken und mit Wirkungszielen fachlicher Art verbunden sind. Immer wenn Abweichungen sichtbar werden, werden Maßnahmen zur Korrektur und/oder Verbesserung geplant.

Unabhängig davon, wodurch Verbesserungsmaßnahmen ausgelöst und definiert werden, sollte ihre Umsetzung nach den Prinzipien des Projektmanagements gestaltet werden, sofern es komplexere Vorhaben sind. Grundsätzlich sollte in jedem QM-System eine Maßnahmeverfolgung als Planungsinstrument im QM oder im Controlling verankert werden. Dabei gilt, dass alle vereinbarten Maßnahmen, wie z.B. Maßnahmen, die aus Audits oder Selbstbewertungen hervorgegangen sind oder die aufgrund von Kennzahlenanalysen entwickelt wurden, in einem Maßnahmeplan festgehalten werden sollten. In diesem Plan, der z.B. als Exceltabelle geführt werden kann, sollten sowohl Auftrag der Maßnahme, Verantwortliche, Ziele der Maßnahme und Termine zur Überprüfung und zur Fertigstellung nachgehalten werden. Auch die Überprüfung, ob die Maßnahme die gewünschten Effekte hat, darf dabei nicht vergessen werden.

Qualitätsmanagement und Controlling sollten hier eng zusammenarbeiten, damit Maßnahmen auf einheitliche Ziele ausgerichtet werden. Eine Trennung zwischen beiden Bereichen macht keinen Sinn, wenn das Controlling, wie hier beschrieben wurde, als integriertes und auch fachliches Controlling gestaltet wird. Ein fachlich ausgerichtetes und über das Rechnungswesen hinausreichendes Controllings sollte nicht unabhängig vom QM geführt werden. Strategische Ziele und Qualitätsziele sollten dementsprechend auch integriert und überwacht werden.

10 Schlussbetrachtung

Qualitätsmanagement ist etwas, das Spaß machen kann. Für mich ist es ein Arbeitsfeld, das sehr viele Gestaltungsoptionen gibt. Die Modelle, die hier vorgestellt wurden – oder auch andere, die in der Praxis genutzt werden –, sollten niemals Fesseln sein, mit denen eine Organisation sich anbinden lässt oder versucht, handelnde Personen anzubinden. QM braucht Freiheit:

- Freiheit, anders zu handeln, als es geplant ist,
- Freiheit, Dinge neu zu erfinden, auch wenn sie schon vorhanden sind,
- Freiheit, sich Entlastung zu verschaffen von Dingen, die immer wieder (gleich) schief laufen,
- Freiheit davon, jeden Arbeitsablauf jeden Tag wieder neu nach eigenem Ermessen und eigener fachlicher Einschätzung zu realisieren usw.

Diese Reihe lässt sich lange fortsetzen. Ich halte es für hilfreich, beim QM nicht zuerst auf die Bedenken, Ängste und Befürchtungen zu schauen, sondern auch – und zuerst – die entlastenden Aspekte zu betrachten. Wie schön ist es, wenn in allen Abteilungen die oft benutzten Formulare gleich aussehen, weil jede/r sich dann dort besser zurecht findet? Wie vorteilhaft ist es, wenn MitarbeiterInnen regelmäßig in einer Befragung zur Situation im Unternehmen Stellung nehmen können? Wie positiv ist es, wenn viele bei neuen Prozessen an der Gestaltung mitwirken können?

Wie QM im Unternehmen gelebt wird, hängt ganz zentral von der Führung ab. Zum einen ist eine beteiligungsorientierte Umsetzung immer förderlich, um das Systems zum Leben zu erwecken. Zum anderen ist ein System ein System und wirkt nie so, wie es sich jemand bei der Entwicklung erdacht hat. Unternehmen und somit auch soziale Einrichtungen sind eben eigenwillige Systeme. Aber genau das macht Spaß am QM. Es gibt immer wieder etwas Neues zu tun und zu gestalten. Und es gibt immer wieder Überraschungen.

Literaturverzeichnis

Ament-Rambow, Christiana (1999): „Wer sich beschwert, meint es gut". In: Krankenhaus Umschau, H. 4, 1999, S. 248–253

Anlage III Allgemeine Qualitätsentwicklungsvereinbarung nach § 8 des Rahmenvertrages I NRW vom 14. 5. 2003. In: http://www.lwl.org/abt20-download/sgb_viii/RV_l/RV_I_Anlg_3_030601.pdf, Abruf: 17. 4. 2009

Antes, Wolfgang (2004): Projektarbeit für Profis. Praxishandbuch für moderne Projektarbeit. Weinheim, München

Art Set (2007): Arbeitshilfe: Leitbildentwicklung, LQW Januar 2007. In: http://www.artset-lqw.de/lqwcms/fileadmin/user_upload/Service_QB_1/QB_1_Qualitaetswerkzeug_Leitbildentwicklung.pdf, Abruf: 10. 6. 2008

ArtSet (2005): Kundenorientierte Qualitätstestierung für Soziale Dienstleistungsanbieter. Selbstverlag, Hannover

ArtSet (2006): Lernerorientierte Qualitätstestierung in der Weiterbildung. Selbstverlag, Hannover

ArtSet Qualitätstestierung (2009): Leitbild ArtSet Qualitätstestierung. In: http://www.artset.de/cms/uploads/media/Leitbild_Qualitaetstestierung_01.pdf, Abruf: 29. 6. 2009

AZWV (Verordnung über das Verfahren zur Anerkennung von fachkundigen Stellen sowie zur Zulassung von Trägern und Maßnahmen der beruflichen Weiterbildung nach dem Dritten Buch Sozialgesetzbuch (Anerkennungs- und Zulassungsverordnung – Weiterbildung – AZWV)). In: Bundesgesetzblatt Jahrgang 2004, Teil I, Nr. 28, ausgegeben zu Bonn am 22. Juni 2004

Badelt, Christoph (1996): Qualitätssicherung aus gesamtwirtschaftlicher und sozialpolitischer Perspektive. In: Maelicke, Bernd (Hrsg.) (1996): Qualitätsmanagement in sozialen Betrieben und Unternehmen. Baden-Baden, S. 9 ff.

Baecker, Dirk (1999): Organisation als System. Frankfurt a.M.

Baecker, Dirk (2005): Form und Formen der Kommunikation. Frankfurt a.M.

BAR (Bundesarbeitsgemeinschaft für Rehabilitation) (2009): Vereinbarung zur Qualitätssicherung nach § 20 Abs. 2a SGB IX

Bardmann, Theodor M.; Lamprecht, Alexander (2003): Systemisches Management – Multimedial, CD-ROM. Heidelberg

Beck, Ulrich (1986): Risikogesellschaft. Frankfurt a.M.

Berker, Peter (1998): Innensteuerung durch Supervision. In: Merchel, Joachim (Hrsg.) (1998): Qualität in der Jugendhilfe. Kriterien und Bewertungsmöglichkeiten. Münster, S. 312–325

Beschwerde. In: Duden Deutsches Universalwörterbuch: Das umfassende Bedeutungswörterbuch der deutschen Gegenwartssprache. 2006. Mannheim: Bibliographisches Institut, 6. Aufl.

Bleicher, Knut (1992): Das Konzept des integrierten Management. Frankfurt a.M.

Boeßenecker, Karl-Heinz; Vilain, Michael; Biebricher, Martin; Buckley, Andrea; Markert, Andreas (Hrsg.) (2003): Qualitätskonzepte in der Sozialen Arbeit. Eine Orientierung für Ausbildung, Studium und Praxis. Weinheim, Basel, Berlin

Bono, Maria Laura (2006): NPO-Controlling. Professionelle Steuerung sozialer Dienstleistungen. Stuttgart

Bostelmann, Antje (Hrsg.) (2005): Controlling in Kindertageseinrichtungen. Weinheim, Basel

Brede, Helmut; Buschor, Ernst (Hrsg.) (1993): Das neue Rechnungswesen. Baden-Baden, S. 119–141

Bruhn, Manfred (2004): Qualitätsmanagement für Dienstleistungen. Grundlagen, Konzepte, Methoden. Berlin, Heidelberg, New York, 5. Aufl.

Bruhn, Manfred (2005): Qualitätsmanagement für Dienstleistungen. Grundlagen, Konzepte, Methoden. Berlin, Heidelberg, New York, 6. Aufl.

Bruhn, Manfred (2007): Kundenorientierung. München, 3. Aufl.

Bundesarbeitsgemeinschaft für Rehabilitation (BAR) (2009): Vereinbarung zum internen Qualitätsmanagement nach § 20 Abs. 2a SGB IX. http://www.bar-frankfurt.de/upload/Vereinbarung_Korrektur_(2)_1401.pdf.

Bundesministerium für Gesundheit (2009): Verständliche Qualitätsberichte. In: http://www.bmg.bund.de/cln_110/nn_1168762/SharedDocs/Standardartikel/DE/AZ/Q/Glossarbegriff-Qualit_C3_A4tsberichte-Pflege.html, Abruf: 20.4.2009

Bundesministerium für Wirtschaft und Technologie (BMWI) (2009): Pressemitteilung: Hintze: „Akkreditierungsstellengesetz im Interesse der Verbraucher und der Wirtschaft". Berlin

Bundesministerium für Familie, Senioren, Frauen und Jugend (BMFSFJ) (2000): Leitfaden für Qualitätsbeauftragte. QS, Bd. 28, Materialien zur Qualitätssicherung in der Kinder- und Jugendhilfe

Corsten, Hans (Hrsg.): Integratives Dienstleistungsmanagement. Grundlagen, Beschaffung, Produktion, Marketing, Qualität. Ein Reader. Wiesbaden

Deutsche Gesellschaft für Care und Case Management (DGCC) (2009): Standards und Richtlinien für die Weiterbildung: Case Management im Sozial- und Gesundheitswesen und in der Beschäftigungsförderung vom 29.1.2003, zuletzt geändert am 6.3.2009. In: http://www.dgcc.de/download/cm_wb_richtlinien_2009.pdf, Abruf: 27.7.2009

Deutscher Bundestag (2009): Beschlussempfehlung und Bericht des Ausschusses für Wirtschaft und Technologie (9. Ausschuss) zum Gesetzentwurf der Faktionen der CDU/CSU und SPD (Drucksache 16/12983) und zu dem Gesetzentwurf der Bundesregierung (Drucksachen 16/13126, 16/13404). Entwurf eines Gesetzes über die Akkreditierungsstelle (Akkreditierungsstellengesetz – AkkStelleG). Drucksache vom 17.6.2009. Berlin. Abruf: 25.6.2009

Deutscher Bundestag (2009): Gesetzentwurf der Fraktionen der CDU/CSU und SPD. Entwurf eines Gesetzes über die Akkreditierungsstelle (Akkreditierungsstellengesetz – AkkStelleG). Drucksache 16/12983 vom 12.5.2009. Berlin in: http://www.tga-gmbh.de/index.php?id=0030&idsub=4&kat=15 – Pressemitteilung vom 22.4.2009. Abruf: 25.6.2009

Deutscher Verein für öffentliche und private Fürsorge (DV) (2004): Qualitätsstandards für das Fallmanagement. Empfehlungen des Deutschen Vereins für öffentliche und private Fürsorge. Dokument DV 05-02-03/AFI. In: http://www.deutscher-verein.de/05-empfehlungen/pdf/20040301.pdf

Deutscher Verein für öffentliche und private Fürsorge e.V. (Hrsg.) (2002): Fachlexikon der Sozialen Arbeit. Stichwort: Professionalisierung. Eigenverlag, S. 729 ff.

Diekmann, Andreas (1995): Empirische Sozialforschung. Grundlagen, Methoden, Anwendungen. Reinbek bei Hamburg

DIN EN ISO 19011:2002. Beuth Verlag, Berlin 2002

DIN EN ISO 9000:2005. Beuth Verlag, Berlin 2005

DIN EN ISO 9001:2008. In: DIN Deutsches Institut für Normung e.V. (2009): Qualitätsmanagement. QM-Systeme und Verfahren, Normen. DIN-Taschenbuch 226. Beuth Verlag, Berlin, 6. Aufl., S. 1–90

DIN EN ISO 9004:2008 – Entwurf. In: DIN Deutsches Institut für Normung e.V. (2009): Qualitätsmanagement. QM-Systeme und Verfahren, Normen. DIN-Taschenbuch 226. Beuth Verlag, Berlin, 6. Aufl., S. 91–197

DIN EN ISO 9004:2009, Beuth Verlag, Berlin 2009

DIN EN ISO/IEC 17021:2006. Beuth Verlag, Berlin 2006

Doppler, Klaus; Lauterburg, Christoph (2005): Change Management. Den Unternehmenswandel gestalten. Frankfurt a.M.

EFQM (European Foundation for Quality Management) (1999–2003): Das EFQM-Modell für Excellence. Version für Öffentlichen Dienst und soziale Einrichtungen. Brüssel

EFQM (European Foundation for Quality Management) (1999–2003a): Excellence bewerten. Eine praktische Anleitung für erfolgreiche Entwicklung, Umsetzung und Review einer Selbstbewertungsstrategie für Ihre Organisation. Brüssel

EFQM (European Foundation for Quality Management) (1999–2003b): Excellence einführen. Brüssel

EFQM (European Foundation for Quality Management) (1999–2003c): Die Grundkonzepte der Excellence, www.deutsche-efqm.de (zum Modell 2003)
EFQM (European Foundation for Quality Management) (2000): Das EFQM-Modell für Excellence in der Praxis. Ratgeber 01: Führung. Brüssel
EFQM (European Foundation for Quality Management) (2005): EFQM Levels of Excellence – Stufen der Excellence. Committed to Excellence – Verpflichtung zu Excellence. Informationsbroschüre, Version 3.0. Brüssel
EFQM (European Foundation for Quality Management) (2009): EFQM-Excellence Modell 2010. Brüssel, Frankfurt a.M.
Eibach-Meier, Eva (2009): Das Beschwerdemanagement als ein Instrument im EFQM-orientierten Qualitätsmanagement der stationären Altenhilfe. Diplomarbeit an der Hochschule Niederrhein, Fachbereich Sozialwesen, Mönchengladbach
Fachbereichstag Soziale Arbeit (2006): Qualifikationsrahmen Soziale Arbeit (QR SArb) Version 4.0. In: http://www.ku-eichstaett.de/Fakultaeten/SWF/downloads/HF_sections/content/QR%20SArb.pdf, Abruf: 27.7.2009
Flösser, Gaby; Otto, Hans-Uwe (1992): Sozialmanagement oder Management des Sozialen? In: Flösser, Gaby; Otte, Hans-Uwe (1992): Sozialmanagement oder Management des Sozialen. Bielefeld, S. 7 ff.
Fraktion der CDU/CSU und SPD im Deutschen Bundestag (2009): Entwurf und Begründung eines Gesetzes über die Akkreditierungsstelle (Akkreditierungsstellengesetz – AkkStelleG) vom 12.4.2009. Berlin. In: http://www.tga-gmbh.de/index.php?id=0030&idsub=4&kat=15 – Pressemitteilung vom 22.4.2009, Abruf: 25.6.2009
Friedag, Herwig R.; Schmidt, Walter (2002): Balanced Scorecard. Freiburg i.Br.
Galiläer, Lutz (2005): Pädagogische Qualität. Perspektiven der Qualitätsdiskurse über Schule, Soziale Arbeit und Erwachsenenbildung. Weinheim, München
Gebhardt, Wilfried (2007): Im Einsatz erprobt. Erfahrungen mit der Balanced Scorecard. In: HSM, H. 2
Gerull, Peter (2007): Sozialwirtschaftliches Qualitätsmanagement. Grundlagen, Konzepte, Instrumente. Saarbrücken
Graf, Pedro; Spengler, Maria (2008): Leitbild- und Konzeptentwicklung, Augsburg, 5. Aufl.
Greiling, Dorothes (2001): Ziele als Erfolgsmaßstäbe in privaten Non-Profit-Organisationen. In: Schauer, Robert; Budäus, Dietrich (Hrsg.) (2001): Public Management. Linz, S. 41–81
Grunwald, Klaus (2008): Qualität. In: Maelicke, Bernd (Hrsg.) (2008): Lexikon der Sozialwirtschaft. Baden Baden, S. 815 ff.
Grunwald Klaus (2008a): Qualitätsmanagement. In: Maelicke, Bernd (Hrsg.) (2008): Lexikon der Sozialwirtschaft. Baden Baden, S. 819 ff.
Grunwald, Klaus (2008b): Total Quality Management. In: Maelicke, Bernd (Hrsg.) (2008): Lexikon der Sozialwirtschaft. Baden Baden, S. 2023 ff.
Grunwald, Klaus (2008d): Organisation. In: Maelicke, Bernd (Hrsg.) (2008): Lexikon der Sozialwirtschaft. Baden Baden, S. 736 ff.
Grunwald, Klaus; Otto, Ulrich (2008c): Prozessqualität. In: Maelicke, Bernd (Hrsg.) (2008): Lexikon der Sozialwirtschaft. Baden Baden, S. 810 f.
Hartz, Stefanie; Meisel, Klaus (2004): Qualitätsmanagement. Studientexte für Erwachsenenbildung. Bielefeld, S. 59–89
Haug, Christoph C. (1998): Erfolgreich im Team. Praxisnahe Anregungen und Hilfestellungen für effiziente Zusammenarbeit. München, 2. Aufl., S. 66
Heiner, Maja (1996a): Evaluation zwischen Qualifizierung, Qualitätsentwicklung und Qualitätssicherung. In: Heiner, Maja (Hrsg.) (1996): Qualitätsentwicklung durch Evaluation. Freiburg i.Br., S. 20–47
Heiner, Maja (Hrsg.) (1994): Selbstevaluation als Qualifizierung in der Sozialen Arbeit, Freiburg i.Br.
Heiner, Maja (Hrsg.) (1996): Qualitätsentwicklung durch Evaluation. Lambertus, Freiburg i.Br.
Heyden-Rynsch, Johanna von der (2001): Qualitätszirkelarbeit als Instrument zur Einführung eines TQM-Systems – dargestellt am Beispiel von Wohneinrichtungen für Menschen mit geistiger

Behinderung der Lebenshilfe Kreis Neuss e.V. Diplomarbeit an der Hochschule Niederrhein, Fachgebiet Sozialmanagement

Hinterhuber, Hans H.; Matzler, Kurt (Hrsg.) (2006): Kundenorientierte Unternehmensführung: Kundenorientierung, Kundenzufriedenheit, Kundenbindung. Wiesbaden, 5. Aufl.

Hohenschild, Susanne (2002): Die neue DIN ISO Norm – auch ein Modell für die Qualitätsentwicklung in der Sozialen Arbeit? In: Vomberg, Edeltraud (Hrsg.) (2002): Qualitätsmanagement als Zukunftsstrategie für die Soziale Arbeit. Theoretische Konzepte und praktizierte Beispiele aus sozialen Einrichtungen. Schriftenreihe des Fachbereiches Sozialwesen der Hochschule Niederrhein, Bd. 32, Mönchengladbach, S. 41 ff.

Homburg, Christian; Fürst, Andreas (2003): Beschwerdemanagement in deutschen Unternehmen: Eine branchenübergreifende Erhebung des State of Practice. Mannheim: Institut für Marktorientierte Unternehmensführung

Horcher, Georg (2008): Controlling. In: Maelicke, Bernd (Hrsg.) (2008): Lexikon der Sozialwirtschaft. Baden Baden, S. 193 ff.

Horcher, Georg (2008): Standard. In: Maelicke, Bernd (Hrsg.) (2008): Lexikon der Sozialwirtschaft. Baden Baden, S. 971

Horváth, Peter (1996): Controlling. München

Hummel, Thomas; Malorny, Christian (1997): Total Quality Management. Tips für die Einführung. München, Wien

ILEP (Initiative Ludwig-Erhard-Preis) (2009): Informationen zum ILEP – Bewertungsverfahren für Bewerber. Frankfurt a.M., www.ilep.de, Abruf: 12.2.2010

Jungk, Robert; Müllert, Norbert (1983): Zukunftswerkstätten – Handbuch für eine breite Wiederbelebung der Demokratie. München

Jungk, Robert; Müllert, Norbert (1997): Zukunftswerkstätten. Mit Fantasie gegen Routine und Resignation. München

Kappler, Ekkehard (2006): Controlling. Eine Einführung für Bildungseinrichtungen und andere Dienstleistungsorganisationen. Münster, New York, München, Berlin

KGSt (Kommunale Gemeinschaftsstelle für Verwaltungsmanagement) (1997): Kundenbefragung. Ein Leitfaden. Nr. 13

Kindler, Heinz; Lillig, Susanna; Blüml, Herbert; Meysen, Thomas; Werner, Annegret (Hrsg.) (2006): Handbuch Kindeswohlgefährdung nach § 1666 BGB und Allgemeiner Sozialer Dienst (ASD). Deutsches Jugendinstitut e.V., München

Klatetzki, Thomas: Qualitätsmanagement in der Jugendhilfe. In: Maelicke, Bernd (Hrsg.) (1996): Qualitätsmanagement in sozialen Betrieben und Unternehmen. Baden-Baden, S. 55 ff.

Kleffmann, Anke; Weinmann, Sigbert; Föhres, Felizitas; Müller, Bernd (1997): Melba. Psychologische Merkmalsprofile zur Eingliederung Behinderter in Arbeit. Siegen

Kneer, Georg; Nassehi, Armin (1997): Niklas Luhmanns Theorie sozialer Systeme: eine Einführung. München

Kneer, Georg; Nassehi, Armin (2000): Niklas Luhmanns Theorie Sozialer Systeme. München, 4. Aufl.

Knorr, Friedhelm (2000): Qualitätsmanagement in der Sozialarbeit. Für Sozialarbeiter, Sozialpädagogen, Sozialverwaltungen, Freie Wohlfahrtsverbände. Regensburg

Koch, Susanne; Kupka, Peter; Steinke, Joß (2009): Aktivierung, Erwerbstätigkeit und Teilhabe. Vier Jahre Grundsicherung für Arbeitssuchende. Bielefeld

Kraimer, Klaus (2002): Professionalisierung. In: Deutscher Verein für öffentliche und private Fürsorge e.V. (Hrsg.) (2002): Fachlexikon der Sozialen Arbeit. Stichwort: Professionalisierung. S. 729 ff.

Langnickel, Hans (2003): Das EFQM-Modell für Excellence – Der Europäische Qualitätspreis. In: Boeßenecker, Karl-Heinz; Vilain, Michael; Biebricher, Martin; Buckley, Andrea; Markert, Andreas (Hrsg.) (2003): Qualitätskonzepte in der Sozialen Arbeit. Eine Orientierung für Ausbildung, Studium und Praxis. Weinheim, Basel, Berlin, S. 38 ff.

Lerche, Wolfgang; Wollmer, Bianca; Engel, Ralf (2004): Projekte sozialer Arbeit. Entwickeln – Organisieren – Finanzieren. Frankfurt a.M.

Luhmann, Niklas (1984): Soziale Systeme. Grundriß einer allgemeinen Theorie. Frankfurt a.M.

Luhmann, Niklas (1995): Soziologische Aufklärung 6 – Die Soziologie und der Mensch. Opladen
Maelicke, Bernd (Hrsg.) (1996): Qualitätsmanagement in sozialen Betrieben und Unternehmen. Baden-Baden
Maelicke, Bernd (Hrsg.) (2008): Lexikon der Sozialwirtschaft. Baden Baden
Malik, Fredmund (2005): Management. Das A und O des Handwerks. Frankfurt a.M.
Markert, Andreas (2008): Profession. In: Maelicke, Bernd (Hrsg.) (2008): Lexikon der Sozialwirtschaft. Nomos Verlag, Baden Baden, S. 799 ff.
Meinhold, Marianne (1994): Qualitätssicherung und Qualitätsmanagement in der Sozialen Arbeit. Freiburg i.Br.
Meinhold, Marianne; Matul, Christian (2003): Qualitätsmanagement aus der Sicht von Sozialarbeit und Ökonomie. Baden-Baden
Merchel, Joachim (2001): Studienbrief Qualitätsmanagement in der Sozialen Arbeit. Verbundstudiengang Sozialmanagement, Land NRW
Merchel, Joachim (2004): Studienbrief Organisationsanalyse und Organisationsentwicklung, Organisationsentwicklung und lernfähige Organisationen. Verbundstudiengang Sozialmanagement, Land NRW
Merchel, Joachim (2004): Qualitätsmanagement in der Sozialen Arbeit. Ein Lehr- und Arbeitsbuch. Weinheim, München
Merchel, Joachim (Hrsg.) (1998): Qualität in der Jugendhilfe. Kriterien und Bewertungsmöglichkeiten. Münster
Meyer, Anton; Mattmüller, Roland (1987): Qualität von Dienstleistungen. Entwurf eines praxisorientierten Qualitätsmodells. In: Marketing ZFP, Jg. 9, H. 3, S. 187–195
Meyer, Anton; Mattmüller, Roland (1994): Qualität von Dienstleistungen. Entwurf eines praxisorientierten Qualitätsmodells. In: Corsten, Hans (Hrsg.): Integratives Dienstleistungsmanagement. Grundlagen, Beschaffung, Produktion, Marketing, Qualität. Ein Reader. Wiesbaden
Müller, B. (2000): Qualitätsmanagement und professionelle Autonomie. In: Institut für soziale Arbeit e.V. (Hrsg.) (2000): Prädikat wertvoll – Qualität sozialer Arbeit: Jugendhilfe im Kontext sozialer Konflikte und individueller Krisen; Materialien und Beiträge zum ISA-Kongress, 27.–29. 9. 1999 in Dortmund. Münster
Müller, Herbert; Weidner, Gerald; Petermann, Franz (1995): Pädagogische Supervision und Organisationsentwicklung in der Jugendhilfe. In: Petermann, Franz (Hrsg.): Pädagogische Supervision. Salzburg, S. 68–99
Norton, Robert S.; Kaplan, David P. (2001): Die strategiefocussierte Organisation. Führen mit der Balanced Scorecard. Stuttgart
o.A.: Rahmenvertrag ambulant gemäß § 93d BSHG NRW vom 23. 8. 2001, www. http://www.lwl.org/spur-download/bewo/Landesrahmenvertrag_ambulant.pdf, Abruf: 17. 4. 2009
o.A.: Rahmenvertrag stationär gemäß § 93d BSHG NRW vom 23. 8. 2001, www. http://www.kinderheimrietberg.de/vorlagen/rahmenvertrag.pdf, Abruf: 17. 4. 2009
Oettle, Karl (1993): Zur Abbildung gemeinwirtschaftlicher Erfolge. In: Brede, Helmut; Buschor, Ernst (Hrsg.) (1993): Das neue Rechnungswesen. Baden-Baden, S. 119–141
Palazzoli, M. Selvini (1995): Jenseits der Dyade. Die multidimensionale Natur der Kommunikation. In: Palazzoli, M. Selvini u.a. (1995): Hinter den Kulissen der Organisation. Stuttgart, 6. Aufl., S. 269 ff.
Palazzoli, M. Selvini u.a. (1995): Hinter den Kulissen der Organisation. Stuttgart, 6. Aufl.
Peterander, Franz; Speck, Otto (Hrsg.) (1999): Qualitätsmanagement in sozialen Einrichtungen. München, Basel
Petermann, Franz (Hrsg.): Pädagogische Supervision. Salzburg
Poehlsen-Wagner, Inga (2008): Moderation. In: Maelicke, Bernd (Hrsg.) (2008): Lexikon der Sozialwirtschaft. Baden Baden, S. 688 ff.
Richter, Manfred (1999): Personalführung im Qualitätsmanagement. München
Rosenstiel, Lutz von (1999): Die „lernende Organisation" als Ausgangspunkt für Organisationsentwicklung. In: Peterander, Franz; Speck, Otto (Hrsg.) (1999): Qualitätsmanagement in sozialen Einrichtungen. München, Basel, S. 41 ff.

Rugor, Regina; Studzinski, Gundula von (2003): Qualitätsmanagement nach der ISO Norm. Eine Praxisanleitung für MitarbeiterInnen in sozialen Einrichtungen. Weinheim, Basel, Wien
Salomon, Alice (1921): Leitfaden der Wohlfahrtspflege. Leipzig, Berlin
Salomon, Alice (1927): Die Ausbildung zum sozialen Beruf. Berlin
Scala, Klaus; Grossmann, Ralph (2002): Supervision in Organisationen – Veränderungen bewältigen, Qualität sichern, Entwicklung fördern. Weinheim, 2. Aufl.
Schädler, Johannes (2001): Qualitätsentwicklung und Qualitätssicherung – Plädoyer für ein professionsnahes Konzept in der Sozialen Arbeit. In: Schädler, Johannes; Trube, Achim (2001): Der Stand der Kunst. Qualitätsmanagement Sozialer Dienste. Münster, S. 13 ff.
Schädler, Johannes; Schwarte, Norbert; Trube, Achim (Hrsg.) (2001): Der Stand der Kunst. Qualitätsmanagement Sozialer Dienste. Münster
Schädler, Johannes; Trube, Achim (2001): Der Stand der Kunst. Qualitätsmanagement Sozialer Dienste. Münster
Schauer, Robert; Budäus, Dietrich (Hrsg.) (2001): Public Management. Linz, S. 41–81
Schellberg, Klaus (o.J.): Vom Ideal zur Zahl. Betriebswirtschaftliche Aspekte der Organisation der Sozialen Arbeit. In: http://129.187.84.1/internet/schellberg/QB/Vom_Ideal_zur_Zahl_2.pdf, Abruf: 16.6.2008
Scherer, Andreas Georg; Als, Jens Michael (Hrsg.) (2002): Balanced Scorecard in Verwaltung und Non-Profit-Organisationen. Stuttgart
Scherm, Ewald; Pietsch, Gotthard (2007): Organisation – Theorie Gestaltung Wandel. München
Schneider, Helmut; Knebel, Heinz (1995): Team und Teambeurteilung: Neue Trends in der Arbeitsorganisation, Köln
Schnelle, Eberhard (1982) (Hrsg.): Metaplan Gesprächstechnik. Kommunikationswerkzeuge für die Gruppenarbeit. Quickborn
Schreyögg, Georg (2003): Organisation – Grundlagen moderner Organisationsgestaltung. Wiesbaden, 4. überarb. und erw. Aufl.
Schreyögg, Georg (2003): Organisation: Grundlagen moderner Organisationsgestaltung. Wiesbaden
Schweer, Martin; Thies, Barbara (2003): Vertrauen als Organisationsprinzip. Perspektiven für soziale Systeme. Bern
Seibel, Wolfgang (1991): Funktionaler Dilettantismus. Erfolgreich scheiternde Organisationen im „Dritten Sektor" zwischen Markt und Staat. Baden-Baden
SGB II, Walhalla, Gesetze für Sozialwesen, Fassung vom Nov. 2009
Simon, Fritz B. (2005): Radikale Marktwirtschaft. Heidelberg, 4. Aufl.
Simon, Fritz B. (2007): Einführung in die systemische Organisationstheorie. Heidelberg
SKJ (Sozialtherapeutische Kinder- und Jugendarbeit) e.V. (2004): Leistungsbeschreibung und Qualitätsentwicklungsvereinbarung gem. § 78b Absatz 1 Ziffer 3 SGB VIII für die Jugendwohngemeinschaft Schwelm (Intensivgruppe) des SKJ e.V. In: http://www.skj.de/files/lb_schwelm.pdf, Abruf: 17.4.2009
Staman, Jolanda (2008): Zukunftswerkstatt. In: Maelicke, Bernd (Hrsg.) (2008): Lexikon der Sozialwirtschaft. Baden Baden, S. 1106 f.
Stauss, Bernd (2006): Beschwerdemanagement als Instrument der Kundenbindung. In: Hinterhuber, Hans H.; Matzler, Kurt (Hrsg.) (2006): Kundenorientierte Unternehmensführung: Kundenorientierung, Kundenzufriedenheit, Kundenbindung. Wiesbaden, 5. Aufl., S. 315 ff.
Stauss, Bernd; Seidel, Wolfgang (2002): Beschwerdemanagement: Kundenbeziehungen erfolgreich managen durch Customer Care. München, Wien, 3. Aufl.
Theden, Philipp; Colsman, Hubertus (2005): Qualitätstechniken. Werkzeuge zur Problemlösung und ständigen Verbesserung. 4. Aufl.
Theden, Philipp; Colsman, Hubertus (2005): Qualitätstechniken. Werkzeuge zur Problemlösung und ständigen Verbesserung. München
Trägergemeinschaft für Akkreditierung (TGA) (2009): Qualitätsmanagementsysteme (nach Bereichen). Übersicht der Scopes und der zugelassenen Zertifizierungsgesellschaften. In: http://www.tga-gmbh.de/scopes/index.php?id=0020&idsub=2, Abruf: 25.6.2009

Trube, Achim; Regus, Michael; Depner, Rolf (2001): Fach- und nutzerorientiertes Qualitätsmanagement für soziale Dienste. Essentials eines gemeinsam geteilten Grundlagenverständnisses im Zentrum für Planung und Evaluation sozialer Dienste (ZPE) der Universität-GH Siegen. In: Schädler, Johannes; Schwarte, Norbert; Trube Achim (Hrsg.) (2001): Der Stand der Kunst. Qualitätsmanagement Sozialer Dienste. Münster, S. 227 ff.

Velsen-Zerweck, Burkhard von (2000): Professionalisierung von Nonprofit-Dienstleistern. Ein Leitfaden zur Organisationsentwicklung. QS – Materialien zur Qualitätssicherung in der Kinder- und Jugendhilfe, H. 32, hrsg. vom Bundesministerium für Familie, Senioren, Frauen und Jugend, Berlin

Vilain, Michael (2003): DIN EN ISO 9000 ff:2000. In: Boeßenecker, Karl-Heinz; Vilain, Michael; Biebricher, Martin; Buckley, Andrea; Markert, Andreas (Hrsg.) (2003): Qualitätskonzepte in der Sozialen Arbeit. Eine Orientierung für Ausbildung, Studium und Praxis. Weinheim, Basel, Berlin, S. 23 ff.

Vomberg, Edeltraud (2003): Qualitätsmanagement mit dem EFQM-Modell für Excellence – So entscheiden Sie, ob es für Ihre Organisation das richtige ist. In: Praxishandbuch Sozialmanagement. Fachverlag für Recht und Führung, Bonn

Vomberg, Edeltraud (2005): Bedingungen qualitätvoller Arbeit von Beschäftigungs- und Qualifizierungsgesellschaften. In: Burghardt, Heinz; Enggruber, Ruth (Hrsg.) (2005): Soziale Dienstleistungen am Arbeitsmarkt. Soziale Arbeit zwischen Arbeitsmarktpolitik und Sozialpolitik. Weinheim, München, S. 133 ff.

Vomberg, Edeltraud (Hrsg.) (2002): Qualitätsmanagement als Zukunftsstrategie für die Soziale Arbeit. Theoretische Konzepte und praktizierte Beispiele aus sozialen Einrichtungen. Schriftenreihe des Fachbereiches Sozialwesen der Hochschule Niederrhein, Bd. 32, Mönchengladbach

von Spiegel, Hiltrud (1994): Selbstevaluation als Mittel beruflicher Qualifizierung. In: Heiner, Maja (Hrsg.) (1994): Selbstevaluation als Qualifizierung in der Sozialen Arbeit. Freiburg i.Br., S. 11 ff.

Watzlawick, Paul; Beavin, Janet H.; Jackson, Don (1982): Menschliche Kommunikation. Formen, Störungen, Paradoxien. Bern, Stuttgart, Wien, 6. Aufl.

Wendt, Wolf Rainer; Wöhrle, Achim (2007): Sozialwirtschaft und Sozialmanagement in der Entwicklung der Theorie. Beiträge zum wissenschaftlichen Diskurs. Augsburg

Wieland, M. E. (1999): Qualitätssicherung bei der Leistungserbringung im Rahmen des Bundessozialhilfegesetzes (BSHG). In: Peterander, Franz; Speck, Otto (Hrsg.) (1999): Qualitätsmanagement in sozialen Einrichtungen. München, Basel, S. 31 ff.

Wöhrle, Achim (2003): Grundlagen des Managements in der Sozialwirtschaft. Baden-Baden

Wottawa, Heinrich; Thierau, Heike (1998): Lehrbuch Evaluation. Bern

Wunderer, Rolf (2006): Führung und Zusammenarbeit. – eine unternehmerische Führungslehre. München

Zech, Rainer (2006): Lernerorientierte Qualitätstestierung in der Weiterbildung. Grundlegung – Anwendung – Wirkung. Bielefeld

Zink, Klaus J. (1995b): Gruppenarbeit als Baustein innovativer Managementkonzepte. In: Zink, Klaus J. (Hrsg.) (1995): Erfolgreiche Konzepte zur Gruppenarbeit – aus Erfahrung lernen. Neuwied, Kriftel, Berlin, S. 3 ff.

Zink, Klaus J. (Hrsg.) (1995a): Erfolgreiche Konzepte zur Gruppenarbeit – aus Erfahrung lernen. Neuwied, Kriftel, Berlin, S. 3 ff.

Zollondz, Hans-Dieter (2001): Lexikon Qualitätsmanagement. Handbuch des Modernen Managements auf der Basis des Qualitätsmanagements. München, Wien

Zollondz, Hans-Dieter (2006): Grundlagen Qualitätsmanagement. Einführung in Geschichte, Begriffe, Systeme und Konzepte. München, Wien, 2. Aufl.